# 日本の福清出身華僑の生活誌

## 移住、生業、故郷とネットワーク

張玉玲

松籟社

南山大学学術叢書

# 目次

## 凡例

・〔　〕は参照原著、頁を表し、文献は「参考文献」に記載した。
・★は註記号を表し、註記は各章末に記載した。

**福清地図**

出典：『旅日福建同郷懇親会半世紀の歩み』旅日福建同郷懇親会半世紀の歩み編集委員会、2013年

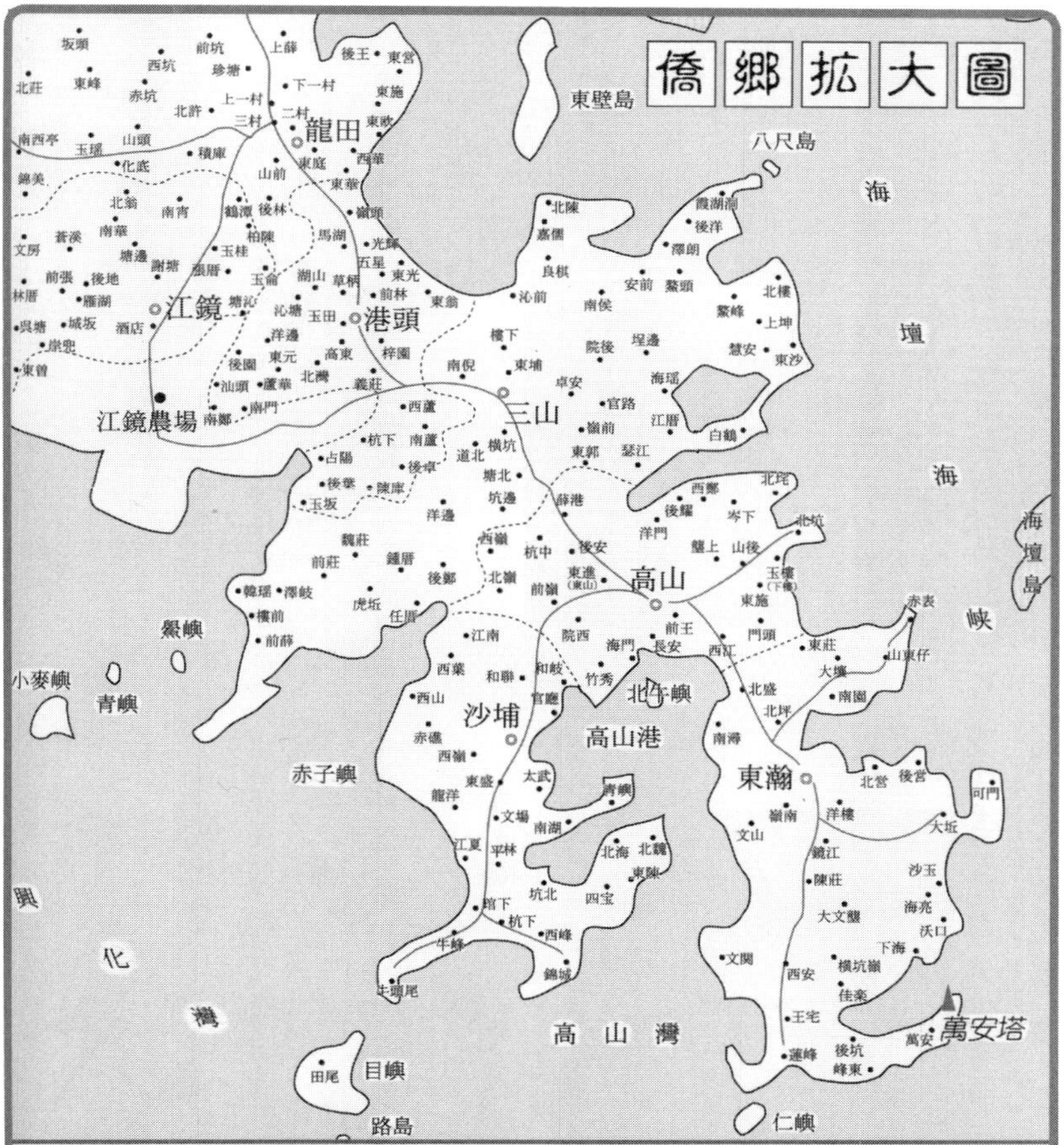


京都福建同郷会作成（1996年11月・第36回福清大会）

# 序章　福清出身の華僑・華人をめぐる視点

## 1　問題の所在

### 1―1　福清出身新移民の急増と華僑華人コミュニティの変容

一九九〇年代以降、福建出身者による密航、密入国に関するニュースが世界各地のメディアによって報道され、中国人とりわけ「福建人」の存在はマイナスのイメージで広く知られることとなった。その背景には、中国改革開放政策以降に始まった福建出身者の海外移住ブームがあった。一九九〇年代半ばまでは、アメリカや日本などの先進国が主な移住先であり、九〇年代末期から、西ヨーロッパ、南米、アフリカへの進出も著しくなり、今や福建人は世界各地に分布している。「台灣怕平潭、美國怕亭江、英國怕長樂、日本怕福清、世界怕福建」[★1]という流行語は、福建省出身者が手段を選ばず、勢いよく世界各地に流れ込んでくる様子と共に、出身地別に特定の国・地域へ移住する傾向があることも示すものである。

日本においては、一九八〇年代以降福建省北部にある福清地区からの移民が急増し、東京都豊島区をはじめ横浜、神戸、大阪などの都市部に特に流入した。横浜中華街や神戸南京町の老舗も含めて、多くの中華料理店は従来の広東出身華僑による経営から、福建人、正確には福清出身者による経営へとシフトしていった。また、池袋駅の北口あたりでは、福清料理の看板を堂々と掲げている店も軒を連ねている。中華料理店、物産店などのエスニックビジネス以外でも、日中間の各種貿易に携わる者、会社勤めの者など福清出身者は様々な職種に進出している。近年では、福清の祈夢（夢占い）の名所石竹山道院が東京参宮橋日本道観に分霊されたこと（二〇一八年）、大阪の西成区に新たな関帝廟・媽祖廟が落成したこと（二〇二三年）など、故郷文化の日本への移入も盛んであり、福清出身者のコミュニティの基盤が出来上がり、そして居住地に根ざしつつあることがうかがわれる。

福清出身者の人数を正確に表すデータはないもの

**資料序 -1　華僑主要出身地の人数推移（人）**
入管協会『在留外国人統計』平成7～24年各年版より作成

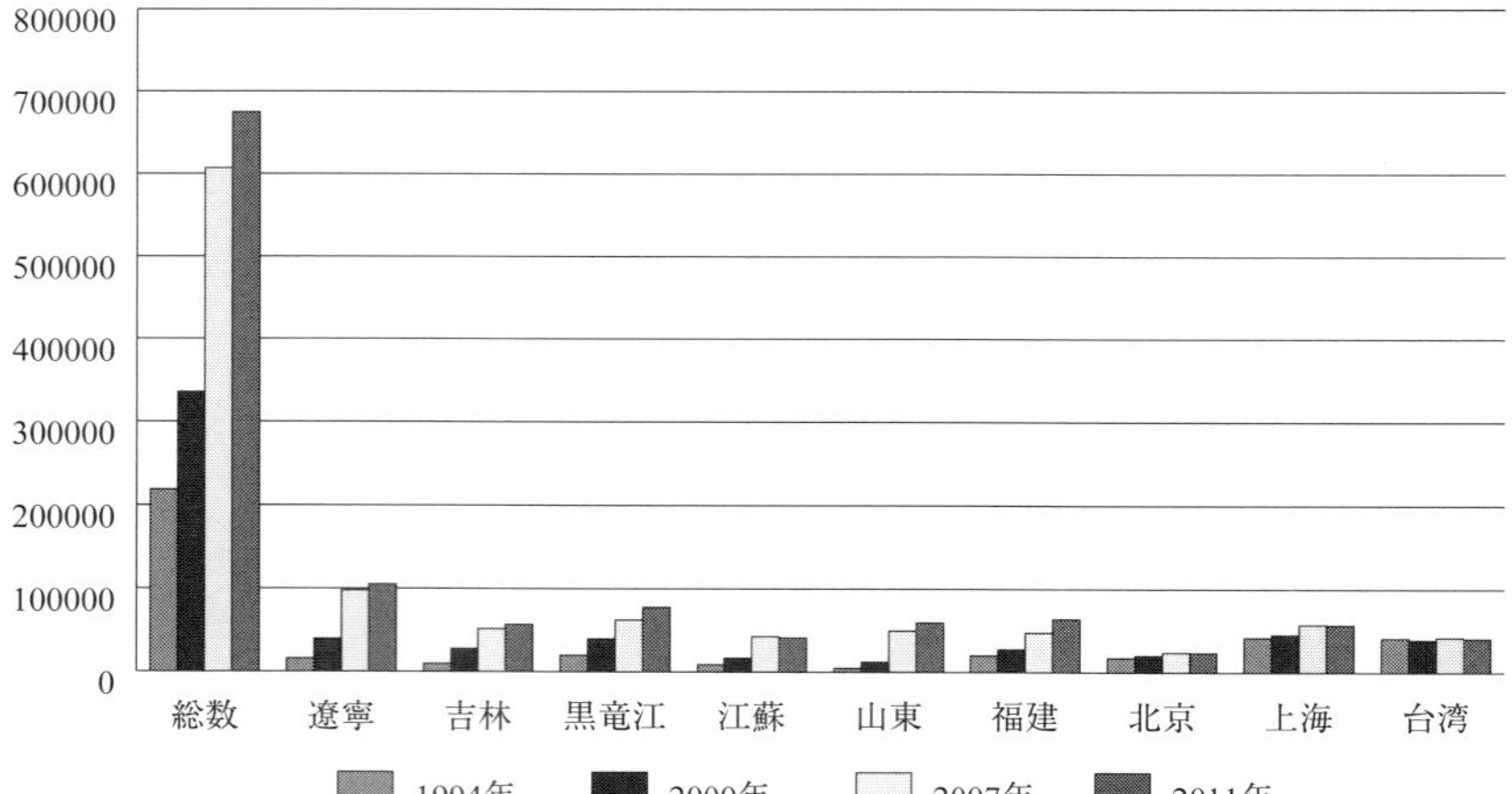

**資料序－2　日本主要都府県における福建出身者の人数（人）**

| | 人数 | 日本全国 | 東京 | 神奈川 | 埼玉 | 千葉 | 兵庫 | 大阪 | 京都 | 長崎 | 愛知 |
|---|---|---|---|---|---|---|---|---|---|---|---|
| 1994年 | 福建a | 20059 | 8202 | 2429 | 1182 | 953 | 1468 | 1154 | 646 | 370 | 512 |
| | 全体b | 218585 | 73494 | 19336 | 14538 | 10364 | 13102 | 17982 | 4910 | 1277 | 10036 |
| | a/b×100 | 9.18 | 11.16 | 12.56 | 8.13 | 9.19 | 11.2 | 6.42 | 13.16 | 28.97 | 5.1 |
| 1998年 | 福建a | 23554 | 9597 | 3198 | 1337 | 1196 | 1526 | 1719 | 543 | 323 | 517 |
| | 全体b | 272230 | 77513 | 22541 | 17337 | 14657 | 13970 | 24782 | 5796 | 1761 | 12967 |
| | a/b×100 | 8.65 | 12.38 | 14.19 | 7.71 | 8.16 | 10.92 | 6.94 | 9.37 | 18.34 | 3.99 |
| 2000年 | 福建a | 27522 | 11152 | 3913 | 1580 | 1649 | 1814 | 1794 | 532 | 318 | 584 |
| | 全体b | 335575 | 92142 | 27057 | 21197 | 18947 | 15710 | 27672 | 6939 | 2233 | 15831 |
| | a/b×100 | 8.2 | 12.1 | 14.46 | 7.45 | 8.7 | 11.55 | 6.37 | 7.67 | 14.24 | 3.75 |
| 2007年 | 福建a | 47540 | 16579 | 7811 | 3354 | 3199 | 3531 | 3662 | 497 | 476 | 1189 |
| | 全体b | 606889 | 133108 | 46750 | 39202 | 36724 | 23456 | 45885 | 10744 | 4039 | 41605 |
| | a/b×100 | 7.83 | 12.46 | 16.71 | 8.56 | 8.71 | 15.05 | 7.99 | 4.63 | 11.79 | 2.86 |
| 2008年 | 福建a | 53699 | 18527 | 9559 | 4060 | 3687 | 3726 | 3831 | 482 | 602 | 1258 |
| | 全体b | 655377 | 144469 | 51789 | 43411 | 41125 | 24760 | 48155 | 11107 | 4317 | 46167 |
| | a/b×100 | 8.19 | 12.82 | 18.46 | 9.35 | 8.97 | 15.05 | 7.96 | 4.34 | 13.94 | 2.71 |
| 2009年 | 福建a | 61896 | 21654 | 11313 | 4971 | 4484 | 4069 | 4067 | 512 | 781 | 1377 |
| | 全体b | 680518 | 156844 | 55095 | 46556 | 44458 | 25726 | 49946 | 11429 | 4459 | 47099 |
| | a/b×100 | 13.5 | 13.8 | 20.53 | 10.68 | 10.09 | 15.82 | 8.14 | 4.48 | 17.52 | 2.92 |
| 2010年 | 福建a | 64344 | 23445 | 11903 | 5692 | 4635 | 4051 | 4225 | 549 | 609 | 1503 |
| | 全体b | 687156 | 164201 | 56095 | 48419 | 45427 | 25585 | 51056 | 12005 | 4037 | 47454 |
| | a/b×100 | 9.36 | 14.28 | 21.22 | 11.76 | 10.2 | 15.83 | 8.28 | 4.57 | 15.09 | 3.17 |
| 2011年 | 福建a | 64028 | 23911 | 11888 | 5915 | 4634 | 3934 | 4381 | 616 | 473 | 1563 |
| | 全体b | 674879 | 164424 | 55362 | 47816 | 43581 | 25253 | 52392 | 12459 | 3598 | 47313 |
| | a/b×100 | 9.49 | 14.54 | 21.47 | 12.37 | 10.63 | 15.58 | 8.36 | 4.94 | 13.15 | 3.3 |

入管協会『在留外国人統計』平成７～24年各年版より作成

の、『在留外国人統計』二〇一二年版までは、在留中国人について省別に統計されており、そこから福建出身者の推移をみることができる[★2]（資料序—1、序—2、序—3）。資料序—1からは、福建出身者は東北三省[★3]や山東省と並んで、在日中国人総数を占める割合が高い集団の一つであることがわかる。一方、資料序—2、序—3を合わせて検討すれば、福建出身者の分布の特徴が見えてくる。まずは、在日中国人に占める割合が一貫して高いことである。二〇一一年の時点では中国国籍保持者が六七万四八七九人、そのうち福建人は六万四〇〇〇人余りで、全体のおよそ九・五パーセントであった。日本国籍を取得した（帰化）者や非合法的な滞在者などを含めると、現在は少なくとも二〇万人から三〇万人の福建出身者が日本に滞在していると推測される。その多くが福清出身者である。一九七四年当時、福建省出身者は五一七八人であったことを考えれば、八〇年代以降に急増した新華僑、そして福清出身者の流入に

**資料序 -3　福建出身者の主要居住地および人数推移（人）**
入管協会『在留外国人統計』平成7～24年各年版より作成

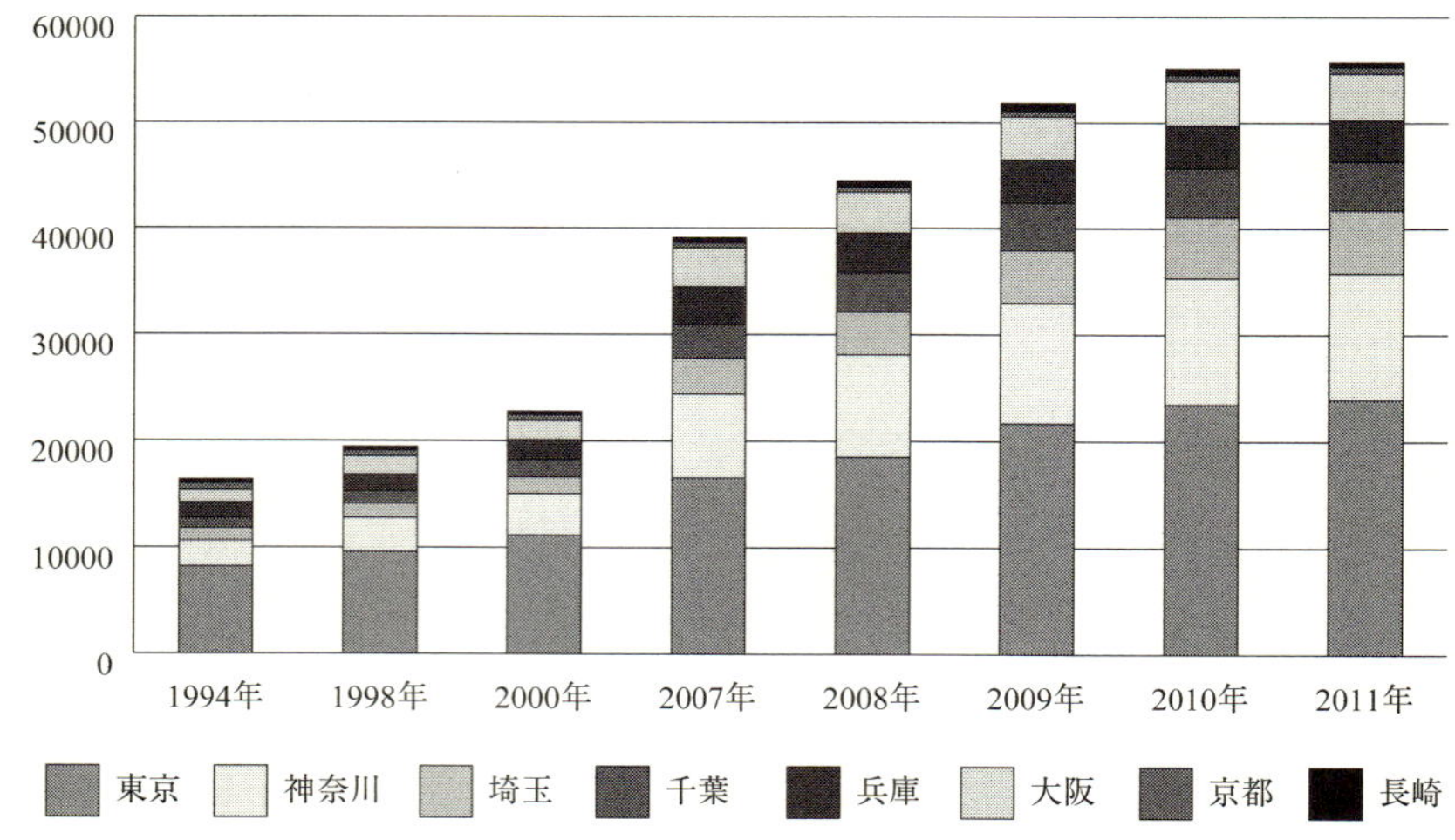

よって、福清出身華僑コミュニティないし日本の華僑華人コミュニティ全体の構造が大きく変容したことが容易に想像される。

もう一つの特徴としては、福清出身者の居住地が特定の地域に集中していることである。東京都、埼玉県、神奈川県などの首都圏に半数以上の福建出身者が集中しているのは、在日中国人全体の分布状況と一致しているが、長崎県のような在日中国人数が多くない地域における福建出身者の割合は一五パーセント前後（一九九四年は約一九パーセント）占めているのに対し、比較的中国人が多く在住している愛知県においては三パーセントから五パーセントと、明らかな「少数派」となる。

では、一九八〇年代以降、なぜこれほど大勢の福清出身者が来日した（できた）のか、そしてなぜこのような居住地域の集中が生じたのか。簡単に言えば、神奈川、兵庫、長崎など古くから福清出身の華僑が集中していたところに、彼らとの血縁・地縁紐帯を頼りに一九八〇年代以降、新たな福清出身者が移住したためである。実際のところ、多くの研究者は一九八〇年代以降、日本を含め世界各地に広がった福清出身の華僑の出国は、それまでに海外に移住した「先輩」華僑との血縁・地縁関係によって実現されたと指摘している（李、二〇〇五、二七五頁：許、二〇〇〇、一〇九頁：張玉玲、二〇一五）。すなわち、歴史上繰り返されてきた血縁・地縁紐帯を軸とする福清出身者の連鎖移民の一環として今日の移住を捉えることができるということである。

## 1―2　血縁・地縁紐帯が紡ぐ移住の連続性

福建省、広東省など華南地方から商業のために南洋や日本へ渡る者は一二、一三世紀から多く存在した。なかには、現地に家族を持ち定住する者も少なくはなかった。一六世紀以降、ヨーロッパ諸国の東南アジアへの進出に伴い、中国系移民も欧亜貿易の仲介者など、西洋が主導する世界システムで様々な役目を演じるようになり、すでに形作られた中国人コミュニティも植民者の人種概念に基づき、より明確な境界と民族性を持つようになった。一方、日本においては、長崎貿易を通じて来航する中国人は長崎で福建、福州、広東、三江と地域別に団体を作りつつ、中国人コミュニティを形成していった。

一九世紀に入り、特にアヘン戦争をきっかけに西洋列強によって門戸開放させられた後、中国は本格的に世界システムに組み込まれ、政治的・社会的動乱のなかで、華南地域のみでなく、江蘇、天津、山東、河南などの地域からもかつてないほど多くの移民が生まれた。福建省福清地域に関して言えば、上記の理由に加え疫病の流行なども重要なプッシュ要因であった。他方、奴隷貿易の廃止に伴う労働力不足を埋める形で欧米植民者が契約労働者として誘致したことと明治日本の近代化の進展に伴う労働力への需要の急増がプル要因となった〔李、二〇〇五、二七〇―二七四頁〕。この生計のために故郷を離れざるを得ない中国人の「受動的移民」は、一九五〇年代まで続いた。一九七〇年代以降、中国の改革開放政策によって農村部に余剰労働力が生じたことと、中国政府が国民の私用による出国制限を緩和したことに加え、先進国と中国との経済格差が、多くの福清出身者を含む中国人の海外移住を促した。この時期の福清出身者にとって、最も魅力的な行先はアメリカと日本であった。その理由は、両国が経済的に最も発展していることと、その移住を可能にした彼らの「海外関係」（華人とのつながり）とされており、日本の場合、一九五〇年代以前に移住した老華人との血縁・地縁関係を利用して、一九七〇年代以降に新たな福清出身移民（新華人）が日本への移住を実現したことは、前述したとおりである。

しかし、一九五〇年代以前に移住した福清出身者については、これまで華僑華人の集中居住地区である神戸、横浜、長崎などの地域を対象とする華僑研究において、断片的な記述がある程度で、その全体像は明らかではない。また、少数ではあるが、日中間を自由に行き来できなくなった一九四九年以降から、日本へ大勢の福清出身者が再び押し寄せるようになった一九八〇年代までの間にも、親類縁者を頼った福清出身者の来日があったことは、筆者のフィールドワークで確認した。このような移住の連続性は、各時期に出国した華僑の間、あるいは華僑と故郷の間のどのような「緊密な関係」によって維持されてきたか。はたして血縁・地縁紐帯に由来する「愛着」や「ノスタルジア」の概念のみで解釈できる現象なのだろうか。

一九八〇年代以降に出国した新華僑華人、そして彼らの流入によって大きく変容する華僑華人コミュニティをより多角的、体系的に検討するために、まず彼らに影響を与えてきたと思われる老華僑の日本への移住・定住および中国（故郷）との関わりなどを、多方面から考察する必要があるだろう。世界各地に進出し、様々なビジネスを展開しつつ故郷福清の経済発展とも密接な関係を持つ福清出身者についてその全体像を解明することは、日本の華僑コミュニティのみでなく、多元化する日本社会の分析にとっても重要な作業である。その第一歩として本書では福清出身者、とりわけ老華僑に注目する。

国民国家の理念が浸透している現在、「外国人」である中国人移民を指す際に、「神戸華僑」や「横浜華僑」などと居住地の名を冠した呼称と比べ、「広東出身者」や「福建人」という言い方は少ない。福建省の一地方である福清の名を冠した「福清出身華僑」、「福清人」は、さらにマイナーな呼称となるだろう。実際今日でいう福清出身の老華僑の基盤となったのは、一九世紀末期に日本の近代化の波に乗じて、「呉服行商人」として来日した人々である。彼らは、日本各地に分散居住していたが、戦後、地方の各都市に集まり、江蘇省、広東省などほかの出身地の華僑と合流し、ともに「華僑総会」（一九七〇年代まで「華僑聯誼会」と称したところが多かった）の組織に統合される形でコミュニティを再編してきた。以降は、福清出身者は、「神戸華僑」や「島根の華僑」などという居住地名を冠したカテゴリーで語られるようになり、「福清出身者」や「福建人」という呼称は、彼らの移住・定住の歴史とともに、ますます見えにくくなったのである。

## 1—3　呉服行商と福清コミュニティ

幕末の開港により欧米商人と共に来日し、横浜、神戸、長崎などの開港場に居住するようになった華僑華人は、日中間の貿易にある程度の影響があり、一般的に注目を集めてきた。一方、一九世紀末期、明治政府による外国人居留地の撤廃と内地雑居令の発布によって、「雑業者」（中華料理、散髪、洋服の仕立ての三刀業や行商人）として多くの中国人が来日したが、開港場以外の地域に分散居住していたため、「目立たない」存在であった。「呉服行商人」として来日した福清出身者も含まれている。

広辞苑（第四版）によれば、「呉服」とは、古代中国の呉の国から伝わった技法によって織りだされた布帛、あるいは綿・麻を材料とする織物「太物」に対して、絹織物を限定して指すと解釈されているが、和装用の織物類、衣類を総称するものであり、ほぼ「反物」の同義語として使われることもある。日本人も含めて、福清出身の行商人が扱う「呉服」は基本的に後者を指す。各地に店舗ができ、既製品が一般的に流通するようになる昭和三〇年代までは、自宅まで反物や小物を売りにくる呉服行商人は、特に交通が不便な地域に住む人々の生活に欠かせない存在であった。

戦前に日本で呉服行商をしていた中国人の姿については、当時北京在住の日本人商人、中島幸三郎が著した『支那行商人とその樂器』の中でも言及されている。すなわち、台湾や「日本内地」で広東省、福建省出身の呉服行商人は「藍の大風呂敷を、小山のやうに包んで、輕々と肩に乗せて行商して」おり、中国北方で包を台の上に乗せ背負い、でんでん太鼓に似ている「大揺鼓」や「播稜鼓」を鳴らしながら反物を売り歩く行商人と区別する（中島、一九四一、一〇一頁）。また、反物を扱っていた彼らは、長崎などでは、「阿茶さん」（「あちらさん」からきた言葉とされる）と呼ばれ親しまれているという。福清出身の行商人は、二〇世紀初頭までは中国から、一九〇二年頃に日本が関税を上げて以降は日本の生産者や問屋から反物や着物の付属品を仕入れて、日本各地の農山村地域を売り歩いた。行商という生業から日々の生活まで、「日本人」と深く関わり、日本社会、特に農村の地域社会に根差した生き方をしてきた。

終戦直後から昭和三〇年代にかけて、彼らの多くが都市部に出て、呉服行商から洋品店、飲食、貿易などへと職業の転換を図った。東京、神戸、横浜など元来華僑華人が多く居住していた地域は、福清出身者が新たに流入することで華僑華人コミュニティが再編されていった。一方、従来の居住地またはその周辺地域に留まる福清出身者も多く、そのため、北は北海道、南は鹿児島まで、日本各地の都市部に福清人コミュニティが形成された。特に旭川、京都、熊本など開港場ではない、非華僑集中居住地区である地方都市においては、福清人は現地の華僑コミュニティの主体となっており、華僑総会のメンバーが福建同郷会のメンバーと重なることも多い〔張玉玲、二〇二〇・二〇二一b〕。一方、一九六一年に日本生まれの二世が中心となり、福清出身者の全国的組織として旅日福建同郷懇親会が設立され、子女の教育、結婚、就職および出身地文化の継承などの同郷者の共通問題に取り組むようになった〔張玉玲、二〇一四〕。と同時に、故郷の訪問や出身村への寄付・送金なども、華僑総会や日本赤十字社などの団体・機関を通じて活発に行われるようになっていき、戦時中に一時的に弱まった故郷との結びつきなどが復活したように見えた。

もう一つ、福清出身の華僑華人に見られる特徴がある。ほかの出身地の華僑華人同様、戦前に日本に渡ってきた呉服行商人を主体とした福清出身者は、世代交代や日本社会への同化が進むなか、コミュニティの規模が減少し、同郷団体や伝統文化の担い手不足などの問題に直面しているが、神戸や横浜において、福清出身の新華人が同郷会に入会したり、伝統行事である普度勝会へ参加するなど、華人コミュニティ構造の変化が観察されている〔張玉玲、二〇一五・二〇二一b〕。一九四九年から七〇年代までの間、中国本土からの移民が一時期断絶し[★4]、華僑華人コミュニティにおいて「新」、「老」の「断層」が出現した他地域とは異なることの動きは、特に注目すべきであろう。また、一九八八年一〇月、世界福清同郷聯誼会（The International Association of Fuqing Clansmen Limited. 二〇〇九年「世界福清社団聯誼会」へ改名）の設立大会がシンガポールの福清会館で開かれ、日本の福清出身華僑の代表として、神戸在住の林同春、王建銘らが、世界各国から来た一五〇名以上の福清華僑の代表とともに出席したことは、日本の福清出身者も、トランスナショナルな同郷ネットワークの一部となり、故郷の福清との関係性も大きく変化することを意味する。今後、日本における福清出身者や華人コミュニティ全体の動向のみでなく、福清出身者の世界各地への移住に伴い、拡大されていくトランスナショナルな同郷ネットワークはどのように機能していくかなど、検討すべき課題は多々あるように思われる。

## 1―4　本書の課題と意義

本書は、日本における華僑華人コミュニティを構成する主な集団の一つである福清出身者について多角的に考察することを目的とする。具体的には、戦前から呉服行商などの「雑業者」として移住してきた老華人の移住・定住の歴史を整理しつつ、彼らの生業、生活、コミュニティおよび故郷との関係などについて通時的、共時的に分析することで、これまで知られてこなかった福清出身華僑華人の全貌を体系的に描きだしていく。

戦前から来日した福清出身者に関しては、経済力が弱く、地方に分散居住していた状況に加え、彼らに関する資料が限られているため、戦前の呉服行商の実態、農村部での生活および戦後の職業転換、コミュニティの再編など、いまだ解明されていない部分が多い。また、一九七〇年代以降に出国した福清出身移民は、新しい社会体制や文化政策が導入された中国で生まれ育った世代であり、価値観や行動様式がそれ以前の老華僑と大きく異なっているところが多く見受けられるものの、故郷である福清（の村）との血縁・地縁紐帯を維持している（いた）ことと、それゆえに福清出身老華僑との間にもなんらかの形のつながりを持っていると考えられる。したがって、中国人移民を移住時期に基づき「新華僑（華人）」、「老華僑（華人）」と別個の集団に分けて議論するよりは、同じ「福清出身者」というカテゴリーで捉えることのほうが有効である。本書では、異なる時期に移住した福清出身者をめぐる諸課題を、彼らをつなげる「共通項」としての血縁、地縁の原点でもある「故郷」という枠組みに置き換え、多角的に検討していく。

華僑華人が比較的頻繁に、かつ多方面に移動し、ルーツと第一、第二の居住地など複数の「場所」に関係することから、数世代にわたる福清出身者の移住・定住過程およびそれが関連する複数のフィールドでの調査は必要である。つまり、一族の構成員は福清から日本のみでなく、インドネシア、香港、台湾など複数の場所に移住（移動）し、移住後も互いにつながりを保ち、トランスナショナルな「家族」（越境家族）を維持しているからである。したがって、本書では、従来の「横浜華僑」、「神戸華僑」のように居住地単位から華僑華人を見るのではなく、個々の華僑やその家族（一族）のストーリー（家族誌）を可能な限り詳細に検討するというアプローチを採ることで、華僑と居住地および故郷との重層的関係性とダイナミズムを明らかにしようと心がけている。

二〇一三年の春から二〇二四年までの間、筆者は、北海道から鹿児島まで、日本各地に分散居住している数十名の福清出身者に対して断続的にインタビューを行ったほか、彼らのルーツ（故郷）である福建省福清地区の村々や、一族のほかのメンバーが居住する香港、台湾などにおいても調査を行った。それと同時に、京都、神戸在住の福清出身者による普度勝会などの伝統行事に参加し、参与観察を行ってきた。こうした福清出身のインフォーマントの協力の下で、数世代にわたる口述資料のほか、手記、回想録、古写真、証明書

（ドキュメント）、同郷団体の名簿など、貴重な文字資料も多く収集できた。各章において、これらの材料を各地域の時代的背景と結びつけながら、様々な角度から福清出身者について検討していく。一つ一つの家族誌、そして一人一人のライフ・ヒストリーを通して、特定の地域の華僑華人コミュニティのみでなく、時間軸、空間軸および対人関係軸（ネットワーク）が構築する立体的空間のなかで、「その時」、「その場」にいた「その華人」を定位する。そうすることで、福清出身者の血縁・地縁紐帯の機能および彼らが移住者であるゆえに持ちうる多面性を浮き彫りにすることが可能だと考えられる。

## 2 先行研究についての検討

これまでに福清出身者を対象とした（または言及した）研究はそれほど多くはないが、着目点に基づき、主に以下の三つのパターンに分けることができる。

### 2―1 華僑社会の「ギルド的」性格についての研究と福建省福清出身の「雑業者」

福建省福州府および福清県出身者（福州幇）について最初に言及したのは、管見の限り、内田直作の『日本華僑社会の研究』（一九四九年）ではないかと思われる。長らく幇や公所などいわゆる中国ギルド研究を続け、戦前からシンガポールをはじめとする南洋の華僑社会に関する調査研究の蓄積もある内田は、日本における華僑社会の同郷・同業団体について緻密なデータを以て詳細かつ体系的な分析を行った。その中で、「目立たない存在」としての福清出身華僑についても、調査・分析が行われた。

日本の華僑社会の特質について内田は以下の三点を指摘している。①日本の華僑社会は、貿易商と雑業者によって構成されるヒエラルキー構造をなしており、前者に関しては、いわゆる安政開港以降に日本市場を開拓した人々に関わり、後者は一八九九年内地雑居令発布以降、洋服仕立て、料理人、行商人として日本各地に流れ込んだ人々である。後者は人数が多いのに資本が乏しいことから、同郷組織のなかでは貿易業者に従属する形になるか、また中華会館のような上位組織からは排除されることが多かった。②華僑が出身地ごとに排他的な同郷・同業団体を作る理由は、言語、文化の違いによるものだけでなく、一定の地方間の仲介貿易を主要業務とする性格上、郷土経済と密接な関係を有し、それぞれ勢力範囲を保つために、他幇の侵入を許さなかった。同じ幇内で、人的つながり（関係《ヴァンシィ》）と家父長制による血縁的・地縁的共同社会の関係を強固に保つことで、より一層、地方的分立を強化させた。③組織内部において厳正な上下関係が存在していたが、家父長制的原則に基づき、その成員らは兄弟的に結合した形で利益分配を行っていた〔内田、一九四九〕。

日本華僑について、内田は、「公私の全生活が公所、会館、商会の諸団体のうちに営まれ」、少なくとも終戦にいたるまでは「伝統保守の華僑社会を構成していた」〔内田、一九四九、三四六頁〕と結論を下した一方、華僑社会の下層に置かれていた雑業者について、「より一層緊密な血縁、地縁による自然的所与の結合関係が顕著に看取され、かつその職人気質からしても団結性は強固であり、職業の転換はまれであって、出身地と職種の固定化は普遍的に観察されえた」〔内田、一九四九、三四七頁〕と指摘し、血縁・地縁紐帯と職種の関連性の強さを強調した。なかでも雑貨・呉服行商などの小商人の多い福州幇〔その多くは福清県の近隣村落出身者〕には、宗族的結合としての経済的集団の性質が見られるとして、長崎悟真寺の過去帳に記載がある福州出身者の氏名と出身村を基に、「一姓村落の出身であって、出先の日本における同郷者間、例せば呉服行商の胴元と行商人の間に多数の同姓、ならびに姻戚関係にある近接村落の異姓者相互間において、緊密な血縁的結合関係の成立していたことが推測されうる」〔内田、一九四九、一七八頁〕という興味深い推論を行った。ほかにも、長崎の三山公所をはじめ、大阪、東京各地の福清出身者による同郷団体の結成や、インドネシアの農村部同様に日本においても農民を相手に掛貸販売という行商方法を採っていたなど〔内田、一九四九、三一一―三二三頁〕、戦前の福清出身者による呉服行商の実態とネットワークを知るための手掛かりが多く見られる。

内田の『日本華僑社会の研究』は、戦前から終戦直後までの華僑経済の特異性の解明が趣旨であり、そのバックグラウンドとしての日本社会そのものについてほとんど言及されなかったが、著作で指摘された福清出身者の特質は、のちの華僑華人研究の展開にきわめて重要であることは言うまでもない。

## 2―2　華僑と僑郷に関する研究

福清出身華僑ではないが、海外へ移住した華僑が彼らの故郷〔僑郷〕に与えた影響について、一九三〇年代に陳達とその調査チームが広東省と福建省南部一帯で調査を行い、東南アジアの華僑によって西洋の「先進」的な物質文明や生活スタイルが持ち込まれたことで、僑郷が非僑郷の地域と比べ、早く近代化を遂げていると結論付けた〔陳達、一九三八〕。

一方、一九七〇年代、香港の新界とそこからロンドンに移住した人々を対象に研究したジェームズ・L・ワトソンは上記とは逆の結論を出した。主に宗族の持つ社会的機能に着目したワトソンは、ロンドンへ移民を送り出している香港新界の新田の文氏一族について香港とロンドンの両方で調査を行った結果、物質的繁栄や西洋の影響および中国本土から流れてきた難民の影響により、移民を送り出していないほかの宗族は効率的社会組織として崩壊の危機に直面しているのに対し、移民を送り続けてきた文氏一族は、族員の「移住斡旋媒体」としての社会的機能を果たし続けており、また移民たちの故郷への送金、寄付および伝統的慣習への固執により、むしろ故郷新田の近代化に歯止めがかかり、村はより伝統的であり続けることができたと結論づけている〔ワトソン、一九九五、二一四―二一五頁〕。

陳達とワトソンの研究で相反するような結論が出されたのは、両者の調査時期、対象および調査期間が異なっていること、何より着目点が異なっていたからだと考えられる。陳の関心は、華僑の寄付や送金などによる故郷の変容の諸相にあったのに対し、ワトソンは移住と宗族の社会的機能の関係性に関心があった。そのいずれも、華僑華人と故郷の関係性を動態的に捉えるところが示唆的であり、とりわけ、移民が故郷へ与えた影響のみでなく故郷〔宗族〕が移民に果たす機能にも着目し、双方向から華僑と故郷との関係性を論じたところが評価できる。

一九八〇年代以降、福清出身者による海外移住のブームが再び起こると、福清を「僑郷」として捉え、移民との関係について分析する研究が増えた〔施、二〇〇〇：小木、二〇〇一：山下ほか、二〇一〇〕。これらの研究では、福清出身者の移民ブームは、海外に定住している同族・同郷者とのネットワークと密接に関連するとしたうえで、改革開放後、東南アジア諸国に居住する老華人の故郷への投資によって遂げた僑郷の経済発展とそこに生じた経済格差が、新華人を送り出す主な要因であり、その背景の下で、数百年間続いた海外移民の歴史のなかで形成した、各国で散らばっている福清人の「移民鏈」〔移民の環、migration chain〕が機能したと指摘している。また、〔老〕華僑華人による出身村への送金や投資が故郷の経済的発展を促し、様々な景観的変化をもたらしたとして、改革開放後の僑郷変容のダイナミズムにおける〔老〕華人の影響が浮き彫りにされている点において、前述した陳達〔一九三八〕と同工異曲であり、示唆的である。しかし一方、僑郷が主体として移民に如何なる影響を与えている（きた）かについての分析が欠如している。

これに対して、李〔二〇〇五〕は、「僑郷社会資本」の概念を提唱し、社会人類学的視点から現代における福建省出身移民のメカニズムを解明しようと試みた。李によれば、僑郷社会資本とは、まず僑郷にいる人々とすでに移住した同郷・同族者との間の入り組んだ複雑な民間的関係網《ネットワーク》を土台に構築されたものである。この関係網にいる僑郷の人々は越境移民を一種の投資と見返りの経済的行為として捉えており、関係網を通じて移民に関する情報を速やかに伝播する。それと同時に、これらの情報について取捨選択し、加工したうえで有効な対策を講じることにより移民操作の成功率を上げていく。また、僑郷社会資本運用のメカニズムは、越境互恵法則（「跨国互恵期望」）に基づくとされるが、越境互恵法則とは、同族・同郷（村）者間の互助行為の一種であり、交換理念と倫理道徳の二つのロジックを備えた一種の社会的規範として捉えることができる。すなわち、出国の際に同族・同郷からの経済的支援を無利子で受けることは、自分が出国後に獲得しうるすべてを後来移民への援助や村の各種公共事業への寄付などに費やすことを「報い」として「約束」することとなる。僑郷では、この「当たり前」の循環によって絶えず移民が送り出されていく、というのである。

李の研究は、従来の血縁・地縁的紐帯に基づく連鎖移民《チェンマイグレーション》の概念のみでは説明しきれない一九八〇年代の福建省出身移民ブームについて、「僑郷社会資本」という概念をもって、長い歴史のなかで形成した僑郷特有の文化的・社会的特質から解明しようとするところが示唆的である。また、「僑郷認同」（僑郷アイデンティティ）、「僑郷文化」などの概念を用い、移民と出身村の相互作用によって形成した文化的・社会的有機体として僑郷を捉える李の視点は、故郷を、移民（移住）と彼らの移住先における生活、生業およびネットワークの維持などにも影響を及ぼす一種の文化的・制度的システムとする本書の視座と通ずる部分が大きい。ただ、李の立脚点は、あくまで「僑郷」であり、華僑の居住地での生活・生業などについてほぼ言及しておら

ず、福清出身移民と故郷との関係性も必ずしも明らかにされていない。[★5]

## 2―3　福清出身者の生業に関する研究

福清出身者の生業は、ほとんど注目されてこなかった。まず彼らが戦前に従事していた呉服行商について直接に考察を加えたものについて、整理しておくと以下の通りである。

茅原・森栗〔一九八九〕は、北海道、京都、長崎、熊本、大分在住の数名の華僑への聞き取りを通して、行商の実態を解明しようとした。許〔一九八九〕は、日本の労働移民法と関連付けて福建出身者の移住と生業の法的根拠を分析し、血縁・地縁紐帯と行商の展開の関係性を解明した。また、張国楽〔二〇一〇〕は、京都にあった福清呉服行商の問屋の帳簿や関係者への聞き取りを分析し、行商の実態と福清出身者の血縁・地縁紐帯との関係を実証的に考察した。

以上の研究は、二〇世紀初頭に来日した福清出身者の移住と行商の展開に関わる同郷・同族ネットワークの機能を明らかにするなど、華僑華人研究の空白を埋めるために一定の成果を上げたと評価できる。一方で、解明すべき論点も残された。第一に、福清出身の呉服行商人は、なぜ日本の農山漁村で行商が可能であったのか、つまり、村民側からみた呉服行商人の商売の成立条件とは何か。第二に、そもそも行商人たちの商売や生活のバックグラウンドとしての日本の農山漁村や村民が、当時どのような状況に置かれていて、彼らは福建出身者とどのような関わりを持っていたか、ということである。要するに、華僑を単に母国中国を離れたことで、文化的・社会的変容を遂げていく「異質な集団」として捉えるのではなく、移住者であり生活者でもある彼らの商売や暮らしをその拠点である日本社会の文脈のなかで捉えることで華僑の全体像を浮かび上がらせることが必要なのである。

これは戦前の呉服行商人のみならず、戦後に多様な職業を展開した華僑華人に関する研究全般に当てはまることである。なぜなら、これまでの華僑史研究で用いられてきた枠組みでは、日中関係や世界情勢などの背景のなかで、華僑の政治・経済・文化面の動向が分析され、日中両国の政治・経済的諸制度や外交関係に翻弄されながらも、両国の経済および政治分野に影響を及ぼす特殊な集団としての華人像が描き出されてきた。あるいは、日本で生活する民族集団として華僑を扱う場合も、彼らの「中国人」としての民族的異質性を抽出し、そのうえで、「中国的」要素の多寡と変容の度合いを測ることによって、華僑の中国への帰属意識などを論じる、ということに関心が向けられてきた。華僑の生活拠点である日本社会の歴史的・文化的変容にほとんど言及することなく、華僑華人を、日本（居住）社会から遊離した、常に政治性を帯びた異質な集団として語り、表象してきたのである。

しかし本書で論じられるように、現実としては、華僑華人の生業、生活は、彼らの移住地（居住地）である日本（および都道府県、市町村などの行政単位）の社会的・文化的状況とは切り離せない関係にあり、両者を結びつけながら分析することによってはじめて、日本社会における華僑華人像を語ることができるのではないかと考えられる。以下では、本書の視座と研究方法について述べる。

## 3　本書の視座と研究方法

### 3―1　日本民俗学の「多様な文化」へのまなざし

本書では福清という地域から世界各国・地域へ移住した福清出身の華僑華人を対象としている。ほかの移民に関する研究同様、福清出身者について議論する際において「国民国家」という概念を避けて通ることはできない。

「日本社会」を対象とする民俗学や文化人類学の研究では、長い間、華僑や在日韓国・朝鮮人などの異質な存在を丁寧に取り除いて「純日本」的要素のみについて分析を行ってきたように思われる。

「メインストリーム」である日本の地域社会に関する研究として、ジョン・F・エンブリー『須恵村――日本の村』〔田村和彦訳、二〇二一（一九三九）〕や、宮本常一『忘れられた日本人』〔一九八四（一九六〇）〕、『生きていく民俗』〔二〇一二（一九六五）〕などの、とりわけ戦前に福清出身行商人が生活していた農山村についての論考でも、近代化していく農村の様子が様々な角度から描かれているが、華僑が言及された箇所はほとんど見受けられない。一九世紀の半ばから、日本列島に居住してきた華僑が長らく日本の民俗学などで対象とされてこなかったのは、この時期、日本は国民国家として形成、成熟していく時期であり、華僑は、日本社会の構成員というよりも、「日本人」という国民意識の形成に重要な「他者」として見なされ、その役割を期待されてきたからではないかと考えられる。この点について、島村恭則は以下のように指摘した。日本の民俗学が、その研究対象をもっぱら「日本国民」、「日本人」に限定し、在日韓国・朝鮮人を含め、それ以外の「他者」を研究対象から除外してきた背景には、日本民俗学が国民国家イデオロギーと密接な関係を持っていた経緯がある〔島村、二〇〇一、七六三頁〕とした。その一方で島村は、日本の民俗学にあった多様な文化へのまなざしに注目し、戦前からあった柳田國男の「山人」論や折口信夫〔一九七五〕による漂泊宗教者や被差別民についての研究、戦後の宮田登〔一九七四〕の地域民俗学、福田アジオ〔一九八四〕の個別分析法および赤坂憲雄〔一九九八〕の「いくつもの日本」論などから、その系譜を汲んだ。そのうえで、民俗学の研究対象をさらに、在日韓国・朝鮮人や「日系」越境者たちの世界にまで拡大する、「多文化主義民俗学」の可能性を示唆している〔島村、一九九九〕。

日本社会を対象とした民俗学研究におけるこうしたパラダイム転換の背景として、歴史的には、一九八〇年代以降、日系ブラジル人をはじめとした日本の慣習も言語もわからない「異質な」外国人労働者が「隣人」として現れ、それぞれのエスニック集団を形成していったことに加え、アメリカをはじめとした欧米諸国で実践され始めた多文化共生の理念が日本でも少しずつ認知されるようになったこと、アカデミックな側面から、文化人類学と民俗学が接近したことが挙げられる。[★6] このような流れのなかで、戦前から日本で生活してきた在日韓国・朝鮮人や沖縄出身者についてもエスニック集団としてその歴史や現状を見直されるようになり、移動者の切口からも、日本社会が有する多元的・混合的性質が実証されていくことになった。

本書では一九世紀末期から二〇世紀後半まで、移住者であり、生活者でもある福建省福清出身者の生活実践の諸相を、その生活世界の総体としての日本の近現代社会という文脈から解読しつつ、そこに映し出された日本の近代化・都市化の過程を捉えていく。こうした作業を通して、産業化から社会制度まで欧米諸国に接近しつつ、国民国家として急成長していく「近代日本」の文脈で、もっぱら「他者」として描かれてきた「異質」な華僑像の再考とともに、彼らの生活拠点でもある日本社会の変化のダイナミズムも浮き彫りにしていくことを目指す。

### 3―2 本書で使われる基本概念について

まず、本書が対象とする福清出身者または福清出身華僑／華人とは、中国福建省東部にある福清市（一九九〇年までは福清県）が所轄する地区に出自を持ち、主に中国本土以外に居住する人々であるが、文脈によっては移住先から帰郷した者や今後移住予定のある福清在住者を指すこともある。また、本書のもう一つの重要なキーワードである「華僑華人」について、本書での使用範囲を予め規定しておきたい。まず、「華人」という用語は、世界各国のエスニック集団としての中国系移民を指す場合と、中国本土、台湾、香港、マカオなどの中華圏を含め、世界中の中国系の人々を広く捉える用語として使われる場合がある。前者は学術的な用法であるのに対して、後者は、主にメディアなどで見られる用法である。一方、「華僑」という用語は、海外に定住している中国人移民のなかで中国国籍の保持者を限定的に指すことが多い。特に、中国政府は国家主権の行使に関連して、中国国籍の有無によって「華僑」と「華人」の用語を厳密に使い分けている。また、居住国の国籍を取得した者およびその子孫はそれぞれ「華人」と「華裔」で表現されることが多い。

世界的に見れば、第二次世界大戦後、特にここ二、三〇年、国籍の有無を問わず中国系移民を「華人」と表現する傾向が強い。一九八〇年代以降、中国本土から新たな移民が急増するなか、「新華人」や「中国新移民」などの表現が一般化しつつある。と同時に、それまでの移住者とその子孫を指す「老華人」という用語も現れている。日本では国籍の如何にかかわらず「華僑」という語が好んで使われる傾向がある。したがって、日本に居住する福清出身者を主な対象とする本書では、基本的に「華僑」という語を用いるが、必要に応じて「華僑華人」を一括して表現することもある。また、便宜上、戦前に移住してきた中国人のことを「老華僑」、一九八〇年代以降に来日した中国人を「新華僑」という語で表すこととする。

### 3―3　エゴ・ドキュメントというアプローチ

一九七〇年代以降、言語論的転回、文化論的転回、空間論的転回など、「大きな歴史」のみを扱ってきた従来の歴史学が再考されるなか、歴史叙述の構築性、国民国家の相対化などとともに、個人史（主体）の復権も現代歴史学の主題として関心を集めてきた。歴史学およびその周辺の諸分野において、宗教の異端者や政治的リーダーのような「例外的個人」ではなく、より日常生活に密着した「普通の個人」も分析対象とされ、またボトムアップの観点から越境する個人の主体に焦点を当てるようなアプローチが増えつつある〔長谷川、二〇二〇、二頁〕。そこで「一人称」で書かれた資料を示す歴史用語「エゴ・ドキュメント」が用いられているが、「エゴ・ドキュメント」に括られたもの、あるいはその同義語として使われているものには、ライフ・ヒストリー、ライフ・ストーリー、ライフ・ライティング〔生活誌〕、個人の語り〔パーソナル・ナラティヴ〕、個人の証言〔パーソナル・テスティモニ〕、証言〔テスティモニ〕など以外にも、史料形態としての書簡、手紙、日記、回想録、自伝、写真、アルバム、歌、自画像などもある。そのいずれもが、個人の言葉や視点を通じて過去を語り、再構成するものとなるが、「エゴ」ないし「自己」と呼ばれるものは、自律的個人というよりも人的な結合関係のなかから発生するもので、その主体を「関係論的に構成された個人」と解釈されるのが最近の傾向であるという〔長谷川、二〇二〇、五頁〕。アプローチとして「エゴ・ドキュメント」を用いるメリットは、「エゴ・ドキュメント」は、語り手の視点から外側の世界をみる手段であり、記憶・感情・欲望・知識・意味などの主観性を考察しうる」ところにある〔長谷川、二〇二〇、八頁〕。

本書において、「エゴ・ドキュメント」を多用する。その理由は、まさに「普通の個人」であり、生活者としての視点から福清出身華僑の全体像を描き出すことと、福清出身華僑の生きる微視的な世界を出発点に、エスニック集団としての華僑および彼らが置かれた近現代の日本、日中関係の歴史の全体像を再構想してみるという本書の動機にある。また、本書で扱う「エゴ・ドキュメント」には、同じ家族〔宗族〕の複数メンバーへの複数回のインタビューに基づくライフ・ヒストリーや家族誌、華僑から提供された写真、アルバム、手紙、名簿、歌、回想録、手記および自伝などが含まれている。

## 4　本書の構成

本書は、序章と終章を除いて、一〇章から構成されている。序章では、日本における福清出身移民の概況を紹介し、問題提起したうえで、先行研究について検討し、本書の視座と研究方法を提示する。

第一章では、まず福清出身者が日本へ移住した歴史を整理したうえ、一九世紀末から二〇世紀初頭にかけて移住してきた福清出身者のほとんどが従事していた呉服行商の実態について、当時の新聞記事やインタビュー資料などに基づいて分析する。第二章では、ある福清出身の呉服行商人の回想録に記された行商の風景を通して、当時福清出身華僑の生活、生業の舞台でもあった、近代日本の農村における農民の生活、物流、および都市化などのダイナミズムを描き出す。第三章では、数名の華僑のライフ・ヒストリーを各種のドキュメントと結び付けながら読み解き、戦時下から戦後にかけての福清出身者の移動と暮らしをミクロな視点から分析することで、特殊な時期における華僑生活の実態を明らかにしていく。

第四章では、主に熊本県、鹿児島県在住の数名の華僑の家族誌を通して、福清出身者が戦後の混乱期を経て経済的資本を積み上げ、呉服行商から脱却しつつ、スーパーマーケットをはじめとした多角的経営に転換していったプロセスを分析する。と同時に、戦後の熊本、鹿児島など地方における華僑華人社会の再編過程を考察する。第五章では、三重県尾鷲市と島根県出雲市在住の華僑の家族誌をその居住地の産業構造の変化や商店街の発展などと結び付けながら、戦後における福清出身華僑の都市間移動および職業の転換を促す要因を探る。それと同時に、両地域における華僑華人社会の戦後の再編を合わせて整理する。また、本書の中間まとめとして、日本の流通革命と福清出身者の職業との関連性について分析する。第六章では、二世華僑が主体となって組織した全国的同郷組織、旅日福建同郷懇親会の設立過程を通して、日本に生まれ育った二世の同郷者意識を分析する。

第七章では、福清出身者が故郷の伝統として受けついできた、死者供養の儀礼「普度勝会」に見られる他界観の変容を通して、世代交代の中での帰属意識の変化を分析する。第八章では、一九八〇年代に新たに福清から渡った新華僑と従来の華僑の「血縁的」、「地縁的」つながりを文化的制度としての「故郷」というカテゴリーから見直すことで、華僑と故郷との相互関係、福清出身者ないし華僑コミュニティの在り方を考察する。第九章では、福清に出自を持ちながら、民族、国家というカテゴリーを超越したスタンスから、人類共通の諸問題に関心を持ち、絵本や詩などの創作に取り組む葉祥明のライフ・ヒストリーおよび作品を通して、「移民」と「国家」の関係について考える手掛かりを探る。第一〇章では、これまでの文化人類学の領域における華僑華人研究を振り返り、いくつかの重要概念と理論を検討することで、今後の華僑華人研究の在り方を考えてみたい。終章では、本書のまとめと今後の課題を提示する。

本書は、二〇一三年より実施してきた福清出身者に関する調査・研究成果の一部をまとめたものである。これまで公表した論文や研究ノートを基に、修正・加筆した内容が多く含まれている（各章の初出はあとがき参照）。議論を展開するために、一部の内容が重複していることをあらかじめご容赦いただきたい。

★1　台湾は平潭出身者を恐れる、アメリカは亭江出身者を恐れる、イギリスは長樂出身者を恐れる、日本は福清出身者を恐れる、世界は福建出身者を恐れる。平潭、亭江、長樂、福清の四地域はいずれも福建省の中で有名な移民送出地区である。

★2　『在留外国人統計』二〇一三年版より、それまで「中国」の一つの省とされていた「台湾」は一つの「国・地域」として設けられたと同時に、中国各省別の在留中国人数統計表が廃止されたため、『在留外国人統計』二〇一二年版までの各年版は、中国各省出身者の人数を推測する貴重な手掛かりとなる。

★3　近年、東北三省からも多くの移民が送り出され、福清出身者同様世界各地に散らばるようになった。東北三省は移住者を歴史上送り出し続けてきた点において福建省と相似しており、興味深い比較対象となりうるが、来日した東北三省の出身者は本書で検討する福清出身者とは来日の背景やコミュニティ形成などにおいて異なっているため、それについての検討は別稿に託すこととする。

★4　ごくわずかだが香港経由の密航など特別なルートで来日した人もいた。

★5　日本に戦前から移住した老華僑については、新華僑と関連するものとして、神戸在住者に関する僅かな調査研究〔許・安井、二〇〇五：李主編、二〇〇五〕のみに留まっている。

★6　「未開」の地を対象としてきた文化人類学が「日本」を、「日本」を対象としてきた民俗学が日本以外の地域をと、それぞれ研究範囲を広げはじめ、近年相互に歩み寄る傾向が強く見られる。

# 第1章　福清出身者の日本移住と呉服行商

## はじめに

内田直作によれば、近代日本における華僑社会の形成は、三つの段階を経ている。その最初の段階は、一八五八年日米修好通商条約の締結、いわゆる安政開国の後、外国商社に所属する買弁やコック、あるいは使用人の名目で来日した者と、外国商社の名義を借りて進出した商人であった。この段階では日中（清）間は条約が締結されておらず、華僑はまだ非条約国人であったが、外国商社との特殊な関係によって、外国人居留地の一角に居住することを許されていた。横浜中華街の前身となる南京町はこのような経緯で形成された。第二の段階とは一八七一年に日本と中国（清）との間に日清修好条規が締結された後である。この時期、華僑は独自の貿易商としての来日が可能となり、彼らの集合地帯として外国人居留地から離れ、日本人との「雑居地」を形成した。このパターンの典型的な例が神戸南京町である。そして第三の段階で、一八九九年に条約改正による治外法権の撤廃と内地雑居令の公布により、貿易商以外の雑業者の内地進出が許されるようになった〔内田、一九四九、三二一頁〕。

本書で議論する福清出身者は、主にこの第三段階、つまり一八九九年以降に雑業者として来日した者である。しかし、この近代的移民の源流は、歴史上、地理的に隣接する福建省と日本の間を行き来していた人々と長崎との関係性にあった。明治以前の福清（福建）出身者をはじめとする日中間の人的往来が、日本が近代国家を目指す明治政府に移行した際に、国籍、職業、資産など明確な基準によって制限・区分されるようになった。このなかで長崎貿易時代および明治初期に経済的地盤を築いた先来の福清出身者が一八九九年以降の同郷・同族者の移住・定住にとって極めて重要な役割を果たした。以下では、江戸時代までさかのぼり、福清出身者による日本への移住を整理したうえで、近代日本における福清出身者の移住を見る。

## 1　福清人の日本移住の歴史

### 1―1　国内移住の延長線にある海外移住

一九九〇年代、華僑の海外移住を漢民族の国内移住と「同一平面上で」捉えるべきだとする主張が現れた〔可児編、一九九六〕。これは、華僑を多く送り出してきた華南地域を中心とする、「僑郷」における歴史・社会・文化の諸要素を総合的に考察することで、華僑の移住・定住の原理を説明しようとしたものである。すなわち、人々の移住を長いタイム・スパンで見る際に、それぞれの移動が独立して行われるのではなく、常に移住先の先端部分から隣接する他地域への再移住が繰り返されるものと定義付けたのである。とりわけ余剰労働力や自然災害など外部からの刺激があるたびに、先端部分の「開拓精神」が再生・活性化され、長期にわたって引き継がれていく、と詳解した〔西澤、一九九六、一四頁〕。漢族が中原地域から陸続きで移住を繰り返したどり着いた福建から、さらに海外に出ていくというのは、繰り返された彼らの移住活動の一部に過ぎないということが言える。

そもそも漢族による中原からの移住は、福建の開発に伴って進んだ。福建の開発は、唐時代の安史の乱以降、北方難民の南下避難の地として画期的発展を遂げ、唐中期より北宋にかけて進んだ〔日比野、一九三九〕という。教養のある文化人も含め中原の民は続々と移住し、経済的にも文化的にも発展を遂げた。閩学は南宋思想界をリードし、宋末、閩の儒学は東南の甲とされた。宋の中期から労働人口の過剰や貧窮が現れるようになり、活路を求めるべく、他地域へ（再）移住をする人々が増えていった。

福建の西部と中部にそびえる武夷山脈などの山々が、福建省と隣接区域、および省内の陸路交通を困難にしていた。そのため、水路または海路による交通が発達した。宋の時代から、水路を通じて、福建人の足跡は国内では、両広、両浙、山東、南京に、海外では、高麗、日本、南海の諸外国に及んだ。福建南部、閩南地方の泉州、漳州は台湾への移住が多かったが、北部の福州府は東南アジア、その次に日本へ多く移住した。

福建省の北東部にある福清県（唐の時代は福唐県と称され、九二三年に福清県と改められた）は、元代になって、海運が盛んとなり、福清出身の海商を輩出した。「福清頗有海船之利、其人学不遂、則行賈于四方」、「什三治儒、什七治賈」[★1]とあるように、従来、福清の人々は故郷を離れ、商業に従事する者が多かった。

日本には、明の時代からすでに漳州、泉州、福州、興化などの福建出身の商人が多く来日し活躍していた。このなかに多くの福清出身商人もいた。例えば、万暦年間（一五七三—一六二〇年）、福清人の林清は長楽人の王厚と共同で商船を製造し、数名の船員、財副、ガイド、通訳を雇い、商人を募集して商品を満載して日本に向けて出港した、とある〔寥、二〇〇五、二七六頁〕。

## 1―2　日中間の人的往来と九州の唐人町の形成

元末明初、中国の沿岸部で活動していた倭寇からたびたび襲撃を受けたため、一三七一年、明は海禁令を発布し、官民問わず私的出海を禁じた。しかし明の嘉靖年間（一五二二―一五六七年）、広州における外国商船の受け入れや日明勘合貿易の中止によって、特に福建や浙江一帯での密貿易が盛んになった。嘉靖二三年から二五年の間、数百名の福建商人が日本との通商を行っていたとされている〔傅、二〇〇七〕。一六世紀以降、石見銀山などの鉱山開発が進み、日本における銀の生産量が増加すると、慢性的銀不足に悩む中国から、多くの海商が安価の銀を求めて、日明間の貿易に加わった。一六世紀後半から一七世紀にかけて、長崎に渡航する中国商船は増加の一途をたどった。大量の商船とともに数多くの商人と船員が来日した。それ以外にも、明末の戦乱を逃れるために来日し「居住を願う者」が多かった。この頃、華僑が日本へ継続的に定着し始め〔内田、一九四九、五一頁〕、各地に華僑社会＝「唐人町」を形成していった。

福岡、長崎、平戸、熊本、鹿児島など九州各地に「唐人町」や「唐房」など「トウジン」にまつわる地名が多く存在している（いた）ことが、この時期、多くの中国人が唐船に乗って来港し、現地で居住していたことを物語っている。来住中国人には、中国船との貿易を仲介する者が多くいたが、それ以外にも、各種の職人がおり、大名によって、彼らの居住地域として唐人町が設定された。当時の来住中国人の多くは、日本人女性と通婚した。彼らの子も、ほぼ例外なく日本名を名乗り、早くから日本社会に同化したこと、鎖国前から唐船貿易が漸次長崎に集中するにつれ、九州各地の在住中国人の多くが長崎に移住したため、一六世紀以降に出来上がった各地の唐人町は、一六三〇年代以降、次第に姿を消して、現在は地名としてしか残っていない〔荒野、一九八七〕。

## 1―3　長崎来住中国人と唐人屋敷

一五七〇年、マカオから来航したポルトガル船のための港として開港されるまで、長崎は大名大村純忠の領内の漁村だった。一六三九年、徳川幕府によってポルトガル船の来航が禁止された後は、鎖国時代を通じて唐船・オランダ船との貿易が行われた。慶長年間（一五九六―一六一五年）には、長崎に来航する唐船は年間六〇隻を超え、長崎に居住する唐人も現れた。一六三五年、幕府による貿易統制の為、唐船の来航が長崎一港に限定された。欧陽雲台や何三官など六名の中国人が唐年行司に任命され長崎の唐人の管理にあたった。一六四一年、平戸のオランダ商館が出島に移された後も、唐船に乗って来航する乗組員と商人は長崎市中の船宿に自由に滞在することを許されていた。

一六八九年、幕府はキリスト教と密貿易の禁止を目的に、長崎に来航する中国人の住居として十善寺村に唐人屋敷を建造し、彼らの行動を制限した。唐人屋敷の中に、中国人の生活に必要な唐館（二階建ての住居）、風呂屋、関帝堂、天后堂（媽祖堂）、土神祠のほか、札場と呼ばれる六五〇坪の敷地があり、生糸の値組（売買の契約を結ぶこと）や反物・荒物の入札など輸入品の取引が行われた。そのほかにも、居住の唐人相手に魚、野菜、酒、調味料などの生活用品や小間物、伊万里焼、海産物などの輸出雑貨を売り込む商人の出店があった。唐人屋敷へは、唐人屋敷専門の遊女を除いて、一般日本人の出入りが制限されていた。また、唐人が唐人屋敷から外出することも禁止されていたが、一六九九年以降、媽祖生誕祭や諏訪神社の祭礼の見物など、年に二度の外出は恒例となった。

唐人屋敷の建造によって、密貿易が途絶えることはなかった。唐船からの抜荷や日本人による窃盗以外にも、通事などの役人、出入りの商人や遊女、さらに唐寺を通じての広東人参などの輸入品の抜買があったのである。一八三五年、外出した唐人による輸入品の密売が発端となった騒動があり、一八〇人が捕縛され、七五人が一時大村の牢に収容された〔八百、二〇〇五、一二三―一二四頁〕。要するに、長崎貿易時代、「密売」の形ではあったが、来崎の中国人による地元の人々を対象とする取引が一般的に行われていた。そしてこれが明治以降、福建人をはじめとする中国人商人の活動の社会的・文化的基盤にもなったのではないかと考えられる。

## 1―4　唐四箇寺と華僑社会の細分化

江戸幕府はキリスト教の布教およびその信者を取り締まるべく、慶長一七年（一六一二年）に禁教令を発布し、それと同時に日明貿易を長崎一港に限定した。これに対し、キリシタン宗門に属さないことを証明し、安全な貿易関係を保持するために、当時長崎に在住する華僑は相次いで幇別に唐寺を建立していった。一六二三年南京方面の船主らによる興福寺（俗称南京寺）、一六二八年泉州方面の船主たちによる福済寺（俗称泉州寺、のちに漳州寺）、一六二九年に福州出身者による崇福寺（俗称福州寺）、いわゆる唐三箇寺である。そして一六七八年に、俗称広州寺の聖福寺が建立されると、長崎の華僑社会の細分化は、それぞれ三江（南京）幇、泉州幇、福州幇、広幇の四幇別に基づく唐四箇寺（四福寺）に象徴的に現れることになった。なお、一六八四年に鄭成功一族の降伏より清の海禁鎖国が終結するまでは、来崎の海商も半ば海賊か流亡者、すなわち本国政府の保護を受けていない者ばかりで、彼らによって「自主的、かつ地方別に秩序整然と」建立された唐四箇寺は、神明の祭祀・祭礼以外、葬礼、饗応、寄進など同郷者の相互扶助団体としての役割も果たしてきた〔内田、一九四九、五二―五四頁〕。

四幇のうち福州幇は、清代福州府の出身者を指し、三山幇ともいう。彼らは造船・操船技術に長けており、初期の長崎貿易において優位に立っていた。一七一五年、金、銀、銅の海外流出と密貿易を防ぐために正徳新令が出され、来航の船と貿易額が制限されたため、そこから福州幇は弁銅貿易から敗退し、貿易商の優位を江浙商人に譲った。以降、福州出身者は江浙商人の南京船、寧波船の船頭〔総管〕、舵工、水手などの乗組員として雇われ、生き残りを図った。また、福州出身者と一口に言っても、そのほとんどが福州府福清県の出身者であり、日本では、福州幇は実質上存在せず、福清幇が優勢を占めてきたといえる★2〔許、一九八九、六〇頁〕。

## 1―5　福清出身者と呉服行商

華僑華人に限らず、同族・同郷者の紐帯を頼りに移住を果たす移民の特徴の一つは、同族・同郷者で特定の職業を独占することである。明治時代、特に雑居令以降、ほとんどの福清出身者が小売りや行商に従事するようになった理由は二つある。一つは彼らの経済的基盤が弱く、広東や福建南部の出身者のように貿易商としての進出が困難だったため、わずかな資本で始められる商売として小売りや行商〔雑業〕につきやすかったことであり、もう一つはこれまで述べてきた通りに、長崎貿易時代に蓄積されてきた諸々の経験が重要であったことである。

福清出身者と呉服行商との歴史的関連性について、許〔一九八九〕は「日本における福州幇の消長」において、日本における福清出身者による行商の嚆矢は、長崎来航の唐船の乗組員による別段売荷物の個人貿易ではないかと推測する。オランダやイギリスの東インド会社の貿易船と日本の朱印船と同様、唐船も船員に対して別段売荷物として一定量の荷物を積載し、個人貿易を認めていた。そこで砂糖、焼物、小間物、反物、人参、麝香《じゃこう》など多様な品物が取引された。一八三〇年頃、下級船員の個人貨物が目立ち、別段売荷物の中の砂糖以外の品は中国で入手困難になるほどだった。貨物は軽量で売値の高い品物に集中し、絹織物や反物が歓迎されていたようだった。これらの船員、特に下級船員の多くは福州府出身であった。幕末に弁銅貿易が衰退し、一八六六年御用銅の廃止に伴い銅貿易は終結したが、長崎の居留中国人や来航船主、乗組員は、弁銅時代に反物や絹地を売りさばいた経験から、明治に入った後も、本国から持ってきたものや日本製の商品を行商していたのではないかと許は推察した〔許、一九八九、六四―六五頁〕。

以上のように、幕府による開国に至るまでの長い間、長崎を窓口とした中国等の諸外国との貿易のなかで、長崎において出身地ごとに菩提寺を建設・維持する四つの方言集団から構成される中国人社会を形成していたこと、他地域と異なり、新たな構成員の流入や本国（故郷）との行き来によってその地方色が保たれたことがうかがわれる。幕末開港後、長崎の中国人の一部がいち早く神戸などほかの開港場に移り、新天地を拓いていった。それと同時に、彼らと血縁的・地縁的つながりを持つ同族・同郷者が、中国本土から新たに流入し、近代日本の華僑社会を形成していった。福清出身者も、雑居令以降、長崎に基盤を築いていた同郷者を受け皿として、同郷・同族の紐帯を頼りに大挙来日し、長崎から九州、そして西日本、東日本、北海道へと広がっていった。以下では、呉服行商人が日本全国へ広がっていくその前段階として、明治初期の様子を見てみよう。

## ２　明治初期の福清出身者

### ２―１　安政開港後の中国人社会の形成

幕末までの長い間、日中間を往来していた中国人の滞在と居住は、長崎をはじめとする九州地域に集中していたが、安政開港以降大きく変わっていった。一八五八年の日米修好通商条約締結後、長崎、函館、新潟、横浜、神戸などが欧米商人に開港され、欧米商人に追随して大勢の中国人が買弁やコックなどの名目で広東（広東幇）や上海（三江幇）、厦門（福建幇）などから来日した。一八七一年に日清修好条規が締結され、在日中国人の権益が合法化されると、一般商人の来日も許可され、先来者との地縁、血縁を頼ってさらに多くの華僑が日本にわたってきた。彼らは、外国人居留地の一角（またはその隣接地）に集中して居住するようになり、のちの中華街（南京町）の原型を形作った。

また、この時期、すでに貿易商以外の雑業者の来日があった。その中で、三江幇の洋服仕立て商に次いで多かったのは呉服行商人であったという。例えば、一八八二、三年頃、大阪で「福建辺の行商人も相当みられた」（内田、一九四九、三一二頁）し、一八九七年頃の神戸には、出身地は不明だが、七、八名の行商人がいて、各自に中国からシルク、緞子、麻などの反物を輸入し日本で販売していた（鴻山、一九七九、二三二頁）。

### ２―２　長崎の福清出身者とその職業

雑居令が発布された一八九九年までは、福清出身者は長崎に集中していた。明治政府は、長崎、横浜、神戸、函館などの開港場にきた中国人に対して「籍牌」★3制度をもって管理しており、明治初期の長崎在住の中国人社会とその主要構成員である福清出身者の概況は、長崎県立図書館所蔵「清民人名戸籍簿」（明治一一年）

などを手掛かりにうかがうことができる。

一八七八年に、長崎の在住中国人（登録者）は四七六人で、うち二四〇人が福建省出身であった（ほかは、広東省一五一人、浙江省四二人、江蘇省三四人とその他（不明を含め）九人となる）。さらに二四〇人の福建人のうち、福清県出身者は半数近くの一〇七人いた（同安県九七人、海澄県九人、その他二七人）。当時在住中国人の四分の三（三六一人）が新地と広馬場に、その他は大浦、梅崎、浪平の地域に居住していたが、福建人は、大浦に居住した同安出身者一人を除き、すべて新地と広馬場に集中していた。新地はのちに長崎の中華街の土台として発展していったが、広馬場は新地と唐人屋敷をつなぐ位置にあり、やはり多くの商店が集中した。当時の一〇七人の福清県出身者は、新地に六三人、広馬場に四四人がそれぞれ居住していたが、職業の内訳をみると、京貨商（六〇人）、行主（二人）、商人（二四人）と号伴（六人）、剃頭工（二人）、裁縫匠（一人）、什貨商（一人）、麺店（一人）〔布目、一九八三、二四〇―二五三頁〕とその他妻子一〇人となっており、商人がその大半を占めていた。

中国江南地域では、清末から絹綿織物や衣服、帽子などを扱う「京貨舗」と称される店舗が存在していた。「京貨」とは文字通りに「京《みやこ》の商品」を指すが、実際に扱われていたのは絹綿織物などの反物、すなわち「呉服」とその周辺の雑貨であり、したがって「京貨商」は、呉服の販売に携わる人々だと考えられる。一八七八年当時、長崎にいた六〇人の京貨商（呉服商）は、行商なのか座商なのかその販売形態こそ不明であるものの、のちに日本全国に分布するようになった主に「呉服行商」に従事した福清出身華僑の先駆とみなしてよいだろう。

## ２―３　福清出身華僑の先駆者

引き続き、「清民人名戸籍簿」（明治一一年）を頼りに、雑居令以降に来日した呉服行商人の先導となる明治初期の福清出身者に注目してみる。一八七八年に長崎に滞在した中国人は四七六人で、上等籍牌受領者七四人のうち、福清出身者は益隆号行主張恒坤のみであった。当時、益隆号の「行伴」、つまり店主の連れとして登録された三人は、福清出身の張加堅と林欽増および、浙江鎮海出身の王沛泉であった。また、籍牌が下等ではあったが、盛隆号行主として登録された張恒坦も福清出身者であった。

筆者が福清市龍田鎮上一村で入手した清河張氏族譜（一九九二年編）によれば、恒坦と恒坤は四人兄弟の次男と四男で、加堅と恒坤兄弟は、ともに福清県塘北村の出身で、仕慎公を共通の祖先に持つ遠い親戚関係にあったことが確認できる。また、上記「戸籍簿」によれば、恒坦と恒坤は一八六八年八月二四日に来日したとされ、登録時（一八七八年一月二一日）はそれぞれ三四歳と二七歳であった。「戸籍簿」に記載された来日の年月日は直近の着港日であり、当時はほとんどの華僑が長崎と中国本土との間を行き来していたため、「戸籍簿」の来日年月日が彼らの最初の来日かどうかの判別は困難である（布目、一九八三、一九六頁）。しかし、盛隆号と益隆号はそれぞれ長崎新地五番と六番にあり、兄弟は互いに頼って来日し、商売をしていたことは間違いないだろう。戸籍簿で一八七六年の来日と記されていた加堅も、遠い伯父に当たる恒坤兄弟を頼りに来日したと推測される。

当時、益隆号は、三人の行伴しかいない小規模な商社であったが、閩南（福建省南部）同安県出身者が支配的だった当時の長崎の華僑社会においては、多くの福清出身華僑の拠り所であったと考えられる。一九二一年頃、恒坤の次男則浩が父の事業を受け継ぎ、錦昌号を創業した。一九二四年頃から花火も扱うようになり、「新地の花火屋」として親しまれてきた。則浩の五男兆明が跡を継ぎ、現在は兆明の三男仁春が店を経営している。[4] 一方、一八七六年に来日したとされる張加堅は、長崎の広馬場で衣料店を経営し、六人の息子をもうけた。その五男福義（兆鍾）は日本人女性橋本初子と結婚し、京都で理髪店と呉服店を経営する傍ら、中華民国福州同郷会京都本部（一九二四年成立）の会長を務めていた。このように、恒坤と加堅はそれぞれ日本での地盤を築き、その子孫は、商売または結婚をきっかけに日本各地に広がっていった。[5] そのなかには、居住地の華僑コミュニティでリーダーシップを発揮してきた者も少なくはない。

親戚にあたる益隆号張一族を身元保証人に、一八九二年に、福清出身の陳平順も来日した。平順は益隆号から資本金を借りて、リヤカーに反物を積み、遠くは長崎の南東にある島原まで行商をし、資金を蓄えた。一八九九年に広馬場に、中国料理兼旅館四海樓を開業し、従業員三〇人を雇うまでになった〔陳優継、二〇〇九〕。そのあと、四海樓も長崎に上陸した同郷者の受け皿となり、彼らが生活、生業が安定するまで住居、食事および情報を提供する場となった。

長崎港の中国との地理的・文化的結びつきにより、長崎で経済的基盤を先に築いた華僑たちは、おのずと後来した中国人、特に同郷者たちの受け皿となったと考えられる。こうした先駆者によって一八九九年に設

**資料 1-1　1915 年から 1942 年にかけて行商と呉服行商に従事した華僑の人数（人）**

| 年 | 行商 | 呉服行商 | 在日華僑 |
|---|---|---|---|
| 1915 | 不明 | 不明 | 12046 |
| 1920 | 不明 | 836 | 14258 |
| 1922 | 1984 | 1214 | 16936 |
| 1924 | 1706 | 1302 | 16902 |
| 1925 | 1568 | 1298 | 20222 |
| 1929 | 4422 | 3243 | 29500 |
| 1930 | 3391 | 不明 | 30836 |
| 1931 | 2923 | 2482 | 19135 |
| 1932 | 1750 | 1510 | 17819 |
| 1933 | 2055 | 1803 | 19932 |
| 1935 | 2823 | 2546 | 26203 |
| 1936 | 3033 | 2747 | 27090 |
| 1937 | 1490 | 1197 | 15526 |
| 1938 | 1177 | 946 | 14807 |
| 1940 | 1255 | 1102 | 19453 |
| 1942 | 781 | 不明 | 不明 |

各年の行商および呉服行商の人数は張国楽、2010「日本における福清呉服行商に関する研究」65 頁を、在日華僑の人数は中華会館編、2013『落地生根——神戸華僑と阪神中華会館の百年』413 頁を参照した。

立された三山公所は、急増する福清出身移民に対応するための同郷団体であり、初期の福建系華僑が頼れる唯一の「公的機関」の役割を果たすものであった。また、三山公所が年に一度崇福寺で開催する伝統行事「普度」[★6]は、京都と神戸でも行なわれるようになる一九三〇年代までの間、日本各地から福建系華僑が集まり、親睦を深め、情報を交換する重要な場であった。在日華僑社会のなかで、特に福清出身者が長崎に特別な感情を持ってきた所以である。

## 3　呉服行商人の福清出身者の来日とその実態

### 3―1　福清出身行商人来日の法的根拠

大勢の福清出身者の来日を促したのは、一八九九年に発布された内地雑居令と勅令三五二号である。幕末期に日本と欧米諸国の間で締結された不平等条約は一八九九年に改正され、それに伴って内地雑居令も発布された。明治政府は、非改正条約国である中国居留民に対しても、日清戦争中の取り締まり法案に代わる管理法令制定の必要があると判断し、立案審議の結果公布されたのが、勅令三五二号である。勅令は「条約若ハ慣行ニ依リ居住ノ自由ヲ有セサル外国人ノ居住及営業ニ関スル件」と題されているが、実質上、非改正条約国の清国人を対象とする、労働移民を禁止する主旨のものであった。勅令三五二号とその施行細則の内務省第四二号令により、「労働者」、つまり、農業、漁業、工業、土木建築、製造、運搬などいわゆる単純労働に従事する者の入国を制限した。禁止の対象は当初「労働者及び行商」[★7]となっていたが、枢密院審議において議論された結果、行商は禁止の対象から削除され〔許、一九八九〕、大勢の行商人の来日および日本各地への進出が可能となったのである。

以来、新たに来日した中国人の職業はいわゆる「三把刀」業（中華料理、裁縫、理髪の三つの業種を意味する）と行商、すなわち前述した「雑業者」に集中していくことになった。そのなかで、福清出身者は同郷・同族紐帯を頼りに次々に来日した。このようなチェーンマイグレーション（連鎖移民）の移住形態によって、一九二〇年代から一九三〇年代には、約三〇〇〇人に及ぶ福清出身者が来日し、各地で呉服行商を営んでいた（資料1―1、1―2）。

## 3―2　入国から呉服行商人になるまで

福清出身者を含め、中国人の海外移住において、父系血縁を基にする同族関係だけではなく、妻や母方の親戚、姉妹の夫などの姻戚関係、あるいは単なる同郷者など、ありとあらゆる「関係《グァンシー》」（ネットワーク）が活用されている。元来、共通の方言や文化を持つ近隣の村から嫁を貰う習慣がある福清では、村と村の間は、代々にわたる姻戚関係によって、外部に見えない複雑な関係網が作られており、村人の各地への移住とともに同郷者ネットワークがより広範囲に広がっていった。福清出身者は地理的理由から「南洋」（今日のインドネシア、マレーシア、シンガポールなど）や日本へ移住したが、一九世紀末期、長崎の既存の同郷者ネットワークを生かし、福清地域の、特に高山鎮およびその周辺の村から多くの人が日本に渡った。

戦前における福清出身者は、たいていの場合は、すでに海外で基盤を築いた、一時帰国の兄弟や親戚に同行する形で日本（海外）に渡った。彼らは出身村に近い港から小さな船でまず福州の馬尾港まで行き、そこからやや大きい船に乗り換えて、上海に向かう。上海で数日間滞在しつつ、日本への入国準備（所持金の調達や入国手続きなど）を済ませたら、長崎（のちに神戸や函館）行きのフェリーに乗って日本に向かう。一九二三年まで中国人は無査証で上陸できたが、一九二三年以降、「労働者」として働く中国人の来日を防ぐため、上陸した外国人は税関で所持金を見せることが義務付けられるようになった。福清出身者には、無一文で来日する新来者が多く、先輩華僑が先に上陸し、知り合いの同郷者にお金を借りて迎えに来るようなこともしばしばあったという。[★8] 長崎で上陸した者は、まず四海樓や福岡の福新楼など先輩華僑のところで商売や仕事に関連する情報を収集し、今後の生活プランを立てる。のちに先来の兄弟や親戚の家に移動し、そこで同族・同郷者と数人、場合によっては十数人と共同生活を始め、呉服行商に関するノウハウを身につけたのちに、商売を始める。

行商人たちは、最初の頃は中国から輸入された絹綢《けんちゅう》、緞子、麻、羅《うすぎぬ》類を扱っていた。一九〇二年から三年頃、輸入税が高くなって以降、日本産の織物を扱うようになった〔鴻山、一九七九、二三二頁〕。都市部のみならず、農村、漁村、山間部および離島と、日本の津々浦々を行商人たちは歩き回った。一定の資金が蓄積された行商人は、先輩の伝手で地元の問屋から反物などを仕入れ、同

**資料１－２　日本都道府県呉服行商人数分布表（人）（1936 年 12 月末時点）**

| 都道府県 | 呉服行商 | 府県 | 呉服行商 | 府県 | 呉服行商 | 府県 | 呉服行商 | 府県 | 呉服行商 |
|---|---|---|---|---|---|---|---|---|---|
| 北海道 | 122 | 千葉 | 42 | 長野 | 3 | 鳥取 | 26 | 福岡 | 253 |
| 東京 | 190 | 茨城 | 8 | 宮城 | 60 | 島根 | 39 | 大分 | 84 |
| 京都 | 68 | 栃木 | 4 | 福島 | 1 | 岡山 | 65 | 佐賀 | 66 |
| 大阪 | 453 | 奈良 | 20 | 岩手 | 27 | 広島 | 81 | 熊本 | 101 |
| 神奈川 | 46 | 三重 | 19 | 青森 | 12 | 山口 | 50 | 宮崎 | 79 |
| 兵庫 | 134 | 愛知 | 46 | 山形 | 6 | 和歌山 | 27 | 鹿児島 | 116 |
| 長崎 | 242 | 静岡 | 34 | 秋田 | 4 | 徳島 | 27 | 沖縄 | 12 |
| 新潟 | 1 | 山梨 | 20 | 福井 | 20 | 香川 | 30 | | |
| 埼玉 | 1 | 滋賀 | 3 | 石川 | 17 | 愛媛 | 35 | | |
| 群馬 | 13 | 岐阜 | 1 | 富山 | 3 | 高知 | 41 | | |
| 合計 | | | | | | | | | （ママ）2747 |

張国楽、2013「日本における福清呉服行商について」405 頁、『昭和十一年中に於ける外事警察概況』、不二出版（復刻）、1987 年、555-558 頁を参照した。

郷の行商人に貸し、品物の利潤と利息を収入とする卸業者となる。みずから売り歩くことなく、もっぱら呉服の卸しをする人たちは、当時の公的統計では、「親方」と記され、彼らの下で反物を借りて売る人は、「売り子」とされた。この親方と売り子の仕組みについて次項で述べる。その多くが一〇代のうちに来日した福清出身の行商人は、ある程度経済的基盤を築くと、親同士が決めた女性と結婚するために、いったん故郷に戻り、結婚式の後また単身で日本に戻る、という家族戦略をとっていた。日本で稼いだお金は、自分の生活に必要な分を除いて、故郷にいる妻子、親、兄弟に送金するか、帰国の際に持って帰った。一九三一年九・一八事変、一九三七年日中戦争の全面勃発、さらに一九四一年の太平洋戦争、日中関係や世界情勢が大きく変動するたびに、帰国者が出ては、その後また日本に戻った。あるいは、故郷にいる妻子を呼び寄せるなど、福清出身者は全体として流動的な様相を呈しながら徐々に定住傾向を強めていった。

### 3―3　呉服行商と「親方制度」

戦前に日本全国で呉服行商していた中国人は、少数の山東省出身者を除き、ほとんど福清出身者であった。福清出身者の特質として、彼らの「独特の行商事情」、つまり、緊密な同郷・同族紐帯に基づく親方・売子制度の存在がよく指摘されている〔鴻山、一九七九：許、一九八九、六七頁：張国楽、二〇一〇〕。

華僑の中で親方制度ができたのは、一九一三、四年頃、福州人翁縄堂が多数の売り子を置いたのが最初だと言われている〔鴻山、一九七九、二三二頁〕。鴻山俊雄は、神戸の呉服行商人を例にその内部組織について以下のように記述している。

「〔内部組織に〕親方である頭家《タウカ》のもとに脚少《カシャウ》（売子）がいる。頭家は最少四、五千円最高三、四万円の資本をもち、三、四十名の売子を抱えているものもある。頭家は本国に居住している知人、友人の渡来希望者と話し合いのうえ、脚少として渡来することに応諾し、来神することとなる。脚少は渡来後、親方から資本として三百円乃至五百円の価格に相当する呉服を借り受け、行商に出て毎月売却した額だけさらに親方から補給を受ける。親方は利息として大体六、七分の口銭をとり、天引きした金額に相当する呉服を支給する。売子は平均月最少二、三百円、最高五、六百円の売上げをすれば、普通三割乃至三割五分の利益があるので、月額平均九十円乃至二百円くらいの収入を得ていた」[★9]〔鴻山、一九七九、二三三頁〕。

売子は来日後しばらくの間、食事など同居者の世話をしつつ、日本での生活に慣れていく。その後、半年ほど先輩に伴われて各地方へ行商に出るが、行商の要領を覚え、日本語もわかるようになると、一人で各家を周り行商するようになる。馴染みのある得意先ができると、そこに定期的に通う。行商人たちは互いの商圏を冒さぬよう、遠くまで出かけ、数日から数か月の間、旅館住まいをしながら行商をすることが珍しくない。旅先から売り上げを親方に送金すると同時に新たな品物の送付も依頼する。まじめで商売も上手な売子には、親方は貸金に制限をつけず、二、三千円も貸し与えるが、そうでないものには当初に貸した金額以上は貸さない〔鴻山、一九七九、二三三頁〕という。

日本に渡った福清人は自らの資本で商売する人もいたが、その多くは最初は売子になり、親方から資本を借りて行商をしていた。日本の港での保証金〔見せ金〕や上陸後の住居、行商の便宜などを考慮せねばならなかったのである。最低でも二、三千円の資本を持ち、仕入れから決算まですべて自主的に行うようになると、親方から独立する、つまり独立行商人となる。売子は、独立行商人になることを目指して商いをするが、資本金を貯めることは容易ではなかった。一九二〇年代に福岡で呉服行商をしていた江紀鈺の回想録「生涯記」[★10]によれば、住居を借り、家具をそろえる費用、家族が病気または死亡した際の帰郷と葬儀のための費用、結納金などの結婚費用など、多額な出費があり、行商で得た利益では賄えず、借金することは多々あったという。

親方は、二、三十名の売子を抱えていれば、各地からの通信、送金などの処理、商品の仕入れに忙殺され、自ら行商することはない（鴻山、一九七九、二三三頁）という。一九三七年の神戸では二百十余名の呉服行商人（山東出身者も含む）のうち、親方八名と独立行商人四〇名を除いて、すべて売子であった（鴻山、一九七九、二三二頁）。筆者が各地で行ったインタビューで、実の兄弟や親戚、あるいは同郷者数名を日本に連れてくるが、彼らに商品を貸しつつ、自分も行商せねばならない「独立行商人」の事例は多くあったが、親方になる者、あるいは親方の存在を知る者はほとんどいなかった。日中戦争勃発後、親方のほとんどが引き揚げたことで親方制度は自然消滅したため、独立行商人のみが残ったからである。

鴻山によれば、日清戦争前に神戸に、呉服行商を営む福州人が長崎より移住した。日清戦争以降、大阪においても福州人が急増した。彼らは、呉服行商以外にも、料理、理髪、製麺の各業種に従事したが、そこから神戸に移り住む者もあったという。このような関係もあってか、呉服行商人が扱う反物（人絹、交織、本絹など）や人絹物（銘仙、帯、長襦袢、羽織り、呉服類）は、主に大阪市本町三丁目の問屋筋から仕入れていた（鴻山、一九七九、二三二―二三三頁）。こうした商売上の関係性から、福清出身者と日本の呉服商の間に密接な関係性があったことがうかがわれ[★11]、福清出身者が行商の際に和服を着用していた（茅原・森栗、一九八九）こと、後述の地方の百貨店が福清出身の少年を呉服の小物類の外商係として起用したことの必然性も頷ける[★12]。

## 3―4　日本のメディアに描かれた「支那行商人」

一八九九年雑居令および勅令三五二号が発布される以前から、すでに中国以外における中国行商人の動向は近代日本のメディアに注目されていたようである。当時の『朝日新聞』[★13]の記事を見てみよう。

『東京朝日新聞』（一八九五年九月六日付朝刊）に「清商の長所」と題する新聞記事があった。この新聞記事の中で、（中日間の）商戦において中国商人が日本商人に勝る点を三つ挙げている。すなわち、六、七名という少人数で、しかし互いに習慣を熟している資本家又は卸商が連合提携するため、協議交渉しやすく、迅速に商機を運算できる。「大商」（規模が大きい商いをする人）に属し、内地（日本の本土）で行商する中国商人は資本と商品ともに日本の行商人より安価に得ることができる。なるべく自炊など節約倹約して、世辞に長じている。卸商と小売りの区別は明確で、日本人のように同士討ち的競争による弊害が少ない、というものである。さらに、同紙一八九七年一月一〇日付にあった「支那行商」と題する記事では、黄州（現朝鮮民主主義人民共和国黄海北道の郡）に入り、雑貨および魚類を販売した五〇人の中国人商人が、リーダーの指令の下で進退し、まるで「軍隊の組織」のように規律が正しかったと記されている。

ここに挙げられている中国人行商の「長所」は、無論福清出身者に限るものではない。日清戦争以降、日本人商人が大挙して中国人も多くいた朝鮮半島に進出した背景を合わせて考えれば、この時期の中国人商人は明らかに日本人の「商売上のライバル」と見なされ、彼らの動向は広く注目を集めていたことがうかがわれる。

一方、日本の「内地」で行商する清国（中国）人に関する記事が多くなったのは、雑居令が発布された一八九九年以降である。記事内容は、依然として中国の行商人が持つ「異文化的要素」に着目したものであったが、日清戦争後一気に高まった日本人の自負とナショナリズムが、清国（人）への蔑視として露骨に行間に表れていた。

例えば、同紙一九〇〇年一〇月四日付（朝刊）の記事「行商支那人」では、「横浜在居清国民」昌泰と昌盛の二人の中国人による行商の様子がイラスト付きで描かれている。二人は赤い名刺を持ち、人力車に反物や雑貨を積んで、高等官吏または会社員の家を見れば、勝手口から「恐る恐る」と挨拶する。片言の日本語で「米つきばった」のように安く「頭を下げて」、「日本えらい」、「日本人の義侠ありがたい」と日本を持ち上げる一方、「支那安心した」とか「わが国は大きいがだめ」だと中国を蔑み、商売を進める。「千金丹などの押し売りのごとく」反物の包みを解いて、特に婦女子が相手の場合は「滑稽を交へ面白可笑しく勧める」。値段も格安であり、「ある所より大繁盛にて頗る売れ行き多き様子」が描かれている。

実際、日清戦争に関する話題で、中国行商人と現地住民が口論ないし殴り合いになり、警察沙汰になることも頻発していたようである。やはり『東京朝日新聞』（一九〇〇年一〇月一二日付朝刊）の「学生　支那人を傷《きず》つく」と題する記事では、下記のように事件が記載された。東京京橋区新富町一丁目五番地「旅人宿駿河屋」こと小林いとめ方止宿の中国出身の行商人泥春（二〇歳）が目下流行の太物（絹織物に対して、綿織物、麻織物を太物と称した）を毎日車夫を従って行商をしている。一昨日の夜、同じ宿に泊まっていた、栃木県からの須賀八郎という学生（二三歳）と晩酌をしながら話していた。日清戦争から北清事件（義和団の乱）に話題が移り、八郎は日本軍の強さをしきりに誇っていたため、泥春もやっきになり、自分の国の軍隊は訓練が悪かったから負けたのであって、本当は強い。自分も腕力が強くて、八郎の三人を相手にしても勝つと言い返した。挑発されたと思った八郎は銅壺用の柄杓で泥春の顔部を打って負傷させたため、京橋の警察署に連れていかれ取り調べを受けることになった。結局、泥春は傷処を抑え「やはり日本人強くあります」と言いながら治療を受けていた、とある。

また、一九〇一年三月三日付の記事では、いつも人力車に荷物を積んで市中を歩きまわるという東京在住の林枝茂（二七歳）と郭紹喜（二五歳）が江戸一の貸座敷（遊女屋）成澤楼に入り込み、品物を並べてみせたが、集まってきた娼妓や雇人は二人を冷やかしただけで値が高いのを理由に買わなかった。しかし、二人は、これだけ見といて買わないのがおかしいといってなかなか帰ろうとしない。結局、娼妓が二円で襦子一巻を買ったところで二人は引き下がった。しかし、二人の辮髪姿は、遊郭のほかの楼にいたブリキ職人と二〇代の男など三人にチャンチャン坊主と揶揄されたため、両者間で喧嘩沙汰となった。結局全員が警察署に連れていかれ、ブリキ職人たちは三日間の拘留となり、ことが収拾された。記事はそこで終わっていない。記事の後半では、いざこざ中、帽子にあった八円ほどの珊瑚が紛失したとか、一〇〇円ほどの反物が紛失したと「嘘を浮いて」、示談金を企んでいたという二人の行商人の「狡猾」な言動が面白おかしく書かれた（『東京朝日新聞』一九〇一年三月三日付朝刊）。行商人たちのこうした「狡猾」な言動の真偽は検証できるものではないが、人々が元来抱く行商人（日本人も含む）への負のイメージが、日清戦争で負けた清国（人）への蔑視と相乗しながら増殖していった民族的優越感が文面に滲み出ていたように思われる。

その多くが無一文で来日した福清出身者は、すべてが品行方正では決してなかった。行商人による犯罪も、しばしば当時の新聞に取り上げられていた。例えば、一九二二年六月三〇日付『東京朝日新聞』（朝刊）「怪しい支那行商」と題する記事では、福州出身で行商人の楊丙沖（二七歳）が直江津町（福井県）の貴金属店で窃盗した疑いで逮捕されたと記されている。楊は、全国の同業者に連絡し窃盗している形跡があるという。また、一九二九年三月五日付の同新聞にも、行商人による万引きが報道されている。劃加殿を首謀とする数名の行商人が取り押さえられ、家宅捜査したところ、二〇〇反の高級反物が押収されたが、劃を首謀とする万引き団はこれまで数千反の品物を東京、名古屋、京都、大阪、神戸などの百貨店で部下に万引きさせ、自ら行商しまたは卸したとある（『東京朝日新聞』一九二九年三月五日付夕刊）。

その他にも、日本人から子どもを養子にもらって中国に連れ帰って「売り飛ばす」こと、「善良」で「無智」な日本人女性をだまして結婚し、福建の実家に連れ帰って惨憺たる生活を強いているというような記事も少なくはない。これらについては、第二章で詳しく述べることとするが、内地雑居令発布後、清国からの「異質な」行商人が「日本人」の生活空間へ進入していくにつれ、両者間に「異民族」としての対立や衝突が増え、互いの民族意識を刺激していったこと、福清出身者をはじめとした華僑華人に関する問題が徐々に新生の国民国家日本の統制下に置かれ、近代国家の諸装置によって管理、監視されるようになったことは、上記の新聞記事からもうかがい知ることができるだろう。

## 4　まとめ——近代日本の新たな社会構造のなかで生存空間を見出す

以上述べてきたように、近代に入る以前の数百年間、長崎を窓口とする日中間の経済的・文化的交流のなか、福清出身者は長崎をはじめとした九州地域と密接に関わってきた。彼らの船員としての経験のみでなく、個人として所持した貨物を長崎滞在中に売り歩いた経験と地元との相互関係は、幕末開港後ないし雑居令発布(一八九九年)以降の福清出身者の来日と呉服行商という生業の展開につながった。これらの福清出身の行商人は、「風呂敷包ひとつ」で反物などを背負って南は九州一円から北は北海道、樺太方面まで、大都市のみでなく、各地の辺鄙な農山村地域まで入り込み、売り歩いた。当時、現金収入の少ない農村・漁村では、代金を後払いする掛け売りの方法をとるなど、近代化から取り残されていた農村地域における商品流通の一役買っていた。

福清出身者のなかには、呉服行商以外、料理、理髪などに従事した者も一部いた。呉服行商、洋服仕立て、料理、理髪、塗装、印刷、藤細工、検数などを主とした手職労働に従事した人々は当時、いわゆる「雑業者」

とされていた。雑居令が発布され、彼らの入国と全国での居住も認められた一八九九年以降、雑業者は京都、東京、福岡などの主要都市だけでなく、その他の県の都市部にも進出した。特に、第一次世界大戦の終結前後、貿易商の衰退と入れ替わる形で、雑業者の進出が顕著となった。雑業者は、「独特の手職労働技術的優位性を以て、日本資本主義経済における残された僅かな間隙を埋め、呉服行商以外は大都市の所得の増大した消費者層、乃至は同地区の在留華僑達を対象として」〔内田、一九四九、三二一―三二二頁〕いた。この内田の指摘にあるように、一八九九年以降に来日した雑業者は、一九世紀後期から富国強兵、殖産興業のスローガンのもとで加速度的に発展を遂げていった日本の資本主義経済の「恩恵」に与り、急激な近代化、都市化に伴い大きく変容した生産構造や人々の生活様式の一端を支えつつ、日本の新たな社会構造の中に生存空間を見出そうとした。「雑業者」の華僑は、人数が比較的少数であり、資本的地位も低かったことに加え、日本経済との関係は競争的よりもむしろ補完的立場にあって、経済的、社会的に多くの問題を引き起こすまでには至らなかった〔内田、一九四九、三二二頁〕ことから、日本と中国を含め、アジアを貿易圏とする華商と比べれば、「目立たない」存在であった。

雑業者の中で、呉服行商人はかなり特殊な存在であったといえる。彼らは、近代化過程における日本人の衣服を含め、農山村地域の近代化、都市化およびそれに伴う社会的・文化的変容の「立ち合い人」であり、「当事者」でもあったからである。次章では、ある福清出身の呉服行商人の足跡を追いながら近代日本の農村の変容を見てみよう。

★1 それぞれ、「福清では、学ならざる者は海船の利を活かして四方に商いを行う」、（福清人は）「三割は学問、七割は商業に従事していた」の意。

★2 組織としての幇は見なかったものの、内田直作（一九四九）には、崇福寺の管理・維持に福州出身者も関わっていたとの記載があり、また、旅日福建同郷懇親会編輯の『旅日福建同郷名簿』（一九六二年）および『旅日福建同郷懇親会二十年の歩み』（一九八二年）によれば、大阪に福州出身者は少数でありながら存在していた。

★3 初期の明治政府が条約未済国人である清国人を管理するために、開港場に居住する華僑に対し階級ごとに籍牌料を定め、その支払いを義務付けた。華僑は「上等」（奴僕ヲ召遣フ者ヲ云）、「中等」（自営ノ者ヲ云）と「下等」（奴僕ト成者ヲ云）に分かれていた（西島、一九九三、一八頁）。

★4 二〇一九年二月、張仁春へのインタビューに基づく。

★5 例えば、福義の長男仁忠（一九二〇年生まれ）は函館在住の福清人女性と結婚し、のちに函館に根付くようになった。

★6 普度とは、中国民間で受け継がれてきた仏教、道教などの要素を持ち合わせた霊魂供養の一つであり、日本の華僑社会では、二〇世紀に入ってから福清出身者がそれを担ってきた（普度については第七章で詳述する）。

★7 行商人の入国の反対派は、「行商に託して富籤または珊瑚珠の偽物を売り歩き、盗賊の連絡を通じ、賊物の故買を成すものあり」という意見を出していた。

★8 これについては、第二章で述べる江紀鈺回想録「生涯記」や葉修億の手記などで確認できる。

★9 また、鴻山俊雄は、同じく呉服行商に従事していた山東出身者の親方制度について以下のように指摘した。外部的には、両者（福清出身者と山東出身者）とも親方（掌櫃的《チャンクイダ》）と売子（夥計《フォチィ》）という立場関係となっていたが、その内部組織においては山東出身者の制度はかなり異なっていた。つまり、親方と売子は来日前に雇主と被雇用者として雇用契約を結び、来日後、福州（福清）行商人のように借金をせず、最高一〇円以内の月給をもらい親方の呉服を背負って行商する。衣服や靴、食事、旅費などは親方持ちで、売り上げのなかから支給する。契約期間の二年後に帰国するが、二年間における収益決算をして利潤額および売子の成績などに応じ歩合が与えられる。また、日本での行商業績が良く、将来も継続して利潤を得られる見込みのある売子については、親方は財東（資本主）から出資を求め、資本主の応諾を得た後、再度来日してもらう〔鴻山、一九七九、二二三四頁〕とあった。一九三七年の日中戦争勃発後、山東出身の呉服行商人は一斉に帰国した。一九三八年以降再び来日したものもいたが、翡翠などの宝石類を行商したものがほとんどであった。また、青磁、傘などの小間物類を専門とした浙江省温州地方出身の行商人も来日していた。いずれも福清出身者の回想録や手記に「行商中に出会った中国人」として登場する。

★10 江紀鈺（一九〇五年生まれ）は一九二〇年に来日し、福岡で義兄について行商したのち独立し、栃木県足利で呉服の通信販売を始める。「生涯記」は晩年に江が子女に語った人生の一部をその子女によって文字化されたものである。詳しくは第二章を参照されたい。

★11 推測の域を出ないが、福清出身者の親方制度自体、当時日本の呉服商にある程度影響を受けていたのではないかと考えられる。特に江戸時代から日本各地で行商をし、近代以降でも京都や大阪で呉服商をしていた近江商人の丁稚奉公制度（同郷者を丁稚として雇い入れ、独立するまで数年間住み込みさせる徒弟制度、〔『大阪市社会部調査報告書〔昭和二年―昭和一七年〕第九巻（昭和三年（五））』、近現代資料刊行会、一九九六年〕との関連性について、検討する必要があろう。

★12 家族とともに和歌山県に移住した一三歳の少年林孫禧は地元の百貨店に雇われ、地方で着物の帯やボタンなどを行商していた。二〇二〇年一〇月、林孫琪へのインタビューに基づく。なお、尾鷲林一族については第五章参照。

★13 以下の『朝日新聞』関連記事は、朝日新聞クロスサーチ・フォーライブラリーより引用。なお、『朝日新聞』の紙名については、一八七九年に大阪で『朝日新聞』が創刊され、一八八八年に『東京朝日新聞』が創刊されると、一八八九年に大阪本社発行版を『大阪朝日新聞』に改称し、一九四〇年に『朝日新聞』に統一された。

# 第2章　福清の呉服行商人と近代日本の農村社会
## ――ある華僑の回想録への解読を通して

### はじめに

本章では、二〇世紀初頭に日本の農村地域で行商をしていた江紀鈺の回想録「生涯記」を手掛かりに、一九世紀末期から二〇世紀半ばまで、移住者であり、生活者でもある福建の呉服行商人の生業・生活などの生活実践の諸相を、その生活世界の総体としての日本の農村社会という文脈から解読しつつ、そこに映し出された日本の農村像の一端も分析する。これを通して、産業化から社会制度まで欧米諸国に接近しつつ、国民国家として急成長していく「近代日本」の文脈のなかで、もっぱら「他者」として描かれてきた「異質」な華僑像の再考とともに、彼らの生活拠点でもある日本の農山村社会の変化のダイナミズムも浮き彫りにしていく。

## 1　福清県服行商人と日本農村の近代産業化

### 1―1　回想録「生涯記」について

本章では、主に江紀鈺の「生涯記」（江紀鈺の四男江洋龍提供）を手掛かりとする。「生涯記」とは、江紀鈺（以下は「江」とする）が一九二〇年に来日し、行商の見習いと独立行商[★1]を経て、一九三〇年に栃木県足利に移り、織物の通信販売を始めるまでの経歴が記されている、約三万字ほどの回想録である。昭和三〇年代、洋装の普及に伴う織物市場の縮小に合わせて、江は通信販売を止め、引退した。のちに、日本社会に根ざした子孫に一家のルーツを残すべく、一九五〇年代後半から一九六〇年代初期まで自分のライフ・ストーリーを断続的に語ったものを、二女の洋子と四男の洋龍が書き記した。

「生涯記」と名付けられたこの回想録は、残念ながら、江夫婦が栃木に移ったところで話が終わっている。しかし、断片的ではあるが、福清県にある出身村の慣習、家族や村民間の関係から日本に渡った後の体験、見聞まで、多くのエピソードが書き記されている。特に、来日からのわずか一〇年間の行商生活を記した部分が「生涯記」の中心と見られ、同居する姉夫婦、特に「親方」でもある義理の兄との関係、行商仲間、行商先とのやり取りなどについて詳細に記されている。また、福岡県で呉服行商をした際の生活・生業に関する多くのエピソードも記されており、行商の実態だけでなく、行商人の生活拠点となる日本の農村の様子もうかがい知ることができる。

「生涯記」に基づき、江の経歴を年代順に整理すると以下の通りになる。一九〇五年に、福清県江厝村にある農家の次男として生まれた。インドネシアに出稼ぎに行った伯父からの送金もあり、比較的裕福な暮らしを送っていたが、一〇歳を過ぎたところ、伯父からの送金が途絶え、家計が困窮していく。一九二〇年に両親は一五歳の江を日本に出稼ぎに行かせる。頼るのは、それ以前に来日し、福岡県糟屋郡で行商をしていた姉夫婦である。江は、義兄について反物の行商の見習いを半年ほどしたのち、福岡県西部を商圏に一人で行商を始める。一九二五年に、家族が亡くなったため一時帰郷し、婚約するが日本に再び戻る。一九二七年に、結婚のために再度帰郷し、翌年に夫婦で再来日し、宗像郡東郷町、のちに赤間村に住み、独立して行商を始める。一九三〇年、夫婦で栃木県足利へ移り、行商をしながら、自分の店として共正號を開き、行商仲間を相手に銘仙などの反物の通信販売を始める。

「生涯記」で言及された江の最初の住居である糟屋郡の香椎村、行商でよく回っていたという糟屋炭田、多々良村にある名島火力発電所、宗像大社および大島、相島、のちに引っ越した宗像郡東郷町と赤間村、そのいずれもが福岡県西部に位置している（資料２―１）。以下では、当時の福岡県、特に糟屋郡の状況を見てみたい。

## １―２　生業・生活拠点としての一九二〇年代の福岡県

### １―２―１　福岡県初の華僑

一八九九年の内地雑居令発布後、行商人として来日の目途が立った福建省福清地域の出身者は、そのあとも同族・同郷の紐帯を頼りに次々と来日した。この血縁・地縁に基づく福清出身者のネットワークは、戦前までの間に全国各地に張り巡らされるようになり、九州、とりわけ長崎にいた華僑は、来日直後の同郷の受け皿となった。当時、ほとんどの福清出身者が行商人として来日した際には、まず長崎に上陸し、先来した同郷人から、住居、食事、働き口などを提供、紹介してもらいながら、生計を立てる準備をしていた。そのあと、長崎にとどまるものもいれば、新天地を拓くべく、南下して福岡、熊本、鹿児島などの九州地域、あるいは本州および北海道へと渡った。

**資料2-1　福岡県における江紀鉦の生活・生業の関連地図**（国土地理院白地図をもとに筆者作成）

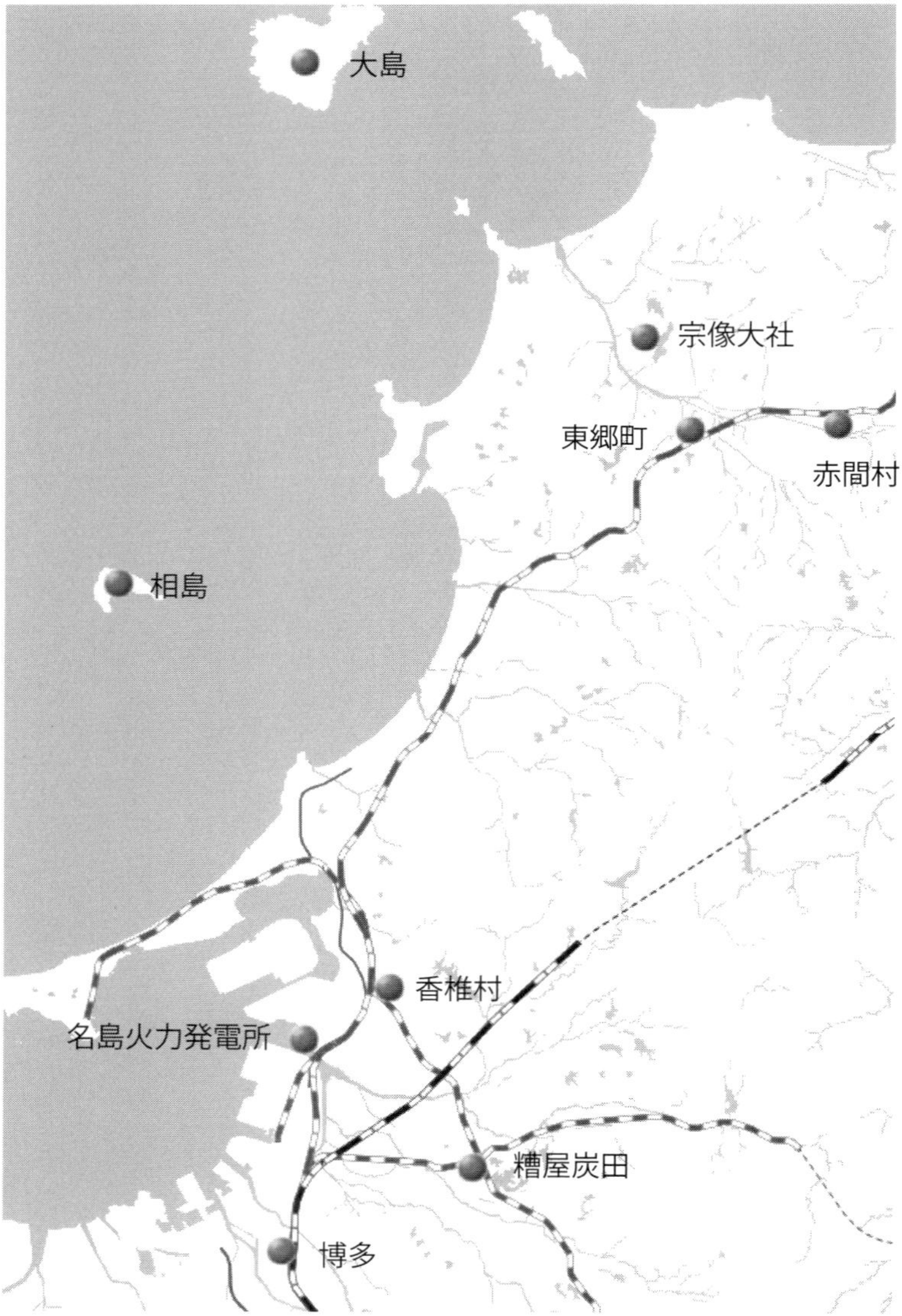

一八九五年、福建省福清県塘北村出身の張加枝は、福岡に移住した初めての中国人となった。加枝は、それまでは同族の張恒坤が長崎で経営していた貿易会社益隆号の倉庫番や貿易事務などを数年間経験して、福岡に移住したのち、日本人女性と結婚した。行商・貿易などを経て一九〇九年より中華料理店福海楼（のちに福新楼と改称）を開業した。加枝はその後、続々と福岡に来た多くの同郷・同族の自立するまでの拠り所となった（第四章参照）〔張玉玲、二〇二二b、一一〇―一一二頁〕。江も、一九二〇年に長崎に上陸し、姉夫婦の居住地にたどり着くまで、まず長崎の張兆明（益隆号張恒坤の孫、第一章参照）の家、のちに久留米の同族の家で泊まったこと、また、数年後に親戚の若者が福清から出稼ぎに来日した時も、自分が面倒を見ることができるまで、福岡の張加枝に世話してくれるよう依頼したと「生涯記」に記している〔江、二九―三〇頁〕。

### 1―2―2　福岡県における中国人の増加

一八九九年以降、福岡に居住する中国人は徐々に増えていったが、日露戦争以降、特に第一次世界大戦後に著しい増加を見せ始め、日中戦争が全面的に勃発する前年の一九三六年にピークを迎え九一〇人（都市部五七〇人と農村部三四〇人）となった（資料2―2、2―3）。同年の在日華僑総数は二万七〇九〇人で、中国人が集中していた兵庫県の四七四四人、大阪府の二八六三人と比べれば少数ではあるが、決して無視できない数字である。

人口の分布状況も、資料2―2、2―3からわかるように、新たな市の誕生により都市部に居住する中国人の数が増加傾向にあった。また、各郡をよく見れば、ほぼすべての郡に中国人が居住しており、なかでも炭鉱がある鉄道沿線に集中していたことがわかる。炭鉱に代表される近代産業の発展に、呉服行商人を含め多くの中国人が引き付けられたのである。

| 京都 | 山門 | 三井 | 企救 | 築上 | 朝倉 | 三潴 | 三池 | 郡の小計 | 市の小計 | 合計 |
|---|---|---|---|---|---|---|---|---|---|---|
| — | — | — | — | — | — | — | — | 2 | 17 | 19 |
| — | 4 | — | — | — | — | — | — | 18 | 5 | 23 |
| — | 4 | — | — | — | — | — | — | 22 | 19 | 41 |
| — | 5(2) | — | — | — | — | — | 1 | 25(2) | 38(6) | 63(8) |
| — | 5(1) | — | — | — | — | — | — | 25(3) | 46(4) | 71(7) |
| — | 5(1) | — | — | — | — | — | 1 | 20(3) | 45(5) | 65(8) |
| — | 5(1) | 1 | — | — | — | — | 1 | 27(4) | 73(10) | 100(14) |
| — | 5(2) | — | — | — | — | — | 1 | 60(12) | 72(7) | 132(19) |
| — | 5(1) | 1(1) | — | — | — | 1 | 1 | 57(8) | 84(12) | 141(20) |
| — | 5(1) | 1 | — | 1 | — | 1 | 7 | 72(10) | 79(15) | 151(25) |
| — | 5(2) | — | — | — | — | 1 | — | 43(5) | 127(34) | 170(39) |
| — | 5 | — | — | — | — | 1 | 12 | 99 | 107 | 206 |
| — | — | 2 | — | — | — | — | 20 | 65 | 142 | 207 |
| — | — | — | — | — | — | 1 | — | 119 | 145 | 264 |
| — | — | — | — | — | — | 1 | — | 75 | 185 | 254 |
| — | 1 | 1 | 3 | — | — | 1 | — | 114 | 189 | 303 |
| 11 | — | 1 | 1 | — | — | 2 | — | 133 | 177 | 310 |
| 12 | 4 | 13 | 15 | — | — | 3 | — | 245 | 182 | 427 |
| 14 | 4 | 20 | — | — | — | 1 | 1 | 210 | 254 | 464 |
| 14 | — | 13 | — | — | — | 2 | 1 | 169 | 260 | 429 |
| 16 | — | — | — | — | — | 1 | — | 95 | 301 | 396 |
| 19 | 1 | 2 | — | 1 | — | 1 | — | 156 | 316 | 472 |
| 23 | — | — | 1 | 1 | — | 1 | 21 | 181 | 313 | 494 |
| 29 | 20 | — | 2 | 1 | — | 1 | 5 | 228 | 292 | 520 |
| 33 | 15 | — | — | 1 | — | 1 | — | 282 | 278 | 557 |
| 38 | 14 | — | — | 1 | — | 1 | — | 278 | 303 | 581 |
| 52 | 12 | 1 | 1 | 3 | — | 1 | — | 339 | 320 | 659 |
| — | 2 | — | — | — | — | 1 | — | 159 | 345 | 504 |
| 37 | — | — | — | 1 | — | 1 | — | 123 | 370 | 493 |
| 38 | — | — | — | — | 1 | — | — | 161 | 365 | 526 |
| 34 | — | — | — | 2 | 1 | — | 1 | 213 | 337 | 650 |
| 33 | — | — | — | 2 | 1 | — | 1 | 267 | 504 | 771 |
| 37 | — | 2 | — | 3 | 1 | — | 1 | 340 | 570 | 910 |
| 9 | — | — | — | 2 | 1 | — | — | 164 | 314 | 478 |
| 7 | — | 17 | — | 2 | 1 | — | — | 127 | 293 | 420 |
| 6 | — | — | — | 2 | 1 | — | — | 134 | 271 | 405 |
| 5 | — | — | — | 6 | — | — | — | 269 | 127 | 396 |

**資料2-2　福岡県各郡における中国人数（人）　（　）内は女性の人数**

| 年 | 糟屋 | 宗像 | 遠賀 | 鞍手 | 田川 | 糸島 | 筑紫 | 嘉穂 | 早良 | 浮羽 | 八女 |
|---|---|---|---|---|---|---|---|---|---|---|---|
| 1901 | — | — | 2 | — | — | — | | | — | — | — |
| 1905 | — | — | 11 | — | 2 | — | — | 1 | — | — | — |
| 1906 | — | — | 9 | 5 | 3 | — | — | 1 | — | — | — |
| 1907 | — | — | 13 | — | 5 | — | — | 1 | — | — | — |
| 1908 | — | — | 7 | 5(2) | 7 | — | — | 1 | — | — | — |
| 1909 | — | — | 4 | 4 | 5(2) | — | — | — | — | — | 1 |
| 1910 | — | — | 7 | 4 | 7(2) | — | — | 2 | — | 1(1) | — |
| 1911 | — | — | 20(3) | 13 | 14(5) | — | 4(1) | 2 | — | 1(1) | — |
| 1912 | — | — | 23(3) | 10 | 10(2) | — | 4(1) | 2 | — | — | — |
| 1913 | — | — | 14(2) | 20 | 10(2) | — | 11(5) | 2 | — | — | — |
| 1914 | 4 | — | — | 20(2) | 9(1) | 2 | — | 2 | — | — | — |
| 1915 | 8 | — | 21 | 21 | 11 | 1 | 17 | 2 | — | — | — |
| 1916 | 5 | — | — | 18 | 13 | 5 | — | 2 | — | — | — |
| 1917 | 3 | — | 11 | 38 | 32 | 5 | 27 | 2 | — | — | — |
| 1918 | 3 | — | 1 | 46 | 12 | 5 | — | — | 7 | — | — |
| 1919 | 9 | 5 | — | 46 | 8 | 3 | 33 | 4 | — | — | — |
| 1920 | 15 | 3 | 32 | 24 | 6 | 3 | 36 | 5 | — | — | — |
| 1921 | 62 | 3 | 46 | 16 | 22 | 9 | 27 | 5 | 8 | — | — |
| 1922 | 34 | 9 | 42 | 21 | 16 | 9 | 22 | 9 | 8 | — | — |
| 1923 | 32 | 8 | 34 | 16 | 17 | 7 | — | 15 | 9 | 1 | — |
| 1924 | 9 | 9 | 15 | 13 | 5 | 10 | — | 4 | 11 | 2 | — |
| 1925 | 29 | 13 | 14 | 17 | 6 | 10 | — | 13 | 12 | 18 | — |
| 1926 | 35 | 13 | 17 | 9 | 8 | 8 | — | 13 | 12 | 19 | — |
| 1927 | 45 | 12 | 21 | 15 | 12 | 15 | — | 16 | 13 | 21 | — |
| 1928 | 58 | 18 | 19 | 17 | 12 | 18 | 12 | 28 | 13 | 22 | 12 |
| 1929 | 42 | 10 | 22 | 14 | 13 | 17 | 31 | 25 | 15 | 23 | 12 |
| 1930 | 37 | 12 | 21 | 60 | 12 | 16 | 13 | 38 | 27 | 14 | 19 |
| 1931 | 43 | 11 | 16 | — | 1 | 9 | — | 24 | 26 | 8 | 18 |
| 1932 | — | 8 | — | — | — | 10 | — | — | 15 | 13 | 21 |
| 1933 | 35 | 8 | 12 | — | — | 19 | — | — | 6 | 17 | 21 |
| 1934 | 51 | 6 | 14 | 1 | — | 24 | 2 | — | 8 | 25 | 38 |
| 1935 | 101 | 9 | 11 | 1 | 8 | 28 | — | — | 2 | 28 | 42 |
| 1936 | 127 | 9 | 15 | 1 | 16 | 37 | — | — | 9 | 29 | 53 |
| 1937 | 19 | 9 | 20 | 3 | 15 | 35 | — | — | 7 | 12 | 32 |
| 1938 | 5 | 8 | 19 | — | 15 | 63 | — | — | — | — | 17 |
| 1939 | 13 | 9 | 19 | — | 19 | 39 | — | — | — | 13 | 9 |
| 1940 | 9 | 8 | 19 | — | 19 | 40 | — | — | — | 14 | 11 |

『福岡県統計書』明治28年—昭和15年各年版より作成。

**資料 2-3　福岡県各市における中国人数（人）　（　）内は女性の人数**

| 年 | 福岡 | 門司 | 久留米 | 小倉 | 若松 | 八幡 | 戸畑 | 大牟田 | 直方 | 飯塚 | 市の小計 | 郡の小計 | 合計 |
|---|---|---|---|---|---|---|---|---|---|---|---|---|---|
| 1895 | 1 | — | — | — | — | — | — | — | — | — | 1 | — | 1 |
| 1899 | 3 | — | — | — | — | — | — | — | — | — | 3 |  | 3 |
| 1900 | 5 | — | — | — | — | — | — | — | — | — | 5 |  | 5 |
| 1901 | 3 | 13 | 1 | — | — | — | — | — | — | — | 17 |  | 19 |
| 1902 | — | — | — | — | — | — | — | — | — | — | 不明 | 不明 | 22 |
| 1903 | — | — | — | — | — | — | — | — | — | — | 不明 | 不明 | 41 |
| 1904 | — | — | — | — | — | — | — | — | — | — | 不明 | 不明 | 22 |
| 1905 | 5 | — | — | — | — | — | — | — | — | — | 5 | 18 | 23 |
| 1906 | 9 | 10 | — | — | — | — | — | — | — | — | 19 | 22 | 41 |
| 1907 | 28(5) | 10(1) | — | — | — | — | — | — | — | — | 38(6) | 25(2) | 63(8) |
| 1908 | 27(2) | 15(2) | 4 | — | — | — | — | — | — | — | 46(4) | 25(3) | 71(7) |
| 1909 | 20(2) | 21(3) | 4 | — | — | — | — | — | — | — | 45(5) | 20(3) | 65(8) |
| 1910 | 44(8) | 20(2) | — | 9 | — | — | — | — | — | — | 73(10) | 27(3) | 100(14) |
| 1911 | 26(3) | 35(4) | 2 | 9 | — | — | — | — | — | — | 72(7) | 60(12) | 132(19) |
| 1912 | 23(4) | 51(8) | 1 | 9 | — | — | — | — | — | — | 84(12) | 57(8) | 141(20) |
| 1913 | 27(4) | 43(11) | — | 9 | — | — | — | — | — | — | 79(15) | 72(10) | 151(25) |
| 1914 | 21(7) | 74(22) | 2(1) | 10 | 20(4) | — | — | — | — | — | 127(34) | 43(5) | 170(39) |
| 1915 | 20 | 61 | 1 | 5 | 20 | — | — | — | — | — | 107 | 99 | 206 |
| 1916 | 64 | 65 | — | 8 | 8 | — | — | — | — | — | 142 | 65 | 207 |
| 1917 | 30 | 68 | 3 | 4 | 17 | — | — | 23 | — | — | 145 | 119 | 264 |
| 1918 | 66 | 61 | 6 | 8 | 32 | — | — | 12 | — | — | 185 | 75 | 254 |
| 1919 | 43 | 62 | 7 | 10 | 42 | — | — | 25 | — | — | 189 | 114 | 303 |
| 1920 | 35 | 62 | 17 | 10 | 36 | — | — | 17 | — | — | 177 | 133 | 310 |
| 1921 | 28 | 74 | 24 | 2 | 36 | — | — | 18 | — | — | 182 | 245 | 427 |
| 1922 | 49 | 88 | 21 | 13 | 32 | 7 | — | 44 | — | — | 254 | 210 | 464 |
| 1923 | 64 | 82 | 33 | 3 | 24 | 28 | — | 31 | — | — | 260 | 169 | 429 |
| 1924 | 60 | 93 | 52 | 11 | 17 | 5 | 2 | 95 | — | — | 301 | 95 | 396 |
| 1925 | 63 | 107 | 69 | 2 | 19 | 6 | 21 | 29 | — | — | 316 | 156 | 472 |
| 1926 | 61 | 111 | 73 | 5 | 22 | 12 | 13 | 15 | — | — | 313 | 181 | 494 |
| 1927 | 55 | 89 | 78 | 6 | 16 | 11 | 17 | 20 | — | — | 292 | 228 | 520 |
| 1928 | 55 | 81 | 79 | 8 | 16 | 10 | 18 | 11 | — | — | 278 | 282 | 557 |
| 1929 | 55 | 89 | 85 | 9 | 15 | 10 | 30 | 10 | — | — | 303 | 278 | 581 |
| 1930 | 45 | 112 | 80 | 33 | 17 | 12 | 10 | 11 | — | — | 320 | 339 | 659 |
| 1931 | 52 | 101 | 62 | 14 | 21 | 11 | 46 | 18 | — | — | 345 | 159 | 504 |
| 1932 | 54 | 103 | 60 | 10 | 19 | 21 | 10 | 11 | 48 | 34 | 370 | 123 | 493 |
| 1933 | 51 | 125 | 59 | 7 | 16 | 16 | 25 | 11 | 28 | 27 | 365 | 161 | 526 |
| 1934 | 50 | 27 | 96 | 30 | 15 | 11 | 32 | 9 | 27 | 40 | 337 | 213 | 650 |
| 1935 | 63 | 143 | 125 | 35 | 15 | 17 | 32 | 8 | 24 | 41 | 504 | 267 | 771 |
| 1936 | 65 | 159 | 153 | 36 | 20 | 17 | 33 | 12 | 18 | 57 | 570 | 340 | 910 |
| 1937 | 54 | 109 | 56 | 21 | 11 | 20 | 4 | 13 | 17 | 9 | 314 | 164 | 478 |
| 1938 | 69 | 83 | 33 | 19 | 11 | 22 | 10 | 18 | 22 | 1 | 293 | 127 | 420 |
| 1939 | 52 | 88 | 30 | 20 | 12 | 18 | 7 | 20 | 23 | 1 | 271 | 134 | 405 |
| 1940 | 56 | 73 | 36 | 26 | 12 | 22 | 6 | 17 | 18 | 3 | 127 | 269 | 396 |

『福岡県統計書』明治 28 年―昭和 15 年各年版より作成。

ちなみに、一九二〇年当時の日本には、五五八八万四九九二人の「内地人」、四万二二九二人の植民地出身者（「朝鮮人」は四万〇七五五人、「台湾人」は一七〇三人、「樺太人」三一人、「南洋人」三人）と、三万五五六九人の外国人が住んでいた。中国人二万二四二七人のうち、神奈川県五九一二人、兵庫県四九九三人、東京府三四七八人、大阪府一七〇四人、長崎県一二五一人、静岡県一二二九人、福岡県六五九人であった。「織物・被服類販売」に従事した中国人（呉服商）は、一九七八人であった（政府統計の統合窓口 e-stat 大正九年国勢調査）。江が来日した時点で日本はすでに多民族・多文化の様相を呈していたことがわかる。

### １―２―３　生活拠点である福岡県粕屋郡の概況

一九二〇年に、先に糟屋郡香椎村に居を構えた姉夫婦を頼って来日した江は、姉夫婦に、二人の青年と五人で同居生活を始めた。糟屋郡は、一八七八年に明治政府の行政区画として発足して、一九二〇年当時、志免村、宇美町など計一九の町村があって、郡の総人口は九万二〇五二人、鉱業を筆頭に農業、工業、林業、漁業などを主な産業としていた。農業には、自作、小作、自作兼小作合わせて六七四〇世帯三万二〇五〇人が専業または兼業で従事し、七六五一世帯の一万四四八二人が鉱業に従事していた。一方、生産物総価をみると、鉱業では一三三三万四八一七円で最も高く、農業はそのおよそ半分の七七一万九三三三円（『福岡県統計書』大正九年）であった。ちなみに、当時の香椎村は、人口四四〇世帯二五四二人（本籍人口は二七六一人）（『福岡県統計書』大正九年）の住民を有する小さな村だった。

福岡県の遠賀町、田川町、飯塚市（嘉穂郡にあった飯塚町、笠松町）などを含む筑豊炭鉱は戦前日本最大の炭鉱地帯として知られているが、糟屋郡の南部にも、糟屋炭田と呼ばれる炭田が広がり、ほかに志免鉱業所、大谷炭鉱（宇美町）など大小五〇を数える炭田があった。一九二〇年時点で、福岡県の著名な石炭鉱（産出高一万トン以上）八三か所のうち、一一か所が糟屋炭田にあり、海軍省、堀川団吉、東邦炭鉱、村井鉱業などの鉱業権者によって運営されていた（『福岡県統計書』大正九年）。石炭産業は昭和初期にそのピークを迎え、一九六〇年代にエネルギー源が石油に取って代わるまで栄えた。

この時期、福岡県は織物産業も盛んであり、福岡市や筑紫郡、八女郡を中心に絹織、絹綿交織、綿織物が生産されていた。糟屋郡においても少量ながら生産されていた。当時福岡県にいた華僑には、久留米絣を扱った人もいたようだが[★2]、江が扱っていた反物は義兄から借りたものだという情報しかなく、義兄が商品をどこで調達したかは不明である。

## 1―3 近代産業の隆盛と福清出身の呉服行商人

### 1―3―1 糟屋炭田と名島火力発電所

江の手記に、実際によく行っていたと記されている「筑前炭鉱」とは、この糟屋炭田のことだと考えられる。筑前炭鉱には、博多に滞在する福清の行商人三〇人ほどがよく通っていて、「いつ行っても大勢いて、宿でも一緒になることが多かった」。そのうちの一人は、姉夫婦の家で同居していた薛で、江は彼と義兄弟の契りを結んだ。江は、宿で仲良くなった同郷人に辞書の引き方を教えてもらいながら、中国の小説『三国志』を読み始めたという。一方、炭鉱労働者たちは「気が荒く、持っているお金をその日に使うのが通念」であったが、行商人たちは、「炭鉱の好景気とも相まって」皆多少なりとも儲けていた。なかには、四〇〇〇円ほどの大金を貯めた者も数名いた。卸商として独立するのに最低二〇〇〇円の資本金が必要だというので、江は、この数名の仲間についても「商売上手」だと敬服していた（江、一七頁）。

江はまた、「（家から）一里ばかり離れた名島発電所の社宅によく商い」に行っていたようである。名島発電所とは、糟屋郡多々良村大字名島（現在の福岡市東区名島）にあった、第一次世界大戦を背景とする需要の急増に対応するために、九州電灯鉄道によって建設された約五万坪に及ぶ大規模な火力発電所である。一九二〇年代から一九六〇年代まで稼働していた。社宅には、「品行の高い三十余歳の奥さん」がいて、家の前を通ると、「あんちゃん（江の名前）、今日は売れましたか」と声をかけてくれる。売れていないと知ると「それでは親方に怒られるだろう」と言って、毎回、一〇円ほどの無地の富士絹を買ってくれていた。自分が買わない時でも、「隣近所の人に買うよう世話してくれた」。「世の中にこんなに親切な人がいるのかと思って、てもらったうえ、汚れた反物を二反まで買ってくれた。雨の日に、転倒して濡れた服も着替えさせ帰りにうれし泣きした」〔江、一六頁〕。江は、これが、「奥さん」の自分への同情だと知らず、二、三日に一度必ず行って買ってもらっていた。しかしある日、義兄は、もっと高級なものも買ってもらおうと、江についていった。後日になって「奥さん」から真実を聞かされた江は、きまりが悪くなって、以来「奥さん」の家に寄らなくなった。しばらくして、江は「奥さん」が引っ越していなくなったこと、そして、「奥さん」が某お金持ちの妾であることを知ったが、「まるで親に別れたような気がしてならなかった。あれ程親切にしてくれた奥さんの名前も知らない（中略）。この奥さんの親切を私は生涯を通じて忘れることは出来ない」〔江、一八頁〕。当時一〇代半ばの若き行商人は、近代産業の発展がもたらした物質的豊かさとともに、人々の篤い人情にも触れていたことが読み取れる。

### １―３―２　繊維産業の機械化と足利織物業の発展

ほかの行商人同様、江も一定の資本金を貯めたのち、独立して、自らの店を持ち、ほかの行商人に反物を卸すことを目標としていたと「生涯記」に記されている。一九三〇年頃、義兄弟の薛が先に赴いた足利に、江もなんとか手に入れた資本金を携えて妻と一緒に移った。その背景には、明治末期からの足利の織物産業の急速な発展があった。

足利市は栃木県南西部に位置し、一八八九年に町村制施行によって成立した足利郡足利町を中心に一九二一年に市となった。足利は古くから絹の名産地であり、江戸時代には綿織物業が発達した。明治以降、安価の輸入綿糸の圧力にさらされ、再び絹織物に力を入れるようになり、明治末期から大正にかけて、足利は伝統的絹織物産地である京都西陣に匹敵するほど、絹織物の産地としての地位を確立した。日下部高明の考察によれば、足利の近代織物産業の発展には、二つの内部からの圧力があった。一つは、明治政府による殖産興業、富国強兵の近代化政策の中核、すなわち外貨を獲得するための輸出産業として、製糸業と並んで絹織物業も戦略的位置に置かれ、農商務省をはじめとして、明治政府からの奨励・保護政策が施されたことである。一八八五年の織物講習所（後に栃木県工業学校、現在の足利工業高校）の設置、一八八八年の物流のための両毛鉄道の敷設、一八九五年の経済基盤の確立のための足利銀行の創設に加えて、絹織物の生産方法の改良や力織機の導入および欧米諸国での市場開拓と直接輸出体制の確立による輸出の拡大などを通じて、足利の織物産業の近代化が図られた〔日下部、二〇〇一、三四―三六頁：足利織物伝承館ｗｅｂサイト〕。もう一つは、三井呉服店（一九〇四年より三越呉服店、一九二八年より三越）と三井銀行の方針として、新首都東京に絹の高級美術織物を供給するために、西陣の技術を紹介し、三井銀行の支店を設置するなど、関東の新たな絹織物産地として足利と桐生を育てた〔日下部、二〇〇一、三六―四二頁〕ことである。

こうした政府および財閥による支持と協力のもと、明治末期から大正期にかけて、足利の織物生産は、綿、絹綿、絹紡、毛、人絹などに広がって、「恐く織物と名のつく物で製織されない物はないを云つて可よい」ほど、「下は反八十銭から上は三四十圓迄ある其如何に八百屋的」特色を持つに至った〔『読売新聞』一九〇七年一月一三日付朝刊〕と評されていた。江が来日し、呉服行商に携わり始めた大正中期、足利はさらに、日本の絹紡糸や富士絹、スパンクレープ、銘仙織物[★3]などの絹紡織物生産の中心ともなった。この中でも、三越（三井呉服店）による専門家の派遣や商品の宣伝など全面的な協力のもと、足利の銘仙織物の生産が飛躍的に拡大し、一九三三年頃、生産量が全国一となった〔足利織物伝承館ｗｅｂサイト〕。名島発電所の婦人が毎回江少年から富士絹を義理で購入していたことは、前出の通りであるが、銘仙も、行商人がよく扱っていたことは、福清出身者の回想録によく出ている〔林修焱、二〇一三、四七八頁〕。

## １―３―３　地方の新生都市と人の移動

第一次世界大戦の勃発後、特にアメリカの参戦による膨大な織物の受注は、日本にいた外国人商人、紡績業者に未曾有の好景気をもたらした。絹織物産地としての足利も、日本における有数の先進的資本主義地域に成長し、近江商人をはじめ、全国各地から仕事を求めて多くの人が集まり、近代における初の人口集中期を迎えた〔日下部、二〇〇一、四三頁〕。

江も、反物を行商して各地を回る間に、こうした織物生産の最盛期にあった足利に商機を見込んで、一九三〇年頃に妻と一緒に福岡から移住した一人と考えられる。江夫婦が足利に転居してから、雪輪町、栄町、通など何度か引っ越したが、いずれの住まいも足利市内の鉄道沿線にあった。四男の洋龍によれば、江は足利に着いてから、反物を仕入れて、荷造りしたあと、鉄道のチッキ[★4]を利用し、各地の同郷者に発送したという。時折、県外から同郷者がやってきて、江から仕入れていくこともあった。江は、自分の職業を役所で呉服商と登録していたが、普段は、織物通信販売業者と名乗っていた。同郷者に送る荷物の本体に貼る紙や、荷札にある荷送人のところには、「織物通信販売共正號」と赤字印刷してあった。支払いは、代金引換だったろうと洋龍は言う。当時の新聞広告に当たってみると、足利町にあった織元（丸登足利織物株式会社）が出した広告に、遠方からの注文には代金引換郵便で対応するとの内容（『東京朝日新聞』一九二〇年四月一四日付朝刊）が確認できる。大正時代、織物の国内での流通において、鉄道と郵便局によるサービスが一般化しつつあったものと考えられる。

ただ、残念ながら、江の通信販売が軌道に乗る前に、日中間に戦争がはじまり、江は敵国人とみなされ、商売が難しくなっていった。戦時中、江は自ら行商をしながら通信販売も少ししたが、共正號が本格的に足利の織物を全国の同郷者に配送できるようになったのは戦後になってからだという[★5]。一九三六年に栃木県の中国の行商人は四人だったという数字（『昭和十一年中に於ける外事警察概況』（『外事警察概況』第二巻）五五五―五五八頁）からも、江の商売の難しさがうかがえる。

ちなみに、関東地方で足利と同じように、明治以降に織物産地として急成長した地域は多数あった。銘仙の産地だけをとってみても、一九三〇年に成立した全国銘仙連盟会には、群馬県の伊勢崎、桐生、館林に、埼玉県の秩父、所沢、栃木県の足利、佐野、東京府の八王子、村山、青梅、千葉県の飯能の一一か所が加盟していた。これらの地域にも、中国の呉服行商人が少数ながら進出していた。例えば、群馬県には一九二二年当時三六名の中国人が在住しており、そのなかの一三人が新たに進出した呉服行商人であった[★6]。しかし、全国的に中国の呉服行商人が三二四三人と急増し、そのピークを迎えた一九二九年には、群馬県は二九人と、福岡などの新興都市と比べてかなり少なかった（『群馬県統計書』大正一一年―昭和四年版）。これは足利と同じ状況であった。すなわち、織物生産地に移った呉服行商人は、江のようにある程度の資本を有し、織物を卸すためのネットワークができている、いわば行商で「成功」した一部の人に限られたからである。実際、これらの地域が相互に隣接しており、進出してきた行商人の間で競合が激しかったと思われる。戦後、江はよく

自転車で桐生、舘林、伊勢崎などの問屋を回り、商談をしていたという。★7

以上のことから、鉱業や繊維業にけん引された近代産業の盛況が福建出身者の移住を促し、彼らの商売を可能にしたことは、明らかであろう。次に、「異質」な存在であった福清出身者が、なぜ日本の農山村地域での行商が可能であったのか、当時日本の農村の伝統的な側面からその要因を探ってみたい。

## 2　「変わらない」農村の慣習と行商人

### 2―1　大正・昭和初期の農村と行商人

明治政府によって進められた文明開化は、学制、徴兵、地租改正などの制度を通して社会構造を変えていった。しかし、洋服、洋館、ランプ、ガス灯など生活様式における変化は、あくまで都市部に限られ、農村部では、依然として従来の生活様式が維持されていた。

また、都市化自体は、明治に入ってから進んだものの、終戦までは半数以上の人口が農村に居住していた。江が来日した一九二〇年に行われた国勢調査によれば、およそ五六〇〇万人の人口のうち、都市人口は、わずかその一八パーセントの一〇〇〇万人に過ぎず、しかもその三割以上の三五五万人が東京府と大阪府に集中していた。一方、総人口の八二パーセントの四六〇〇万人近くが農村に住んでおり、農業、林産業、水産業、畜産業などを主な生業としていた（内閣統計局編『大正九年　国勢調査報告』（一九二三年―一九二八年刊））。一九二〇年の福岡県においては、四五万八九六三人が都市部に、その四倍弱の一七二万九二六八人が郡部に住んでいた（内閣統計局編『大正九年　国勢調査報告』（一九二三年―一九二八年刊））。

江は、来日して半年ほど経ったある日、一人で反物を売ることができなければ帰国させられると義兄に言われた。そこで彼は、ある村に入り、妻は留守で夫は畑仕事に出かけようとしていたある家に寄った。反物に興味を示さなかった夫に、江は無理やりにすすめた。「値段の交渉もあったが、結局原価二円六十銭の反物を一反四円で」買ってもらった〔江、一五頁〕という。また、江は、定期的に、反物を背負って、二、三時間の船に乗って宗像郡の大島や相島にも行っていた。一回の商いにつき数日間の滞在で、およそ三〇円の純利益を得ていたという。ただ、船酔いする江を、船乗りは決まって「金を出せ、品物を出せ、そしてお前を海に投げ込んでやる」とからかっていたし、「島の人も気が荒く、いつも怒鳴られたり、馬鹿にされ」ていた〔江、一八頁〕という。

村人から必要とされつつ、どこかで見下されていた、このような行商人の境遇は、決して福清出身の呉服行商人に限ったものではない。宮本常一によれば、自給自足ができるほんの一部の村を除いて、戦前のほとんどの村は同業集団としての性質を持っており、これは季節的な行商（出稼ぎ）を生み出す一方、ほかの行商人を引き付けることになる。「日本の商業は行商から発達していった」〔宮本、二〇一二（一九六五）、一四一頁〕とさえ述べている。また、行商人と村人との関係は、単なる商品の提供と受給という交易関係ではない。村人は行商人に対し、転々と回らなければ生きていけないその境遇を蔑視、同情しつつも、品物を買わなければ襲われるかもしれないという恐れも抱いており、きわめて複雑な感情を持っていたとされる〔宮本、二〇一二（一九六五）、四〇—四一頁〕。こうした、行商人と農村・農民との緊密な関係性については、柳田國男の「行商と農村」〔一九六九〕、塚原美村の『行商人の生活』〔一九七〇〕と北見俊夫の『市と行商の民俗』〔一九七七〕などにおいても詳しく論じられている。[★8] また、両者のこうした相互依存関係は、スーパーマーケットの出現、自家用車の普及および衣食住などの生活スタイルの西洋化などの社会的変革が全面的に遂げられた昭和三〇年代後半まで続いていた。

## 2―2　明治以降の呉服の流通と消費

明治初期、文明開化の一環として貴族などの上流階級では一時期洋装化が進んだが、明治二〇年代以降、ナショナリズムの高揚から政府によって和服の着用が奨励された〔ポーラ文化研究所編、二〇一六、四〇―四一頁〕。日露戦争、とりわけ第一次世界大戦後の好景気に乗じた生活環境の向上と社会文化の進展と、財閥中心の政治を拠り所とする大国主義と侵略思想の下での軍国主義国家の成長を背景に、大正時代から昭和初期にかけて、洋の感性に基づいた派手な色合いと斬新な柄が用いられた和服文化が一つの頂点に達した〔小泉、二〇〇六、六〇―六一頁〕。

衣服のおしゃれが庶民に広がり、儀礼服、訪問着、外出着、おしゃれ着などと、着物の用途が広がり、それに応じた多様な生地も開発されていった。百貨店やメディアの発達によって次々と創り出された「流行」が、近代的な商品の宣伝と流通網を通じて幅広く民衆に消費されていった。前述のとおり、銘仙の大流行には、三越の宣伝による部分が大きかった。

着物のこうした流行と流通は、行商人を介して百貨店のない地域へと伝達された。日本の行商人が行きたがらない交通の便が悪い農山村や離島などの地域には、福清出身の行商人たちが回っていた。彼らは先輩でもある同郷・同族のつながり（信用）で、地元の問屋を紹介され、そこから商品を借りて辺鄙な農山村地域を行商していた。[★9] 百貨店が日本の各都市にできた大正以降の呉服の流通に、華僑はほかの業種同様、日本人同業者との競合関係を避けた形で関わっていたのである。

行商先によって様々であったが、福建の呉服行商人が扱ったものには、西陣御召、足利銘仙、生成り絹紬、緞子、金紗、縮緬などの絹織物、綿織物、人絹などの反物以外にも、名古屋帯、八掛、襦袢、羽織紐、帯締めなど、着物の付属品もあった〔茅原・森栗、一九八九、三三―三六頁〕。七五三のお祝いや適齢の娘の花嫁衣裳、遊郭の女性向けの高価なものもあれば、普段着用の反物や既製品のシャツ、ズボン、下着、古着もあった。また、お店を持つようになると、夫が行商に出かけ、妻が店頭で布地を広げ、客の要求に応じ、布を切ったり、仕立てをしていた。農家から注文を受けて着物を仕立て上げて届けるようなサービスもあった〔林伯耀、二〇一三、四七六頁〕。

呉服行商人たちの語りに、嫁入り道具としての着物が頻繁に出ている。嫁いでいく娘への相続財産として誕生したとされる嫁入り道具は、明治時代に入ってから「婚家先への土産品」と見なされるようになったが、嫁入り道具の量は娘の婚家での待遇を左右するとされ、娘のいる家では、早い段階から嫁入り道具をそろえ始めていたようである。嫁入り道具の主役は着物であり、結婚式に着るもの以外、お洒落着と日常着〔普段着、仕事着〕に、羽織、長着、春秋冬用の袷、初夏と初秋用の単衣、薄物、綿入れなど、膨大な量であった〔小泉編、二〇一四、一六頁〕ことから、福清出身の呉服行商人にとって、適齢の娘がいる家は大きな得意先であった。

## 2―3　行商人が見た農村の貧困

### 2―3―1　広がる貧富の差

二〇世紀初頭、日本政府が進めた近代化産業の進展は、市場経済を全国の隅々まで浸透させ、競争原理を行き渡らせた結果、貧富の差が拡大し、階層間の対立も激化していった〔石井、二〇一二、一八九頁〕。これは、農村においても同様で、市場の競争に敗れて没落した農民は、都市や鉱山に流出するよりは、農村にとどまって地主から土地を借りる零細小作人としての道を選ぶのが普通であった。しかし、このような場合は、老人から子どもまで一家総出で小作地を耕すだけでなく、あらゆる副業や出稼ぎの機会をとらえて現金収入を獲得する「過剰就業」の形をとらないと生活を維持していけなかった〔石井、二〇一二、一八二―一八三頁〕。

二〇世紀初頭に全国に広がったこのような地主と小作人の間の貧富差は、江の「生涯記」にも記されている。「どのような村に入っても、〔地主が住む〕御殿のような家が数軒」あって、村全体の田畑の半分以上を地主が所有し、小作人にそれを耕させていたが、収穫した穀物は、地主と小作人が折半していた。「これでは金持ちがやたら肥える一方だと感じた」。貧富がはっきりしていて、多くの村人にとっては、貧乏はごく普通のことであった。農家は出来の良い米を売って、悪いものを自家用にした。若者はよく三年か五年の期間で、「どんなつらいことがあっても辛抱してこいと親に言われ」、年季奉公に行っていた〔江、三六頁〕。

戦前の農村における貧困の光景は、ほかの行商人の回想録にも見受けられる。日中戦争勃発後、呉服行商の父について、京都丹波高原の山奥にある村に引っ越した小学生だった林伯耀は、歳末に、被差別部落の一角にあった杉皮葺きの農家に集金に行った。農家には支払う現金がないので代わりに豆をもらって帰宅したら、母は林を怒って、自ら豆を返しに行くついでに、家にあった餅やタオル、シャツなども持っていき一緒に渡した。また、マンガン鉱の労働者として朝鮮半島から強制動員された朝鮮人が住む杉皮葺きの掘っ立て小屋は、村の峠の道のわきに立っていて、村の人は怖がって近づかなかった。林の母はパンツやシャツなどの小さな商売の傍らに、よくタオルや米、野菜、薬などを差し入れていたという〔林伯耀、二〇一三、四七七頁〕。

### ２―３―２　子どもの売買

貧困と関連して、人身売買も、戦後しばらくまで一般的に行われていたようである。八、九歳から一〇歳過ぎぐらいの子どもを女衒《ぜげん》などに売るなど、特に貧しい家では口減らしのために子どもを売らざるを得なかった（宮本、二〇一二（一九六五）、一三九―一四一頁）。筆者が日本各地の福建出身者を対象に行ってきたインタビューのなかでも、「日本人のもらい子」の話がよくでてくることから、子どもの売買に、福建の行商人も関わっていたと考えられる。

一九〇六年六月五日付の『東京朝日新聞』に、「清国人の人身売買」と題する記事が掲載され、行商人が日本人から子どもを養子としてもらい、中国に連れ帰って「売り飛ばす」手口が暴かれている。呉服行商人は各地方に行き、遠慮会釈なしに座敷に上がり品物を並べてみせて、「見るのはタダだから」などと「面白き支那人なり」として持てはやされる。養子になる人がいれば世話してくれよと頼み、年齢に応じてそれまでの養育金を与え、子どもをもらっていくという。記事によれば、横浜山下町一二九番地に住む三三歳の呉服行商陳而美が千葉県君津郡の漁夫の四男藤代富蔵（二歳）を一〇円でもらった。富蔵が実の母やゑと横浜加賀町署に行き、養子縁組登録認可を願い出たが、許可されず、やゑと陳而美への取り調べで、数日後に陳が富蔵を本国に連れ帰る計画が判明した。また、浅草に住む六歳の男の子も、同一二九番地の呉服行商許明鼎に養子としてもらわれ、養子縁組登録の願いが出されている、と同記事に記されていた（『東京朝日新聞』一九〇六年六月五日付朝刊）。実際に、華僑のなかでは、他所から子どもをもらうと子宝に恵まれるという信仰に基づき、貧しい家庭から子どもをもらい、日本で一緒に暮らすケースも多く、必ずしも記事で記された子どもを「売り飛ばす」ような悪質なものでなかった。しかし、貧困が原因で子どもが「モノ」として一般的に交易されていた史実はここでもうかがわれる。ちなみに、村上令一の『横浜中華街的華僑伝』で紹介された高谷一郎は、九歳か一〇歳の時に中国人によって福建省福清県高山に連れられ、そこで中国人として暮らしていた。日中国交回復からおよそ一〇年後に、彼は中国人の家族を連れて「母国」日本に戻ったが、「生家」の大分県ではなく、幼少時代を共に過ごした福清出身の「同郷」の手助けで横浜中華街に落ち着き（村上、

一九九七、一〇五頁）、華僑として生きるようになったことは、また興味深い。

## ２―３―３　日本人女性との結婚

福清出身者と日本人女性との結婚も、彼らと農村（居住地域）との深い関わりを表している。統計資料はないが、戦後、各地の福清出身者の親睦と連携を深めるために設立された全国組織である旅日福建同郷懇親会の複数のメンバーによれば、一世の福建出身者のおよそ半数が日本人女性と結婚したという。行商で訪れた農家の娘や旅館の女中などと知り合い、結婚に至ったのである。江の「生涯記」にもあったが、当時の中国農村では、結婚相手は親によって決められていた。結婚する前に男性側が多額の結納金を女性側の家に渡す必要があり、行商人には大きな負担であったこと、一九三〇年代、日中間に続く戦争のために帰国できなくなったことが、福清出身者が日本で結婚相手を見つける主な要因だと考えられる。

結婚後、夫と一緒に日本で暮らすケースもあったが、当時の中国の習慣に従って、妻と子どもは福清の夫の実家で大家族と同居するものも多く、なかには現地の習慣に慣れず、福清から脱出し、日本に戻った人も少なくはなかった（張玉玲、二〇二〇、九〇―九一頁）。しかし、監視されて家から脱出できない人もいたようで、これらの人が、福州や上海にあった日本の総領事館に助けを求めるケースもあった。一九二九年、在福州総領事館が外交問題として、行商人が金品を「餌」に誘惑し、福清県高山地区に「誘拐」した「無智ナル」農家の娘や紡績女工など約五〇名の女性の救出に乗り出し、現地政府の協力のもと、一九二九年六月六日に八名を救出したと、外務省関係資料で確認できる。[★10]

一九三三年一月二五日『東京朝日新聞』にも、「危険！日支結婚　日本婦人御注意　行商人等の奥の手」と題する記事があり、「日支親善のための（国際）結婚」を奨励する新潟県長岡での会合について触れた上で、中国人、特に福清出身の行商人が日本の婦人をだまして福清に連れていき、惨憺たる生活を強いている状況を紹介し、日本婦人への注意を呼び掛けた。記事では作家安藤盛の寄稿も紹介され、一九二七、八年頃、上海発日本行きの船に乗り込んだ（密航しようとした）行商人を五〇名取り押さえ、取り調べた結果、いずれも日本に「かかあ」（女性）をもらいに行くのが目的だと供述したという。また、日本の女性を「だます」行商人の手口も紹介された。すなわち、行商人が神戸辺りで織られた中国向けの絹や繻子などの安い反物を並べて強引に売り、跳ね返されても何度も訪れて顔なじみになる。そのうち、若い女性が欲しそうな安い反物をあげたり、あるいは五分の一の値段で売ったり、そのうえ、実家の福清では多くの財産を持っているとほら吹きをして、女性の心をつかむ、というものである。こうやって、留学生や行商人にだまされて、福清に連れていかれた「無智な女たち」は、正妻ではなく、妾でも二番目や三番目になり、「地獄」のような貧乏な生活を送ることとなる。そのため、駐上海日本総領事館は上海に日本から汽船が到着するたびに、警官が中国人男性と手をつなぐ日本人女性を呼び止めて、その行き先や同伴の中国人について詳しく尋ねる。怪しいと思うときには別れることも忠告するというが、怪しまれないように、中国人はたいていの場合は、女性の両親の承諾証明書を事前に用意させておくという〔『東京朝日新聞』一九三三年一月二五日付朝刊〕。

かなり偏った記述の仕方ではあったが、一方、これらの資料に示されているように、福清出身者の「甘い」言葉に誘惑されて結婚に踏み切った女性の多くは、農家の娘や出稼ぎの女中・女工であった。当時、家計を助けるために、製糸・紡績工場の女工や女中になったり、あるいは手っ取り早く現金を入手するために家族に売られ娼妓となった農家の女性が多くいた。特に、一九二九年の世界恐慌とその後続いた冷害による凶作が、多くの農民を窮地に陥れ、女性もまたその犠牲になったのである〔小泉編、二〇一三、九二―九五頁〕。このような重圧がかかった若い女性のなかには、呉服行商人との結婚に希望を抱いた者も少なくはなかったであろう。

産業の近代化がもたらした物質的繁栄とともに、依然として生活必需品を行商人に頼らざるを得ない、近代化に取り残された「伝統的」農山漁村の存在が、福清の呉服行商人を惹きつけ、彼らの生業を可能にした。一方、資本主義と競争原理の農村での浸透がまた貧富の差を拡大させ、子どもの「売買」や女性の「誘拐」（国際結婚）などの諸問題にも、行商人が何かしらの形で密接に関わっていたのである。では、こうした行商人は、村の一員として、当時の村人に受け入れられていたのだろうか。次章で、この問題について検討する。

## ３　村の一員か、厄介なよそ者か

### ３―１　村民との関係

江が農村に居住し、行商で農家なども回っていたため、「生涯記」は当時の農村や村人の状況に関しても触れている。

江が来日直後に居住した香椎村での「異文化体験」は次のようなものだった。朝、井戸に水を汲みに行った際に、よく奥様たちに囲まれて、話しかけられていた。しかし、言葉が理解できず、「恥ずかしくて」「つらかった」（江、一三頁）。また、当時村の人々は肉食をせず、江たちの住居からジーと油の音がすると、隣人はいつも怒鳴りつけてくるため、音を出さないように「びくびくして」料理をしていたという。ほかにも、日本人女性の高い下駄、黒く染めた歯、髪を結い上げているため大きく見える頭など、見慣れるまで時間がかかった（江、三六頁）など、日々の生活のなかで遭遇する文化の違いについて記されている。

行商人、それも外国人という異質な存在であるために、差別されることも多々あった。戦前、村での行商は、現金による交易もあったが、現金収入の少ない農家が多く、掛け売りが一般的で、時には物々交換も行われていた。そのようななか、日本語の読み書きがままならぬ一世は、月末に請求書をもって農家に行くと、請求書の日本語に難をつけて支払いを逃れようとする村民も時々あった〔林伯耀、二〇一三、四七八頁〕。

その一方で、村人から「知り合いになるとお茶を出されたり、ごぼうや人参の煮物を勧められたり」〔江、三六頁〕、親切にされたようなことも、多くの呉服行商人の回想録で確認される。「生涯記」には、福建の行商人と村人の関係を示す興味深いエピソードも書かれている。来日四年ほど経った頃、姉夫婦や行商仲間と一緒に移った宗像郡東郷町でのこと。ある時に、江と行商仲間たちは、町の有力者が経営する薬屋の息子で、休暇で帰郷中の陸軍将校薬剤官と口論をした。侮られたと感じた江らが翌日に、薬屋の息子に「謝罪」を求めに行ったが、応じてもらえず両者の間で乱闘が始まった。結果として、警察の仲裁が入って薬屋の「親父」が謝罪したところで和解した。「私どもはこの町に長く住んで、中国人はおとなしいということで評判がよかったが、彼〔薬屋の息子〕は偉ぶって生意気だ」〔江、二六―二七頁〕った。「よそ者」の中国人と「偉ぶった」陸軍将校薬剤官が、「公平に」扱われたこの出来事からは、同じ生活空間を共有するなかで、福清出身者と村人との間に信頼とつながりができていた様子がうかがわれる。

## 3―2 ナショナリズムと民族意識

日清戦争で清に勝利し、のちに日露戦争、日韓合併およびシベリア出兵など一連の軍事行動を通して帝国としての地位を築き上げていった日本は、大正時代になると、農村地域においても、大国主義に由来するナショナリズムが浸透し、それが村人の日常生活での福清の呉服行商人たちへの態度にも現れていたようである。「生涯記」では、大人になって、日本語もかなり上達した江の苦悩も記される。「当時の日本人は、どこにいっても政治の話や日本の国体や軍隊の強さを誇らしく語る一方、中国の弱点を持ち出し、中国を軽蔑していた」〔江、二七頁〕。「私は日本に来るまで、自分の国のことを何も知らなかったので、愛国心の強い九州男児に」中国のことを「聞かれるたびに自分の国の実情がわかるようになった。貴方は、あんなに大きい四百余洲ある大国のシナ（があるのに）、なぜこんなに小さな日本にきて行商なんかするのか？ シナは資源が無尽蔵にあるにもかかわらず、掘り出すことができない。（中略）日本と中国と朝鮮は、同文同種ではないか。中国のためと思って口を出して、日露戦争までして満州を取り返してやったのではないか、日本の恩も知らないで排日するなんて、もってのほかだ。（中略）今に領土を乗っ取られて、君達は欧米人の奴隷になるのだぞ」〔江、三六―三七頁〕。毎日のようにあったこの種の話題をめぐって、江は、むきになって相手と論争していたが、その都度「弱国のつらさを感じ」〔江、二七頁〕、「情けなくなりその日の商いをやる気がなくなる」〔江、三七頁〕という状況だった。

一九三〇年代に入ると、九・一八事変、のちに盧溝橋事変など、日中関係の悪化に従い、日本中でさらにナショナリズムが高揚していった。従軍して大陸で戦死する村人が出てくると、行商人とその家族たちは「許せないシナ人」〔林伯耀、二〇一三、四七六―四七八頁〕とみなされ、行く先々で口論、喧嘩、時には暴力に遭うようになった。日中間の戦争が全面的に勃発すると、日本政府による統制経済の制限に加え、「敵国人」として生きる難しさが増していった。

生活世界でありながら、近代的国民国家として成長していく「日本」、そして、同じ生活者、隣人でありながら、一方が「日本国民」であり、一方が「よそ者」であるという村人と福清の行商人の、「二項対立」的な相互関係が出現しつつあったことは、ここで改めて確認される。この自他意識こそ、両者の国民国家を基底とする民族意識の形成・強化を促したのではないかと考えられる。

## 4 まとめ——日本社会を逆照射する

以上、一九二〇年代に福岡県で行商していた江の「生涯記」を手掛かりに、一九世紀末期から二〇世紀半ばにかけて日本各地で呉服の行商をしていた福清出身者の生業と暮らしの実態を、その舞台であった日本の農村の状況や農民の生活などと結びつけながら解読した。簡潔にまとめると以下の通りになる。

一九世紀後半、明治政府によって積極的に進められた文明開化・殖産興業を中心とした一連の近代化政策の下、農村部においても近代化が進み、特に繊維業と鉱業の隆盛などによってもたらされた物質的繁栄は、来日した福清出身者にも大きな商機をもたらした。また、反物などを含む生活の必需品のほとんどを行商人に頼らざるを得ない、近代化に「取り残された」伝統的な農村の存在も、また呉服行商という生業を成り立たせる条件となった。さらに、貧富の格差、被差別部落、子どもや女性の境遇など当時の農村が抱えていた多くの問題を、福清からの行商人が実際に見て、または当事者として関わっていた。この意味においては、福清の呉服行商人は、多くの農民や出稼ぎ者、漂泊宗教者などと同様、近代化の波に流されながら、一部の伝統を残しつつも解体していこうとする日本の農村風景を構成する一部であった。

一方、一九世紀後半から、日本が近代的国民国家、さらに帝国として発展していく過程において、農村においてもナショナリズムが高揚していくなか、各地を行商する福清出身者は、軽蔑すべき「シナ人」、戦争開始後には「敵国人」とみなされ、「よそ者」として排除される対象となっていった。したがって、この時期は、出稼ぎのつもりで来日し、中国のことを「何も知らなかった」福清の呉服行商人が「中国人」としての民族意識を確立した時期であった。それだけでなく、彼らが経験した苦労を見て育った二世が、戦後、全国的同郷ネットワークを強化しつつ民族意識を強めた歴史的要因ともなったと考えられる〔張玉玲、二〇一四〕（第六章参照）。

なお、福清出身者の帰属意識は決して一元的なものではなく、重層的かつ流動的な複雑なものであることに留意したい。例えば、戦時中、呉服行商人の父について岡山県津山に移住した、当時九歳だった林同春は晩年、自伝『橋渡る人――華僑波瀾万丈私史』で以下のように自分の行商経験を語っている。「苦境にあって、差し出された善意と真心は、何よりも暖かく嬉しいものだった。その親切と優しさは、終生忘れることのできないものとなった。敵国人と言われ、差別されながらも、私達に親切にしてくれる日本人達は決して少なくはなかった」〔林同春、一九九七、六六頁〕。彼の言葉にあるように、村の共同体や国家とは違う次元にある、同じ生活者、人間同士としての人情と義理は、福清の呉服行商人の「異郷」での生業・生活を成り立たせた重要な要素のひとつだと考えられる。華僑の重層的な帰属意識のなかに、農村で生活し、行商をしていた際に見て、接してきた一人ひとりとその人たちと共有した生活空間に基づく、ある種の「地元意識」が織りこまれていると言えよう。

戦後の「混乱期」を経て、多くの福清出身者が呉服行商から脱却し、中華料理や貿易など多角的なビジネスに転じた。各地の華僑総会をはじめ各種の華僑団体が復活、または新たに設立されるにつれ、福清出身者も横浜や神戸に居住していた広東、上海出身の華僑とともに華僑の権益を守るための運動に身を投じた。しかし、こうした「中国人意識が強い」華僑像だけをもって、「華僑」を語ることは決してできない。なぜなら、前述したように、彼らは日々の生活、生業の根拠地においては、その他大勢の、同じ社会空間・生活空間を共有しながら、何らかのつながりを持つ一人ひとりの「日本人」や「韓国人」と共に、「普通に」生きている一人の人間でもあり、その地の風景・風土の一部をなすものなのである。後者の華僑像こそ、戦後さらに目まぐるしく変貌していく日本の農村ないし地域社会の多元性と重層性を見直す重要な手掛かりではないだろうか。

この意味において、本章は、実体として存在しながら、歴史的に構築された、文化的・政治的概念でもある「日本」を、華僑という「周縁」から見つめ直す作業の一環として位置付けられるだろう。戦前に来日した華僑のほとんどが他界し、その次の世代も高齢化しつつあるなか、各地方の歴史、社会、経済などの状況と関連付けながら、華僑の生業・生活に関する情報の収集・分析が喫緊の課題として残されている。

★1 呉服行商に従事していた当時の福建出身者は、およそ以下のプロセスを経て「一人前」の行商人となる。まず、親方の家に住み込み、行商人たちの食事、洗濯などを担当しながら生活に慣れる。のちに、先輩華僑に伴われながら、親方から商品（反物など）を借りて行商にいき、その売り上げの一部を自分の収入とする。親方に頼るこの段階は、見習いと「売子」の身分とみなされる。仕入れから決算まですべて自主的に行うようになれば、独立行商人となる。さらに、一定の資金を持っていれば、親方となって、みずからは行商せず、売子に商品を貸してその利益を得ることができる。行商の親方制度について〔鴻山、一九七九、二三二―二三四頁〕と第一章参照。

★2 一九二四年に来日し、熊本、のちに久留米で行商をしていた林修億が久留米絣を扱っていた。二〇二一年一一月一〇日、蔡義雄（林修億の甥に当たる）の教示による。蔡義雄の移住については、第五章参照。

★3 屑繭や絹糸の屑などの副蚕糸を原料として紡績して得た絹糸は、絹紡糸であるが、経《たて》に絹紡糸を用いるのがスパンクレープで、経、緯《よこ》ともに絹紡糸を用いた広幅織物《ひろはばおりもの》が富士絹であった。富士絹は、開発者の富士紡績会社にちなんで名づけられた。大正期には輸出向け、国内向けに広く生産されたが、足利では一九一四（大正三）年から一気に生産が増加した。一方、銘仙とは、やはり売り物にならない屑繭や玉繭から引いた手紬糸で織った紬の一種で、江戸時代までは主に自家用であった。模様も、無地または縞模様といった質素のものがほとんどだった。経糸捺染で後で緯糸を織り込むことで模様に深みと立体感を生み出す伝統的な解し織に、さらに技術革新を加えたことで、曲線的なデザイン、直線的な幾何学模様など、より複雑な模様を織り出せるようになった。こうして、大正から昭和初期のモダン文化が流行したなか、「模様銘仙」が幅広い人気を博し、需要が年々増大していった。

★4 日本国有鉄道と一部の私鉄が行った、手荷物または小口荷物を輸送するサービス。一九八〇年代半ばに廃止した。

★5 二〇一九年四月二一日に東京華僑総会（東華会館内）で行われた江洋龍（一九四一年生まれ）へのインタビューに基づく。

★6 一三名の行商人以外にも、中華料理業六名、学生二名、（その家族と思われる）婦人・子どもなど無職者一五名。『群馬県統計書』大正一一年。

★7 二〇二一年一〇月一一日江洋龍への電話インタビューに基づく。江洋龍によれば、戦前から戦後にかけて、足利に在住していた中国人は、福建出身者四、五軒程度で、ほかの浙江、台湾出身者を合わせても十数軒程度であったという。

★8　柳田國男「行商と農村」では、「気仙や本吉では大和越中の売薬商をトウジン又はトウジンサマと謂って」（行商人を）見下しながらも、「もう此次は来ぬだらうといふ不安」を抱える農民の姿〔柳田、一九六九、四五八頁〕が、塚原美村『行商人の生活』では、長野県小諸市井子の、行商人の廻村を待ちわびている村民の姿が〔塚原、一九七〇、三〇頁〕、北見俊夫『市と行商の民俗』においては、新潟県佐渡島の、村人と行商人の関係を代々引き続く例〔北見、一九七七、二一七頁〕が紹介されている。

★9　〔陳上梅、二〇一三、四六八頁〕、および筆者の二〇一五年より行った日本各地の華僑への聞き取り調査に基づく。

★10　ＪＡＣＡＲ（アジア歴史資料センター）Ref.B13081193900　第四編／第四章　在支被誘拐邦人婦女子救出問題（議AJ-34）外務省外交史料館。

# 第3章　ドキュメントから見る福清華僑の「移動」

## はじめに

本章では、福清華僑の各時期の様々な理由による「移動」を、関連するドキュメントから読み解いていく。故郷から日本への移住、移住後の日本国内での移動、生業そして帰郷（帰省）など、複数の華僑の断片的な「ストーリー」ではあるが、「大きな」歴史を生きる個々人の生存戦略を浮き彫りにしていく。なお、本章で使われるドキュメントとは、主に大使館（領事館）や現地の警察署が発行した各種の証明書、居住（滞在）許可書、従業許可書などの公の書類であり、それに加えて関係者（資料3―1）へのインタビューに基づく口述資料も用いる。

## 1　日中戦争勃発前の暮らしと移動

### 1—1　高い流動性

日本人同業者との競合を避け、同郷の先輩とも商圏が重ならないように、福清出身者は、より多くの顧客を確保できる自分の商圏といえる場所が見つかるまで頻繁に移動する必要があった。

資料3—2は、二〇一五年に京都福建同郷会の張敬博から提供を受けたもので、一九二七年から一九三〇年頃、当時敬博の祖父福義が会長を務めていた中華民国福州同郷会京都本部（一九二四年成立）によって作成された会員名簿の一部と思われる。書類には一二名の福州府出身者が登録されており、本籍地と住所、年齢、職業と身分証明書発給日と離籍日が記載されている。この書類から多くのことが読み取ることができるが、その一つは、血縁・地縁紐帯を頼っての日本移

**資料3-1　本章で取り上げた福清出身者に関連する情報**

| 家族別（出身村） | 文中に出た家族（一族）と間柄 | 来日の時期 | 日本での住居 | 職業（戦前、下線は戦後の職業） |
|---|---|---|---|---|
| 林宗灼一家<br>高山市西江村 | 宗灼（1899年生）、本人 | 1919年 | 大阪、和歌山、愛媛県今治大三島、尾道、神戸 | 呉服行商、農業、中華料理、貿易等 |
| | フサ（美宋）、妻 | 1930年頃 | | |
| | 聖俊（俊一）、1932年生、長男 | 日本生まれ | | |
| | 聖福（福聖）、次男 | 日本生まれ | | |
| 李有煥一家<br>高山市北垞村 | 有煥（1906年生）、本人 | 1929年 | 神戸、（北海道）瀬棚郡、標津郡、（岡山県）英田郡林野、（兵庫県）姫路市 | 呉服行商、中華料理、パチンコ（娯楽業）、貿易等 |
| | 有泉、有煥の弟（出生年不明） | 1937年？ | | |
| | 金宋、（1916年生）有煥の妻 | 1941年 | | |
| | 家和（1938年生）、有煥の長男 | 1941年 | | |
| | 家昌（1946年生）、有煥の五男 | 日本生まれ | | |
| 林友細一家<br>東瀚鎮東瀚村 | 友細（1900年生）、本人 | 1920年代初 | （岡山県）英田郡林野、津山 | 呉服行商、薬品の行商、中華料理 |
| | 斯国（1930年生）、友細の長男 | 日本生まれ | | |
| | 斯泰（1932年生）、友細の次男 | 日本生まれ | | |
| | 友桂（1905年生）、友細の二弟 | 1935年 | 岡山県英田郡、津山、（中国）上海、（兵庫県）姫路 | 呉服行商、薬品の行商、中華料理、パチンコ（娯楽業）、貿易 |
| | 賢華（1908年生）、友細の三弟 | 1935年 | | |
| 楊炎発一家 | 炎発（出生年不明）、本人 | 1928年 | 徳島、（北海道）函館、神戸 | 呉服行商、薬品販売、貿易等 |
| | 勝美（1937年生）、長男 | 日本生まれ | | |

筆者が行った各家族への聞きとり内容に基づく

住・定住パターンである。例えば二枚目の資料右側に記載された三名の李を姓とする者は、同じく民国一八（一九二九）年一〇月三日に登録されている。三人とも出身地が福州府閩候県南開外鳳冠郷で、京都における住所も同じであることに加え、同じく理髪業に従事していることから、同族の者同士が相互に頼って移住したと推測される。家族・親戚が同じ地域に移住し同じ職業に就くというのは、福州、福清出身者のみでなく、華僑華人ないし移民一般によくみられる移住戦略の一つである。

資料3―2（上）、一名の福州府侯官県出身の理髪業従事者を除いて、残りの五名は福州府福清県高山市の出身となっており、その中で理髪業に従事する者一名を除いて、四名が布商、すなわち呉服行商に従事していた。さらに右から二番目から四番目は住所も同一で「発給証明」（証明を発給した）日も同じく一九二七年一二月九日になっている。しかし、いずれも登録後すぐ他地域に移住したか、すでに帰国していたために離籍した。呉服行商人の福清出身華僑は流動性が高いことと、当時華僑が移動する際には身分証明書として「半官半民」の同郷組織に頼っていたことがうかがわれる。

## 1―2　定住後の一時帰国

福清出身者は、出稼ぎのために単身で来日した青壮年男性が中心であった。独身者であった場合、行商の要領を覚えてある程度稼げるようになると、結婚式のため一時帰国して、後に再び一人で日本に戻るというケースは非常に多かった。

資料3―3、3―4、3―5、3―6は、林宗灼が一九二九年五月に一時帰国するために用意した一連の資料である。

林宗灼[★1]は一八九九年に福清県高山市西江村に生まれ、一九一九年に来日した。最初は大阪で同郷人と同居

資料3-2　中華民国福州同郷会京都本部発行会員名簿の一部　（資料提供：張敬博）

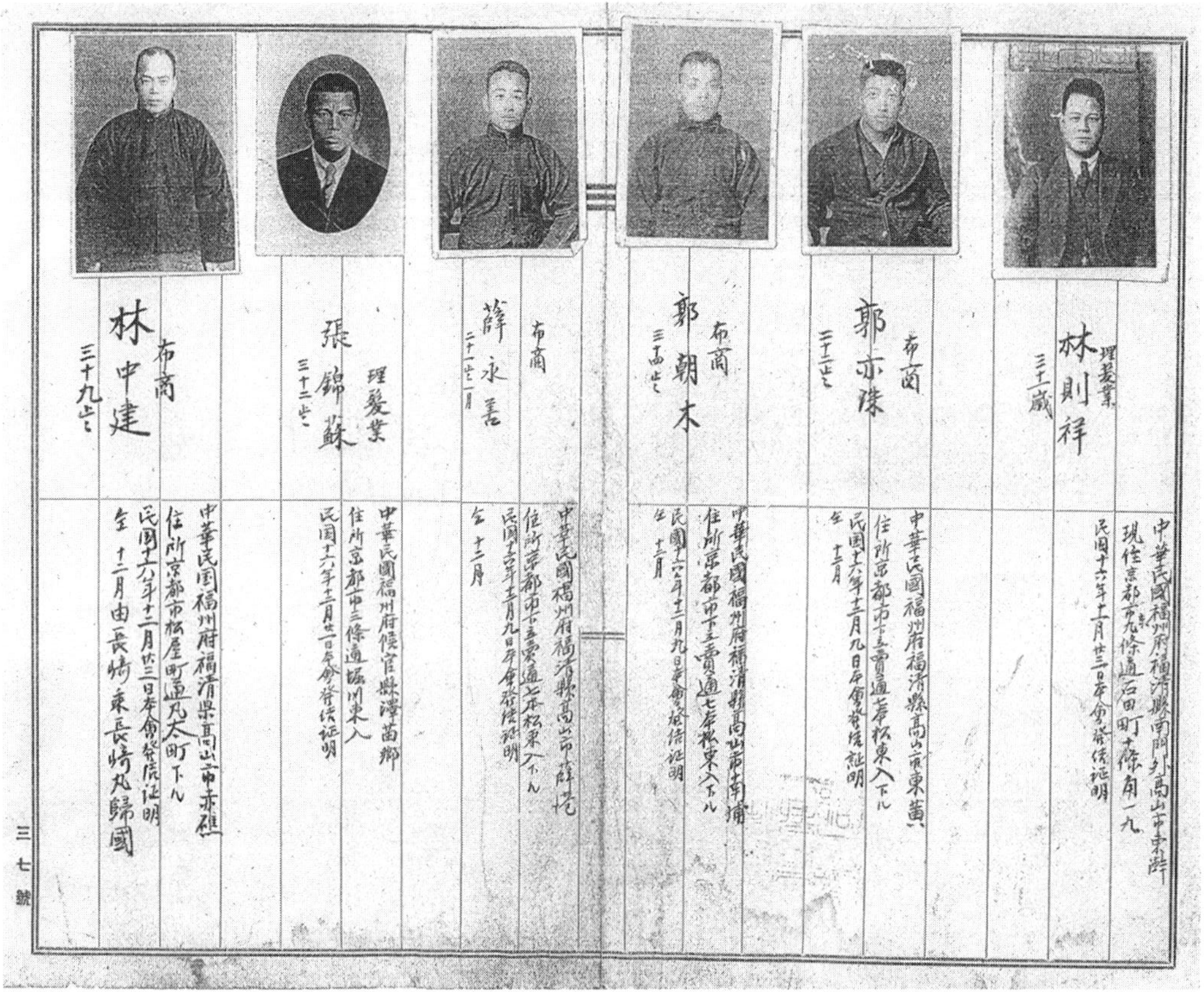

林則祥　理髪業　三十歳
中華民國福州府福清縣南門外高山市東許
現住京都市九條通石田町十條角一九
民国十六年十一月廿三日本會發給証明

鄭亦滐　布商　三十二歳
中華民國福州府福清縣高山市東萬
住所京都市下立賣通七本松東入下ル
民国十六年十二月九日本會發給証明
仝　十二月

鄭朝木　布商　三十四歳
中華民國福州府福清縣高山市南埔
住所京都市下立賣通七本松東入下ル
民國十六年十二月九日本會發給証明
仝　十二月

薛永善　布商　二十一歳一月
中華民國福州府福清縣高山市薛港
住所京都市下立賣通七本松東入下ル
民国十六年十二月九日本會發給証明
仝　十二月

張錦蘇　理髪業　三十二歳
中華民國福州府侯官縣潭苗鄉
住所京都市三條通堀川東入
民国十六年十二月廿一日本會發給証明

林中建　布商　三十九歳
中華民国福州府福清県高山市赤礁
住所京都市松屋町通丸太町下ル
民国十六年十二月廿三日本會發給証明
仝　十二月由長崎乗長崎丸歸國

三七號

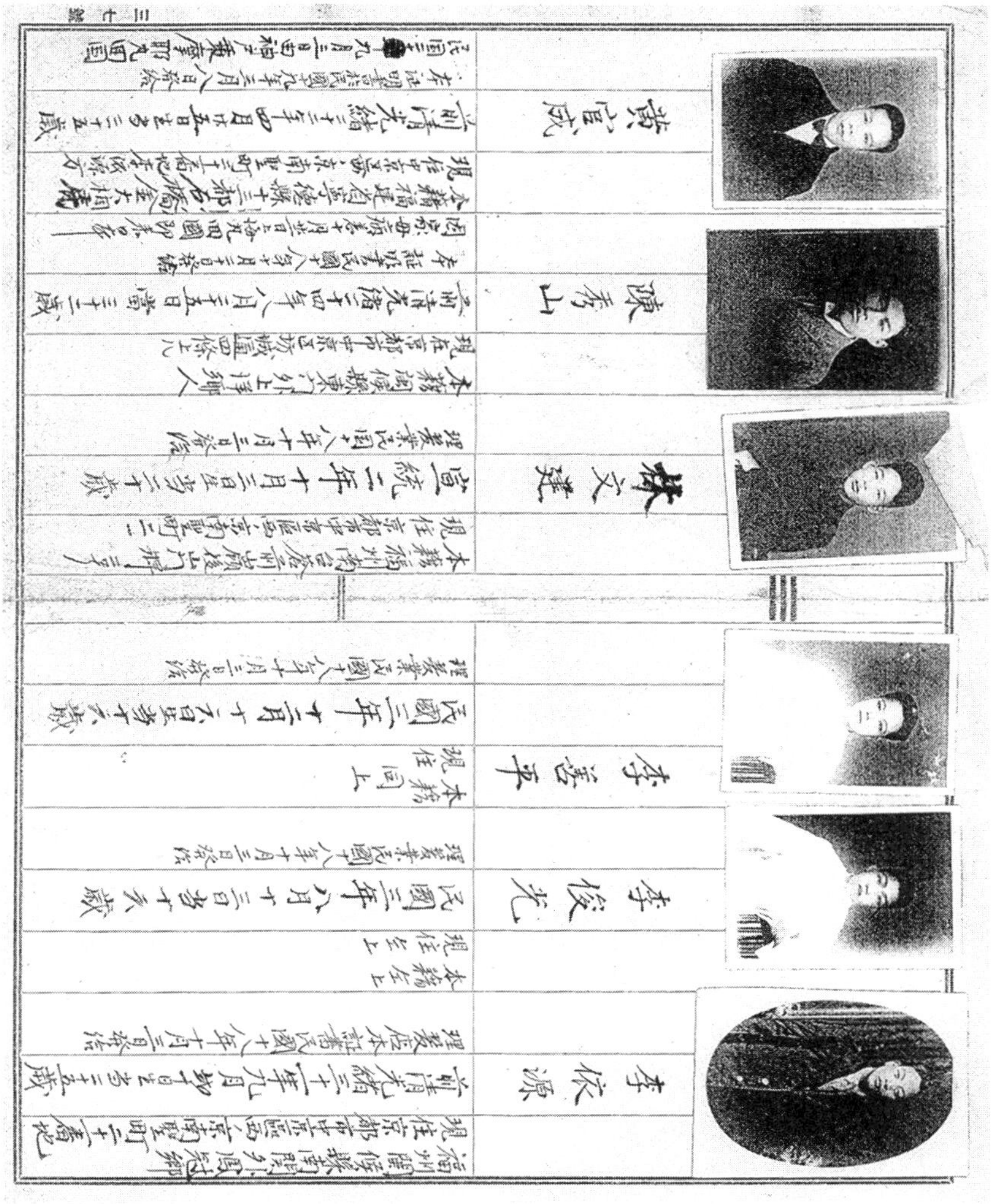

しながら行商の見習いをし、しばらくして一人で和歌山まで行商に出かけた。その間、和歌山県で日本人女性山田フサと知り合い、一九二五年に帰郷して結婚することになった。[★2] 来日して六年目のことで、宗灼は二六歳であった。山田フサは宗灼と結婚することによって、日本国籍を離脱し中国国籍を取得したと同時に、「林美宋」と改名した。[★3] 結婚後、宗灼はフサを残して、再び日本に戻るが、村から数名の同郷人を連れて、愛媛県の今治で新たな行商の拠点を作った。

一九二九年、宗灼は一時帰国をするために、まず五月三日に、旅日華僑聯合会[★4]大阪分会で有効期間が一年の会員証（資料3―3）を作成してもらい、同月二〇日に、同じく旅日華僑聯合会大阪分会で帰国証明（資料3―4）を得た。一週間後の五月二七日に、住所のある今治警察署で一時帰国のために「証明願」（資料3―5）を発行してもらった。一時帰国の理由については、旅日華僑聯合会による帰国証明では親族訪問となっており、愛媛県今治警察署による証明願では、仕入れのためとなっているが、両方を兼ねていたと考えられる。どの証明書でも林宗灼の生年月日や住所、職業などが記載されているところは共通しているが、帰国証明では、民国一八（一九二九）年五月に門司港より出発し、上海経由で福建に帰省する旨が記されており、証明願では、宗灼が仕入れのために一時帰国し、また元の住所に戻るとの旨が記載されている。それぞれ、今日のパスポートと再入国許可の役割を果たしていたものと思われる。しかしなぜ、日本政府や中国政府ではなく、地方の警察署や華僑団体が入国関連の書類を発行したのだろうか。当時中国人の入国に関して、中国と日本はそれぞれどのような規定を定めていたのだろうか。

前述したとおりに、日本政府は、一八九九年の勅令三五二号で中国人労働者の内地における労働を制限したが、不法入国する労働者が後を絶たず、それ以降も入国管理の取り締まりを漸次強化してきた。一九一八年一月に公布された「外国人入国に関する件」（内務省令第一号）では、外国人の入国に関する基準が定められ、

**資料3-3　林宗灼が1929年に一時帰国の際に用いられた会員証（旅日華僑聯合会大阪分会1929年５月３日発行）**（資料提供：林聖福）

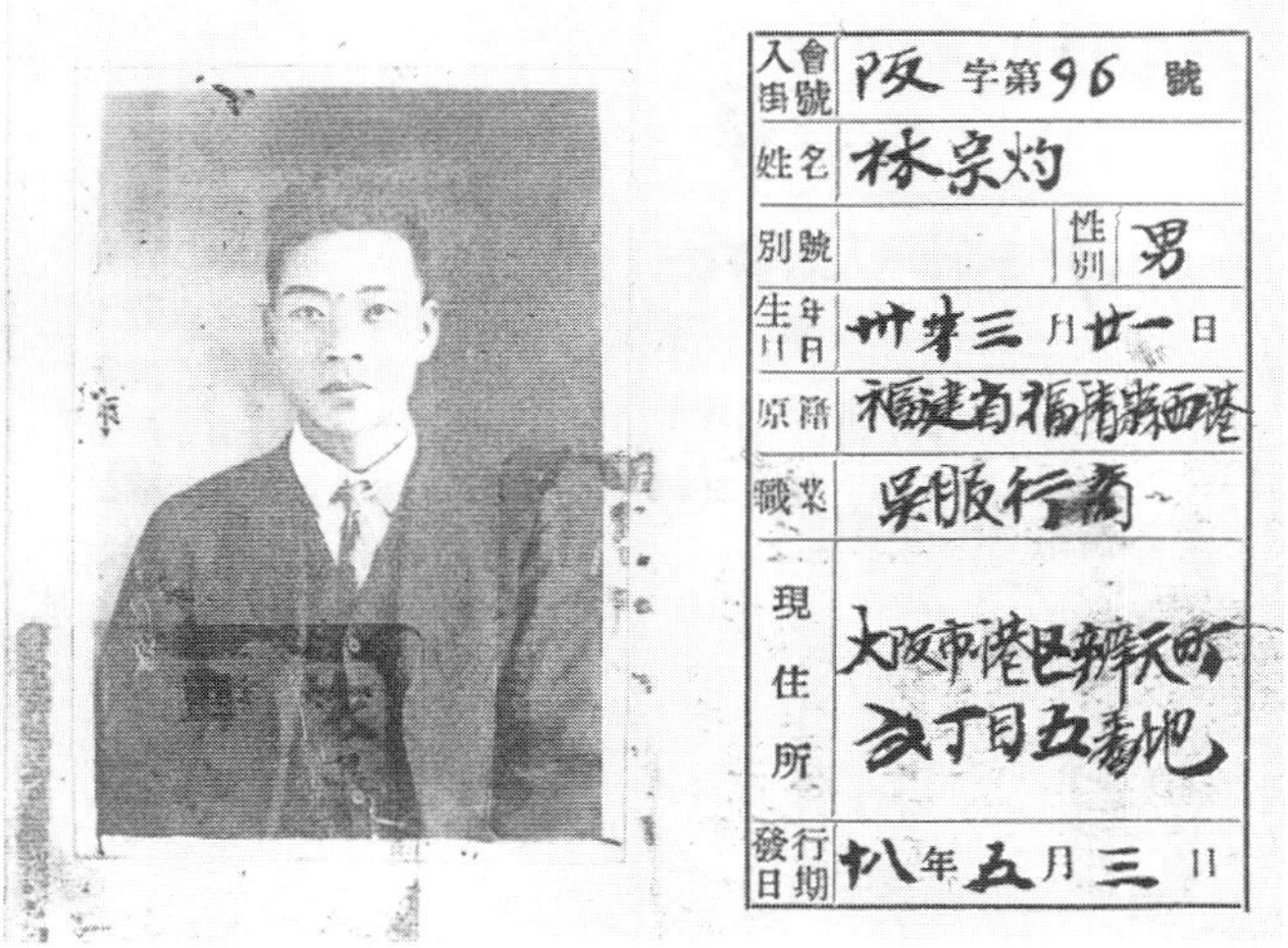

入會番號　阪　字第96號
姓名　林宗灼
別號　　性別　男
生年月日　卅年三月廿一日
原籍　福建省福清縣
職業　呉服行商
現住所　大阪市港区
發行日期　十八年五月三日

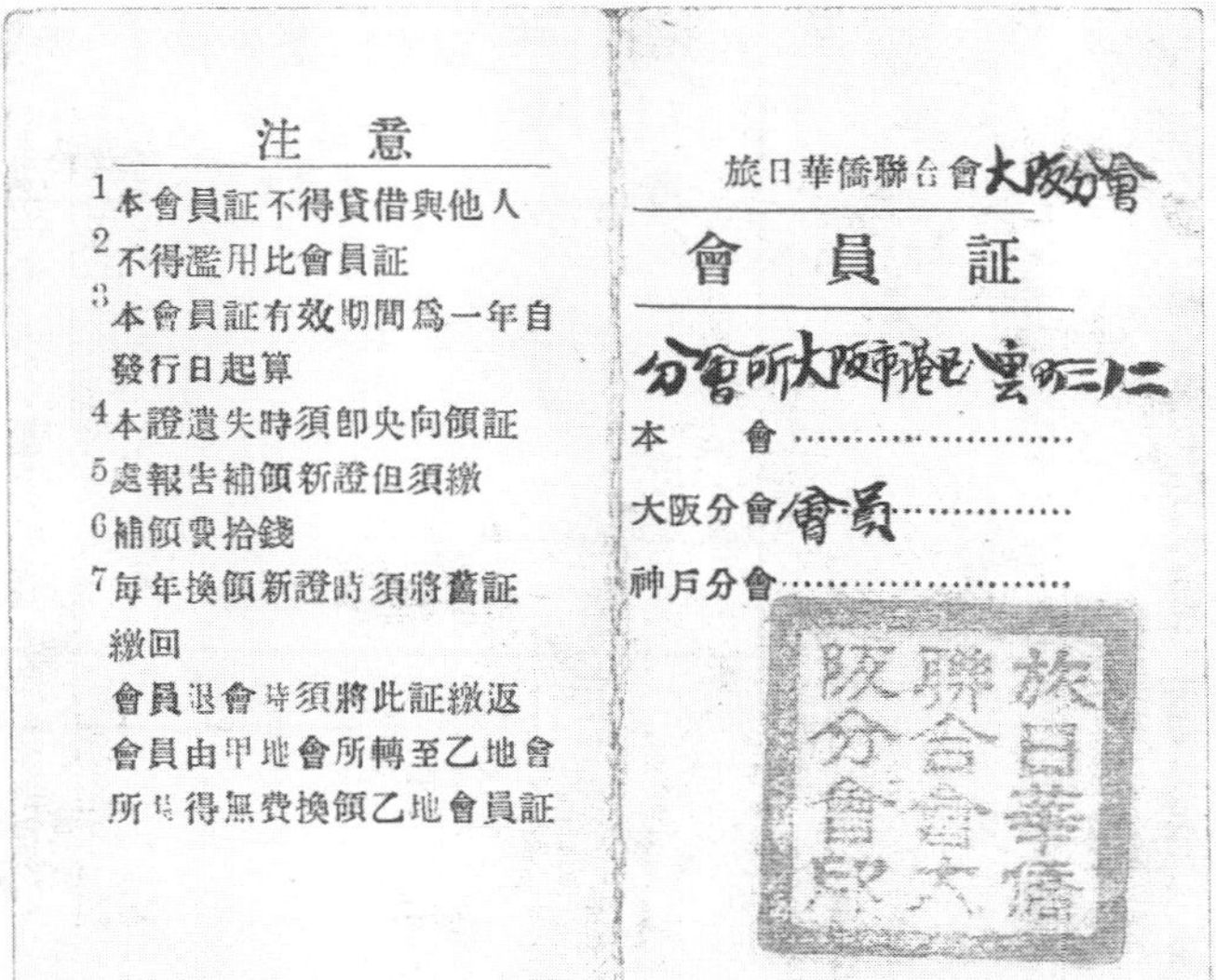

注意
1本會員証不得貸借與他人
2不得濫用比會員証
3本會員証有效期間為一年自發行日起算
4本證遺失時須即央向領証
5處報告補領新證但須繳
6補領費拾錢
7每年換領新證時須將舊証繳回
會員退會時須將此証繳返
會員由甲地會所轉至乙地會所得無費換領乙地會員証

旅日華僑聯合會大阪分會
會員証
分會所大阪市港区
本會……………………
大阪分會會員……………
神戸分會……………………
旅日華僑聯合會大阪分會印

基準を満たさない外国人の上陸禁止措置の権限を地方長官に任せることにした。上陸禁止の基準は六つ掲げられており、その第一条は旅券又は国籍証明書を所持しない者であったが、当時の日本人の中国入国に関して、旅券又は国籍証明書を必要としないことから、中国人の日本入国に関して同様の措置が取られた。したがって、華僑たちは日本への入国や中国に一時帰国する際に、旅券または国籍証明書は必要とされなかった。ただ、この条例に基づき、各地方において、より詳細な基準を銘銘に設け、中国人をはじめとした外国人労働者の不法入国を取り締まることとなった。この内務省令第一号は勅令三五二号と並んで長い間、「中国人労働者の日本入国にとって過酷で差別的な足かせとなっ」〔許、一九九〇b：中華会館編、二〇一三、一四二頁〕たという。

資料3-4　帰国証明（旅日華僑聯合会大阪分会1929年5月20日発行）（資料提供：林聖福）

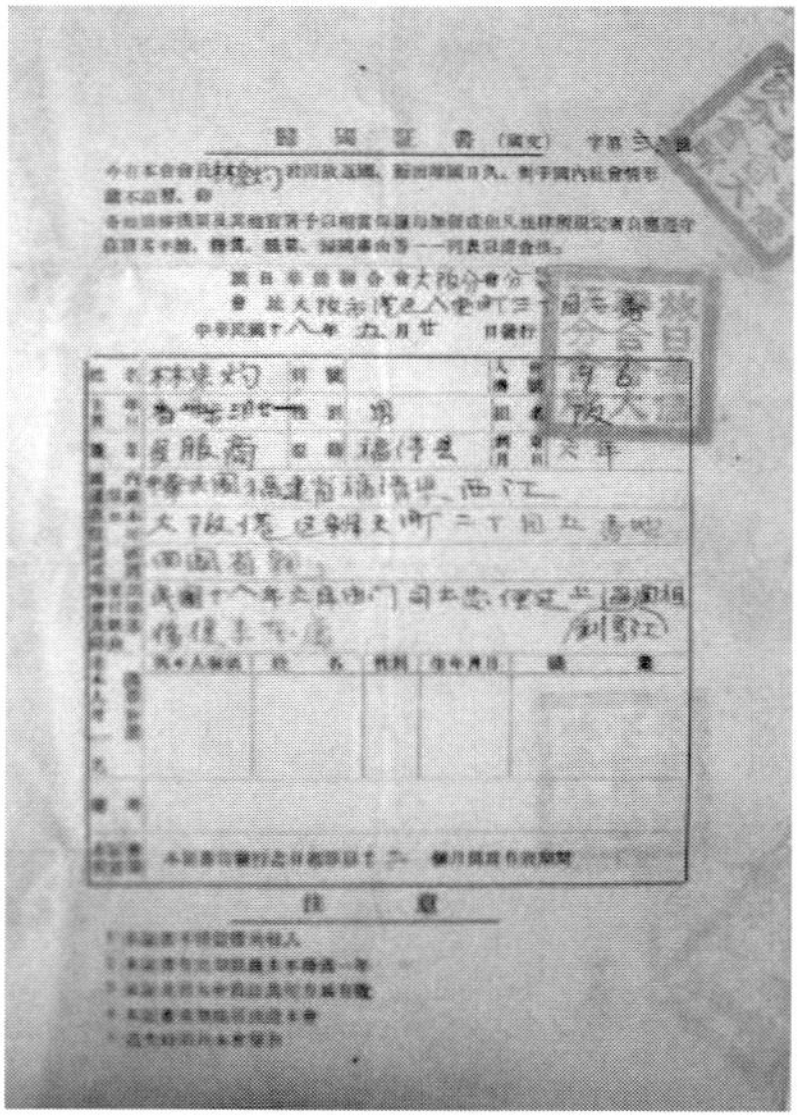

林宗灼が一時帰国のために居住地である愛媛県今治警察書に発行してもらった証明願は、在住外国人が一時的に日本を出ようとする際に出入国管理局で申請する「再入国許可」（二〇一二年に廃止。みなし入国制度に変更）と同様のものであろう。当時、行商を装って入国してきた無許可労働者が後を絶たず、それらを水際で防ぐための措置として、地方の官憲は多大な権限を与えられていたのである。

長い間、華僑は母国からの保護を受けることはほとんどなかった。一九二八年一二月、全中国の統一を果たした国民政府を、米、英、日の列強が中国を代表する政権として承認した。翌年の一九二九年、国民政府は血統主義に基づく「中華民国国籍法」を公布し、海外華僑を一律に「中華民国公民」とした。一九三〇年一月に「華僑登記規則」に基づき、華僑の人数の把握に努めた。一九二六年一〇月、華僑の提案を受け、国民政府の下に華僑を保護する専門機関である僑務委員会が設置され、以降何度かの再編と改称を経て、一九三二年国民政府行政院の下に置かれるようになった。資料３―６は福建僑務委員会福州辦事處（事務所）が発行した帰国登記証であり、華僑を輩出した福建、広東などの僑郷では僑務委員会が実際に華僑に関する各種の事務にあたっていた。ただ、僑務委員会には下部機構がなく、華僑に関わる実際の業務は、華僑の居住地で設立

**資料3-5　証明願（愛媛県今治警察署1929年5月27日発行）**（資料提供：林聖福）

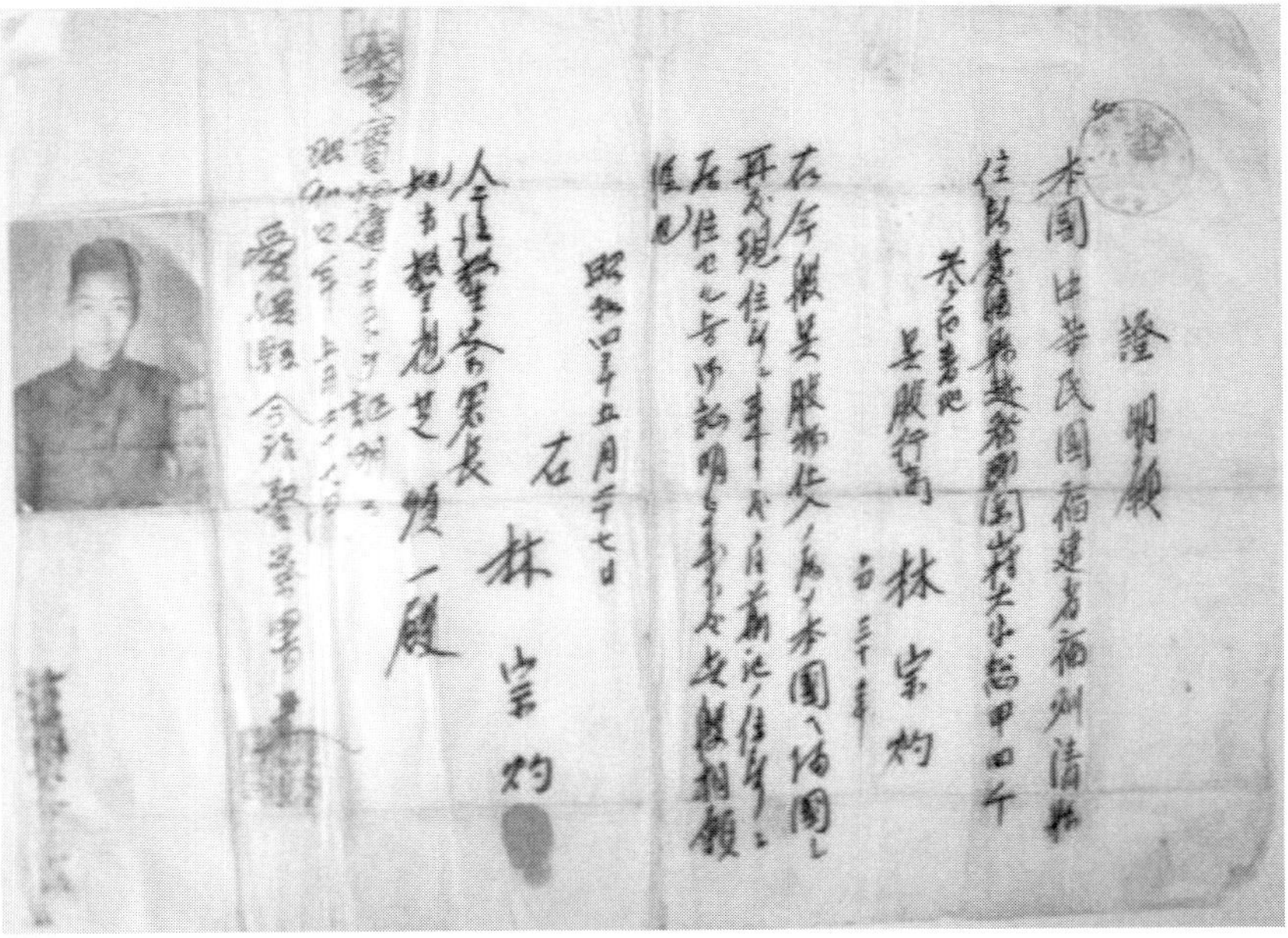
證明願
林宗灼
昭和四年五月二十七日
今治警察署長
愛媛縣今治警察署

資料3-6　回（帰）国登記証（福建僑務委員会駐福州辦事處（事務所）1929年6月9日発行）（資料提供：林聖福）

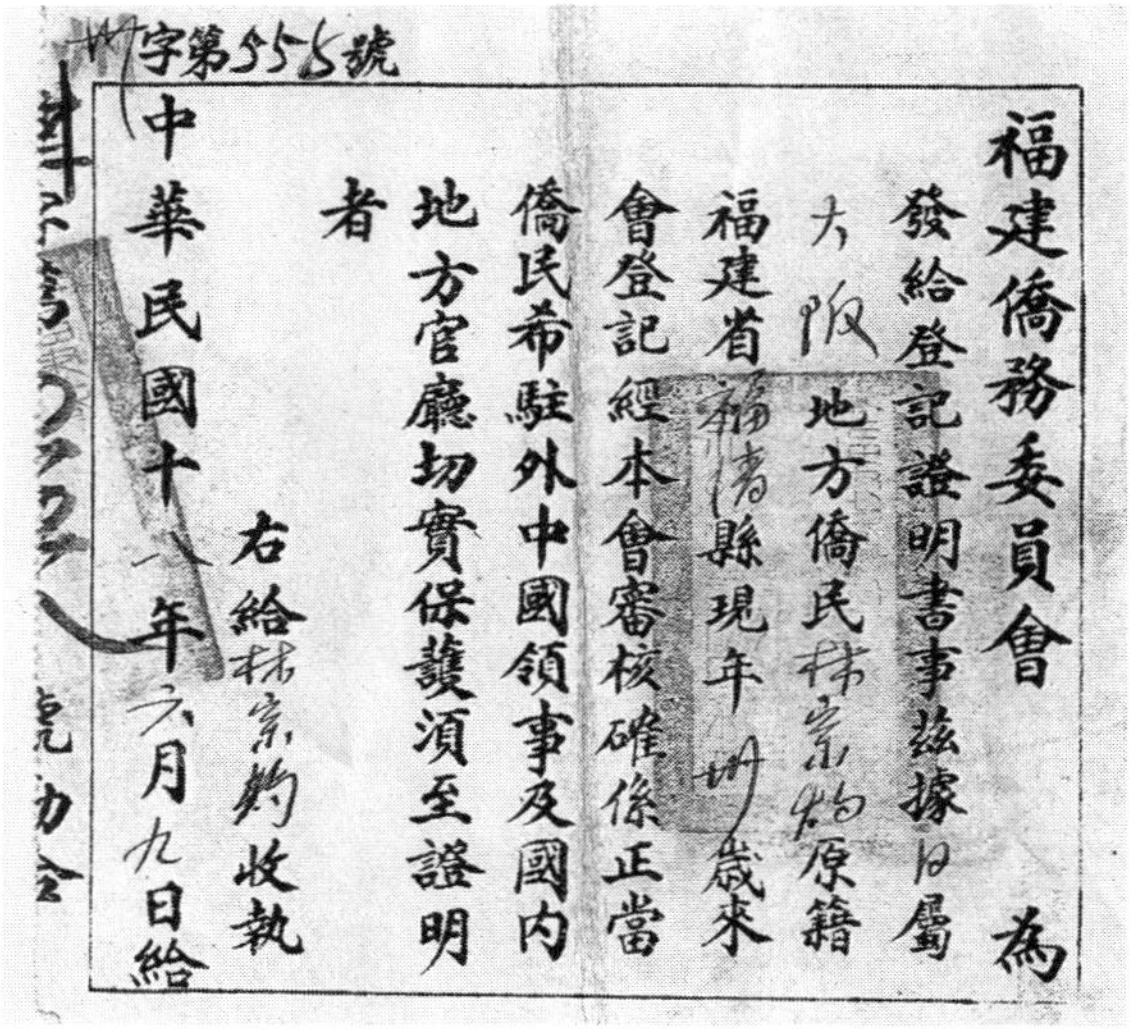

字第556號

福建僑務委員會　為
發給登記證明書事茲據日屬
大阪地方僑民林宗灼原籍
福建省福清縣現年卅歲來
會登記經本會審核確係正當
僑民希駐外中國領事及國内
地方官廳切實保護須至證明
者
右給林宗灼收執
中華民國十八年六月九日給

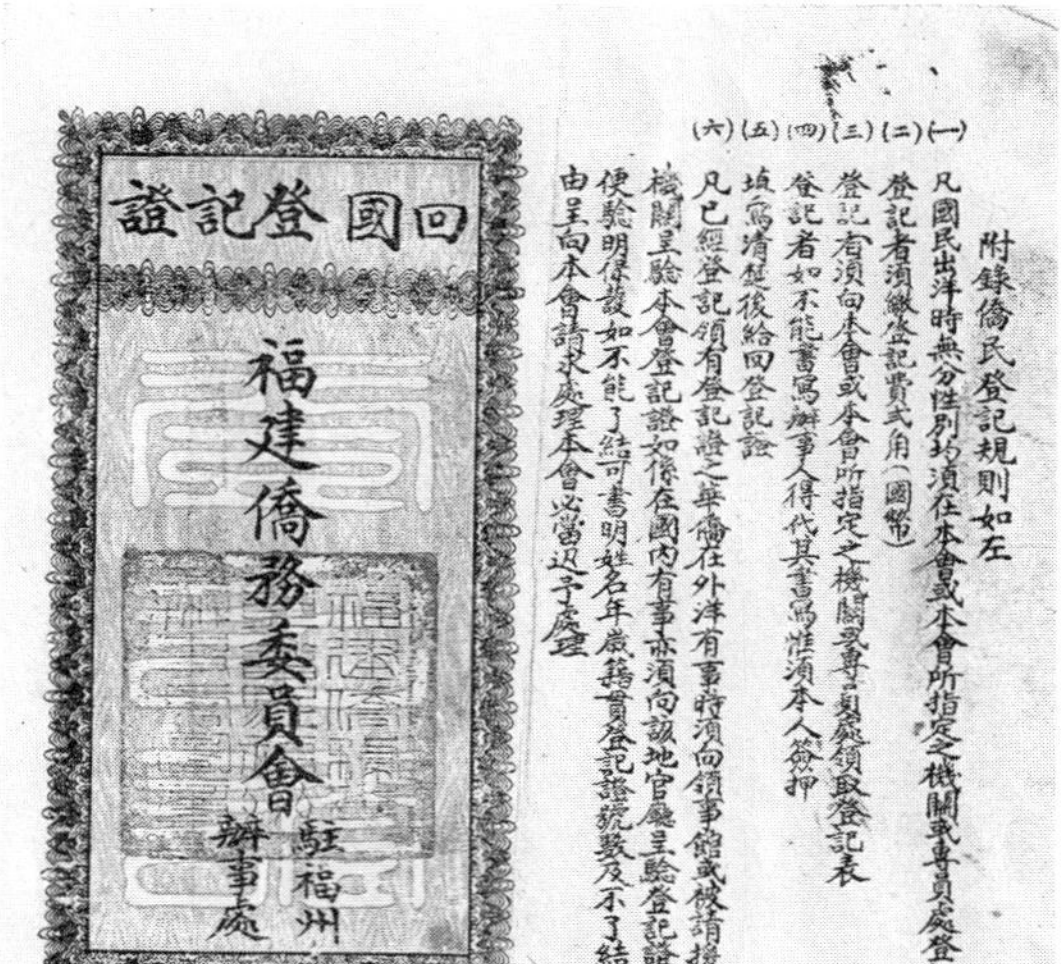

回國登記證

福建僑務委員會
駐福州辦事處

附錄僑民登記規則如左
(一)凡國民出洋時無分性別均須往本會或本會所指定之機關或專員處登記
(二)登記者須繳登記費貳角(國幣)
(三)登記者須向本會或本會所指定之機關或專員領取登記表
(四)登記者如不能書寫辦事人得代其書寫惟須本人簽押
(五)填寫清楚後給回登記證
(六)凡已經登記領有登記證之華僑在外洋有事時須向領事館或被請援之機關呈驗本會登記證如係在國內有事亦須向該地官廳呈驗登記證以便驗明保護如不能了結可書明姓名年歲籍貫登記證號數及不了結理由呈向本會請求處理本會必當迅予處置

した華僑団体などが担っていた。上記の中華民国福州同郷会京都本部や（林宗灼の会員証を発行した）旅日華僑聯合会大阪分会が、同郷・同胞者の相互扶助以外にも、華僑の会員証をはじめとした証明発行などの業務にも当たり、半官半民の性質を持っていたと考えられる。

## ２　日中戦争下の華僑

### ２—１　日中戦争の勃発と日本の華僑政策

一九三七年、日中戦争が全面的に勃発し、在日華僑の半分近くが帰国した。福清出身者の人数も半減した。日本全国の行商人は一九三六年末の二七四七人から一九三七年末の一一九七人にまでに減少したことから、★5五六パーセントの行商人が戦争勃発後に帰国したのである。一部の福清人が日本に残ることを選び、故郷にいる妻子も日本に呼び寄せた。呉服行商を生計とした福清出身者は経済的基盤が弱く、戦場と化した故郷に帰るよりはわずかな収入でも日本に残ったほうが良いと判断したのであろう。戦争がもたらした移動の不自由や商売と生活に潜むリスクが高まるなか、日本を去るか、それともとどまるかについて、総合的に得失を判断したうえで、選択をしたのである。

一方、日本政府は在日華僑への監視を強化した。一九三七年一二月、日本各地の国民党党員三二六人が検挙され、うち三七人がスパイまたは政府に反する言論を発表した罪で逮捕された。もう一方では、日本が中国における統治に対する在日華僑の全面的支持を得るべく、華僑に対する懐柔政策も行い、中国での傀儡政権★6およびその他の戦時政策を支持する華僑団体を日本各地で新たに成立させた。

在日華僑への統制を行うために、日本政府はそれまでの華僑団体を解散させ、一地区一団体の政策を実施した。様々な圧力と働きかけの下で、一九三八年五月、旅日華僑聯合会東京総会が設立され（南洋協会、一九三八）、その会員名簿には、「中華民国維新政府」（南京で作られた日本の傀儡政権）交通部長兼鉄道部長江洪傑や日本の貴族院議員陸軍中将など一二人と並んで、唯一の華僑として林文昭が「本会顧問」のリストに入っていた。林文昭は東京京橋区銀座にある中華第一楼を経営する広東出身華僑であり、それまで中華料理業主を中心とする東京華僑聯合会の会長を務めていた。ちなみに旅日華僑聯合会東京総会の会員名簿に掲載された会員は、主に東京で洋服、料理、理髪、行商などに従事する浙江、江蘇、広東、福建、山東などの出身華僑で合わせて七四八人であった。[★7]また、華僑が集中していた兵庫県では、経済力のある華僑を懐柔し、華僑社会全体を管理しようとした。一九三九年一月、神戸の各同郷・同業団体が解散し、神戸中華総商会の傘下に統一された。また、それに先立つ一九三八年七月に、盧溝橋事変後の「華僑の大同団結」を目的に、兵庫県外事課などの協力の下で神戸華僑新興会が設立された。会員は主に貿易商と各出身地の様々な業種の華僑であったが、政治的には、臨時政府の支持団体としての役割を期待された。京都では、一九三八年に京都留日華僑聯合会が設立され、翌年二月、京都在住の華僑一五〇人[★8]が東本願寺に招集され、授戒の儀式を受け、京都仏教興亜会への入会を強いられた。仏教興亜会は大阪や神奈川でも作られ、礼拝日学校に華僑クラスを設けるなど、あらゆる形で在日華僑に「日華親善提携」を訴え、懐柔政策を実施した〔陳正雄、二〇〇四、二一六頁〕。

また、日本政府は国民の衣食住を統一管理するため、一九四一年一月に米穀配給制、同年末には貿易統制令〔貿易業整備要綱〕、一九四二年一月二〇日衣料切符制、繊維製品配給統制規制、二月二一日に食糧管理法など一連の法令を発布した。日本に在住する華僑もこれらの法令の対象であった。

## 2―2　戦時下の移動と暮らし

### 2―2―1　日本国内における移動

日中関係が日に日に緊迫化していく中、日本に残った福清華僑は、生計のために日本各地を転々とした。

ここでは、李有煥の行商人としての足跡を、彼の五男家昌（一九四六年生まれ）と三男家富へのインタビュー[★9]および両氏から提供された資料を手掛かりに、たどってみたい。

李有煥は一九〇六年に七人兄弟（五男二女）の四男として福清県高山市北垞村に生まれた。五人の男兄弟のうち、三兄を除いてみな日本で行商していた。一九三一年九・一八事変後、二人の兄は帰国したが、有煥は家族と一緒に日本で生活することを決めた。また、五男の有泉は、日中戦争が勃発後、貿易のために日中間を行き来していたが、終戦直後、妻子を福清に残したまま単身で日本で生活することになった。[★10]

有煥が来日したのは、一九二九年三月である。神戸市灘区在住で同じく福清出身の陳恒華の家にしばらく逗留したのち、北海道に渡り、そこで数年行商をしていた。一九三五年時点で、北海道在住中国人は一八三世帯三七九人（男性二八六人、女性九三人）であった。このうち、一一六人が呉服行商であり、[★11]（『北海道庁統計書』第四七回（昭和一〇年）第四巻）、開拓中の北海道は呉服行商人にとってビジネスチャンスの多い地区であったことがうかがわれる。また、斯波義信「函館華僑関係資料集」付録６「昭和一三年次函館在住華僑経歴・附樺太」によれば、一九三八年当時、函館と樺太地域では同じく高山市北垞村出身と思われる李姓の呉服行商人が少なくとも五人いた（斯波、一九八二、三〇五頁）。またその経歴をよく見ると、この五人の入国で早いものは一九一八年、遅いものは一九三五年であったことから、有煥は当時、既存の同郷・同族ネットワークを頼りに来日し、北海道に渡り行商をしていたと推測される。[★12]

資料３—７は、それぞれ昭和一一（一九三六）年の八月と一一月に、知床半島の南にある標津の警察署で発行された有煥の登録簿である。発行日の違いと警察署長の名前の有無以外、ほぼ同じ内容なっている。資料の内容を確認すると、登録時の住所は、いずれも標津郡標津村中標津本通一九番地にある旅館「旭館」となっており、そこに居住し始めたのは昭和一一年七月一五日となっている。また、標津に移る以前の住所は、

資料3-7　1936（昭和11）年8月30日と11月4日に北海道標津警察署が発行した登録簿（資料提供：李家昌）

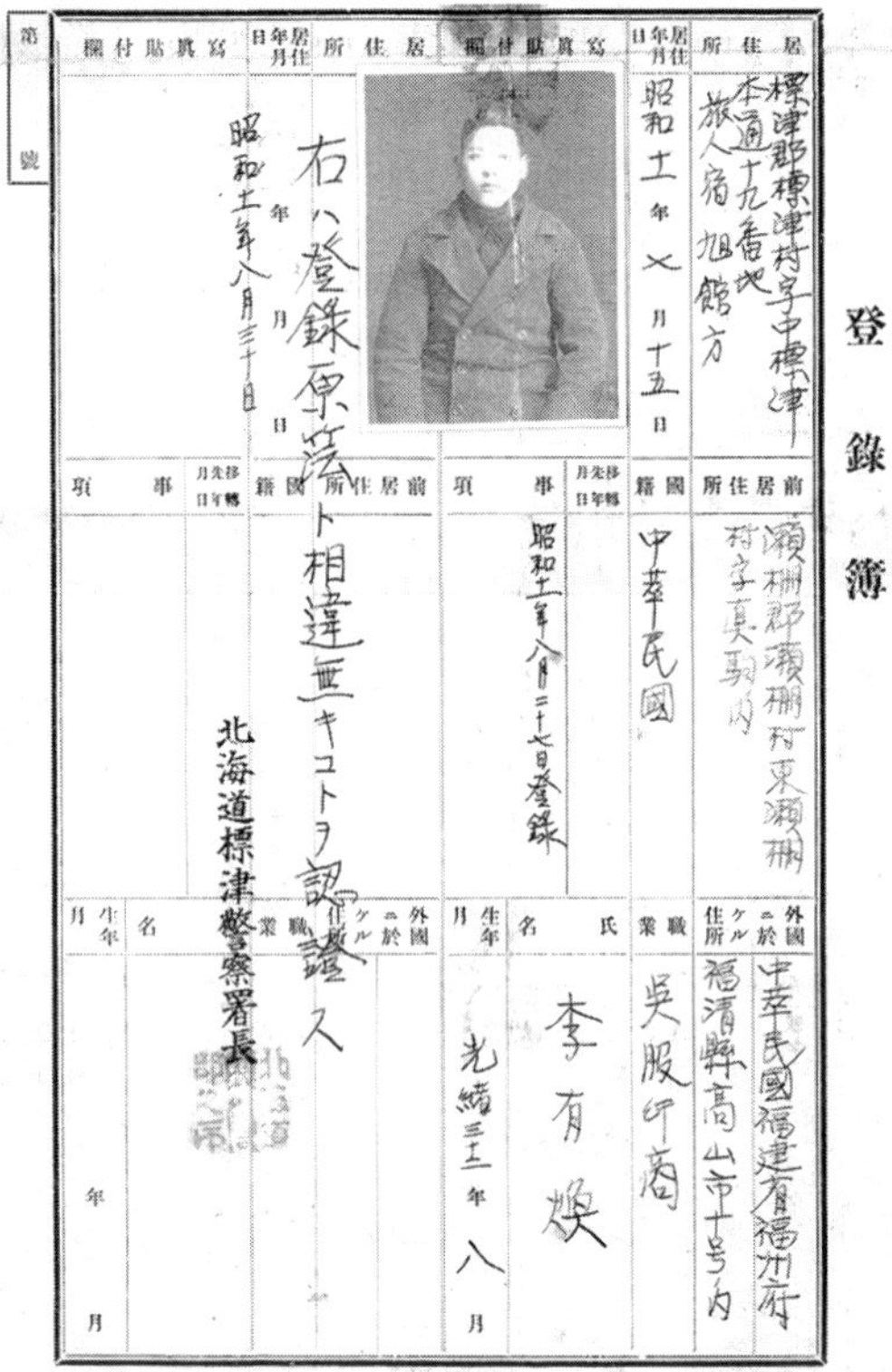


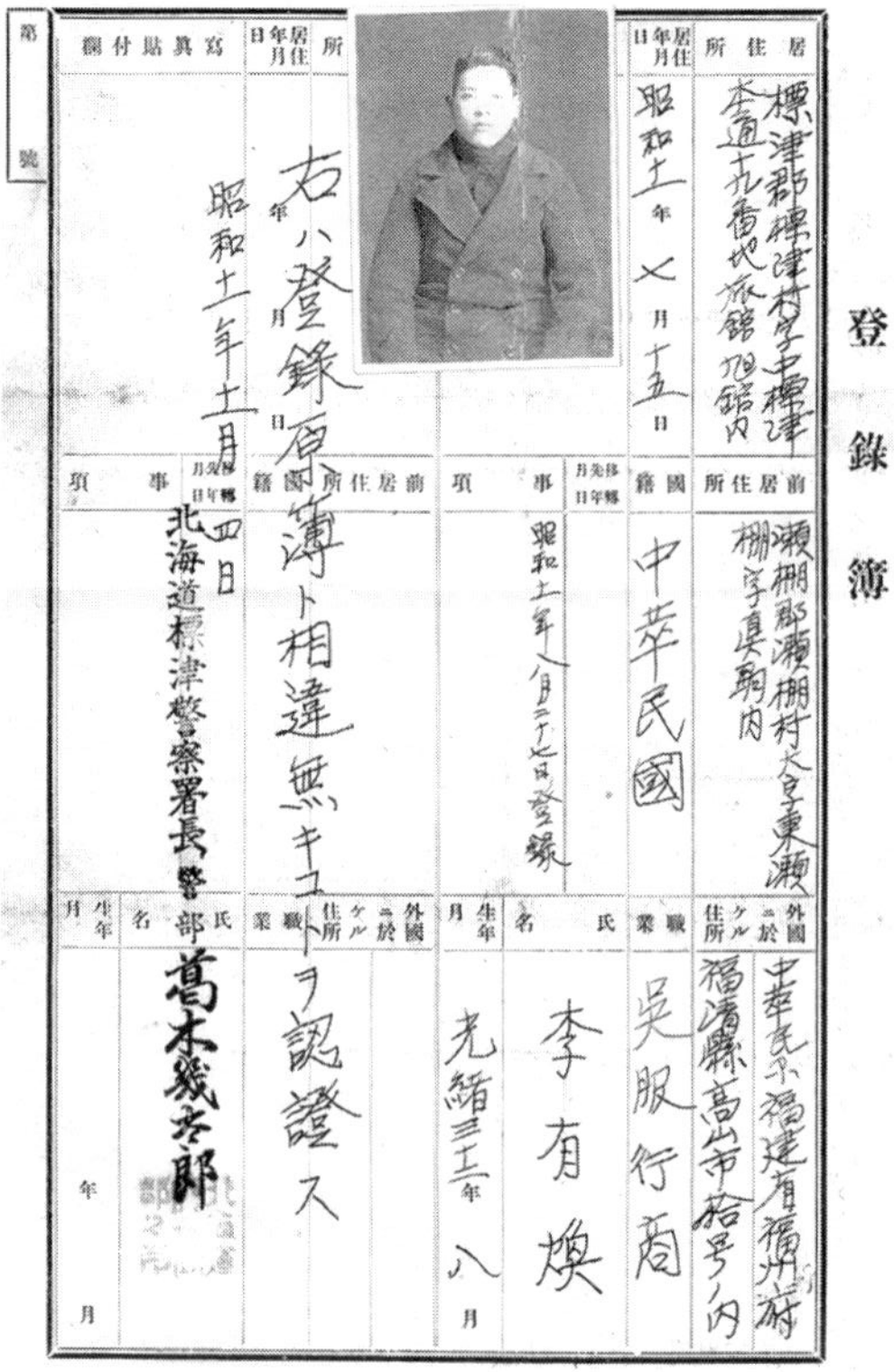

北海道南西にある瀬棚郡瀬棚村字真駒にあると記載されていることから、有煥が瀬棚で同郷人と同居生活をし、一人で標津まで行商をしていたと推測される。住まいから離れたところで旅館に泊まりながら行商をし、年に二、三度家に帰っていたというのは、他の行商人にも見受けられる行商パターンである。[★13] 二通の登録簿の違いは、登録日であり、それぞれ一九三六年八月三〇日と一一月四日となっている。二か月の間、なぜ二回も登録を行っただろうか。前述「外国人入国に関する件」(内務省令第一号)をベースとして一九三九年三月一日に公布された「外国人の入国、滞在及び退去に関する件」(内務省令第六号)では、六〇日以上滞在する外国人は上陸の日より五〇日以内に所轄警察署長に居住届を提出すること、登録後、移転した場合は移転日より一〇日以内に移転先の警察署長に届出ることが義務付けられている(第九条)。この規定から推測されるのは、七月一五日に標津に移転しそこの旅館に滞在しながら行商をしていた李有煥は、途中で瀬棚の家に戻り、一〇月か一一月に再び標津に行き、同じ旅館に泊まりながら行商をしていたのではないか、ということである。

一九三六年末、有煥は結婚のため一時帰国した。翌年春、妻子を残して数名の同郷人を連れて再び日本に戻った。この時、いとこの劉為清(有煥の母劉紫宋の兄弟の息子)の誘いを受けて、岡山県北東部にある林野町(現在の美作市)に行き、行商を再開した。有煥が岡山に移った後の動きを示す資料も五男家昌より提供されたものである。これらの資料に基づき、林野に移った有煥の生業と暮らしを見てみよう。

資料3―8は、李有煥の国籍証明として中華民国駐神戸総領事館が民国二六(一九三七)年九月三〇日に発行した「臨時華僑登記証」で、そこに記載された有煥の入国日は民国二六年であり、住所はすでに岡山県英田郡林野町となっていることから、彼が結婚後日本に戻った後に発行されたものとみられる。

林野では、李有煥と劉為清(龍尾村出身)、林友細(福清県東瀚村出身)の三軒は隣同士だった。林友細の次男

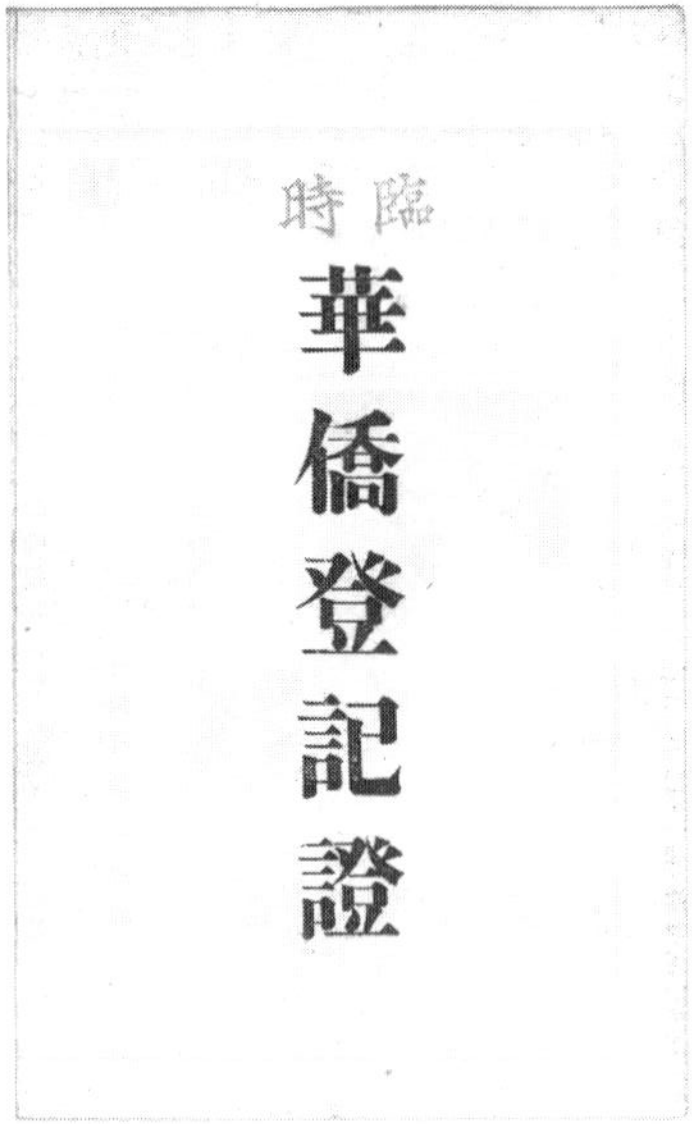

臨時

華僑登記證

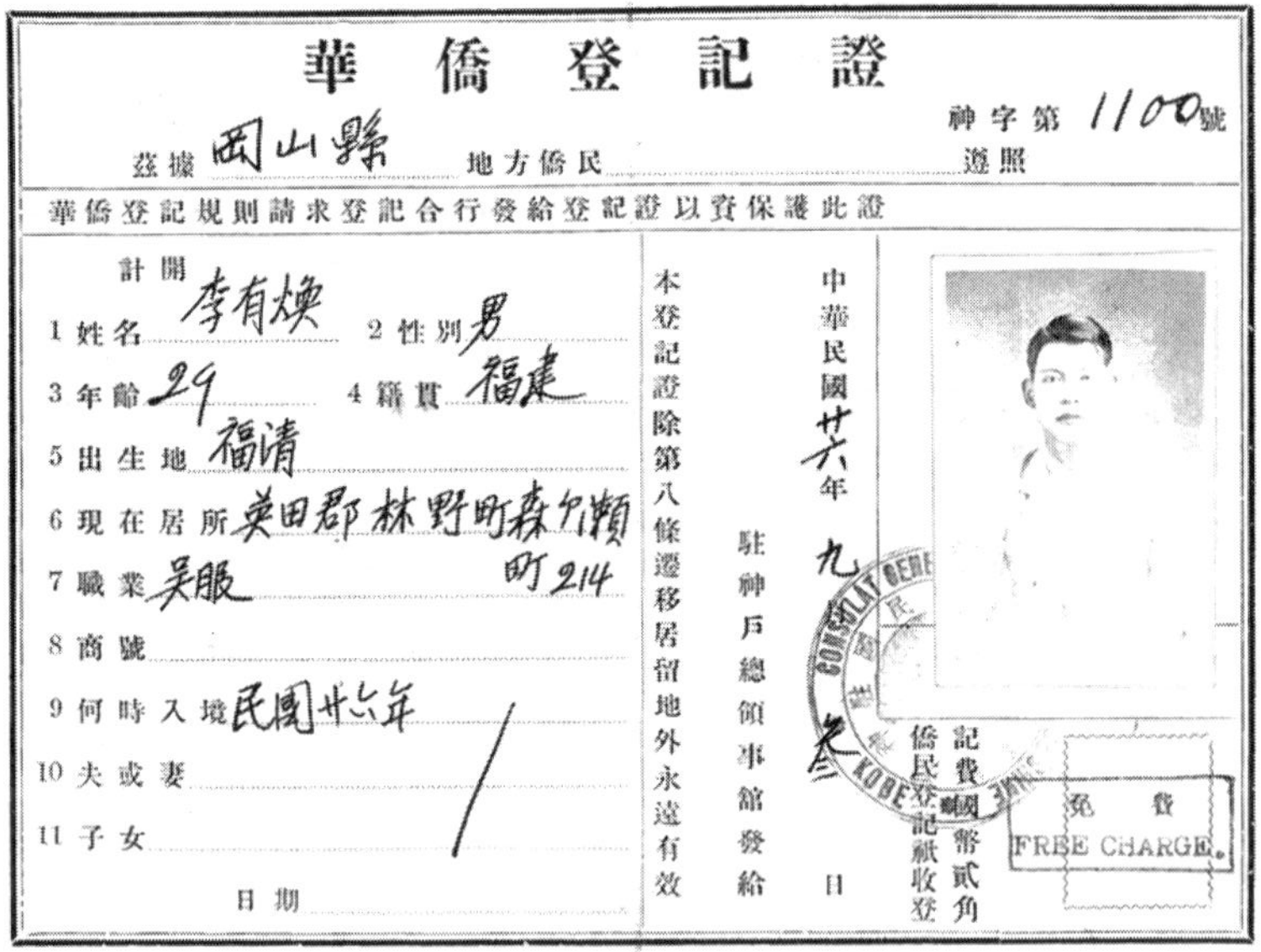

華僑登記證

神字第1100號

茲據岡山縣地方僑民 遵照

華僑登記規則請求登記合行發給登記證以資保護此證

計開

1 姓名 李有煥　2 性別 男

3 年齡 29　4 籍貫 福建

5 出生地 福清

6 現在居所 英田郡林野町森ケ瀬町214

7 職業 呉服

8 商號

9 何時入境 民國廿六年

10 夫或妻

11 子女

日期

本登記證除第八條遷移居留地外永遠有效

中華民國廿六年九月叁日

駐神戸總領事館發給

記費國幣貳角

僑民登記紙收登

免費 FREE CHARGE

資料3-8　1937年、再来日の有煥が岡山に居を構えた後、中華民国駐神戸総領事館が発行した臨時華僑登記証。発行日は1937年9月30日。
（資料提供：李家昌）

斯泰へのインタビュー[★14]によれば、同時期に友細の二人の弟友桂、賢華も岡山で行商をしていた。少なくとも数年間、友細一家は二人の弟と同じ屋根の下で暮らしていた。また、有煥の弟有泉も林野に住んでいた時期があり、友細と親しくなり、義兄弟の契りを結んでいた。友細は戦後岡山県華僑聯合会会長を務め、亡くなる前に、所蔵の華僑関連の資料を義兄弟の有泉に渡したが、残念ながら阪神・淡路大震災で紛失したという。

### 2—2—2　家族を呼び寄せる

太平洋戦争勃発の二か月前の一九四一年一〇月、有煥の妻金宋が長男を連れて来日した。図3—9は民国三〇（一九四一）年、当時二六歳の金宋と四歳の長男仁官（金泉、家和とも）が来日した際に所持していた中華民国国民政府外交部発行の乙種出国証明書（旅券に相当）である。「赴日目的」（渡日理由）は「投夫」（つまり夫に身を寄せる）で、居留期間も「長期」となっていることから、戦況が悪化する中で有換は家族を日本に呼び寄せたと見られる。母子は、まず福清から上海に渡り、旅館に泊まりながら出国のための諸手続きを進めた。図3—9の公印を見ると、二人は出国証明書を取得した二日後の一〇月一七日に、日本駐上海総領事の証明（査証に相当）を得た。その後、上海より乗船し長崎に一一月一四日に着き、長崎から神戸港に翌一五日に着いた。

ちなみに、一九四一年一〇月金宋の出国証明書に書かれた夫の住所は、一九三七年に有煥の臨時華僑登記証に記載されていた住所とは異なっている。林野で経済的基盤を築いた有煥は、のちに同郷者との共同生活から離れ、家族を迎え入れるための家を構えたと考えられる。資料3—10、一九四四年一一月二四日付で発行された岡山県知事署名の滞邦許可書に、長男仁官（金泉）に加え次男、三男も記載されていることは、一家は林野町で定住したことを示している。

資料3-9　1941年10月に金宋が長男をつれて来日した際の渡航関連書類。日本に行く目的と居留期間欄からわかるように、一時的な訪問ではなく長期居住のための渡航申請だった。（資料提供：李家昌）

乙種出國證明書

中華民國國民政府外交部

滬乙字第 2123 號

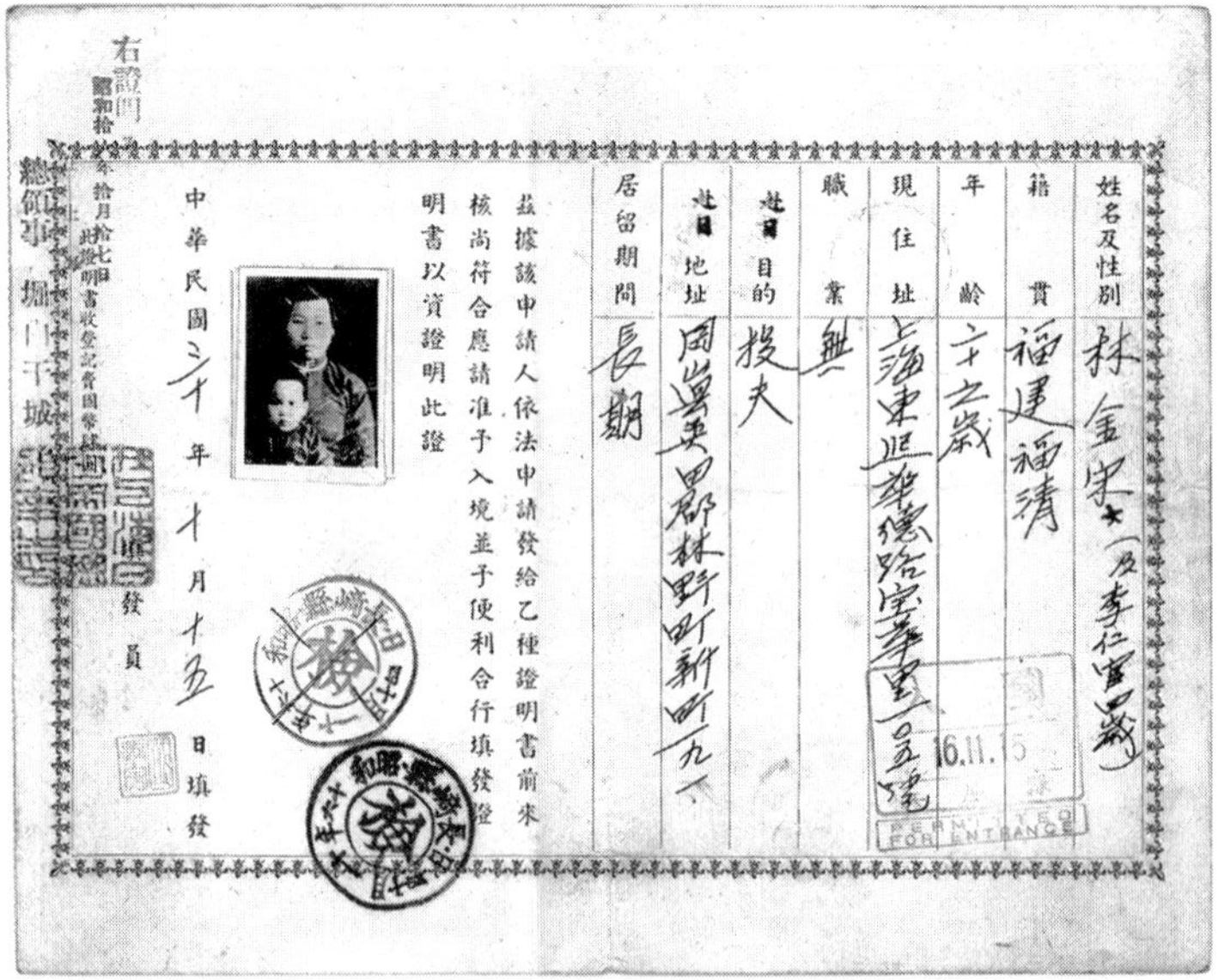

| 姓名及性別 | 籍貫 | 年齡 | 現住址 | 職業 | 處留目的 | 處留地址 | 居留期間 |
|---|---|---|---|---|---|---|---|
| 林金宋 | 福建福清 | | | 無 | 投夫 | | 長期 |

茲據該申請人依法申請發給乙種證明書前來核尚符合應請准予入境並予便利合行填發證明書以資證明此證

中華民國三十年十月十五日填發

16.11.15

PERMITTED FOR ENTRANCE

### 2—2—3　経済統制後の暮らし

太平洋戦争が勃発した後の有煥の動きを示す資料は二つある。資料3—11は企業許可令に基づく報告書（一九四二年一月二九日作成）である。報告書に記載された有煥の事業の開始日は昭和一二（一九三七）年四月九日となっており、これは、前述した一時帰国の後、岡山で行商を再開した日付と考えて差し支えないだろう。資料3—12は、昭和一六（一九四一）年五月一〇日から一年間有効の、兵庫県知事が発行した「滞邦許可書」である。住所は神戸市灘区になっており、おそらく有煥が来日当初滞在していた同郷人、陳恒華の家と思われる。★15 滞邦許可書には有煥のみ記載されているが、妻金宋と長男仁官が来日した一九四一年五月以後も家族と離れて神戸で行商したものと思われる。

**資料3-10　1944年岡山県知事が発行した滞邦許可書。書式は日中両ヶ国語によって書かれており、有効期間は一年間となっている。**（資料提供：李家昌）

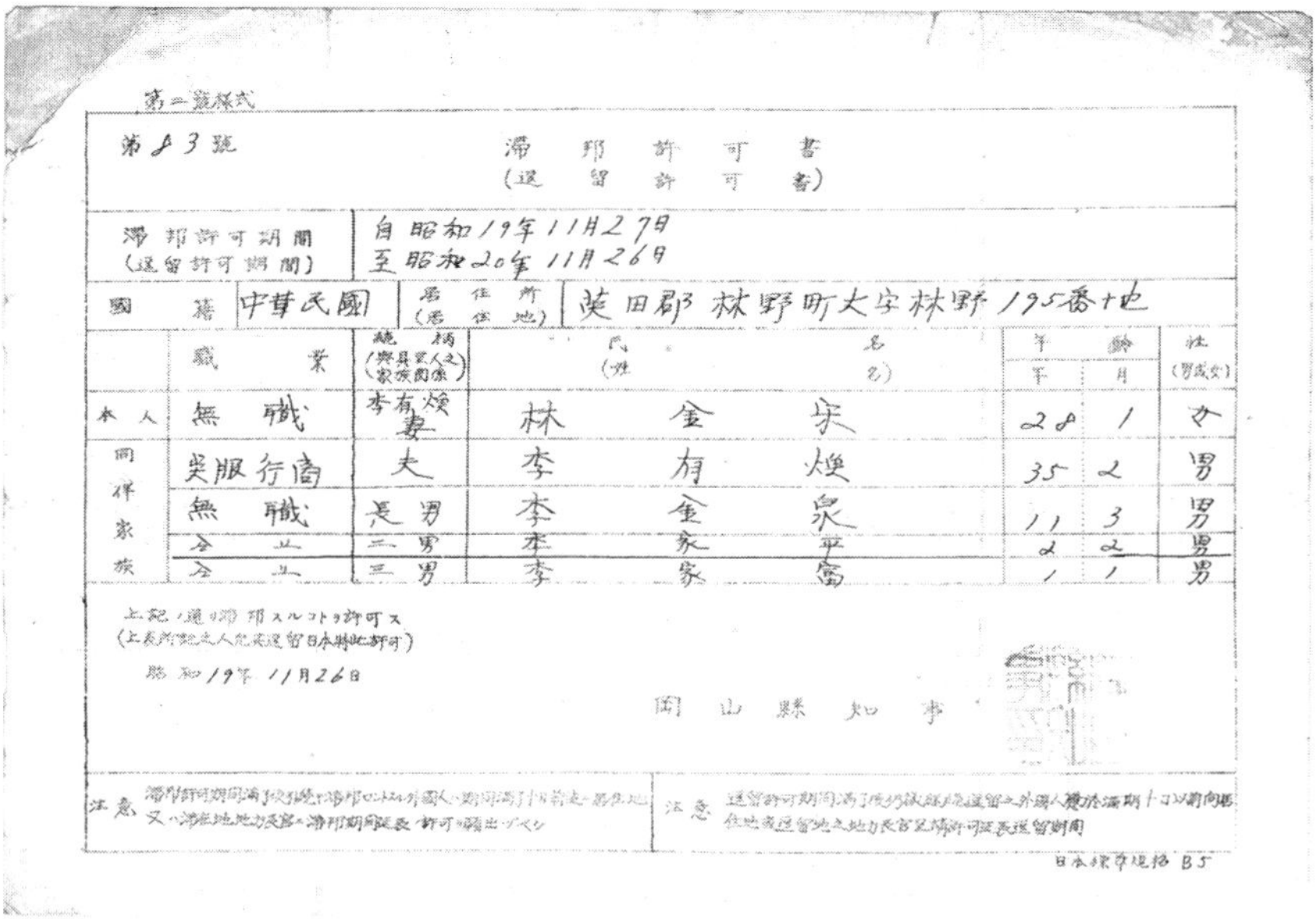

第二號様式

第23號　滞邦許可書（逗留許可書）

滞邦許可期間（逗留許可期間）　自昭和19年11月27日　至昭和20年11月26日

國籍　中華民國　居住所（居住地）　英田郡林野町大字林野195番地

| | 職業 | 続柄（與申請人之家族關係） | 氏（姓） | 名（名） | 年齢 年 | 年齢 月 | 性（男或女） |
|---|---|---|---|---|---|---|---|
| 本人 | 無職 | 李有煥妻 | 林 | 金宋 | 28 | 1 | 女 |
| 同伴家族 | 呉服行商 | 夫 | 李 | 有煥 | 35 | 2 | 男 |
| | 無職 | 長男 | 李 | 金泉 | 11 | 3 | 男 |
| | 仝上 | 二男 | 李 | 家平 | 2 | 2 | 男 |
| | 仝上 | 三男 | 李 | 家富 | 1 | 1 | 男 |

上記ノ通リ滞邦スルコトヲ許可ス

（上表所記之人允准逗留日本特此許可）

昭和19年11月26日

岡山縣知事

日本標準規格B5

資料3-11　1941年12月企業許可令発布後李有煥が1942年1月29日付で兵庫県庁に提出した事業報告書である。（資料提供：李家昌）

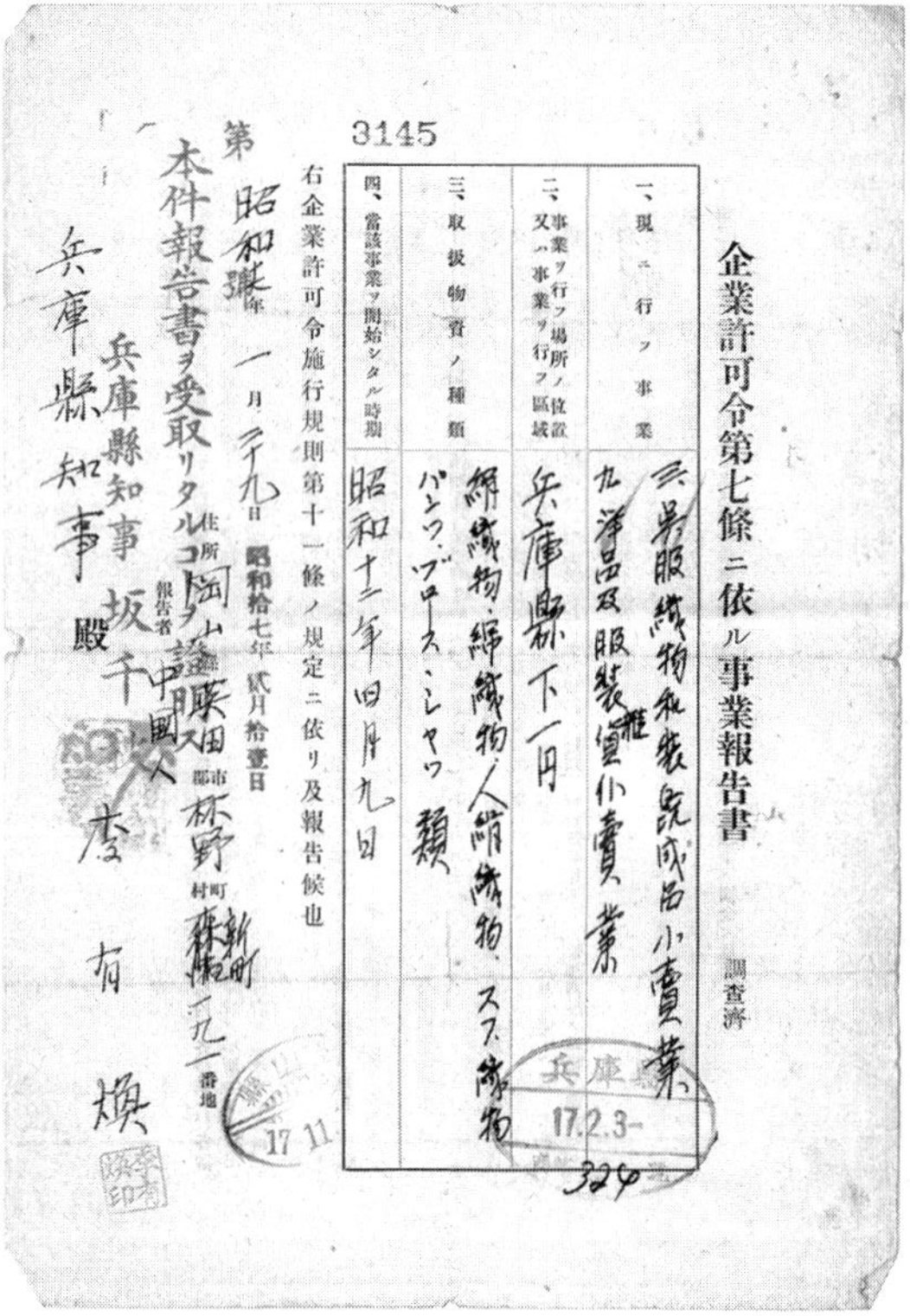

3145

企業許可令第七條ニ依ル事業報告書

調査済

| | |
|---|---|
| 一、現ニ行フ事業 | 呉服織物和装既成品小賣業、洋品及服装雑貨小賣業 |
| 二、事業ヲ行フ場所ノ位置又ハ事業ヲ行フ區域 | 兵庫縣下一円 |
| 三、取扱物資ノ種類 | 綿織物・絹織物・人絹織物・スフ織物 パンツ・ブロース・シヤツ類 |
| 四、當該事業ヲ開始シタル時期 | 昭和十二年四月九日 |

右企業許可令施行規則第十一條ノ規定ニ依リ及報告候也

昭和拾七年貳月拾壹日

住所 岡山縣英田郡林野町新町一九一番地

報告者 中國人 李有煥

兵庫縣知事 坂千 殿

第　　號

本件報告書ヲ受取リタルコトヲ證ス

昭和　年 一月二十九日

兵庫縣知事

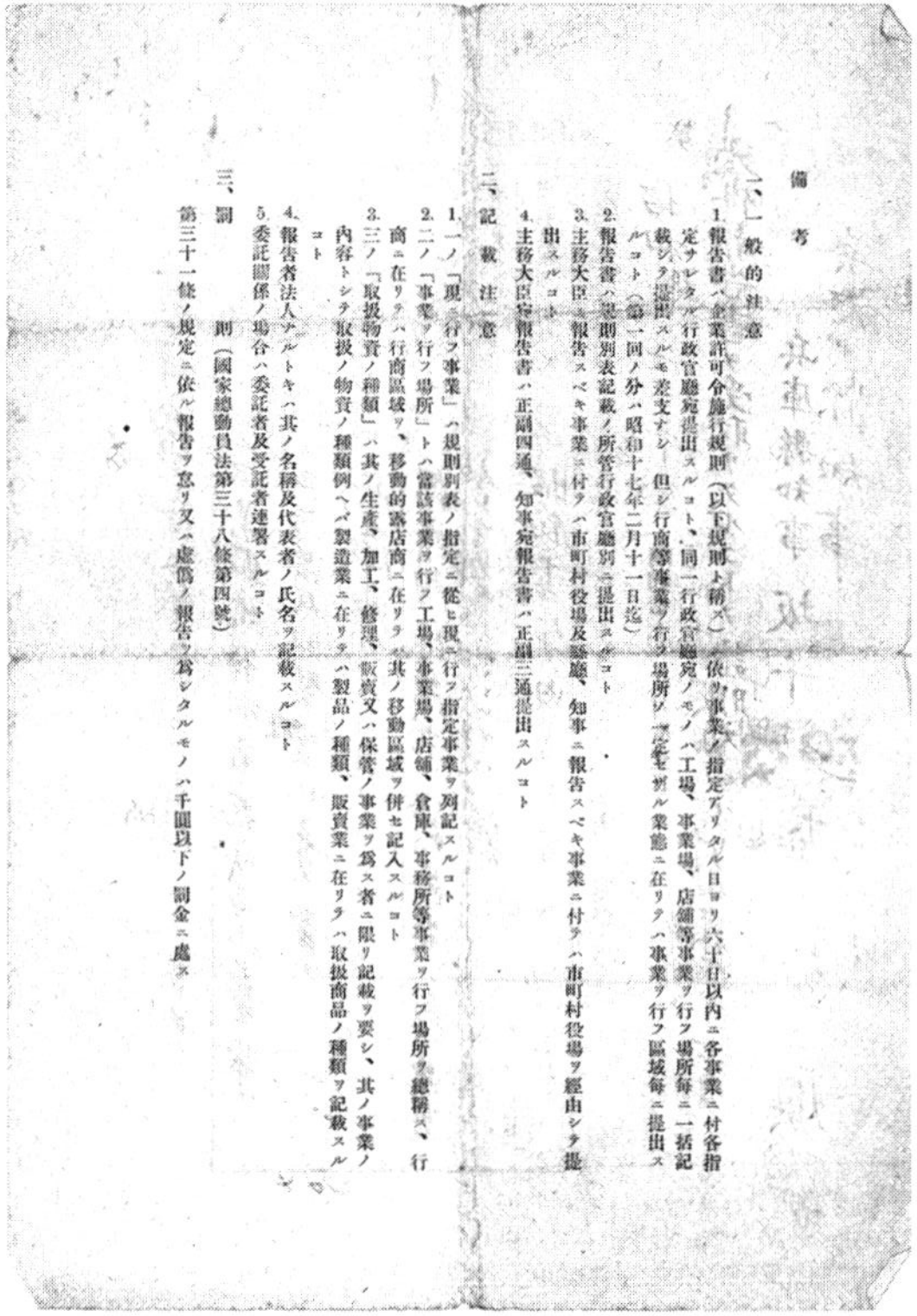

備考

一、一般的注意

1. 報告書ハ企業許可令施行規則（以下規則ト稱ス）ニ依リ事業ノ指定アリタル日ヨリ六十日以内ニ各事業ニ付各指定サレタル行政官廳宛提出スルコト、同一行政官廳宛ノモノハ工場、事業場、店舗等事業ヲ行フ場所毎ニ一括記載シテ提出スルモ差支ナシ但シ行商等事業ヲ行フ場所ノ一定セザル業態ニ在リテハ事業ヲ行フ區域毎ニ提出スルコト（第一回ノ分ハ昭和十七年二月十一日迄）

2. 報告書ハ規則別表記載ノ所管行政官廳別ニ提出スルコト

3. 主務大臣ニ報告スベキ事業ニ付テハ市町村役場及縣廳、知事ニ報告スベキ事業ニ付テハ市町村役場ヲ經由シテ提出スルコト

4. 主務大臣宛報告書ハ正副四通、知事宛報告書ハ正副三通提出スルコト

二、記載注意

1. 一ノ「現ニ行フ事業」ハ規則別表ノ指定ニ從ヒ現ニ行フ指定事業ヲ列記スルコト

2. 二ノ「事業ヲ行フ場所」トハ當該事業ヲ行フ工場、事業場、店舗、倉庫、事務所等事業ヲ行フ場所ヲ總稱ス、行商ニ在リテハ行商區域ヲ、移動的露店商ニ在リテハ其ノ移動區域ヲ併セ記入スルコト

3. 三ノ「取扱物資ノ種類」ハ其ノ生産、加工、修理、販賣又ハ保管ノ事業ヲ爲ス者ニ限リ記載ヲ要シ、其ノ事業ノ内容トシテ取扱ノ物資ノ種類例ヘバ製造業ニ在リテハ製品ノ種類、販賣業ニ在リテハ取扱商品ノ種類ヲ記載スルコト

4. 報告者法人アルトキハ其ノ名稱及代表者ノ氏名ヲ記載スルコト

5. 委託關係ノ場合ハ委託者及受託者連署スルコト

三、罰則（國家總動員法第三十八條第四號）

第三十一條ノ規定ニ依ル報告ヲ怠リ又ハ虚僞ノ報告ヲ爲シタルモノハ千圓以下ノ罰金ニ處ス

日中戦争後に始まった戦時経済統制は、一九三八年の国家総動員法の公布を経て、太平洋戦争勃発後にさらに強化された。一九四一年一二月に公布された企業許可令は、全面的な企業許可制度を通して、経済および国民生活に対する国家の統制を強化しようとしたものである。資料３―11で確認できるように、許可令の実施から六〇日間以内に指定された行政長官に報告書を提出することが義務付けられてり、初回に関しては一九四二年二月一日までとされている。同資料を確認すると、有煥は一九四二年一月二九日に兵庫県庁に報告書を提出し、二月三日に受理され、二月一一日に兵庫県知事による受取済み証明の印を得たようである。当時有煥が扱っていた商品は、絹綿織物や人絹織物、スフ織物などの反物からパンツ、ブロース（ブラウス）、シャツなどの既製品まで幅広くあり、これらの

**資料3-12　1941年に兵庫県知事が発行する滞邦許可書**（資料提供：李家昌）

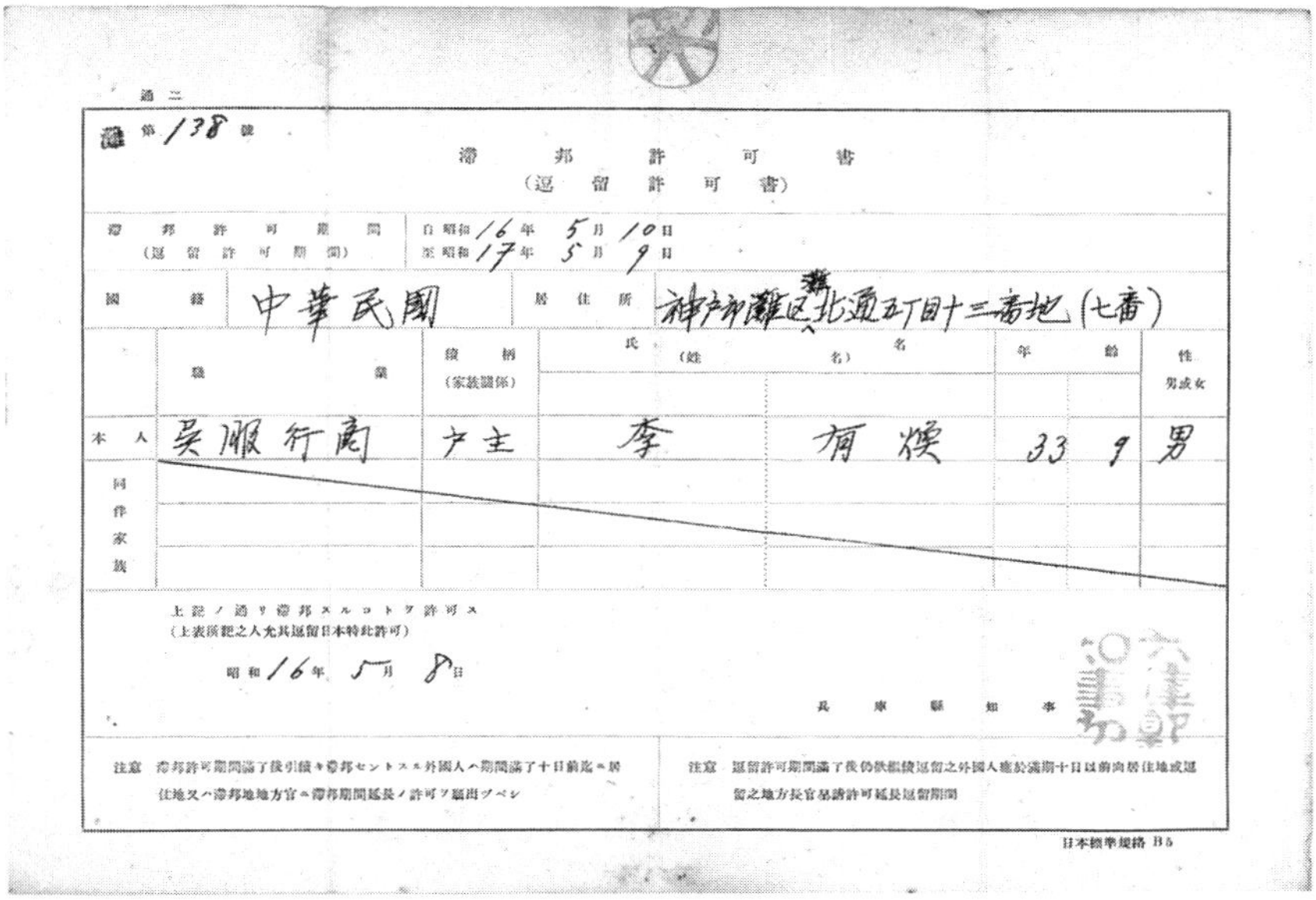

通二

第138號

滯邦許可書
（逗留許可書）

| | |
|---|---|
| 滯邦許可期間（逗留許可期間） | 自昭和16年5月10日 至昭和17年5月9日 |
| 國籍 | 中華民國 |
| 居住所 | 神戸市灘区北通五丁目十二番地（七番） |

| | 職業 | 續柄（家族關係） | 氏名（姓・名） | | 年齢 | | 性 男或女 |
|---|---|---|---|---|---|---|---|
| 本人 | 呉服行商 | 戸主 | 李 | 有煥 | 33 | 9 | 男 |
| 同伴家族 | | | | | | | |

上記ノ通リ滯邦スルコトヲ許可ス
（上表所記之人允其逗留日本特此許可）

昭和16年5月8日

兵庫縣知事

注意　滯邦許可期間滿了後引續キ滯邦セントスル外國人ハ期間滿了十日前迄ニ居住地又ハ滯邦地地方官ニ滯邦期間延長ノ許可ヲ願出ヅベシ

注意　逗留許可期間滿了後仍欲繼續逗留之外國人應於滿期十日以前向居住地或逗留之地方長官呈請許可延長逗留期間

日本標準規格B5

商品を兵庫県下一円で販売していた。また、同法令では、（行商のような）事業を行う場所が複数ある場合は、事業を行う場所ごとに報告することとされていた。資料3―11の左下に、昭和一七（一九四二）年一一月（日にちは判読不能）岡山県の公印が押されているのは、岡山でも行商を行ったからだと思われる。

一九四二年一月、日本商工省は「繊維製品配給消費統制規則」を発布しすべての繊維製品の供給を制限し、地方長官が指定する団体にのみ、一定量の配給を行うものと定めた。これによって、各地の行商人は華僑の関連団体、あるいは日本人による商業団体に加入し、そこから少量の配給繊維製品を得て行商を続けることになった。当時の兵庫県では、兵庫華商綢業工会が組織され、福清出身の呉服行商人がそこに加入して配給の繊維製品を得ていた。実績のある行商人は、単独で繊維小売販売資格を得ることで配給の繊維製品を入手することができた。[★16] 有煥が兵庫華商綢業工会に加入したか、あるいは小売販売資格を得たかは不明ではあるが、いずれにしても、他地域で行商をしていた同郷者と比べ、商品に恵まれていたと思われる。農山村など辺鄙な地域に分散居住していた福清人は、加入できる団体がないため、繊維製品を入手できず、行商以外の方法で生計を立てなければならなかったのである。

### 2―2―4　戦時下「田舎」での暮らし

戦時下行商人たちとその家族はどのような暮らしをしていただろうか。林友細の次男斯泰（一九三二年生まれ）への聞きとりに基づき、当時日本の「田舎」に居住していた華僑の日常を見てみたい。

林友細は、一九〇〇年に東瀚村で生まれ、二〇代前半に来日し、行商を始めた。その間、妻も来日し、一九三〇年に長男斯国が生まれた。一九三一年九・一八事変勃発後一家はいったん帰国したが、一九三二年にふたたび日本にもどった。この時に一緒に来たのが、友細の二人の弟、友桂（一九〇五年生まれ）、賢華と劉為清であった。為清は友細とおそらく姻戚関係にあった。同じ年に、林斯泰が岡山で生まれた。斯泰の記憶では、叔父の友桂は林野で父親と一緒に行商をして、家族と同居していたが、賢華は津山で同郷・同族の林斯燦（後に神戸で華僑の有力者の一人となった林同春の父）らと一緒に行商をしていた。また、林野には、福清出身の華僑がほかにも二軒住んでいたが、子どもたちにとってはやや遠く、普段、林家は劉家と李家との行き来が多く、子ども同士もよく遊んでいた。

林友細は着物の反物を扱っていた。近いところには自転車で行き、遠い場合は電車かバスを利用していた。数日間旅館に泊まり家に帰ってこないことはよくあった。斯泰が小学校四年生の頃（一九四一年頃）、父と大原町（現在は美作市に合併）まで行商に行ったことがあった。昼間は父が行商に行っている間は、斯泰は旅館で待っていた。母は毎日家で家事と子どもたちの世話をしていた。野菜などは市場から買ってきた。記憶では、家は決して裕福ではなかったが、すごく貧乏でもなかった。斯泰とほかの兄弟たちはみな日本の小学校に通っていた。戦争中、日本人の子どもからいじめを受けていたが、子ども同士によくある悪ふざけのようなもので、「敵国人」としていじめられたような経験は、斯泰と周りの華僑の子どもたちに関してはなかったという。[★17]

前述のように、一九四二年一月、繊維製品配給消費統制規則が始まり、神戸や京都などの都市部にいる呉服行商人は、指定された団体に入ってそこから限られた配給を得て行商を続けていた。しかし、地方にいた行商人たちは、加入できる適当な団体はなかったうえ、認められるような実績がなく、自ら繊維小売業登録業者の資格も申請できなかったため、配給制限のない紐やボタン、ベルトなどの小物を販売していた。反物関連以外、六神丸[★18]のような薬も戦時中よく売れていたという。六神丸は中国から輸入されたものもあれば、日本の薬局で作られたものもあった。

徳島に生まれ育った福清出身の華僑二世楊勝美（一九三七年生まれ）の話によれば、父炎発（一九二八年に来日）は、戦争後期、塩酸キニーネなどの規制薬品も販売した。塩酸キニーネは抗マラリアの特効薬として、当時日本軍が東南アジアなどに出征した際の必需品であったため、日本政府はその売買を規制していた。行商人らによる塩酸キニーネの仕入れルートは定かではないが、繊維製品を手に入れられず生活苦に陥った当時多くの行商人はこの薬品の販売に手を染めた。日本全国から集められた薬品は、どうやらブローカーを通じて中国に売られたため、薬品の販売に関わった人はみなスパイ容疑で逮捕された。父炎発も一九四四年末に監獄に入れられたため、勝美一家は帰国することができず、徳島での最後の中国人となった。一九四五年一月に父が釈放され、二月に一家は帰国を決めたという。[★19] 一方、林野では、同じく一九四四年末、友細は二人の弟とともに薬を販売したことでスパイ容疑で逮捕された。警察署は家のすぐ近くにあって、斯泰は家族と一緒に父と叔父たちに会いに行ったことをよく覚えている。幸いに、父たちはすぐに釈放された。ちなみに、隣人の劉為清と李有煥は薬を販売しておらず、逮捕されていなかった。[★20] また、次項で述べた林宗灼の事例にもあったように、中国とのつながりがスパイ容疑で逮捕される理由となり、投獄された華僑も少なくなかった。獄中でひどく拷問を受けて亡くなった福清出身者もいた〔中華会館編、二〇一三年、一九六―一九八頁〕。

## 2―2―5　隣人である「日本人」と付き合っていく

戦争が全面的に勃発したあと、農山村や離島に分散居住していた福清出身者も、「敵国人」として、隣人である日本人とより慎重に付き合っていこうと努めていた。以下は、愛媛県今治の離島、大三島にいた林宗灼一家を見てみよう。[★21]

前節でも触れたが、林宗灼は一九二五年に結婚の為一時帰郷したのち、六、七人の親戚と同郷人を連れて再び日本に戻った。一行は愛媛県今治あたりに落ち着き、宗灼は、大三島の口総《くちすぼ》村に、他の同郷人は近くの島にそれぞれ居を構えた。一九三〇年頃、妻フサ（美宋）は長女を福清の故郷に残し一人で来日した。一九三一年に長男聖俊が生まれ、その後さらに一男五女をもうけた。聖俊によれば、島には七つの村があって、その中で口総村は比較的規模が大きい村であった。七つの村には一校ずつ小学校があり、聖俊が在学中の一九四〇年頃、口総小学校の生徒数は約三〇〇人程だった。母美宋が日本人であることもあって、聖俊とその弟妹はみな日本名を使っていた。聖俊は、戦後、神戸に移住し、華僑社会に接点を持つようになるまでは、林俊一（はやしとしかず）の名前を使っていた。聖俊はその少年時代を日中戦争の真っただ中で過ごしたが、彼のこの時期に対する思い出は多面的なものである。まず、父宗灼は主に大三島の村々で反物を販売しており、ほとんど日帰りで、家を空けたことはなかった。反物は尾道にある日本人経営の問屋から仕入れたもので、家は、これらの反物でいっぱいだった。一九四二年一月に繊維製品配給消費統制規則が発布される以前は、父の商売は順調のようで、村では裕福な方だった。宗灼はよく村の神社や小学校に寄付をしていたこともあり、小学校の運動会では父がいつも来賓席に座っていたのをよく覚えている。運動会場のテーブルで使われる布も父の寄付だった。自分も含めて、兄弟姉妹は父の行商を手伝うことはなく、学校生活を思う存分楽しんでいた。聖俊は学校で勉強も運動もよくできていたため、先生から可愛がられ、同級生の間でも人気者だった。

宗灼一家は、愛媛県のほかの福清同郷と定期的に行き来していた。夏休みになると、聖俊は弟妹たちと近くの島に住んでいた宋叔父のところによく遊びに行っていた。そのなかで父と一番仲の良い人は魏永禎叔父で、戦後、父は末娘を魏家に嫁がせた。ちなみに、聖俊を含めた兄弟姉妹全員、父の意思で日本にいる福清出身者と結婚した。戦後、聖俊と弟聖福（戦前までは日本名「福聖」を使っていた）は神戸に移り、家庭を持つことになったが、五人の妹はそれぞれ四国、九州、島根などの福清出身華僑に嫁いだ。

太平洋戦争勃発後、繊維製品が統制の対象となり、宗灼は行商を中断せざるを得ず、一家の生活は苦しくなっていった。村の青壮年男子は徴兵されたため、宗灼は村人の畑仕事を手伝い、聖俊は母と日本人経営の塩田で働くようになった。敵国人として、宗灼一家は村人から差別を受けるようになり、「支那人」や「ちゃんころ」などと侮辱されることも多くなった。一九四四年末、宗灼の弟宗山が上海から一反のキャラコを送ってきたのが理由で、宗灼はスパイ容疑で逮捕され、一か月ほど監獄に入れられ、拷問を受けた。少年の聖俊は収監中の父に綿入れの防寒着を持って行ったという。

聖俊の記憶のなかで、日本人である母親の思い出は特別なものだった。母は普段、家事と子どもたちの世話だけをしていたが、家は村で現金収入が比較的あるほうで、母は、かえって村の奥様たちから妬まれ、仲間外れにされることも多々あった。目立たないように母は普段は質素な服を着て、言動を慎みながら暮らしていた。「母は誰よりもつらい思いをした」と聖俊は回想した。

福清出身男性と結婚した日本人女性が、夫の実家である福清の農村で生活することになった際に、現地の生活に適応できず様々な問題に直面したことについてすでに第二章で述べた。しかし彼女たちの日本での生活も決して楽なものではなかったことは、上述したフサ（林美宋）の事例からもうかがわれた。日清戦争以降、中国や中国人を蔑視する当時の日本の風潮と緊迫化した日中関係の下、互いのステレオタイプと差別意識が、日中間の婚姻に影を落としていたのである。

筆者が調査したなかで、林美宋のように結婚後福清で生活し、数年後に日本へ戻り、夫と日本で生活を始めた人も少なくはなかったが、日本に帰ら（れ）ず、福清で生活をつづけた日本人妻も多くいた。日中国交回復後に、彼女たちはいわゆる「中国残留邦人」として大家族を連れて日本に戻り、一九八〇年代の福清の新移民ブームの先導となった。[★22] 一方、こうした「歓迎」されなかった親世代の婚姻と、それに伴う家族の特殊な生活経験が、戦後における二世華僑の民族的・文化的帰属意識およびアイデンティティの形成に大きな影響を及ぼすことになったと考えられる（第六章参照）。

## ２—２—６　「終戦」という転換点

一九四四年、日本国民の生活もますます困窮していった。米軍による空襲も日に日に激しくなっていくなか、都市部の住民の地方への疎開が始まった。大三島の林宗灼一家は、家族を二分し、聖俊と母、妹二人が帰国し、父宗灼と聖福と三人の妹が日本に残ることを決めた。戦時中、多くの在日華僑が採ったリスク分散の方法である。宗灼が釈放された翌月の二月に、帰国組は神戸から吉林丸で帰国の途に就いた。同じ船には、徳島の楊勝美一家と神戸の魏子雄一家も乗っていた。船は門司港で給油した後再出発したがまもなく米軍の魚雷に遭ったため、一行はやむを得ず帰国を断念した。さらに、帰りに立ち寄った神戸では五月空襲に遭い、唯一の財産として持ってきた反物も全焼した。

聖俊兄妹と母は大三島に戻り、農業で生計を立てながら帰国の機会をうかがっている間に、終戦を迎えた。終戦後、宗灼はすぐ今治の友人と尾道に出て、駅前で一軒ずつ簡易食堂を開き、中華そばなどの料理を提供した。物が不足する時代、店は、毎日食べ物を求めて大勢の客でにぎわっていた。当時一四歳になった聖俊も職を探そうと尾道に出た。森岡によれば、尾道駅前一帯には、終戦後まもなく闇市兼簡易住宅となるバラック建ての小屋が作られ、朝鮮系、中華民国系および海外からの引き揚げ者が住んでいた。指定された食料や生活必需品の配給所の「商品棚はいつも空っぽだったのに、駅前のマーケットに来ると、なぜか何でもあった」〔森岡、二〇一七、八頁〕。聖俊は、屠殺場から直接牛肉を持ってきて闇市に売りに行ったりしていた。

闇市では、煙草のような嗜好品が一番売れていたという。聖俊はまた、台湾省青年隊の一員★23として、闇市を巡回して規制品であった米や大豆の取引を取り締まったこともあったという。

一九四七年頃、神戸在住の同郷魏子雄の助言を得て、一六歳になった聖俊は神戸中華同文学校に入り、初めて中国語と中国文化の教育を受けた。そこで、聖俊は新中国のことを知り、社会主義の思想にも触れることによって、中国人としての民族意識を徐々に形成していった。一方、聖俊以外の弟妹は大三島で母親と生活し、中等教育を受けた。

一九五二年頃、次男聖福も神戸に出て貿易を始めた。一九六〇年代、父宗灼が尾道で経営していた料理店は、尾道市の都市開発が進むなか、立ち退きを命令された。賠償金を巡ってしばらく市と交渉したが、最終的に店は強制的に撤去された。この頃すでに商売が軌道に乗った聖福は神戸で家を購入し、両親をそこに住まわせた。

一方、同じく帰国が叶わなかった楊勝美一家は、親戚のいる函館に北上し避難することになった。そこで妹が生まれて、終戦を迎えた。産後の母の体調を気遣って親戚は一家をしばらく引き留めてくれた。その間、父炎発は函館でするめや昆布などの海産物を買い集め、青森から電車に積んで、神戸の高架下まで運んで売った。その帰りに、神戸で買い集めた長靴などの日用品を持ち帰り北海道で売った。当時、一部の地域では、腕に青天白日（中華民国の国旗模様）の腕章をつけて中華民国の国民であることを示せば、無料で乗車できるなど、戦勝国民としての特権を得られるのだった。実際、楊炎発のように、戦後、地区間貿易で財を成した華僑は少なくはなかった。一二月には、楊勝美一家も神戸に引っ越した。

林聖俊兄弟や楊勝美一家のように、終戦後、神戸や大阪には岡山、三重、四国一帯などから、横浜や東京には群馬、栃木、東北地域などの周辺地域から多くの福清出身者が移住したことで、各地の華僑コミュニティが再編されていった。

「敵国民」から一夜にして「戦勝国民」となった華僑は、戦後わずか数年間に、その「特権」と全国に張り巡らされた同郷ネットワークを活用して、経済力をつけていった。しかし、その最も基礎的で文字通りの「資本」となったのは、一九四五年一〇月前後から始まったＧＨＱ（連合国軍最高司令官総司令部）よる食料などの配給物資である。資料３—13に示すように、例えば、岡山県在住の華僑は「中華民国旅日同胞聯合会岡山県華僑聯合会」を通じて配給物資を受け取っていた。人数に応じて、各世帯は食物油、小麦粉、ジャガイモ、醤油、塩、日本酒など、一九四五年一一月から月に一回一定量を配給してもらっていた。福清出身者の場合、居住地の農民とのつながりも強く、これらの物資を使って都市部でラーメンなどを提供する簡易食堂を開店する華僑が多かったのである。前述の林宗灼以外にも、林野にいた李有煥と劉為清は姫路に移り、飲食店をはじめた。また、李有煥と劉為清のように、のちに衣料品販売、パチンコ経営など多角経営を展開した華僑も多かった。ちなみに、資料３—13にある「岡山県華僑聯合会」の住所である岡山県英田郡林野町二〇九番地とは、林斯泰によれば、当時の自宅であり、父友細は聯合会の会長を務めていた。配給が終わった後、津山で岡山県華僑聯合会（華僑総会）が設立されたが、父はその会長を引き続き務めた。一家も津山に引っ越し、そこで中華料理店東姫楼を経営していた。

資料3-13　戦後華僑が使っていた副食物配給券（資料提供：李家昌）

李有煥殿

副食物配給券

發行所
中華民國旅日同胞聯合會

指定配給店
岡山縣英田郡林野町二〇九番地
岡山縣華僑聯合會

配給店登録番号

注意事項

一、本券ノ交附ヲ受ケタルトキハ指定配給店ニ於テ登録ヲ受クベシ。
一、本券ニ本會印並ニ取扱責任者ノ認印ナキモノハ無効トス、
一、本券ノ記載事項ノ変更ニ取扱責任者ノ認印ナキモノハ無効トス、
一、本券ニ關シ不正申告ヲナシタルモノハ即時配給ヲ停止ス、
一、本券ヲ紛失シタルトキハ直チニ本會ニ届出デ責任者ノ指示ヲ受ケベシ、
一、歸國ノ際ハ本券ト引換ニ乗船証明書ノ文附スルモノトス、

須知

一、取到本券後須到本會所指定之配給店登記
二、本券須蓋本會及處理責任者圖章否則無効
三、本券所記載事項如有変更時須蓋處理責任者圖章否則無効
四、關于本券如有虚偽陳報時立即停止配給
五、如遺失本券時須立到本會報失聽責任者指示
六、回國時本會發乗船證明書與本券交換收回

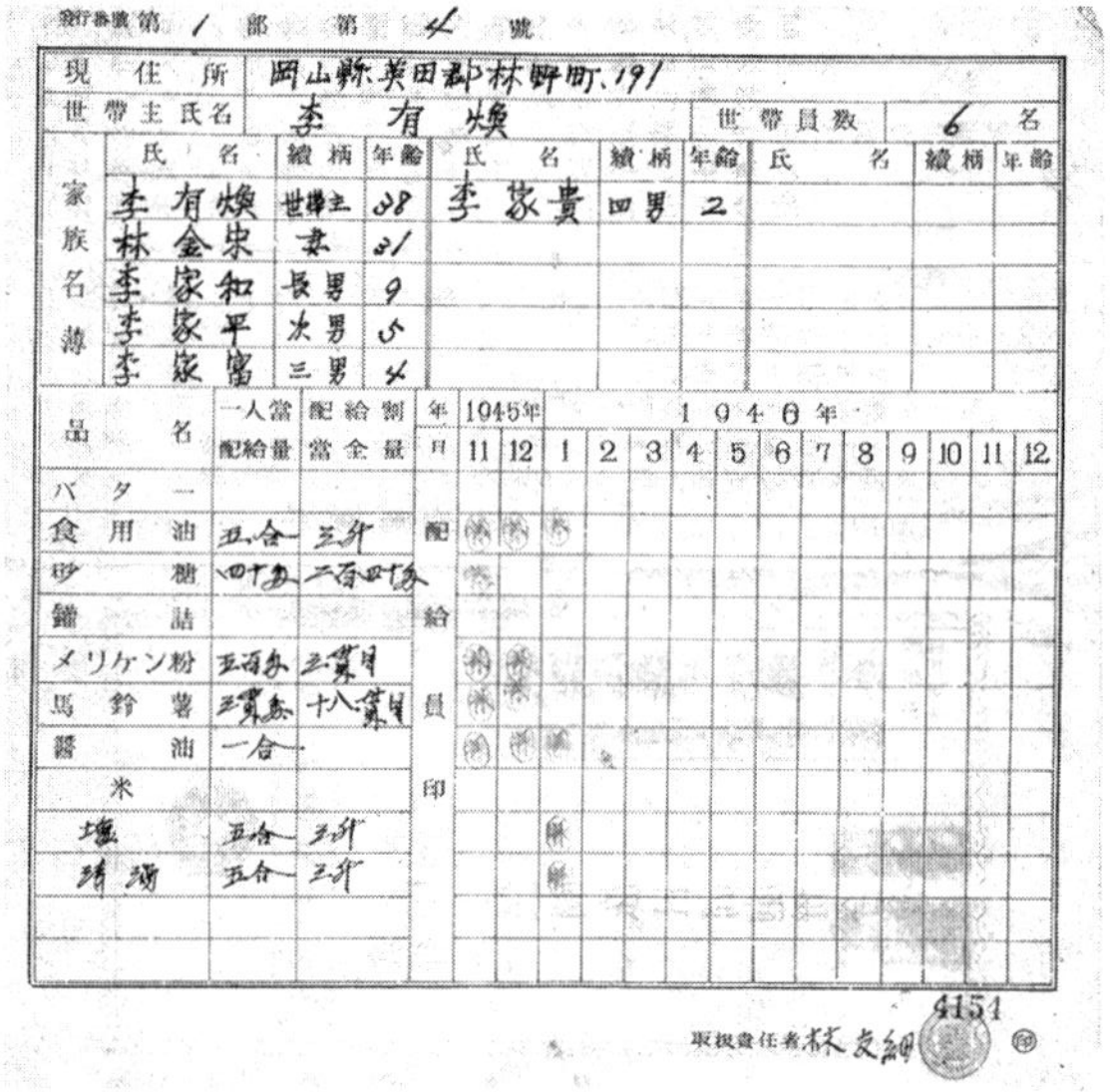

發行番號第 1 部第 4 號

| 現住所 | 岡山縣英田郡林野町.191 | | | | | | |
|---|---|---|---|---|---|---|---|
| 世帯主氏名 | 李有煥 | | | 世帯員数 | 6 名 | | |

| 家族名簿 氏名 | 續柄 | 年齢 | 氏名 | 續柄 | 年齢 | 氏名 | 續柄 | 年齢 |
|---|---|---|---|---|---|---|---|---|
| 李有煥 | 世帯主 | 38 | 李家貴 | 四男 | 2 | | | |
| 林金宋 | 妻 | 31 | | | | | | |
| 李家和 | 長男 | 9 | | | | | | |
| 李家平 | 次男 | 5 | | | | | | |
| 李家富 | 三男 | 4 | | | | | | |

| 品名 | 一人當配給量 | 配給割當全量 | 配給員印 | 1945年 11 | 12 | 1946年 1 | 2 | 3 | 4 | 5 | 6 | 7 | 8 | 9 | 10 | 11 | 12 |
|---|---|---|---|---|---|---|---|---|---|---|---|---|---|---|---|---|---|
| バター | | | | | | | | | | | | | | | | | |
| 食用油 | 五合 | 三升 | | | | | | | | | | | | | | | |
| 砂糖 | 四十匁 | 二百四十匁 | | | | | | | | | | | | | | | |
| 罐詰 | | | | | | | | | | | | | | | | | |
| メリケン粉 | 五百匁 | 三貫目 | | | | | | | | | | | | | | | |
| 馬鈴薯 | 三貫匁 | 十八貫目 | | | | | | | | | | | | | | | |
| 醤油 | 一合 | | | | | | | | | | | | | | | | |
| 米 | | | | | | | | | | | | | | | | | |
| 塩 | 五合 | 三升 | | | | | | | | | | | | | | | |
| 清酒 | 五合 | 三升 | | | | | | | | | | | | | | | |

4151

取扱責任者 林友細 ㊞

## ３　戦後の華僑の「帰国」と「探親」

### ３―１　東京華僑総会と華僑の「探親旅行」――中国への一時帰国の実現

一九四九年から一九七二年までの間、日中間に国交がなく、中国国籍の華僑が中国大陸へ一時帰国することは原則上不可能であった。[★24] しかし、東京華僑総会が日本赤十字社（以下、「日赤」と略す）を通じて交渉した結果、一九五六年六月、個人の事情を審査したうえで、許可する方針が定まり、一九五六年末に、日赤に日本政府から要綱なるものが提示された。要綱によれば、（華僑の一時帰国に関する）一切の事務を日赤が代行し、証明書も日赤が発行する。こうして一九五七年春、日本入国管理局による審査を終えた七名の華僑に一時帰国の許可がおり、同年四月三〇日、六名の華僑が神戸港より「探親」第一陣として中国に出発した（資料３―14）。以来、東京華僑総会は、一九七二年日中国交回復までの間、日本全国の華僑の帰国探親旅行の窓口となって、華僑証明書の発行や日赤との交渉などをしてきた。[★25]

当初は父母や配偶者の死亡や危篤など人道上やむを得ない事情など、一時帰国の適用条件は厳しく、一九五七年から一九六〇年の許可者は合わせて一二四名であったが、以降毎年一〇〇名前後にまで増加した（『華僑報』一九七四年一月二五日）。また、当時東京華僑総会の職員をしていた江洋龍によれば、当時日本政府による一時帰国の許可は、華僑総会などの華僑団体の職員、とりわけ上層部ではないことが前提条件となっていた。当時は、東京華僑総会を中心に、[★26] 正統な権益を取得するための華僑運動が各地で繰り広げられていた時期であり、日本政府は「赤化」した（共産党支持の）華僑を警戒していたのである。

一九七二年国交回復後、日中間を自由に行き来することが可能となり、華僑の帰国探親旅行が一気に増えた。一九七四年一月二五日付の『華僑報』によれば、一九五七年から一九七三年までの一七年間、日赤を通して実現した探親旅行は、一八一九人だったが、一九七三年だけでも六二八人が探親旅行の名目で帰郷ができた。

その内訳は、華僑の居住地別に見ると、神戸一六二人、東京一五八人、大阪一一八人が最も多い。しかし、京都、愛知、長崎、福岡、熊本、島根、鹿児島、奈良、和歌山、新潟、埼玉、沖縄、岡山、岩手、北海道、宮城、長野、山口、群馬、香川、山梨、三重、宮崎、鳥取、福井、山形、愛媛とほぼ日本全国からの華僑が探親旅行をした。華僑の出身者別でみると、江蘇一七五人、広東一三六人、福建八六人、浙江八〇人、台湾七七人、山東三三人と多く、そのほかにも、上海、河北、内モンゴル、遼寧、湖北、天津、山西、湖南、安徽、河南、黒竜江など各省に及んだ〔『華僑報』一九七四年一月二五日〕。

一九七三年探親の名目で帰国した六二八人の七割は団体による旅行で、二〇団体におよんだ。医師や教師など職業別団体や留日華僑国慶節慶祝代表団など様々な団体が組織された。また、国交回復前と比べ、未成年と青年層の増加が目立った。資料３―15は、一九七一年に東京華僑総会が組織した探親旅行である。中国の国慶節に合わせての帰郷であり、参加者全員国慶節の前後を北京で過ごしたあと、各自に広東、福建など

華僑報

心はもはや祖国に

探親第一陣六名
4月30日神戸を出帆
外貨一人五八〇ドル

老母を安心させたい

投票日六月九日

祖國を訪ねて

溢れる解放の喜び

華僑百花

資料3-14　『華僑報』（第64号、1957年4月21日）で探親旅行のため一時帰国が許可された華僑のうちの六名の帰国が報道された。

郷里に帰った。日本に戻る際に、上海で集合して帰る人もいれば、個別に日本に戻る人もいた。また、同資料には、江洋龍の父紀鈺、母翁清宋（第二章）以外、熊本の林康治とその父の其湊（第四章参照）、王貞治の父も写っている。★27 江洋龍の父と母は一九二八年に日本に渡って以来、四三年ぶりの帰郷であった。

筆者が日本各地で行ってきた福清出身華僑へのインタビューで、故郷との関わりに関する話には、必ずといっていいほど、終戦後初めて帰郷した話が出てくるが、このなかで、日本赤十字社、東京華僑総会および各地の華僑総会が果たす仲介的機能が大きかった。以下では、当時の関係資料に基づいて一九七三年以前の華僑の探親旅行の流れを整理してみよう。

## ３―２　華僑の探親旅行の流れ

一時帰国を希望する華僑のために、東京華僑総会は、その下部組織として「探親会」を設け探親旅行の業務を主管した。江洋龍によれば、当初華僑の探親旅行に必要な手続きは以下のとおりである。まず、各地の華僑は東京に直接申し込む場合もあったが、たいていの場合は、所属する地方の華僑総会を通じて東京華僑総会に申請書類を送ることになっていた。東京華僑総会は、これらの申請書類を日本赤十字社に送り、「証明書」（資料３―16）を発行してもらったのち、「留日華僑回国探親証明書」（資料３―17）を発行し、帰国希望者の帰国手続きを進めていた。実際、この二種類の証明書は、華僑が帰国する際のパスポートの代わりとして用いられていた。以下、黎

**資料3-15　探親旅行の一コマ（1971年10月、中国の国慶節に合わせて一時帰国した時の天安門広場での記念写真）**（資料提供：江洋龍）

資料3-16　日本赤十字社が発行した証明書の表（左）、と裏（右）（資料提供：江洋龍）

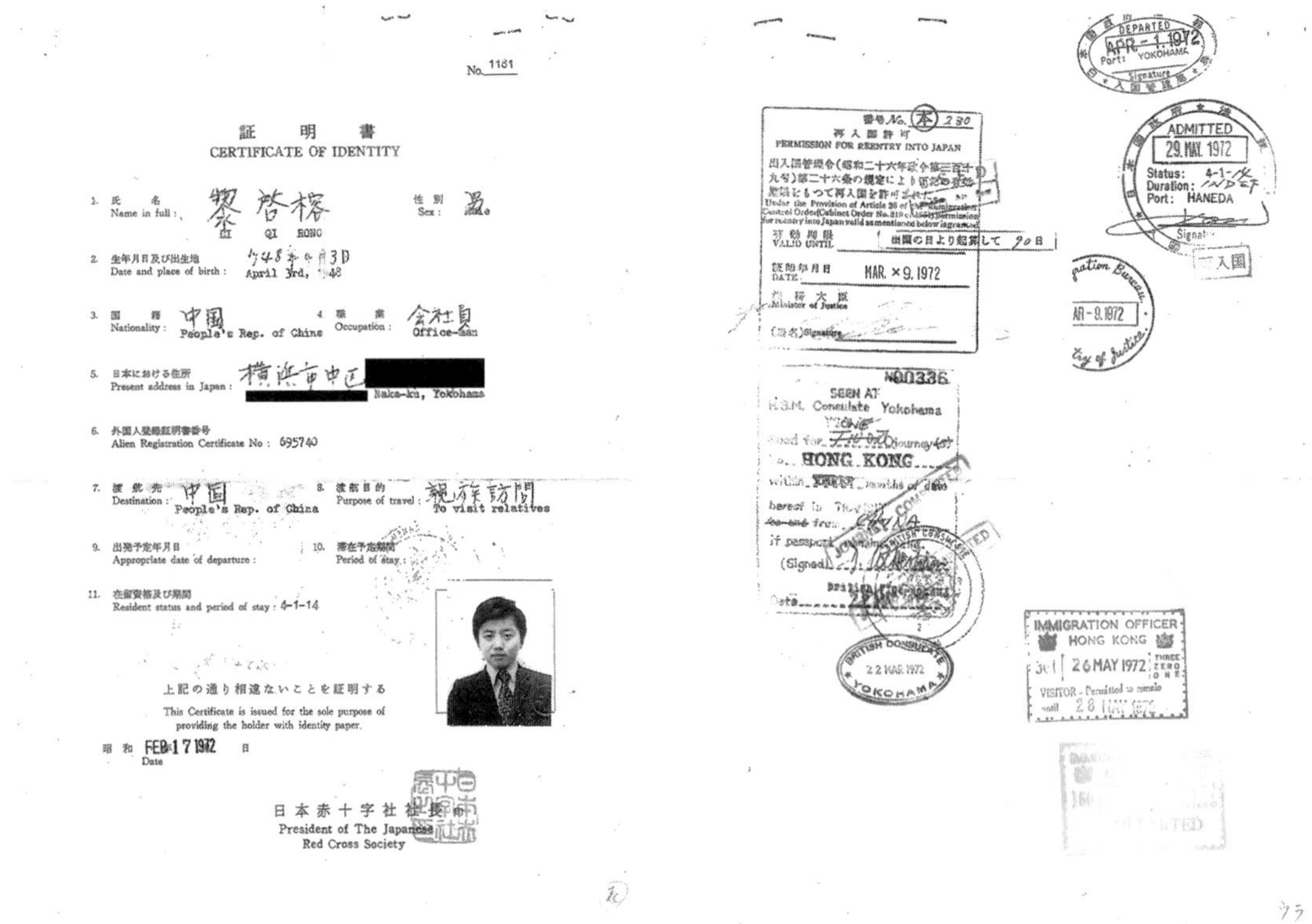

No. 1161

証　明　書
CERTIFICATE OF IDENTITY

1. 氏　名 Name in full : 黎啓榕 QI RONG　性別 Sex : 男 Male

2. 生年月日及び出生地 Date and place of birth : 1948年4月3日 April 3rd, 1948

3. 国　籍 Nationality : 中国 People's Rep. of China　4. 職　業 Occupation : 会社員 Office-man

5. 日本における住所 Present address in Japan : 横浜市中区[redacted] Naka-ku, Yokohama

6. 外国人登録証明書番号 Alien Registration Certificate No : 695740

7. 渡航先 Destination : 中国 People's Rep. of China　8. 渡航目的 Purpose of travel : 親族訪問 To visit relatives

9. 出発予定年月日 Appropriate date of departure :　10. 滞在予定期間 Period of stay :

11. 在留資格及び期間 Resident status and period of stay : 4-1-14

上記の通り相違ないことを証明する
This Certificate is issued for the sole purpose of providing the holder with identity paper.

昭和 FEB 17 1972 日 Date

日本赤十字社社長
President of The Japanese Red Cross Society

啓榕の両証明書に記載されている公印の日付を追って、当時の華僑の一時帰国の過程を見てみよう。

まず、日赤による「証明書」の表（資料3—16、左）に注目してみると、黎の個人情報と中国への渡航目的などが記載されており、表の一番下には一九七二年二月一七日付の日赤の社長印が押されている。黎の「身分」が証明されている日赤のこの書類に基づいて、次に取得したのは、一九七二年三月九日付の入国管理局による再入国許可[★28]（出国日より九〇日間以内）である。証明書の裏面の左上の印が示す通りである（資料3—16、右）。翌三月一〇日、東京華僑総会が中国側の税関に提示する「留日華僑回国探親証明書」（中国語）（資料3—17）が発行され、この二つの書類に基づいて横浜にあるイギリス駐日領事館による香港でトランジットするための許可が一九七二年三月

**資料3-17　東京華僑総会が発行した、留日華僑回国探親証明書**（資料提供：江洋龍）

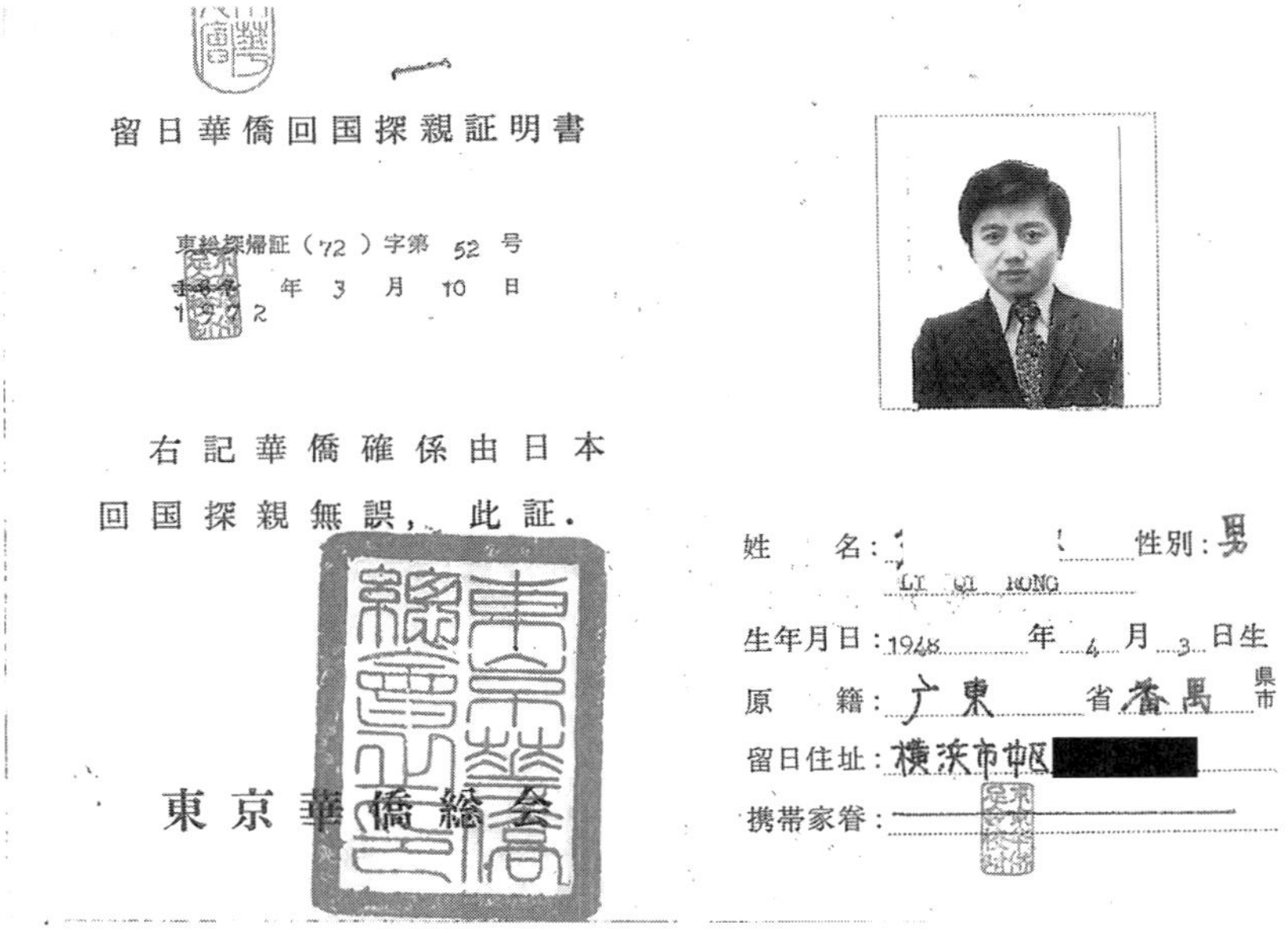
留日華僑回国探親証明書

東総探帰証（72）字第 52 号

1972 年 3 月 10 日

右記華僑確係由日本回国探親無誤，此証．

東京華僑総会

姓名： 性別：男

LI QI RONG

生年月日：1948 年 4 月 3 日生

原籍：广東 省 番禺 県市

留日住址：横浜市中区[redacted]

携帯家眷：——

二二日付で降りた（資料3―16、裏面左下）。日中国交が結ばれていなかったため、第三国としてイギリス管轄下の香港を経由する必要があったのである。

出国準備ができた黎は四月一日に横浜から出発し、香港に一旦上陸し、そこから中国大陸入りした。香港上陸の日付（資料3―16、裏面下）は判読不能のため確認できない。また、中国の税関では、「留日華僑回国探親証明書」が提示されるのみで、「証明書」などには出入国の記録は残されていない。黎は中国本土において一か月余り滞在し、一九七二年五月二六日に再び香港入りし、滞在許可期限の二八日に香港を出て、翌日の二九日に羽田から再入国した（資料3―16、右）。以上のように、日本と中国大陸の間の公式な交流がないなか、東京華僑総会と日本赤十字社が窓口となり、華僑の「探親旅行」を支えていたのである。

一九七三年四月より、中華人民共和国駐日本大使館は中国国籍を持つ申請者へのパスポート発給業務を開始した。探親旅行希望者がますます増えるなか、地方の華僑総会は各自で探親旅行を組織するようになった。例えば、福岡華僑総会は、一九七六年一月に、東京華僑総会を経由せず、福岡で探親旅行を組織することに決め、九州地域（門司も含む）の華僑の探親旅行の手配を始めた。★29 大阪、京都、神戸などその他の地域の華僑総会においても同様の動きがあった。これらの華僑総会の下にも探親旅行を主管する部門が設置され、のちに華僑個人の海外渡航にも対応するようになり、日本在住華僑を主な対象とする旅行会社としての役割を果たしてきた。

日中国交回復以前の複雑な国際情勢のなか、華僑たちがやっと実現した一時帰国でも、日本赤十字社、出入国管理局、東京華僑総会、イギリス駐日本大使館（領事館）など複数の機関での申請が必要であり、一時帰国をするために、華僑たちは多大な労力と時間を費やしていた。それでも、高齢となった多くの華僑は、数十年間離れた家族と再会するために、帰郷を強く希望したのである。数十年ぶりに訪れた故郷は、一世のみでなく、彼らに付き添って初めて「帰郷」した二世の帰属意識にも様々な影響を及ぼした。これについて、第四章以降で詳述する。

## ４　まとめ――「大きな歴史」のなかに福清出身者の「移動」と暮らしを位置づける

本章では、福清出身華僑が実際に用いていた公的なドキュメントを手掛かりに、場合によって彼ら（および その子孫）の語りも参考にし、呉服行商人として来日後、特に日中関係が緊張する昭和初期から終戦までの福清出身者の移動、生業と日々の暮らしの実態を解明しようと努めた。本章で確認されたことをまとめてみると以下の通りである。

まず第一に、外国人労働者を制限する日本の法律・法令および長期間にわたる複雑な日中関係のなか、華僑は各種の厳しい制限を受けており、特に各地を転々としなければならない呉服行商人は生きにくい環境に置かれていた。こうしたなかで、彼らが頼った同郷会や華僑総会（華僑聯合会）などの華僑団体・組織は、華僑同士が相互扶助するためのものだけでなく、本来大使館や領事館の職能である各種証明書の発行や居住国（地）政府との交渉にも当たり、いわゆる、半官半民の機能を果たした。一九七二年、中国の駐日大使館や各地の領事館での業務が開始されて以降、華僑総会の「官」としての機能は減少したが、一部の地域では、華僑総会は、相続手続きに必要な親族関係証明の発行など、領事館の代行業務を今日でも行っている。[★30]

第二に、実際のドキュメントおよび関係者へのインタビューを通して戦前における呉服行商人の移動と生業、生活の実態を紐解き、厳しい環境下の華僑の生存戦略を浮き彫りにした。それはすなわち、呉服行商人は各自の商圏を確保するために、全国各地に分散居住するなかでも、少数の同郷者同士が隣り合って居住していたこと。貯蓄ができると結婚するが、妻子が福清の故郷で大家族と暮らし、行商人（夫）が日本で商売をするのが一般的であったこと。しかし戦争が激化したなか、妻子を日本に呼び寄せたり、家族を「日本に留まる組」と「帰国組」に二分するリスク分散の方法が採られていたこと。同郷者同士のみでなく、「客」であり隣人である「日本人」とも可能な限り良好な関係を築こうとしたことなどである。そのいずれもが、福清出身者が日本で生存空間を見出すために講じてきた戦略と言えよう。

本章の最後で、戦後華僑の里帰りのための一時帰国に関わる手続きと流れを見たが、第二次世界大戦の終結とともに日本と周辺諸国との関係や世界情勢が激変し、それまで方言や出身地文化別に設立された同郷会や会館などの華僑団体に代わって華僑総会が日本在住の「中国人」、時には「中国」の代弁者として存在感を高めた。福清出身者の里帰りも同じ状況の下で行われたが、一時帰国の困難が、あらためて彼らの「中国人」という民族意識を強めたのではないかと考えられる。

内地雑居令以降、呉服行商人として来日し、その後もほとんど呉服行商以外生計を立てる手段がなかった福清出身者は、一九四五年に終戦を迎え、戦後の混乱期を経て、呉服行商からの脱却を図り、他地域に居住する同郷者のみでなくほかの出身地の華僑ともつながりを持つようになっていった。次章では、九州地域に焦点を当て、戦後福清出身者の職業転換と華僑社会の再編を見てみる。

★1　林宗灼に関する情報は、二〇一五年二月に神戸で行われた林聖俊へのインタビューと、二〇一六年一月の林聖福へのインタビューに基づいている。

★2　福清出身者に限らず、当時の呉服行商人は、同じ家を何度も訪れて信頼を築いたうえで販売していた。そのうち、顧客の家の娘と結婚するに至ったケースが多かった（第二章参照）。

★3　開港後に増加した国際結婚、なかでも日本人女性と外国人男性との婚姻に対応するために、明治政府は一八七三年に太政官布告第一〇三号を頒布し、父系優先血統主義および同一家族、同一国籍の原則に基づいて、結婚後妻および子は夫（父）の国籍に従って変更することを決めた。一八九九年の国籍法も、基本的にこの原則に則って制定された。一九五〇年国籍法が改正され、同一家族、同一国籍の原則は廃止されたが父系優先血統主義は一九八五年の国籍法改正まで続いた。したがってこの期間に中国人男性と結婚した日本人女性および彼らの間に生まれた子は、基本的に中国国籍を取得することになっていた。

★4　証明書には本会と大阪、神戸分会が記載されているが、おそらく本会は東京にあったと思われる。旅日華僑聯合会の成立年代など詳細は不明である。東京には林文昭を会長とする東京華僑聯合会が一九二〇年代に存在していた。

★5　内務省警保局（一九八七）、第二巻（昭和一一年）、五五五―五五八頁、第三巻（昭和一二年）、五四二―五四五頁。

★6　一九三七年一二月の北平中華民国臨時政府と一九三八年三月の南京中華民国維新政府など。そのほか、四月に東京目黒区で臨時政府駐日本事務所を新設し、前駐日大使館二等秘書官孫湜が所長に任命され、維新政府の代表部も兼任した。

★7　旅日華僑聯合会東京総会会員名簿（一九三九年一月）に基づく。名簿は江洋龍より提供。

★8　一九三九年末、京都在住華僑は二四五人で、そのうち男性は一五〇人いた。

★9　李家富と李家昌へのインタビューは二〇一五年八月に神戸関帝廟で行われた。

★10　李有泉に関する情報は断片的なものしかない。一九三七年頃に有泉は兄有煥に同行して来日し、岡山県の林野でしばらく行商をした後、上海で商売をしていた。終戦後、一九四六年一月頃、上海から一人で神戸に戻ったとみられる。二〇一五年二月一五日に神戸にて李琛（有泉の孫）へのインタビューによる。

★11　「有職者家族」（一六一人）、「無職者」、「北海道大学の学生など」一二〇〇人近くを除けば、行商人、なかでも呉服行商人は断トツで多かった。ほかの職業は、料理業は二三人、会社商店員九人、毛皮加工商八人、海産商六人と続く。

★12 ちなみに、同付録7「昭和一三年北海道・樺太在住華僑戸数」（世帯主のみ）によれば、一九三八年当時北海道・樺太には計一三三世帯の華僑が登録されており、そのなかでは、福清出身者は七一世帯（その他福州は一世帯）の半数以上を占めていた。ほかの出身地は、世帯が多い順から、浙江（三六世帯）、山東（一七世帯）、江蘇（五世帯）、広東（一世帯）、河北（一世帯）と続く。一三三世帯の中で、呉服行商に従事するものは九九世帯と断然多く、その次は、料理店経営とコックを合わせて二〇世帯であった。

★13 前出「函館華僑関係資料集」付録7によれば一九三八年に東瀬棚に居住する福清出身の呉服行商人は四世帯であったのに対し、標津には登録者がいなかった〔斯波、一九八二、三〇四頁〕。

★14 林斯泰へのインタビューは、二〇一七年六月六日に斯泰一家が津山で経営する東姫楼で行われた。

★15 親同士の取り決めで李有煥の五男家昌の妻となった陳恒華の四女によれば、恒華は同郷人の世話をよく見ていた人で、家には福清出身者はよく出入りしていた、という話をよく母から聞いていたという。

★16 たとえば、京都で呉服行商をしていた林振瑞はその実績を認められ、繊維小売業登録業者の資格を得て一定の配給をもらった。しかし、その他にもボタンや薬を販売し、かろうじて一家の生計を立てることができた〔林修焱、二〇一三、四四二頁〕。

★17 中国人という身分で差別を受けた経験は地域差と個人差があったようである。同じく岡山県でも、一九三五年に九歳の時に行商人の父と一緒に来日し津山に居住していた林同春は、自伝の中で戦時中日本の小学校で受けた非人道的な差別を生々しく語っていた。詳しくは〔林同春、一九九七〕を参照されたい。

★18 もともと中国由来の和漢薬を配合した薬で、肺病、胃病、心臓病、痢病、脚気など戦前までは「万病効果」があると思われ、第二次世界大戦中出征兵士の常備薬であった。

★19 二〇一五年八月、神戸福建同郷会館にて楊勝美に行ったインタビューによる。

★20 二〇一七年六月六日に行われた林斯泰へのインタビューによる。

★21 林宗灼一家については、二〇一四年四月、二〇一五年二月および二〇二〇年六月に神戸で行われた林聖俊へのインタビューに基づく。

★22 一九七二年日中国交回復後、日中の民間団体の働きの下、旧満州国に当たる東北三省を含め、終戦後諸事情で中国に残った日本人が続々と帰国した。福清地域においても一九七〇年代半ばから、福清出身華僑の妻となった日本人女性がその家族を同伴し日本に戻った。福清出身者の血縁・地縁的紐帯をもう一つの形で拡大・強化することになり、戦争などによって、一時的に疎遠になりつつある華僑と故郷、あるいは新・老華僑を再びつなげることになったのである。詳しくは第八章参照。

★23 闇市では様々なルーツを持つ者が各自の利権をめぐって抗争が起き、闇市に対して警察による取り締まりも行われた。森岡によれば、尾道駅前のマーケットでは、朝鮮系と中華民国系住民による朝鮮人連合会や中華民国華僑聯合会などの自警団が組織され、市からの立ち退き命令を聞かず、「市も警察も為す術がなかった」という〔森岡、二〇一七、八頁〕。神戸元町から神戸駅の間の鉄道高架下一帯でも闇市（のちに三宮自由市場）ができて、バックグラウンドの違う営業主の間の衝突の自治的解決を目的とする台湾省神戸青年隊が組織された〔『神戸新聞』一九四六年一月一六日付〕。林聖俊がいう尾道の台湾省青年隊は神戸のそれと同性質のものと考えられる。

★24 当時日本政府は台湾に政権を置く「中華民国」を中国を代表する唯一の政府として承認していたため、華僑の国籍は原則上「中華民国」となっていた。しかし、中華人民共和国が実質支配している領土に故郷を持つ華僑の帰郷が問題になったのは、一つに日本と中華人民共和国の間に国交関係がなかったこと、もう一つは、「中華民国」政府が帰郷する華僑を「中華人民共和国」支持派（＝「中華民国」反対派）と捉え、彼らの帰郷を阻止していたことも背景にあった。

★25 東京華僑総会が華僑の一時帰国をめぐって日赤を通じて日本政府と交渉した経緯について、『東京華僑会報』（一九五七年四月二一日より『華僑報』に改名）一九五六年九月から一九五七年三月までの関連記事で確認できる。

★26 東京華僑総会の設立について、第六章参照。

★27 二〇一九年五月に行われた江洋龍へのインタビューに基づく。

★28 外国人が日本を離れる場合は、住居地を管轄する地方入国管理局にて再入国許可を申請する必要があり、これは二〇一二年七月にみなし再入国許可手続きが簡易化されるまで続いた。

★29　一九七六年一月福岡華僑総会理事会議事録より。

★30　二〇一九年八月二〇日に行なわれた鹿児島華僑総会会長楊忠銀へのインタビューに基づく。

# 第4章　戦後における職業転換とコミュニティの再編
## ――福岡、熊本、鹿児島在住華僑を中心に

### はじめに

戦後復興を経て、日本経済は高度成長期に突入し、戦前から始まった近代化・都市化がさらに広範囲にわたって進んだ。日本社会はあらゆる面において大きく変動していった。呉服行商人に関していえば、西洋式の生活スタイルが広く浸透し、人々の服装も和服から洋服へシフトしたことや、農山村地域における店舗の普及、交通の便の改善などを背景に、昭和三〇年代あたりから、特に呉服行商への人々の依存度が低下していった。福清出身者もこの時代の変化を素早く読み取り、呉服行商から脱却し、それまでの人的・物的資源を生かした形でほかの業種に進出した。旅日福建同郷懇親会が一九六二年に編纂した会員名簿を見れば、中華料理店、スーパーマーケット、貿易商、洋服・洋品店、遊技場（パチンコ店）、会社員、医者など、当時の福清出身者が実に多種多様な職種に従事していたことがわかる。もちろん呉服行商からの職業転換は戦前か

らも少数あったが、そのほとんどは、地方都市における中華料理店経営であった。

第四章と第五章では、福清出身者が呉服行商から転換した経済活動として、熊本県、鹿児島県在住の福清出身者による中華料理店、スーパーマーケット経営と、三重県、島根県在住の福清出身者による洋品店、金融業などを彼らの家族誌を通して見ることで、戦時・戦後における福清出身者の生存戦略について検討する。と同時に、戦後の地方における華僑コミュニティの再編過程を明らかにしていくことで、日本各地に分散居住していたがゆえにその実態が明らかにされてこなかった福清出身華僑の全体像を、できる限り多角度的に浮き彫りにしていく。

以下、日本全国に分布するようになった福清出身華僑の先駆者である、長崎と福岡の張一族の移住・定住（中華料理店）を概観したうえで、熊本の葉一族（中華料理店経営）、林一族（スーパーマーケット経営）、鹿児島林一族（中華料理店）、楊一族（スーパーマーケット経営）の家族誌を整理する。

# 1　一九世紀末から二〇世紀初頭の福清人と中華料理店経営

## 1―1　福清出身者による中華料理――長崎四海樓

中国との地理的、文化的結びつきを持つ長崎は、とりわけ福清出身華僑にとって特別な存在である。一八九九年に設立された三山公所は、急増する福清出身移民に対応するための同郷団体であり、初期の福清人が頼れる唯一の「公的機関」の役割を果たしていた。また、三山公所が年に一度崇福寺で開催する伝統行事「普度」[★1]は、京都と神戸でも行われるようになる一九三〇年代までの間、日本各地から福清人が集まり、親睦を深め、情報を交換する重要な場であった。長崎で他地域より早く福清出身者の同郷団体が設立できたのは、福清出身者が一定の人数と経済的基盤があったからであり、こうした「成功」した先駆者たちは、同郷者の来日および来日後の生活、生業に関わる金銭、情報などあらゆる面においてサポートしていたのである。

以下では、地方における福清出身華僑の展開を具体的にみよう。

## 1―2　博多福新楼の張一族

一八九九年の雑居令発布以前に来日し、のちに長崎以外の地で定着した福清出身者は少なくなかった。福岡の張一族はその一例である。まず、張加枝の来日から見てみよう。

### 1―2―1　加枝の来日と創業

博多にある老舗中華料理店福新楼の創業者、張加枝は第一章で述べた張恒坤の甥にあたる。親類を頼って、一八八九年に福清県塘北村より来日した。長崎で倉庫番、貿易事務、料理店の出前持ちなどを経験したのち、一八九九年雑居令発布後、熊本、佐賀などを中心に呉服の行商をしていたが、経済的基盤が出来上がると、博多に居を構えた。

一九〇二年に加枝は長崎出身の日本人女性と結婚し、一九〇三年に長男兆順が誕生し、さらに四男一女をもうけた。一九〇四年に、福岡で最初の中華料理店（通称小鳥屋）を博多区中洲、のちの百貨店玉屋裏付近に開店した[★2]。メニューにはちゃんぽん、皿うどんがあり、材料として長崎から取り寄せた上等な唐灰汁、モヤシ、キャベツを使用した本格的な中華料理であった。しかし、当時の客といえば、「出されたバナナを皮ごとに食べるといった具合」でまだ外来の食文化に馴染んでおらず、間もなく閉店した。その後、日本のシャツ、洋傘、毛織物などを中国へ、中国から唐チリメン、緞子《どんす》、シュスなどを日本へと輸出入する貿易事業を始めたが、日本工業の発達と外国列強の中国市場の独占により加枝の小資本の商売は行き詰まり、一九〇九年に、東中洲電車道沿いに再び中華料理店福海楼を開店した。[★3] ツバメの巣のスープ、鱶のひれの煮込み、ナマコと鶏のうま煮、鶏の丸蒸しスープなどを主なメニューとした。やはり高級料理店のスタンスであったが、県庁役人の間で評判となり、徐々に客が増えた。第一次世界大戦開始後、中洲にドイツ人捕虜収容所ができ、[★4] 差し入れとして出された福海楼のちゃんぽんなどは、青島での滞在経験者が多いドイツ人にも評判だった〔友清編著、一九七〇、五八―六〇〕。

一九二一年に、福海楼は福新楼へと改名した。[★5] 一九三〇年代に入ると、日中戦争の勃発、第二次世界大戦の開戦により、食材の調達が徐々に困難となり、一時期休業となった。その後、再開し、当時、博多にいた二〇人ほどの中国人と助け合いながら生計を維持した。一九四四年、福新楼も強制疎開させられ、建物は解

**資料4-1　1940年頃の福新楼**（資料提供：張光陽）

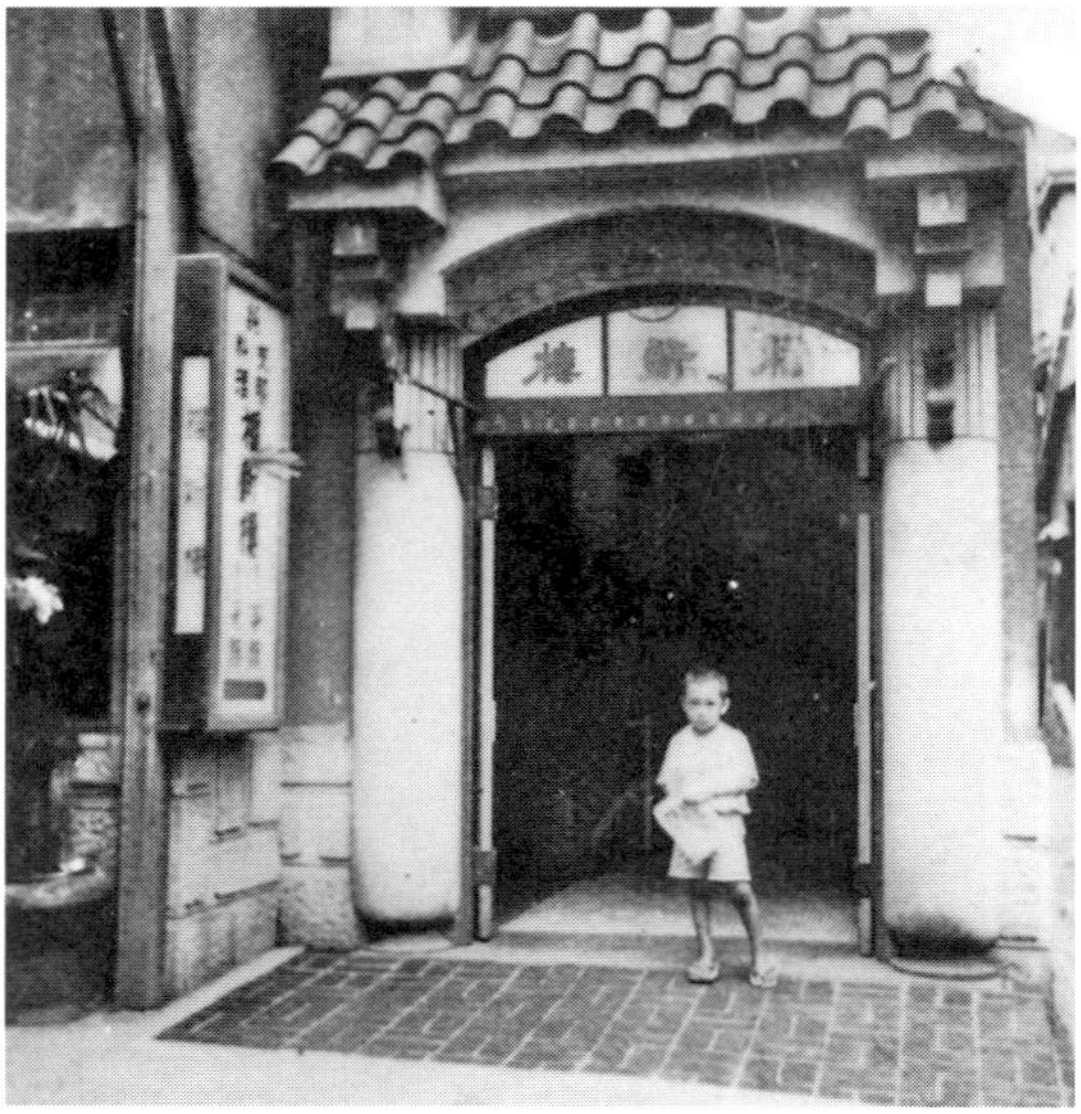

体された（資料4―1）。

終戦後の一九四八年、東中洲仲之町で福新楼を再開し、中華料理のほか、進駐軍を相手に「ビフテキハウス」もオープンした。一九五一年、本格的中華料理店としてスタート。長男の兆順は県下の料理学校で講師を務めるほか、テレビ出演などを通じ中華料理の普及に努めた。店舗は幾度か移転したが、一九六八年天神に四階建てのビルが建ち、一九八九年と一九九二年に、それぞれ中国厨房新界とチャイナ・カフェをオープンし、より多様なニーズに対応するサービスを始めた。★6

### 1―2―2　福岡華僑の先駆者として

日清戦争後、中国蔑視の風潮が高まるなか、辮髪姿で来日した加枝は、冷やかされながらも強い忍耐力と柔らかい物腰で周囲の信頼を得て、福岡で地盤を築いた。一八九九年以降、多くの福清人が長崎を経由して日本各地に渡っていったが、福岡にも大正期から多くの中国人が移住してきた。加枝は、自分が福岡で築いてきたあらゆるネットワークを生かし、同胞の商売に必要な資本金や土地など、様々な面で面倒を見ていた。第二章で述べた、江紀鈺の「回想録」でも言及した、一九二〇年代後半、来日したばかりの親戚の世話を頼んだという張さんとは加枝のことである。加枝が亡くなった一九五五年一月、福岡県華商会所属の中国人は一八〇〇名ほどおり、そのなかで中華料理店は福岡市内だけでも三二店舗あった。

福岡名物となった博多皿うどんは、福新楼で誕生したとされており、福建炒麺をもとに昭和初期に客に提供したのが最初で、現在もその調理法や味が変わらないという。また、当時の福岡では中華材料となる多くの野菜を長崎から調達していたため、加枝は出入りの八百屋にモヤシの作り方を教え、そこから店に納めてもらうようにした。のちに、中華料理の普及とともにモヤシも一般的に使用されるようになったという。★7

一九世紀後半にすでに中華料理店が出現した東京よりやや遅れて、二〇世紀初頭に博多のような地方都市にも中華料理店が現れた。以来、役人、学生、会社員の増加および人々の味覚の多様化につれて、中華料理は地方の都市部においても、徐々に受容されていった。中華料理店の経営は、行商と比べ多くの資本金を要するが、福清出身者にとって一つの選択肢となっていった。何より、福新楼のように、初期に開業し、経済的に安定した中国人たちによる中華料理店が、多くの同郷者、中国人が来日する際の身元保証人、一時的滞留先そして就業先となり、日本各地における華僑コミュニティの形成・拡大に一役買った。

## 1―3　熊本県葉一族と紅蘭亭

本項では、熊本の老舗中華料理店の一つ、紅蘭亭を創業した葉一族を取り上げる。紅蘭亭は、福清出身華僑二世である葉菊華が一九三四年に熊本で創業し、現在は、菊華の長男である祥泰（一九三四年生まれ）とその息子の耕司が経営している。以下、葉山祥泰（葉祥泰）へのインタビューに基づき、まず彼の祖父葉修儀の来日から見ていこう。★8

### 1―3―1　修儀の来日

葉祥泰が持っている葉氏族譜（葉修儀の世代以降の部分のみ）によれば、葉修儀は肇公の次男として一八七九年に生まれた。福清県西葉村は早い時期から多くの行商人が日本に渡り、修儀も一九〇〇年頃に長崎に上陸し、のちに熊本などで行商をしていた。途中から同郷人の紹介で大阪に行き、工事現場で労働者たちの食事を作っていた。そのうち、官廳村の陳禄宋（一八八五年生まれ）と結婚し、一九一一年に長男綸詩（南坡）が生まれたが、禄宋は翌年死亡した。のちに、牛頭村の楊珠宋（珠妹とも）と再婚した。★9 一九一四年、二人の間に綸書、すなわち菊華（菊花とも）が生まれた。菊華以外に、綸賢（炎花、一九一六年生まれ）、綸良（木花、一九一六年生まれ）、綸済（木桂、一九二二年生まれ）、綸美（木香、一九二九年生まれ）、綸昭（香俤、一九三一年生まれ）の五男と、菊江、君江、敏江の三女、計九人の兄弟であった[★10]（資料4—2）。

修儀はのちに大阪から再び九州に戻り、熊本に居を構えながら、リヤカーを引いて熊本や阿蘇あたりを回り、緞子などの呉服を行商していた。得意先は、温泉旅館や市役所、寺院など比較的裕福なところが多かった。現在葉家が檀家となっている曹洞宗の僧侶も、父が当時修儀からよく反物を買っていたと話す。また、修儀はお盆と歳の暮れの時に集金に行っていたが、読み書きがままならず、帳簿の記帳は客に依頼することもあったという。

### 1—3—2　菊華と紅蘭亭の開業

修儀の次男菊華は、一八、九歳の頃、商売のために上海と日本の間を行ったり来たりしていた[★11]。二〇歳の頃、熊本に帰ってきて長崎生まれの華僑女性劉氏と結婚し、一九三四年に長男祥泰の誕生をきっかけに、熊本の花畑町で中華料理店紅蘭亭を開

**資料4-2　熊本葉一族関係図**
西葉村葉氏族譜（の一部）（葉山祥泰提供）に基づき、筆者作成。本文で言及した人物の関係（輩份）を示すためのものであり、すべてのメンバーを反映させているものではない。男子は菊華の世代まで、族譜上の名前（名）とは別に日常生活で使う字（あざな）も持っていた（(　) 内にある)。△は男性、○は女性を表す。

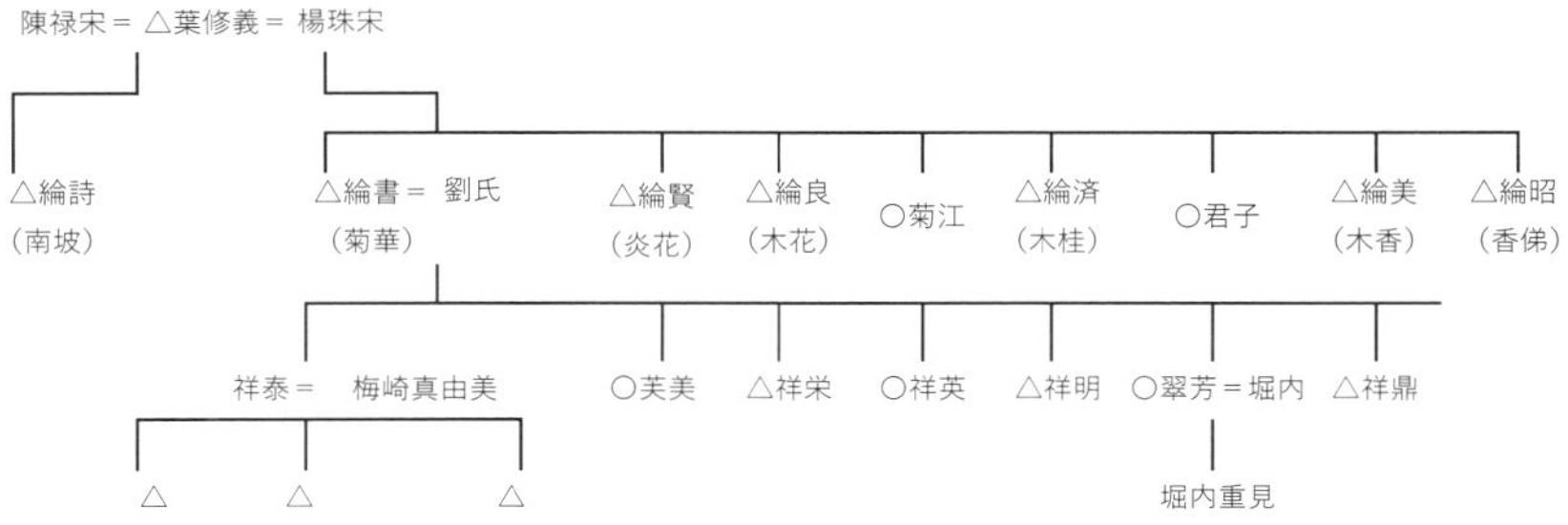

業した。店名は、王羲之の書「蘭亭序」から取ったという。当時熊本市内の中華料理店は、華僑経営の会楽園と中華園（ともに一九三三年創業）と日本人の開業・経営とみられる東洋軒のみだった。[★12] 開業に先立って、菊華は福岡の那珂川岸にある会楽園で数か月の間修行をした。会楽園の経営者は同じ村の葉坤林で、よく面倒を見てくれたという。菊華は一日も早く独立できるよう、懸命に料理を覚えた。「料理を運ぶときに、親指をわざと皿に突っ込んで味を覚えた。夜、みんなが寝た後も、こっそりと料理を作っては那珂川に捨てていた」。[★13]

開業後の紅蘭亭は、多くの文人や学生でにぎわい大繁盛した。戦時中でも、空襲が激しくなる一九四四年までは、紅蘭亭は特に大きな影響を受けずに営業できた。日中戦争の戦火が拡大すると、当時まだ二〇代前半であった菊華は、熊本の中国人をまとめ監視・管理する目的で作られた華僑親和会の会長への就任を命じられた。当時、熊本にいた中国人のほとんどが一世で、リヤカーを引いて簡単な日本語を使って行商をしていたが、読み書きができなかった。菊華は日本語が堪能であったため、警察に体よく利用されたのであろう。

日本の対外侵略戦争の重要な基地として、熊本市内には多数の中小工場のほかにも、陸軍の航空教育隊が置かれた菊池飛行場、本土決戦作戦基地としての健軍飛行場および一九四四年一月にその近くに設立された三菱重工業熊本航空機製作所などがあり、一九四四年一一月二一日に初めて米軍機による爆撃を受けた。一九四五年三月より、熊本県各地は空襲に見舞われた。七月一日、呉、下関、宇部への攻撃とともに行われた熊本大空襲は、最大規模のものであり、市街地の大部分が焼失した。さらに、八月一〇日に同規模の空襲を受け、熊本市街は焦土と化した。

度重なる空襲が続くなか、戦禍を凌ごうと葉一族はリスク分散の方法を採り、大家族を「去る組」と「残る組」に分けた。一九三九年、修儀の妻珠宋は幼い子どもを数人連れて、朝鮮経由で上海に行った。一方で、菊華一家は熊本に居残った。当時祥泰は五歳で、別れ際に撮った祖母との記念写真はいまだに持っている。一九四四年、空襲が始まると、一家はさらに二分して疎開した。紅蘭亭は、空襲で焼けた。

### 1―3―3　戦後紅蘭亭の再開と米進駐軍

戦後、海外の軍人の復員と一般日本人の引き揚げが始まり、熊本県にも、一九万人を超える引揚者が流入した。一方、一九四五年一〇月五日に、アメリカ第二海兵師団第八戦闘連隊主力およそ四〇〇〇人が熊本に進駐を開始した。駐屯地は、旧熊本陸軍幼年学校（現在の陸上自衛隊第八師団）にあった。★14

戦後、熊本市北署の署長からの依頼で、紅蘭亭は市内に流れ込んだ人々のための食堂として、上通の土地を紹介してもらい、いち早く再開した。当時、トラックごとにカボチャが運ばれてきて、それを主材料にした料理、チャプスイをメニューとして提供した。チャプスイとは、アメリカで広く受け入れられている広東料理の一つで、野菜と肉または海鮮を炒めてスープを加えて煮たものである。日本では馴染みのない言い方であったが、深刻な食糧不足のなか、チャプスイも飛ぶように売れていたという。

こうして、戦後の熊本における大規模な人的流入を背景に、紅蘭亭は戦禍からいち早く復活することができた。

### 1―3―4　祥泰が家業を継ぐ

高校を卒業した祥泰は、慶応義塾に入学し、経済学を専攻した。大学卒業後、ＭＢＡ取得のため一年間アメリカに留学にいったが、日本における在留資格更新のため、一九五八年一月に日本に戻った。祥泰の帰国に先立って、一九五七年一一月に、紅蘭亭下通店がオープンした。当時上通にあった紅蘭亭の店舗は、火事にあって困っていた同郷の林康治兄弟（後述）に貸していた。帰国した祥泰に、父菊華は会社の印鑑や通帳などを渡し、店の経営から退き、熊本華僑総会の会長など華僑社会で活動をつづけた。

店を継いだ祥泰は、アメリカなどで受けた刺激をビジネスに生かそうとした。一九六二年に、熊本初の洋菓子店スイス（Swiss）を開店した。それ以降も、定期的に海外に行き、飲食店をはじめ商売のヒントを探り続けた。現在、葉一族経営の店には、上通と下通にある紅蘭亭の二店舗の中華料理レストランと洋菓子店のスイスのほか、ジャンジャンゴー[15]という中華居酒屋がある。そのいずれも地元の人々にも認められている老舗となっている。その中で、開店当初からメニューにあったとされる太平燕《タイピンイェン》は今や熊本名物として知られ、たびたびテレビなどのマスメディアにも登場する。

### 1―3―5　熊本名物の「太平燕」

熊本県民の「ソウルフード」とまで称される太平燕とは、肉、海鮮と野菜が入っている春雨スープに揚げた卵がトッピングされるもので、カロリーが低くあっさりしているのが特徴である。一九九〇年代から熊本の小学校の給食でも提供されるようになるほど、地元の人々に馴染みの深い食べ物である。二〇〇四年三月、九州新幹線（新八代以南の部分）の開通とともに流入してくる観光客を誘致するために、熊本県が新幹線「つばめ」の名にかけて、郷土名物料理として太平燕を積極的に売り出して以来[16]、全国に知れ渡るようになった。また、ほぼ同じ時期から、メディアなどでは、太平燕の紹介の一環として、その「ルーツ探し」や「元祖」[17]の「確定」などがたびたび行われており、その都度、華僑の故郷である福建省で食される太平燕と比較される。しかし、後者は、ワンタンのような「肉燕」をアヒルの卵（鴨卵）と一緒にゆでたスープ入りの料理であり、熊本の太平燕とは似て非なることから、熊本の太平燕は熊本生まれと結論付けられているところが多い。

実際、紅蘭亭のホームページに特設された「太平燕」の項目に記されているように、料理としての太平燕の元は、普度勝会でも参拝者に振舞われる炊出しの一つ、汁米粉である可能性が高い。[★18]また、筆者がよくフィールドワークで訪れる福清地域では、米粉以外にも、イモ類のデンプンを材料とする糸状の食材を用いて、野菜、海鮮と一緒に炒めたり、スープにした料理がよく食卓に並んでいる。つまり、九州に渡った初期の華僑が、日常的に食していたこうした故郷の味をもとに、命名方法においても故郷の要素を借用した結果、太平燕のような「現地生まれ」の中華料理が現れたのだと考えられる。これは、長崎では四海樓のちゃんぽん、福岡では福新楼の皿うどんも同様の文脈で語ることができる。ここで重要なのは、移住地の様々な需要と制約のなかで、華僑が自ら持っている情報や技能を最大限に生かしてきた結果、「新たに生まれた」料理が地域社会の一部と化していったことが、熊本名物の太平燕に象徴的に表れていることである。

### 1―3―6　「中国」への関心

祥泰は一九六〇年に結婚した。日中国交が回復した一九七二年に、祥泰は「居住地にもっと役に立ってほしい」という海外華僑に向けた周恩来の呼びかけに応じ、兄弟たちとともに日本国籍を取得し、それに伴い、姓を「葉山」に変えた。

父菊華は一九八八年に亡くなり、熊本に埋葬された。祥泰は普度に参加するために毎年長崎に行くし、旅日福建同郷懇親会[★19]の年度大会にもよく参加する。祥泰は、ほかの兄弟同様、小さい頃から日本の教育を受け、中国の故郷に出向くことは一度もなかったが、陳舜臣や吉川幸次郎などの作家・中国文学者による作品を通じて、中国や中国文化に興味を持つようになった。

祥泰は第一線から退いた後、特に中国の漢詩や書道に没頭しているが、時間を見つけては、一族の歴史をイマジネーションを交えながら英語で綴っている。華僑五世となり、ルーツである中国にますます縁が薄くなる孫たちに、一族が中国から渡ってきた歴史を知らせる義務感を強く感じているという。

葉一族には画家葉祥明、建築家葉祥栄などの著名人もいる。葉祥明については、第九章で述べるが、兄弟から一人（長男）が家業を継ぎ、華僑社会とのつながりも維持していくが、その他の兄弟は自由に生きるという家族戦略は、ほかの華僑の家族でもよく見られる。「華僑」には多様な価値観と生き方が存在していることは、葉一族の事例からよくうかがわれる。

次節では、戦後、熊本を中心に九州各地に進出したスーパーマーケット、ニコニコ堂を創業した林一族を見てみる。★20

## 2　熊本林一族によるスーパーマーケット経営への展開

### 2―1　林其湊兄弟の来日

熊本林一族の歴史は、林其湊兄弟の来日から始まった。其湊は、一八九八年に高山市赤礁村に生まれた。六男二女（族譜では一女）計八人兄弟だったが、其湊は男兄弟の中で四番目である。兄弟の中で一番早く来日したのは、三兄の其阜である。其阜は一九一〇年代にほかの同郷人とともに来日し、鳥取県で数年間行商をしていたが、商売が落ち着くと、ほかの男兄弟五人全員を日本に呼び寄せて一緒に行商をしていた。

其湊は、数年間行商をし、一九二三年に一時帰国し、西葉村出身の葉玉宋と結婚した。当時其湊は二五歳で、玉宋は一六歳だった。翌年、其湊は一人で再び馬尾港から出発し、上海経由で神戸に上陸した。一九二五年に玉宋を呼び寄せて、鳥取県の境港で暮らしはじめた。其湊は鳥取県の周辺、時には、船で隠岐まで行商に行っていたという。一九二八年に長女艶宋、一九三〇年に次男康治[★21]、更に一九三六年に三男継発が生まれた。

一九三一年、九・一八事変が勃発したあと、兄弟たちは続々と帰国した。帰国するための旅費が足りず、やむを得ず日本に残った其湊一家は、一九三二年頃、妻玉宋の弟修億[★22]を頼って、熊本市に移った。最初は水前寺公園近くの二階建ての一軒家で同郷の葉高源、葉修億などの四家族で共同生活をしていたが、後に豊肥線のガード下、更に上職人町（新町の一部）へと転居し、家族七人で四畳半一間で暮らした〔林康治、一九九六、一一頁〕。

熊本に転居したあと、其湊は熊本にあるいくつかの問屋から反物を借りて、それを担いで、上益城郡益城町から御船町の山間部まで歩いて、点在する集落を一つずつ回り行商していた。結婚式用の女性の着物の生地も調達していた。お金がある程度たまると、其湊は自転車を購入し、自転車に反物を積んで売りに行った。康治は高等小学校を出ると、新市街のレストランや中華料理店で働き始めたが、空襲で焼けた後、反物や生地を風呂敷に包んで自転車に積んで其湊と一緒に行商に出かけた。其湊は「正直に義理堅く生きた」人で、郡部の人々から親切にされていた〔林康治、一九九六、一八―二〇頁〕という。

## ２―２　戦禍を凌ぐ

戦時下の大家族の生計は楽なものではなかった。艶宋は小学校の卒業と同時に日給六〇銭で近くの菓子屋で働き始めた。時折、幼い弟継発を傷痍軍人のいる病院に連れていき、軍人から金平糖や乾パンをもらっていた。姉弟はそれを食べずに市場までもっていき売った。太平洋戦争が始まり、人々の生活にますます厳しい規制がかかるようになると、艶宋と康治は、農家から食料品を集めて市場で売って生計を立てていた。継発の記憶では、兄康治が農家に行き、集めてきた小豆と卵を竹籠に（五センチほど敷かれる小豆の上に卵を乗せ、その上からさらに小豆を敷く形で）交互に積んで、艶宋がそれを市内まで担いで売った。継発もよく姉と兄の手伝いをしていた。道中、農家の人がかわいがってくれて、芋や水などをくれたことは、継発の記憶に深く刻まれているという。★23

一九四四年一一月、アメリカ軍による空襲が始まり、リスク分散のため、一家は二か所に分かれて暮らすことになった。当時中学生になった艶宋、康治と父其湊は蔚山町で暮らしていたが、継発以下の幼い子どもたちは、母と上益城郡で一軒の農家を借りて仮住居とした。兄弟たちが茶碗など家財道具を担いで、三時間ごとに休んでは歩いて、一五時間かけて引っ越したという。継発は上益城郡の小学校に転校し、終戦まで通っていた。

## 2―3　新たな商機を捕まえる二世の戦後

終戦を迎えた華僑たちは新たな商機に恵まれた。一五歳となった康治は、戦後、「何でもしたが、一番儲かったのはヤミ商品の運び屋」であり、当時統制品だった小豆、メリケン粉、たばこなどを数名の華僑とともに電車で二〇時間をかけて神戸三宮の高架下まで運んでいき、売った後に鍋や自転車のタイヤ、キャラコなどを仕入れて熊本に帰って販売した。一回の往復で一七〇〇円の儲けがあった（当時、食堂で調理師見習いをする給料は四三円だった）という。★24 ただ、康治が病気のため、三回で運び屋を辞めた。

一方、其湊や艶宋は、行商時代のネットワークを生かし、熊本市上通で繊維販売会社祐豊公司を開いた。

病気から快復した康治もそこで商売を手伝うようになったが、しばらくして家を出た。小学校時代の同級生でもあり同じく福清出身者の葉倫康が働く東京の中華料理店、のちに姉艶宋が嫁いだ長崎鄭家が経営する中華料理店で働いたあと、再び熊本に戻って、父から援助された一〇万円を資本金に、独立して商売をすることになった。一九五二年のことであった。

康治は、熊本長六橋際の国際市場で一坪ほどの店を借りて、卸店「林康治商店」を開き、大阪の問屋で安く仕入れてきたセーターを扱った。仕入れ価格も卸価格も安く設定したため、店はたちまち評判となり、開店二年目から国際市場の一三〇店舗もあった衣料品問屋のなかでトップの売り上げを記録した。その取引先は「南九州一円に百十数軒もあっ」て、店の規模はのちに一〇坪ほど拡大した。しばらくして、康治の妹も国際市場内で洋服屋ひつじ屋を開店した（林康治、一九九六、三六頁）。この国際市場は、交通の便が良く、人の動きが盛んであったことから戦前から長六の闇市として栄えていたところで、一九五〇年代は約三〇〇軒の店舗を抱えていた。一九五一年頃「糸偏景気」で全国的に繊維製品の需要が高まるなか、国際市場も繊維関係の店舗が増加した（島村、二〇一三、二二頁）。康治の商売はこの波にうまく乗ったものと思われる。

一九五八年三月四日に起きた「長六の大火」といわれる火災で、兄妹の店は二つとも焼失し、半分以上の商品が焼けた。[★25] 康治は、焼け跡の近くで民家を借りて商売をしたのち、一九六〇年に、大学を卒業し東京から帰ってきた弟継発（後述）とともに、同郷葉菊華が上通で経営する紅蘭亭の一部を借りて総合衣料専門店ニコニコ堂を開業させ、セルフサービスという新しいビジネススタイルを始めた。

## ２―４　ニコニコ堂と新たな物流システム

康治兄弟が新たなスタイルの小売りを始めた理由は、当時上通の商店街にはすでに数軒の衣料品の問屋があり、そのライバルになることを避けることと、長年の商売経験から、地方問屋の将来性に不安を抱いたこと〔林康治、一九九六、四一頁〕だという。昭和三〇年代、ダイエーやニチイなどが関西を中心に「スーパーマーケット」というアメリカ型のセルフサービスの物流システムを展開しており、康治兄弟はニチイなどで勉強し、セルフサービスの要領を覚えたのち、「熊本初の衣料品のセルフサービス」をニコニコ堂のセールスポイントとして打ち出した。康治は商品の仕入れを担当し大阪や岐阜まで回っていたが、継発は初代社長として妻とともに店舗の経営に当たった。のちに、艶宋の夫で長崎華僑の鄭文忠や三弟の瑞栄とその同級生も経営に加わった。

ニコニコ堂一号店〔上通店〕は、熊本初のセルフサービスという新たな流通業態に加え、飛行機でのチラシ配布、クイズ懸賞などアイデアに富んだ経営スタイルが功を奏し、「深夜営業、夜中の仕入れ。時には銀行にも深夜の集金を頼んだ」ほど、オープン当初からその業績を「コイが滝を上るような勢いで」伸ばしていった〔林康治、一九九六、四八頁〕。二年後に同じく総合衣料専門店として二号店を熊本市内で開店し、一九六八年あたりに、神戸のダイエーを見倣って熊本市健軍で生鮮食品を取り扱う店舗も開店した[★26]。さらに、一九七〇年に新町店、一九七五年にニコニコ堂楠店と、日本の高度成長の波に乗って、佐賀県鳥栖、長崎県大村、福岡県二日市など熊本県以外の九州地域で五〇店舗をチェーン展開する上場企業にまで発展した[★27]。

問屋からスーパーマーケットへ転換したこと、繊維〔衣〕関連から食、住まで分野を広げたこと、店内でのエスカレーターの設置や広い駐車場などの整備など、康治、継発兄弟は日本社会の変容という時代の流れを「世の中のニーズ[★28]」と捉え、大胆にビジネスを展開していった。一方康治は、中国においても一九八〇年代から浙江の子ども服の縫製工場をはじめ、大連や北京で縫製工場、桂林でのホテル建設、ニコニコ堂百貨店経営など多額な投資を行った〔林康治、一九九六、六九―七四頁〕。

一九九〇年に弟の瑞栄がニコニコ堂の社長に就任し、一九九四年に福岡証券取引所に上場した。しかし、一九九〇年代以降、中国での投資による損失と大型スーパーの進出などによって、会社の業績は悪化し、二〇〇三年に民事再生法の適用を申請しニコニコ堂は倒産した。

## 2—5　もう一つの「二世像」

林継発は一九三六年に生まれた。兄の康治とはわずか六歳の差だが、人生経験において大きく異なっている。継発は地方における福清出身者二世のもう一つの典型例と言えよう[★29]。

継発は、小さい頃から兄康治、姉艶宋とともに家計を助けていたが、一九五五年に上京し、当時華僑二世の多くが進学する日本大学で四年間学んだ。福清出身者も含め、華僑は戦後経済力が上昇し、子どもに高等教育を受けさせる余裕が出てきた[★30]のである。入学すると、継発はすぐ陳学全が主導する同学会（第六章参照）に入会した。東京には、汪兆銘南京政府時代に建てられた清華寮、後楽寮、青年会館と神田寮の四つの中国人留学生専用の寮があって、当時東京に学ぶ日本各地からの華僑出身者はそこに寄宿していた。継発も、世田谷にある青年会館の寮生となった。そこには

**資料4-3　熊本林一族関係図**

瓊田赤礁林氏族譜家譜世系図（林祥増提供）に基づき、筆者作成。本文で言及した人物の関係（輩份）を示すためのものであり、すべてのメンバーを反映させているものではない。△は男性、○は女性を表す。

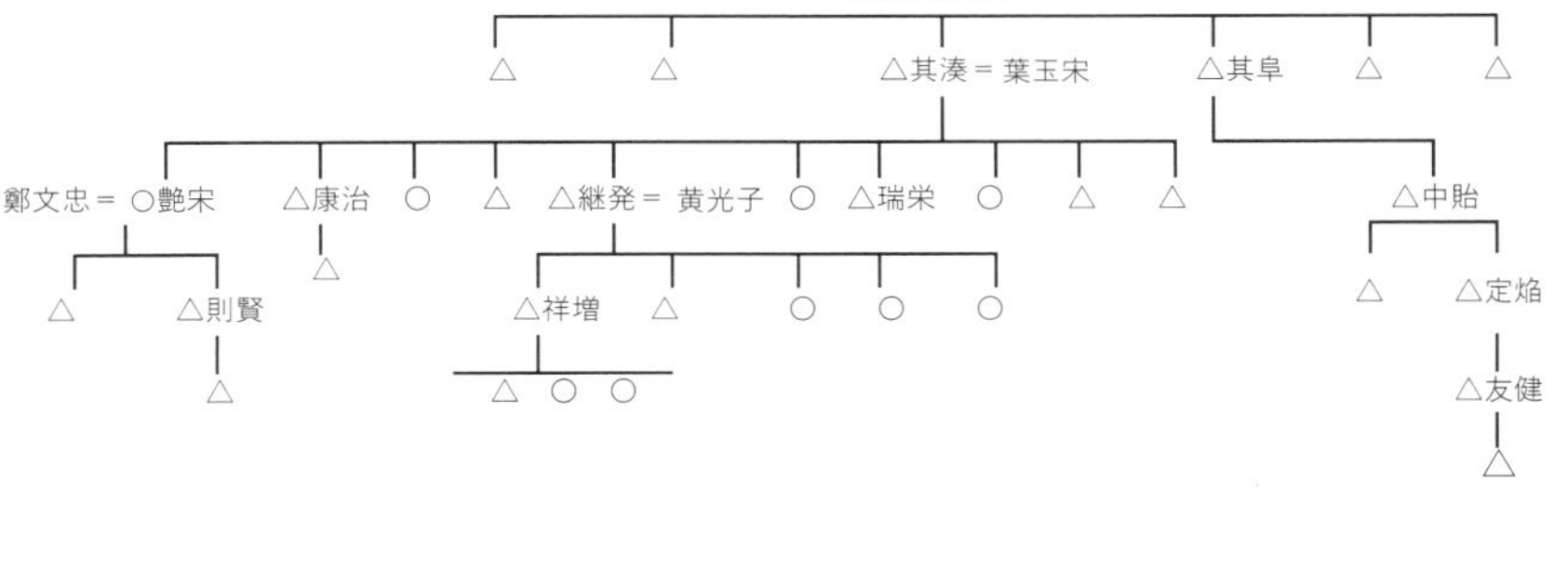

九州出身華僑も数名いた。中国からの留学生同様、華僑出身の学生たちも、毎月神田にある同学会の事務所から三〇〇〇円の生活費をもらっていた。継発はそこから家賃五〇〇円を払って、残りを自由に使えた。ちなみに当時伊勢丹の社員の月給が三八〇〇〇円の時代だったので、かなり高額な生活費であった。学費も、同学会が払ってくれたという。

継発は、大学の先輩でもある同郷者が経営する店で食事やアルバイトをすることを通して、地方からの二世とのつながりも広がり、卒業の時に同級生である薛一族が経営する陽華楼グループに就職することになっていた。しかし、父其湊と姉艶宋が共同出資して開店した中華料理店で働き手が足りず、継発は九州に戻り、店の調理場と出前を任されていた。

一九六〇年夏、継発は総合衣料専門店ニコニコ堂を創業した。創業当初は、継発が社長に就任したが、一九六二年に、兄の康治に社長の座を譲り、継発は専務になった。康治は商品の仕入れを、継発は同級生と一緒に店の人事・販売などを担当した。一九六七年に、熊本大学工学部を卒業した三弟の瑞栄も入社し、店舗のデザインや資材のディスカウントなどを担当した。同級生などあらゆる人脈を生かし[★31]、兄弟たちはニコニコ堂の経営に専念した。

一九七五年頃、継発はニコニコ堂を辞職し、ニコニコ堂の株を売って会員制の高級クラブ（八〇〇人の会員を有する）と一〇〇坪あるワンフロアのナイトレストランを開業した。日本の経済高度成長期で、当時では珍しい夕方六時から午前三時までの営業スタイルを始めたところ、大成功した。一九八〇年に、旅館を買い取って、さらに米国旅行の際に訪れた、自由の女神を見下ろせるイタリアン料理店からインスピレーションを得て、熊本市中央区で熊本城を一望できる日本料理店の城見櫓を開店し、年間九万人が訪れる人気店[★32]となった。

## 2―6　良妻賢母の華僑女性像

林継発の妻、黄光子[★33]は、一九四一年に大分県大野郡野津町に生まれた。父の黄儀修（一八九三年生まれ）は福清鎮龍田村で、母鄭氏は赤礁村の出身だった。父がいつ来日したか定かではないが、母が来日し、父と生活しはじめたのは一九三〇年代後半である。父は大分県の田舎を回り反物の行商をしていた。頭がよく、字も読めていた。遅くとも終戦前に、自分の店まで構えていたが、戦後、米軍によってすべての商品が没収された。

戦後、父は体調が悪化し、一九五五年、六二歳の若さで亡くなった。生計のため、母は養豚を始めた。雌豚のいる家に雄豚（種豚）を連れて行き、交配させたお礼に、生まれた子豚を一頭もらってくる。子豚が育つと、一頭五〇〇〇円ほどで売れた。光子は毎日、放課後まっすぐに帰宅し、容器をもって村の家々を回って残飯をもらってきては、豚の餌にした。そのため、光子は地元野津町の小中学校に九年間在籍したが、同級生と遊んだこともなく、自分のことを覚えている同級生はほとんどいない。兄弟全員、中学校を卒業するとすぐ就職した。家には余裕がなかったのである。

光子は一六歳で中学校を卒業し、母と同じ村の鄭氏が大分で経営する衣料品店に就職した。一八歳の頃、親同士の紹介で林継発と見合いし、一九六二年に二人は結婚した。一九六三年には長男祥増が誕生し、その後さらに四人の子どもが生まれた。その頃、新生のニコニコ堂が成長している時期で、お盆や歳末の忙しい時期に、光子も手伝いに行っていた。その間、祥増が弟妹たちの面倒を見た。

光子の兄修生は、中学卒業後、父と同じ村の黄梅雄が大野郡野津町で経営するスーパータイコーに就職した。タイコーの詳細は不明だが、光子によれば、一九六〇年頃に開業した衣料品から家具まで取り扱うスーパーマーケットで、当時多くの中国人がそこで働いていたという。また、『旅日福建同郷懇親会二十周年の歩み』（一九八二年）にある全国福建同郷住所録にも載っていたことから、すくなくとも一九八〇年代前半まで存続していたようである。光子が結婚した後、兄も熊本に移りニコニコ堂で働くことになった。母鄭氏も、大分から熊本に移り一緒に暮らした。その時に、亡き父の骨を熊本にある墓地に移して埋葬した。

光子は、林家の五人男兄弟の二番目の嫁として、大家族のなかでの立ち位置や振る舞いにいつも気を遣っている。冠婚葬祭や大家族の行事を含めて、日々、娘として、嫁として、そして母としてすべきこととすべきではないことを意識し、また意識させられている。光子は、本人たちは自覚していないようだが、父や義父、そして夫は強い男尊女卑の思想を持っており、それは彼らの言動や態度に自然に現れていると感じているという。また、先祖供養をとってみても、日本と中国の両方の習慣に従って行う[★34]ところがあって、その分多くの労力を要する。そういうこともあってか、同じ女性として、義姉艶宋たちの気遣いをありがたく感じている。

其湊夫婦が他界した後、長崎稲佐山外国人墓地にある林家の墓に埋葬した。墓参りもかねて、毎年夏に行われる長崎の普度に、継発と光子は子ども五人を連れて参加している。旅日福建同郷懇親会年度大会への参加は、一九七四年に熊本華僑が主催したのが一回目で、以来、毎年参加するようにしている。懇親会に参加すると、会場で漂う特殊な空気が、自分がやはり中国人なのだと感じさせてくれるという。「最近になって、日本生まれだから、日本人と変わらないなんて言い方も耳にするようになったが、昔は（日本生まれであっても）中国人の家の子どもだからと、差別を受けていたものだ」。光子は、派手な社会進出はなかった分、特に中国国籍の不便さを感じなかったという。祥増たち五人の子女も、末っ娘だけが日本国籍に変更したが、ほかは中国国籍のままである。

二〇〇二に年北京で行われた旅日福建同郷懇親会の大会を機に、光子は弟と一緒に、初めて父母のふるさとに行った。暮らしたことのない、すでに他界した父母の故郷、龍田に足を踏み入れた瞬間、光子は思わず涙が出たという。また、旅日福建同郷懇親会の北京大会に継発夫婦は孫たちも連れて参加したことが、のちに彼らの中国留学、中国への関心の向上につながったことも、光子はうれしく思ったという。

## ３　熊本の華僑コミュニティと同郷者ネットワーク

### ３—１　商圏とつながり

林継発によれば、戦前から、行商と中華料理に従事していた華僑たちは、各自に「商圏《テリトリー》」をもっていた。上益城郡の御船には張、天草（二つの島）には林、葉（五、六人）と陳、人吉には王と翁、熊本には商という具合で、それぞれ福清出身華僑が居住し、商売を営んでいた。中華料理業に従事した五人[★35]を除いて、全員呉服商だった。ちなみに、阿蘇の近くには、山東省出身者も二世帯住んでおり行商をしていた。

御船など周辺地域に住む福清出身の呉服行商人たちは、仕入れのために月に一回、熊本市唐人町の問屋街に集まっていた。問屋街近くに数名の華僑が住んでおり、仕入れが終わると、その一軒で情報交換や中国の花札をしていた。中にはアヘンを吸引する者もいた。時々、資金調達のために無尽講[★36]も開かれていた。父が博打にのめり込まないよう、母から言われて父を連れ戻すのが継発の仕事だったという。定期的に集まって、無尽講という形の資金調達の傍ら、同郷・同業者間で様々な情報交換をしていたのは、ほかの地域に住む華僑においても同様である。

戦後の混乱期を経て、特に呉服行商に従事していた福清出身者は、林一族のように、衣料品店や中華料理店など多角的経営に転換していった。熊本市内に進出した者もいたが、戦前から居住する地域にとどまった人が多かった。長年の呉服行商で地元との間に築いた信頼関係とネットワークがあるためだと考えられる。資料4—4は、一九八二年熊本県下およそ六〇世帯の福建出身者の居住地域と職業の内訳であるが、約半数が熊本市内に集中しており、ほかは周辺の地域に分散居住していたことがわかる。

一九五〇年六月に朝鮮戦争が始まり、佐世保に米軍の海軍基地、福岡には板付の空軍基地がある関係で九州には多額な資金が投入され、熊本もこれまでにない活況に湧いていた時期であり、華僑たちの経済活動もこの機運に恵まれたのである。

## 3—2 熊本華僑総会

終戦後、華僑たちは自らの権益を守り、何よりGHQからの配給物資を受給するために、各地に華僑総会（華僑聯合会）を立ち上げた。熊本華僑総会も、熊本市中央区上林町にあった憲兵隊宿舎をそのまま事務所として発足した（資料4—5）。一九四五年一〇月からおよそ一年間、進駐軍による配給物資である食料や砂糖、缶詰なども華僑総会に運ばれ、熊本県下の華僑たちは月に一度、配給物資受領のために（配給物資の運搬を手伝ってもらうために）必ず子どもたちを連れて、華僑総会まで集まった。

旧憲兵隊の宿舎は三〇〇〇坪の敷地を有し、なかには戦前に華僑がスパイとして逮捕され、収容された部屋もあった。戦後、華僑総会の事務所以外にも、憲兵が住んでいた平屋建ての家屋が一〇軒ほどあり、華僑、台湾出身者、引揚者など五家族ほどが入居していた。一九四六年春、林其湊一家も蔚山町から越してきて、長女艶宋が上通近くで家を購入するまで、一年間ほど住んだ。継発一家が離れたあと、ほかの華僑家族が入

**資料4－4 熊本県における福建系華僑の分布と職業（世帯）（1982年4月当時）**

| | 衣料品 | 飲食 | 行商/呉服 | スーパー | 自動車学校 | 旅館 | 食品/商店 | 不明 | 計 |
|---|---|---|---|---|---|---|---|---|---|
| 熊本 | 3 | 11 | | 10 | 1 | 1 | 1 | 6 | 31 |
| 人吉 | 1 | 3 | | | | | | 1 | 5 |
| 牛深 | 1 | | 2 | | | | | 4 | 7 |
| 本渡 | 3 | 1 | | | | | | 2 | 6 |
| 水俣 | | 1 | | | | | | | 1 |
| 八代 | | 1 | 1 | | | | | 3 | 5 |
| 上益城 | | | 1 | | | | | | 1 |
| 芦北 | | | | | | | | 2 | 2 |
| 天草 | | | | | | | 2 | | 2 |
| 合計 | 8 | 17 | 4 | 10 | 1 | 1 | 3 | 18 | 60 |

旅日福建同郷会懇親会編『旅日福建同郷懇親会二十年の歩み』（附：全国福建同郷住所録）（1982年）に基づき筆者作成

**資料4-5　終戦直後に発足した熊本華僑総会**（資料提供：林康治）

居したという。

進駐軍からの配給が終わると、熊本華僑総会の事務所は平屋から退去した。三〇〇〇坪ほどある土地は、のちに、入居していた五軒の華僑が買い上げ、分譲した。「華僑総会として、せめて事務所だった部屋とその土地を買っておけば、後の総会の財産となったのに」と、継発は残念そうに話した。熊本華僑総会は、葉菊華を初代会長に、のちに林康治、継発、祥増と現在四代目を迎えている。一九八〇年代半ば頃から、日本人団体観光客を対象とした、ハルビン、ウルムチ、海南、山東、上海などを一〇日間ほどかけて巡るツアーを実施し、そこで得た収入を華僑総会の資金にしている。

## 3―3　台湾出身者

終戦直後の日本には、九万〇四一九人の中国人がおり、そのうち、大陸出身者は五万六〇五一人で、台湾出身者は三万四三六八人であった〔許、一九八七、三〇頁〕。熊本県には、少数ではあるが留学生など台湾出身者もいた。彼らは終戦まで日本の統制管轄下において「日本国民」であったため、戦後、大陸出身者のように「連合国民」としてすぐには特配を得られなかった。[★37] しかし、生存のために、台湾出身者も限られた人的・物的資源を活用していたようである。当時、一〇人ほどの台湾出身の学生が共同で熊本でラムネやラーメンなどを売り出して、かなりの儲けがあった。現在、中国や東南アジアにも進出している味千ラーメンの創業者劉壇祥も、終戦当時熊本大学工学部の学生であり、終戦後、一家が旧憲兵隊の平屋に入居し、本格的にラーメンを作り始めた。また、日本の兵士として終戦まで台湾にいたが、戦後に熊本に来た人もおり、その中で黄という人が、人吉でお菓子メーカーを経営した後、キャバレーなど多角的経営に乗り出し、成功させた。黄一族は今は東京で中華料理店を経営している。福清出身華僑の目に映る台湾出身者は、「日本語が堪能で頭がよかった（高等教育を受けている）ため、特に困窮者はいなかった。経済的に比較的安定し、家庭を作った後、台湾からさらに多くの親戚を呼び寄せた」[★38]という。

戦前より、言語や文化的近似性から、福清出身者と台湾出身者は日常的に交流をしていた。戦後、台湾出身者が中華民国の国籍を回復すると、熊本華僑総会に入会してきた。一九四九年、中華人民共和国が成立すると、熊本華僑総会は大陸支持を表明しつつ、国民党とのつながりも維持していた。当時の会長葉菊華は台湾に招かれたこともあったという。東京で学んでいた際に学生運動に参加した林継発は、地元熊本に戻ったあと、社会主義中国に関する情報をほかの華僑に広めたりした。[★39]華僑の間には、表立ったイデオロギーの対立もなく今日に至っているという。

## 3―4　熊本の華僑コミュニティの今後

### 3―4―1　「老華僑」の後継者

ほかの地方都市同様、熊本在住の福清出身者も世代交代し、その多くが四世または五世代目を迎えている現在、地域社会へ溶け込み、福建人どころか中国人としての意識すら持っていない人がほとんどである。一九九〇年代より、熊本県にも、国際結婚や研修生などの名目で新たに渡ってきた中国大陸出身者が増加したが、戦前に来日した「老華僑」との関わりは少ない。熊本の華僑コミュニティは今後どのような変化を見せるのであろう。まず、老華僑コミュニティを支えている世代から林祥増、[★40]鄭則賢[★41]について見てみよう。

五人兄弟の長男として一九六三年に生まれた林祥増は、地元の小学校に通ったあと、中高一貫制の九州学院に進学した。二〇代の時から父継発から飲食店の責任者を任されたが、経験不足を痛感し、一、二年後に、当時ニコニコ堂の子会社で東京品川にあったジョースマイルという焼き肉屋で働き始めた。のちに、福岡や鳥栖などにあるニコニコ堂の関連会社と紅蘭亭グループでの勤務を経て、二〇〇二年に、父から城見櫓の経営を引き継いだ。

熊本城を一望できることを売りに経営を続けてきた城見櫓は、二〇一六年に発生した熊本地震によって、店舗ビルと道路の間に亀裂が生じ、調理場のガスも寸断した。従業員七〇人を抱え、経営の見通しが立たないなか、父継発は店の廃業を決めた。それに納得できない祥増は父を説得し、一〇名のスタッフと新会社を立ち上げ、営業の再開に取り掛かる一方、五月下旬から六階建てビルの最上階の貴賓室（迎賓庵）を無料開放した。復興のシンボルになった熊本城の修復作業を間近で多くの人に見てもらうことで、「恩返し」するのが目的だといい、七月下旬から部分的に営業を再開し、その売り上げの一部を熊本城災害復旧支援に寄付する活動を始めた。店も、二〇一七年の来店客数は五万五〇〇人と震災前の七割弱にまで回復し、従業員も五〇人に増えた。★42

一方、鄭則賢は、父鄭文忠と母林艶宋の長男として、一九六〇年に長崎に生まれた。祥増といとこ関係にある。父文忠は、長崎の劉家に嫁いだ姉の呼び寄せで一九四五に来日した。原爆を落とされた直後の長崎に上陸し、通りかかった駅前にたくさんの死体が横たわっていたのを目撃したという。文忠は、同郷者が経営する四海樓で皿洗いなど数年の修行を積んだのち、長崎でちゃんぽんの店を開いた。そのうち林其湊の長女艶宋と結婚した。ニコニコ堂創業の際に出資し、副社長となったのを機に、一家は熊本に引っ越した。一九七二年、熊本の小学校を卒業した則賢は、母の勧めで横浜山手中華学校の中学部に入学し、そこで地方から来た大勢の華僑子弟と一緒に寮生活をしながら民族教育を受け始めた。一九七〇年代は、横浜の華僑社会では「二つの中国」の政権の正統性を巡り、激しいイデオロギーの対立が起きた時期であり、則賢は同胞であるはずの華僑の闘争を目の当たりにしてショックを受けていたという。

横浜山手中華学校の中学部を卒業した則賢は一九七六年頃、熊本に戻り、日本の高校に進学した。卒業後、父の知人の紹介で、日中国交回復後に中国政府が日本で作ったという華美貿易会社に就職し、仕事の関係で中国に行く機会にも恵まれた。一九八四年、旅日福建同郷懇親会の年度大会が初めて福州で行われた際に、則賢は九州在住の多くの同郷者とともに、初めて福清の「故郷」を訪れた。父の兄弟とその家族の、自分とよく似ている顔を見て、則賢は感動の涙を流した。日本から持っていったたくさんの古着を親類に配った。初めての「帰郷」は、則賢に深い印象を与えた。則賢は、中国国籍にこだわりながらも、自分の故郷は生まれ育った長崎であり、福清は第二の故郷となると語った。

祥増と則賢は、二人とも一九六〇年代生まれで、居住地における生活基盤も経済活動も安定していた時期に成人した。受けた教育など経歴こそ異なるものの、親世代が紡いだ同郷ネットワークを多用してきたことは共通している。父祖のふるさとをルーツに思いつつ、生まれ故郷である日本（熊本など）に根差したエスニック集団の一員としての意識を持つところは中国他地域出身の華僑とも共通する。一方、故郷から新たに来日した福清出身者とは血縁・地縁的に密接につながっているのが注目すべき特徴である。福清出身の新・老華僑の関わりについて第八章で述べるが、以下では、林一族の故郷である赤礁より来日した新華僑林有健の経験および彼の目に映る老華僑を見てみよう。★43

### 3—4—2　新華人、そして新たなつながり

林有健は、一九七二年に福建省福清県赤礁村に生まれた。一九九〇年代後半に来日し、日本語学校などで学んだ後、埼玉のちに東京で中華料理店を経営した。しかし二〇二〇年にコロナ禍をきっかけに、日本政府による各種補助金の申請など、まだ日本の制度や法律に疎い新華人経営者をサポートするビジネスを始め

た。

有健の曾祖父である林其阜は、前出林其湊の三兄で、八人兄弟（六男二女）のなかで一番早く来日し、鳥取県周辺で行商をしていた。そののち兄弟たちを日本に呼び寄せた。一九二一年に、長男中貽（有健の祖父）が鳥取県で生まれたが、三年後にまだ三〇代だった其阜が病死し、妻（有健の曽祖母）は幼い中貽を連れて再婚した。九・一八事変後、其湊以外の兄弟は家族を連れて帰国した。一九三七年頃、一六歳になった中貽も、赤礁村に帰って「認祖」[★44]し、そこで暮らすことになった。帰国後の中貽は、牡蠣を売ったり、農作業をして生計を立てていた。一九三〇年代当時は、海賊、山賊が横行し、中貽の売り物、時々着る服まで奪われたこともあった。のちに、中貽は結婚し、息子二人をもうけた。有健の父はその次男である。中貽は二〇〇二年に八一歳で亡くなり、有健の父も十数年前に亡くなった。一人息子である有健が日本で家族を作り、定住している現在、母は一人で赤礁村で暮らしている。

其湊は改革開放後たびたび故郷に戻って、兄弟たちの家族を訪ねていた。有健の祖父、中貽のことを特に気にかけていた。中貽はすべてのいとこ（其湊兄弟の子ども）のなかで比較的年長であることも原因であろうが、一六歳まで日本で暮らしていたこと、中貽の父である其阜は其湊と特に仲が良かったからかもしれない。故郷では、其湊は「兄弟思い」そして「故郷思い」が強い人だと評判である。

其湊が亡くなった後、その子息康治が引き続き故郷へのつながりを保っていた。林氏祠堂は、解放後に一度小学校として使われていたが、のちにまた祠堂として復活し、再建される際に、康治は高額な寄付をした。一九八〇年代、康治が保証人となり、有健の父は日本に留学していた。留学中日本と日本人への印象がとてもよかったらしく、帰国後息子の有健にも日本への留学を薦めた。

有健一家からすれば、康治はすでに遠い親戚となり、義務も義理も果たさなくてよいはずの関係になる。[★45]

したがって、有健は、康治の故郷に対する行為も其湊同様、「十分惦念家郷」（故郷思い）だと語り、「其湊のしつけがよかったからだ」と繰り返し強調していた。一方、有健は、林一族の血縁に基づく連帯感を重視している。二〇〇〇年頃、赤礁の林一族の族譜の編纂の時に、族譜にある其阜・其湊兄弟の世代から始まる一族の関係が示される部分を抜き出して冊子にまとめ、康治兄弟にも渡している。また、其湊の六弟の長男中瑞が西葉村の葉氏に「入贅」[★46]した。中瑞は同輩（世代）の兄弟やいとこのなかで五番目の男子なので、有健は彼を「五叔公」（叔公＝祖父の兄弟）と呼んでいる。葉家の人間になっても、有健は彼を「林家の一員だと思っている」[★47]という。二〇二三年秋、福建同郷懇親会熊本大会に、有健は家族と共に参加し、林継発一家のみでなく日本各地の福建出身者と交流を深めた。

居住地に根を下ろし、父祖の故郷への愛着も希薄化したように思われる二代目、三代目の老華僑たちと、中国で生まれ育った新華僑は、価値観や行動様式において明らかな違いが存在しており、どこか「隔たり」さえ感じているという両者である。「血のつながり」を持つ「一族」としての「我々意識」と、「ルーツ」である故郷への共通志向のもと、神戸や横浜では故郷文化の継承などにおける新老華僑が歩み寄り始めている。熊本など、地方における福清出身者の今後の動向にも引き続き注目すべきであろう。

## 4　鹿児島県の華僑

### 4―1　林孫玉と川内初の中華料理店

#### 4―1―1　父聖鑫の来日と戦時中の生活

林孫玉★48（一九三五年生）の父、林聖鑫は一九二七年に既に日本に移住していた兄弟や親戚の伝手で福清県高山市西江村より来日し、呉服の行商を始めた。孫玉は、自分から数えて三代前の先祖がすでに来日し、九州で衣料品の行商をしていたと父から聞いているという。父は来日後、鹿児島で同郷人同士で共同生活をしながら、親類から一定量の反物を貸してもらって売り歩いた。親類は、現地の日本人卸商から反物を購入し、それを数人、多い時には数十人の同郷に貸していた。こうやって数年間稼いでいるうちに、親から知らせが届き聖鑫は一時帰国し、東瀚鎮文山村の林氏と一九二九年に結婚式を挙げた。そのあと、聖鑫は一人で再来日したが二年後、妻林氏は西江村での暮らしに馴染めず、一人で来日した。一九三五年に、聖鑫と林氏の間に、長男孫玉が誕生した。

日中戦争勃発後、聖鑫が頼っていた親類は家族をつれて帰郷したが、すぐに国民党に徴兵され、内戦終結後に国民党と共に台湾へ渡った。数年前に、孫玉の弟義秀が台湾に行って彼らを訪ねた。

戦時中、父は徒歩（のちには自転車）で村々を回って、庶民向けの肌着、作業着の反物を農民に売っていた。農民たちは、当時反物を買って自分たちでモンペを作った。のちに、父は自分の店として林衣料店を構えるようになったが、昼間はやはり行商に行き、母は留守をしていた。一時期母は、日本人が経営する店舗の軒先で飴を売ったこともあったが、幼い孫玉がすぐ飴を食べてしまうため、商売にならなかったという。

父の行商先は、素朴な農民がほとんどで、昼ご飯をごちそうになることも多々あった。当時、出水町（一九五四年より出水市となる）に華僑が住んでおり、家の近くにはほかの華僑が二、三世帯住んでいた。一九四〇年に、出水飛行場[★49]が造成されると、一家は川内（現在の薩摩川内市）に引っ越した。戦時中、一家は日本軍への寄付を強要され、軍票[★50]を買わされたが、ただの紙切れ同様で事実上の献金だった。孫玉は、日本の小学校に通っていた。子どもたちからはいじめはなかったが、大人たちからは「支那人の子ども」などという言い方をよくされていたという。

### 4―1―2　戦後、川内初の中華料理店を開店

林孫玉は中学生になった一九四八年頃、自転車に父の店の商品を積んで、行商を始めた。下に七人の弟と三人の妹がおり、長男として家計を助ける必要があったのである。高校卒業後、孫玉は早速自動車免許を取得し、車で行商をした。

一九五五年、二〇歳になった孫玉は、中華料理の材料を買い付けるために各地を回る神戸在住の同郷人を仲人に、福清県長安村出身で、香川在住の福清出身の高家の娘と結婚。結婚式は当時二世華僑の主流であった福建スタイルのもので、お店と自宅に同郷人が数百人集まって三日三晩をかけて行われた。新郎新婦をからかう「おふざけ」が多く大変だったが、結婚式そのものは、同郷人の楽しみの一つでもあってよい思い出となった。

一九六六年に、孫玉と妻は川内市内に移り、中華料理店中華園を開業した。川内初の中華料理店であり、当初、川内の人々は「中華料理は脂っぽい」と先入感が強く、経営が難航した。多くの人に来てもらうために、孫玉夫婦はうどん、そば、いなりずしなどもメニューに出した。そのうちよく来る客に、ちゃんぽんを

薦めてみたところ、案外脂っこくなく美味しかったという評判で、以来客が増えていった。二、三年後、経営が安定するようになると、夫婦は市内で二店舗目を開店した。店のメニューは、バーチケ（白切鶏）、ビーフン、ウーリュウ（鯉）、パイコー（排骨）、酢豚、八宝飯など福建の家庭料理が中心で、そのいずれも川内の人々に受容されていった。また、料理は戦後に来日した四〇代の同郷人が三年間担当したが、彼が三重県に移住した後、孫玉は自ら料理を覚えた。一九八〇年代以降、福清からもコックを雇った。

鹿児島の華僑は多い時には、一〇〇世帯があった。普段は県内各地に分散居住していたが、同郷者の結婚式や年中行事の会合等で、中華園の宴会場によく集まっていた。★51 今は高齢化に加え、日本社会への同化も進み、世帯数が数十世帯まで減り、付き合いも少なくなった。二〇〇九年頃、鹿児島県内の華僑出身の小中学生二十数名を連れて、「ルーツを訪ねて」福清を訪れた。

### 4―1―3　父祖が守ってきた「故郷」の神様

二〇一九年八月に筆者がインタビューを行った林義秀（孫玉の弟）の家では、神棚らしきものがその一角（壁）に飾ってあった（資料4―6）。孫玉によれば、この神棚は父聖鑫が西江村から出た時に、村の保護神を祀る西江堂から持参した香灰の入った袋が祀られているという。村人は、遠出の際に必ず村廟にお参りをし、神様の前でお香を焚いて旅の平安と異郷での無病息災を祈るものだった。そして、焚いたお香の灰には、神様の霊力が宿っていると考えられ、それを袋に入れて身につけて旅に出るのであった。

「神棚」は孫玉兄弟が中国人の知り合いに製作を頼んだもので、朱色の鳥居、榊立、神鏡、水玉などの神具から供え方まで、神棚そのものであるように思われるが、毎年、西江村のしきたりに従って、神様の誕生日である旧暦五月一三日に自宅で祭祀を行う。神棚の形や祭祀の有無など、人によっては異なるが、日本を永住の地と決めた二世、三世の福清出身者へのインタビューでは、「父が大事にしてきた」という「謎」の香灰袋に関する話がよく出てくる。神様の正体こそわからないが、他界した親世代が篤い信仰心を寄せている「神様」である以上、それにふさわしい処置もあるはずだと考える二世は多い。林孫玉兄弟は、父が亡くなった後、香灰袋を西江村の長老に村廟に返すべきかどうかと相談したが、そのまま祀るよう助言され、現在のように祀っているという。一方、東瀚村出身の林一族は、村の保護神の分霊として移住地に持ち込み、長年同族の護りとしてきた神像が、子孫の日本社会への同化に伴い、その存在意義を失ったと判断し、二〇〇九年に神像を故郷に持ち帰り、「帰位」（神像を元の場所に戻す）の儀礼を行った。[★52] 異郷での暮らしを守ってもらおうと、一世の華僑が持ってきた故郷の保護神の「威力」がついていると思われる香灰や神像が、日本に生まれ育った一部の二世や三世によって受け継がれてきたが、こうした個人による文化実践は、故郷文化の継承というよりは父祖に関する記憶の象徴として認識されている部分が大きいと思われる。

## 4―2　楊忠銀とスーパーマーケット経営

### 4―2―1　父の来日と商売

楊忠銀[★53]の父、雲茂は一九一〇年に福清東瀚鎮東端にある山東仔という村に長男として生まれた。一九二六年に来日する

**資料4-6　一世華僑が村から持ってきた香灰袋を祀る神棚**
（2019年8月19日、林義秀宅にて筆者撮影）

前は、船の大工として働いていた。姉が長崎の鄭に嫁いだため、雲茂はその義兄と姉を頼りに来日した。義兄は、最初は五島で呉服行商をしていたが、一定の貯蓄ができると長崎市内の新地で中華料理店を開業した。

雲茂は来日後、同郷人のいた鹿児島に渡り、共同生活をしながら行商をしていた。数年後に高山市薛港出身の薛鈿宋と結婚し、脇田村（現在の鹿児島市宇宿）に移り、自分の店として脇田屋呉服店を構えた。一九三四年に長女、一九三六年に長男忠銀が生まれた。雲茂は地元日本人の問屋から反物などを仕入れて、行商に回り、鈿宋は店番をしていた。

日中戦争勃発後、共同生活をしていた人は各自得意先の地に住居を構えて衣料品店を開業又は行商をしていた。帰国した者も一部あったが、忠銀一家は残った。一九四三年、戦争が激しくなり、家の近くに空港の基地があることで一家は強制疎開させられた。雲茂は店を閉め、行商を続けた。終戦までの間、他の中国人同様、軍票を買わされたり何かにつけて寄付をさせられた。

終戦後、以前の店舗の近くの馬小屋を改装し一家は生活をしていた。一九四六年に雲茂は郡元町に借地をし、脇田屋呉服店を新築し、事業を再開した。戦前同様、雲茂は行商や商品の卸をし、鈿宋は店番をしていた。

### 4―2―2　スーパーマーケットを開業

長男である忠銀は中学生の頃より店を手伝っていた。商業高校に進学した後、学校が休みの日は父とともに行商にも出かけていた。商業高校卒業後、中国人であるという理由で就職できず、同郷人の陳金和の助言で大学へ進学することを決めた。陳の弟が東京で貿易会社を経営しており、忠銀はそこに間借りをし、専修大学に入学した。大学の寮で一年過ごした後、台湾出身の留学生や華僑が中心となる中国留日同学総会（第六章参照）に入会した。そこで多くの中国人がいることを再認識し、鹿児島でうけた中国人としての差別から解放された思いであったという。忠銀は同学会の活動に参加し、中国からの訪問団を迎えたり、各地の同学会を通じて多くの華僑との交流を深めていくにつれ、中国人としての誇りを持つようになった。

忠銀は在学中教員免許を取得したが外国籍であったため採用されず、一九五九年大学卒業後、鹿児島に戻って、父雲茂の店を手伝うことになった。昭和三〇年代、既製品の洋装が普及しつつあったが、着物や布団など自分で作る人もまだ多くいた時代であり、忠銀は神社の祭りや寺の縁日に着物、反物、モンペ、布団のカバーなどを売りに行った。普段は、反物などを車で個人商店に卸しに行っていた。一九六一年、島根県出雲市在住の福清出身の華僑二世劉寿美と結婚した。[★54] 最初は、夫婦は雲茂の家で同居をし、寿美は店の手伝いをしながら弟妹の世話をしていた。

一九六〇年代初め、鹿児島においても二、三軒のスーパーマーケットができ、スーパーマーケットという物流形態が流行る兆しを見せ始めた。戦前、雲茂の店があった場所に貸店舗があったため、忠銀夫婦はそこに移住し、衣料品店を開業した。一九六四年に、別の場所で生鮮食品以外の日用品や食材を扱う小型ストア、ストアわきたやを開業した。当時、外国人が銀行から融資を受けることは難しかったが、忠銀は脇田屋呉服店の名義で銀行と交渉し、融資を得ることができた。一九六六年に、生鮮食品も扱うスーパーわきたやも開店した。旧店舗は衣料品専門店として妻寿美が経営した。

その後、忠銀はさらにスーパーマーケットを一〇店舗、居酒屋五店舗を開店した。当時、忠銀の兄弟たち（九人兄弟）はまだ幼かったため、夫婦は二人三脚で商売に励んだ。

二〇一九年現在、忠銀の子どもたちは医者や会社員となり、後継者がいないため、会社を縮小した。一方、脇田屋呉服店は父雲茂が亡くなった後、忠銀の一番下の妹がその経営を続けている。

同時期、鹿児島県鹿屋で同じく福清出身者の葉一族によるスーパーマーケットまるはセーターも存在していた。このように、先述した熊本の林一族によるニコニコ堂、大分の黄一族によるスーパータイコーも含めて、戦後、福清出身華僑が経営するようになったスーパーマーケットは、いずれも九州に集中していた。一九九〇年代前後より、大型スーパーマーケットやコンビニエンスストアが増加し、小売り業界競争が激化する中、福清出身華僑によるスーパーマーケットは次々と閉店した。

## 4―3　鹿児島の華僑コミュニティ

### 4―3―1　職業転換とコミュニティの変容

鹿児島県在住の福清出身者は就学、就職そして結婚など、様々な理由で県内外を移動しており、その職業も時代とともに変化してきた。まず、居住地の分布を見よう。

旅日福建同郷懇親会が一九六二年に発行した名簿には、鹿児島県在住の福清出身者が五七世帯と掲載されていた。そのうち二〇世帯のみ、職業、家族構成などの詳細が記載されていたのだが、数世帯の三、四人家族を除き、ほとんどは七人から一〇人の大家族であり、掲載漏れも入れれば、およそ六〇〇人の福清出身者が県内に居住していたと推定される。さらにその分布先を見ると、鹿児島市一三世帯、日置郡六世帯、指宿市五世帯、姶良郡六世帯、阿久根郡四世帯、川内市三世帯、肝付郡四世帯、国分市、出水郡、鹿屋市、伊佐郡、薩摩郡はそれぞれ二世帯、串木野市、大口市、多摩郡、薩摩郡など一世帯と、依然として居住地の分散傾向が強い。職種は、呉服などの衣料品店と中華料理店が主であったが、名門大学を卒業し、計理士（一九二七年から一九六七年まで日本に存在した会計専門者の国家資格）のような専門職や日本の会社に就職した者も現れた。

二〇年後の一九八二年に発行された、『旅日福建同郷懇親会二十年の歩み――一九六一～一九八〇』に掲載された住所録によれば、一九八二年には、鹿児島県在住の福清出身者は、六五世帯となっており、世帯数が一九六二年より増加したのは、一九六二年名簿ではすべての福清出身者を網羅できていなかったこと、また一九六二年名簿掲載時には未成年だった人たちが独立し、独立世帯として登録したからだと考えられる。もっとも、一九八二年名簿の掲載情報は、世帯主と住所および勤務先（経営店舗）のみで、家族構成ははっきりしない。しかし、インタビューを通じて、一九八〇年代の各世帯の子どもの数がおそ二、三人へと減ったことを考慮すれば、福清出身者の人口が減少したと考えられる。分布地は、鹿児島市が三一世帯と半分近くを占め、国分市は六世帯、指宿市は六世帯、日置市は五世帯、肝付郡は五世帯、川内市は四世帯と、分散居住の特徴を残しつつ、鹿児島市への集中が見られる。職業はどうであろう。一九八二年名簿の職業欄は、無記入や、屋号がある者の職種が判別不可能なものもあるが、中華料理業二八世帯で、衣料品・呉服店経営一一世帯のほか、貿易、不動産、百貨店、スーパーなど、一九六〇年代初めと比べ、より多角的に展開していることがうかがわれる（資料4―7）。

### 4―3―2　鹿児島華僑総会と鹿児島の華僑コミュニティ

戦後、GHQからの配給物資の同胞への配布など、華僑の権益を守るために、陳金和が世話役となり鹿児島華僑総会を設立した。初代会長は翁其清が務めた。事務所は当初テナントビルの一室を借りていたが、林栄栓が会長の時に華僑から寄付を集め、鹿児島市新屋敷町に土地を購入し、二階建ての事務所を新築した。のちに建物が焼失したため、一九七一年に新たに土地を購入し、理事の多額の寄付や東京華僑総会の支援を得て設立した東紅貿易会社の積立金で四階建ての鹿児島華僑会館を新築した（資料4―8）。同年七月一一日、鹿児島県内の華僑が総会を開き、会館の保存登記について決議した。すなわち、陳喜官、楊叙明、楊義範、楊忠銀、林孫玉の六名の共有として保存登記をすることとし、会館の土地及び建物は鹿児島華僑総会の所有物（会員の寄付金による会員の総有財産）であり、会員各個人は持分を有しないこと、従って、会員及び名義人が死亡または会員資格を失った（県外転出又は除名の）時、自動的にその権利は消滅することが決議された。議事録が作成され、理事及び参加者が署名をし、翌日、保存登記の手続きを行った。[★55] 一九九七年、楊忠銀が会長となってから華僑総会の業務を自分の会社の一室で行うこととし、華僑会館を貸しビルとした。

終戦直後、鹿児島には、福建出身者以外にも、浙江省温州出身の行商人三家族と留学生、徴用工などの身分で来日した台湾出身者が五、六家族いた。温州出身の行商人たちは、屋久島で傘などの日用品を行商していたが、戦後ＧＨＱから配給物資を受給する関係で、鹿児島華僑総会とつながりを保っていた。また、鹿児島にいた台湾出身者も一九四六年に中華民国の国籍を回復すると、鹿児島華僑総会に入会した。大陸出身華僑と交流を図りつつ、市営の唐湊墓地の譲渡を受け、

**資料4－7　鹿児島県における福建系華僑の分布と職業（世帯）（1982年4月当時）**

| | 飲食 | 呉服/衣料品 | スーパー | 商店 | デパート | 観光 | 貿易 | 不動産 | 会社員 | 不明 | 合計 |
|---|---|---|---|---|---|---|---|---|---|---|---|
| 鹿児島市 | 15 | 1 | 1 | 2 | | 2 | 2 | 3 | 2 | 3 | 31 |
| 日置郡 | 2 | 2 | | | 1 | | | | | | 5 |
| 国分市 | 1 | 1 | | 2 | | | | | | 2 | 6 |
| 肝付郡 | | 4 | | | | 1 | | | | | 5 |
| 阿久根市 | 1 | | | | | | | | | | 1 |
| 指宿市 | 5 | | | | 1 | | | | | | 6 |
| 大口市 | | 1 | | | | | | | | | 1 |
| 串木野 | | | | | | | | | 1 | 3 | 4 |
| 始良郡 | | | | | | | | | 1 | | 1 |
| 薩摩郡 | 1 | | | | | | | | | | 1 |
| 川内市 | 3 | 1 | | | | | | | | | 4 |
| 合計 | 28 | 10 | 1 | 4 | 2 | 3 | 2 | 3 | 4 | 8 | 65 |

旅日福建同郷会『旅日福建同郷懇親会二十年の歩み』（附：全国福建同郷住所録）（1982年）に基づき筆者作成

中国人共同墓地や個人墓の建立などの活動を共にした。一九四九年一〇月中華人民共和国が成立した後も、一部の台湾出身者は中華民国の領事館の指示を無視し、国慶節の祝賀イベントや中国に関連する展示会の企画などを行った。

一九六八年頃より、中華民国の領事館が台湾出身の理事や関係のある華僑を通じて、華僑総会理事の人選や活動に制限を加えるなど干渉が激しくなるなか、会長を始め大多数の会員の賛同を得た形で、鹿児島華僑総会は中華人民共和国を支持すると宣言し、新たに華僑総会の会則を決議した。それと同時に、中華民国の関係者の立ち入りを禁止し、「反蒋（介石）闘争」を始めた。それまでともに活動をしてきた台湾出身者は台湾に親戚などがいることから、鹿児島華僑総会を離れ、別に中華民国鹿児島華僑総会を設立した。一九七二年の日中国交回復後、台湾出身者は国民党の指示を受け日本国籍を取得し、中華民国政府支持の福清出身華僑も大陸支持の華僑総会に戻ったことで、中華民国支持の鹿児島華僑総会は自然消滅した。楊忠銀に代表される、東京や京都の大学で学び、学生運動を経験した二世華僑は熊本同様、「華僑」の正統な権益を得るための闘争のなかでリーダーシップをとってきた。

鹿児島華僑総会は、世帯単位で会員登録し、華僑華人であれば国籍に関係なく会員資格を持っている。二〇一九年八月現在、五〇世帯の会員を有

**資料4-8　4階建ての鹿児島華僑総会会館**
（2019年8月20日筆者撮影）

するが、そのほとんどが老華僑である。会費は年間五〇〇〇円を徴収していたが、今は徴収していない。一九八〇年代以降来日した新華僑は、パスポートの更新、延長などの手続きの際にのみ総会を訪ねてくる。国慶節、春節の際に主催するパーティも老華僑は会費を払って参加するのに対し、留学生や新華僑は、参加費を安くしてもらっても積極的に参加する人は少ない。現在の新華僑は、鹿児島県内で、五〇〇世帯と予測されている。留学生、技能実習生、日本人配偶者、定住者（例えば中国帰国者（残留孤児・婦人とその家族））などと在留資格は様々であるが、その中で永住者の在留資格の所持者は約六〇〇人いるという。[★56]

一九八六年に福岡に中華人民共和国の領事館が設置されたことで、鹿児島華僑総会は、華僑のパスポートの更新をはじめ各種の公的書類の発行の代理業務を始めた。[★57]二〇二〇年新型コロナウイルス感染症の拡大により、代理業務を縮小した。高齢者や中国語ができない会員のために、コロナ禍以前から開設していた一日領事館は二〇二三年より再開したが、それ以外の代理業務はほぼ中止したままであり、華僑総会の収入が減少し、会館の維持を含め財政難に直面している。

多くの地区と同様、鹿児島華僑総会は任意団体である。ビル所有者として連名登録した六名の華僑は、楊忠銀と林孫玉を除き、すでに他界しており、華僑総会を一般社団法人に登記変更しなければ、楊忠銀と林孫玉が死亡した際には、建物の権利も自然消滅することになる。鹿児島県における華僑総会も、会員の高齢化や新会員の不在など多くの問題を抱えているのは、他の多くの地方都市の華僑コミュニティと共通している。

### 4―3―3　唐湊の中国人墓地

一九六〇年代初め、当時の鹿児島市長平瀬實武（一九五九年から一九六三年在任）の計らいで、市営唐湊霊園の一角を無償で譲り受けて、一九六五年に中国人墓地を造営した。[★58] 墓地の一角に、中国人共同之墓（資料4—9）があり、戦時中に空襲で亡くなった九柱（留学生八柱、身寄りのない華僑一柱）の遺骨が納められている。ほかにも、楊忠銀の家族を含め、個人墓が数基ある。清明節になると、鹿児島の華僑が集まって、共同墓の前で慰霊祭を行っている。また平瀬前市長の在任中には鑑真和上の上陸地とされる南さつま市坊津に鑑真和上上陸地の碑を立てた。

### 4—3—4　名古屋から鹿児島へ

鹿児島市内で中華料理萬和園を経営している曹徳博[★59]は、一九二九年に名古屋で生まれた福清出身の二世である。父は、名古屋にいた親戚の伝手で大正末期から昭和初期にかけて福清県高山から来日し、しばらく親戚の会社を手伝ったのちに、海産品、ピータン、春雨などの物産を扱う貿易会社の萬和公司を立ち上げた。徳博は長男として生まれ、名古屋市立小川小学校に入学した。貿易の関係で父はよく上海に行っていたこともあり、小学校五年生を終えた徳博は、上海の全寮制の学校に転校した。徳博は成績がよく、二回も奨学金を得て、学費免除となった。すでに日中戦争の真っ只中であり、上海においても反日感情が高まっていた。徳博は街で「日本人」だと間違えられ、中国人に殴られたことも二度あったという。

資料4-9　唐湊にある中国人墓地（2019年8月20日筆者撮影）

その一方、父の商売も戦争の拡大とともに行き詰まり、倒産した。一九四五年、徳博は父とともに上海で終戦を迎え、そののちに国共内戦を経て中華人民共和国の成立を見た。名古屋にいる家族と数年ぶりに再会するため、一九五〇年頃、徳博は父と香港経由で大陸を脱出し、日本にたどり着いたが、すでに母と兄弟たちの姿はなかった。父は生計のためにあれもこれもと商売を試しているうちに、徳博と連絡が取れなくなった。名古屋で途方に暮れた徳博は、鹿児島で中華料理福楽園を経営する同郷の陳喜官に誘われ、鹿児島に移った。一九五五年に福清出身女性薛氏と知り合い結婚し、一九五九年頃、西鹿児島駅（現在の鹿児島中央駅）前で店舗を借りて中華料理萬和園を開業した。店舗は、元小学校教員の知人の所有で、徳博は敷金・礼金なしで、月五〇〇〇円の賃料で借りた。また、徳博が銀行から融資を受ける際の保証人もこの知人が引き受けた。当初、料理ができない徳博は、近所で旅館を経営する日本人から、米のとぎ方から基本的な和食まで、様々な料理法を伝授してもらった。萬和園の主なメニューは、ラーメン、ギョーザ、ちゃんぽん、焼きそばなどであり、多くの客でにぎわった。徳博は鹿児島に移って以来、同郷者たちの結婚式の手伝いなど、積極的に福清人コミュニティに関わってきた。二〇〇九年頃、徳博は初めて父の故郷高山を訪れた。村の人々が暖かく迎えてくれたことをうれしく思ったという。

## 5　まとめ――地方における福清出身華僑の職業転換とコミュニティの再編

一八九九年の内地雑居令の発布によって、「雑業者」として来日した福清出身華僑のほとんどは呉服行商または中華料理を生業としており、許可なくほかの労働に転じることも禁じられていた。しかし、戦後の混乱期を経て、彼らの職業は（呉服行商の延長としての）洋服店、中華料理店経営に加え、貿易や不動産およびスーパーマーケット経営などと多様化した。そのなかで特に九州地域では、華僑によるスーパーマーケットの経営が目立っていた。

## 5―1　福清出身者によるスーパーマーケット経営

一九五六年、日本ＮＣＲの指導を受けて★60、福岡県小倉市の丸和フードセンターが、一般市民を対象としてセルフ方式による食料品の販売を始め、日本初のスーパーマーケットとなった。翌年、それに刺激された形で、主婦の店スーパーマーケットチェーンが発足し、各地で店舗を広げ、成功を収めた。以来、西日本の中小都市を中心にスーパーマーケットの開業が相次いだ。夏休み中に帰省した際に、北九州でスーパーマーケットを目にした当時大学生だった林継発が卒業後にいち早くスーパーマーケットとしてニコニコ堂を開業したのは、まさにこの時代的な流れにうまく乗った一例といえよう。その後、鮮魚、肉、野菜などの生鮮食品から生活用品まで幅広い商品を取り扱う大型総合スーパーの経営形態への展開や、エスカレーターやエレベーターの設置、自家用車の普及に伴う郊外への出店など、ニコニコ堂は日本におけるスーパーマーケットの発展の一般的な軌跡をたどったように思われる。

後に、熊本の林一族との血縁・地縁関係を活かし、大分の黄一族や鹿児島の楊一族・葉一族もスーパーマーケットの経営を始め、戦後の九州地方における近代的な物流システムへ参入した。このように、会社経営などにおいて、同族・同郷が多く加わり、家族経営の色彩が強く見られた。その一方、楊家父子が銀行から融資を受けられたことからうかがわれるように、福清出身者がそれまで行商で築き上げた居住地でのネットワークや「地元」の人々との信頼関係もビジネスを展開する重要な条件であった。

## 5—2　高級志向から大衆向け食堂へシフトする中華料理店

中華料理は、終始華僑が従事する職業の一つであるように思われるが、店舗数のみでなく顧客層やメニューなどにおいても戦前と戦後では大きく異なり、分けて考える必要がある。

明治初めに長崎に渡り、貿易などで成功した同郷・同族の伝手で来日した初期の福清出身華僑は、そのほとんどがまず資本金のいらない呉服行商に従事した。充足な資金が貯まり、なお現地の日本人のサポートがある一部の者のみが、一定規模のある都市の中心部で中華料理店を営むことができた。都市人口がいまだ少なく、人々が外食、それも外国の食事に馴染みがない時代は、中華料理店の需要が少なかったのである。

明治維新後の日本は、欧化志向が強く、洋食を食べるのが「文化生活」（田中静一、一九八七、一八五頁）だと考えられていた。そのような風潮のなかで、中華料理店偕楽園は、「新奇」を好み、「西洋料理にも最う飽きた」「朝野の金満家」（官民の金持ち）の支持を得て一八八三年に東京で開店し、[★61]成功した。のちに、偕楽園を見本として、中華料理が東京を中心に全国的に増えていった。本章で述べた、福岡の福新楼や熊本の紅蘭亭も、初期のメニューは鱶のひれやツバメの巣などの高級食材を多用する料理が中心であった。客層も、都市部の学生や公務員、文人などいわゆる有閑階層であり、決して一般庶民ではなかった。そのため、地方都市では、先来者でかつ充足な資金を持った少数の華僑のみがその経営に携わることができ、都市の規模を超えたような中華料理店の展開は見られなかったと考えられる。

戦後の混乱期、福清出身華僑が、既存の同郷・同族ネットワークに加え、配給物資や無賃乗車など、戦勝国民としての様々な「特権」を活かして展開した経済活動の内、闇市や地域間貿易（「運び屋」）と並んで多くあったのは、特配のメリケン（小麦粉）や油に、農村から集めた野菜などの食材を使った、ボリュームがあって安価な中華料理を提供する簡易食堂経営であった。中国から引き揚げた日本人の一部もその経営に加わったこうした大衆向けの中華料理店は、戦前の高級志向の料理店と違い、食料不足のなかで飢えている人々を対象としており、のちに全国的に普及した「町中華」と言われる中華料理の出発点となった。戦後、日本人の生活スタイルの変化や都市化の進展および外食文化の普及に伴って、中華料理店の需要が高まり、呉服行商人が歴史の舞台から姿を消していくのとほぼ入れ替わる形で中華料理店が増えていき、戦後、福清出身者の主な職業の一つとなったのである。

## ５―３　地方における華僑コミュニティの再編

戦前は、福清出身者は地方に分散居住していたこともあり、年に一回、長崎、京都、神戸で行われていた普度勝会への参加を除けば、同郷者同士が集まることは少なかった。戦後、戦勝国民となった華僑はＧＨＱからの特別配給を受けるために、各地域で華僑聯合会を設立した。後の華僑総会の母体となった経緯は、熊本県と鹿児島県における華僑の動向から改めて確認された。この時期、「中華民国」の国民として、福清出身者は福建省南部の人々や広東省、浙江省、江蘇省、山東省などとのつながりができ、あらめて中国人としての意識を確認・強化したように思われる。一方、戦前まで「日本国民」として滞在していた留学生や徴用工などの台湾出身者も、この時期、中華民国の国籍が復活し、「新華僑」として華僑コミュニティに加わったことで、華僑コミュニティの構成が大きく変化した。一九四九年の中華人民共和国建国後、横浜における華僑コミュニティは、イデオロギーの違いで「中華人民共和国支持者」（大陸派）と「中華民国支持者」（台湾派）に分かれ、「二つの中国」の正統な主権を巡って分断した。「二つの中国」の出現は、地方に居住していた福清出身の華僑にも少なからず影響を与えたが、生活・生業レベルにおける同郷間の相互扶助は続いていた。

要するに、戦後、「移動」に特徴づけられてきた呉服行商から脱却した福清出身者が、かつての「商圏」だった地域での定住化が進み、ほかの出身地の華僑とともに「華僑総会」という組織のもとでコミュニティを再編していったのである。ただ、このコミュニティの中身は決して不変なものではない。その後の日本経済の高度成長期は、福清出身華僑にとっても様々な商機が溢れる時期であり、彼らは同郷・同族ネットワークを利用し、日本国内での「再移動」を試みていた。次章で三重県と島根県に着目し、日本経済の高度成長期における福清出身華僑の動向を見てみる。

★1　第一章★6を参照。

★2　一九二五年に福岡市博多区中洲三丁目に玉屋呉服店として開業、福岡初の百貨店となる。一九九九年閉店。

★3　『夕刊フクニチ』一九五五年一月一六日付。

★4　一九一四年から一九一八年、日本は日英同盟を根拠とし、ドイツに宣戦布告し、ドイツ領である青島および南洋群島を占領した結果、およそ五〇〇〇人のドイツ、オーストリア、ハンガリーの将兵が捕虜となり、日本各地の収容所に収容された。

★5　中国料理　福新楼公式ウェブサイト（二〇二一年三月二四日閲覧）。

★6　中国料理　福新楼公式ウェブサイト（二〇二一年三月二四日閲覧）および二〇一九年八月一八日に行われた張光陽へのインタビューによる。

★7　『夕刊フクニチ』一九五五年一月一六日付。

★8　葉一族に関する情報は、葉山祥泰（葉祥泰、一九三四年生まれ、二〇一九年四月一六日に熊本紅蘭亭および祥泰自宅で実施）とその弟である葉山祥鼎（一九四四年生まれ、二〇一九年二月一七日に熊本阿蘇葉祥明美術館にて実施）、葉祥明（一九四六年生まれ）へのインタビュー（二〇一九年四月二二日に田園調布にて実施）および旅日福建同郷懇親会名簿（一九六二年）などの資料に基づいて整理されたものである。

★9　ちなみに、珠宋と前夫陳明楽（赤礁出身）との間に生まれた子、陳書成（一九一〇年生まれ）は、のちに牛深市在住葉華振の長女芳宋（一九一三年生まれ）と結婚した。その次女月宋（一九三四年生まれ）は、葉南坡（葉修儀と前妻との間に生まれた子）の息子祥茂と結婚した。結婚相手を同じ福清出身者にこだわり、かつ同姓不婚という伝統的慣習から、もともと小さな在日福清人コミュニティは、母系社会に近い構造になっていった。

★10　その中で、炎花と木花は一九一六年生まれの双子兄弟で、頭がよく成績優秀だった。熊本の進学校済々黌高校を卒業した後、中国語を学ぶために長崎華僑時中小学校に通っていた。しかし、地元の日本人青年との諍いの中で、木花は死亡した。当時、木花が刺されたときの血まみれの学生服は、福建省厦門市ある華僑博物館に展示されている。生き残った炎花は戦前、上海で汪兆銘政権の財政部門に勤めていた。

★11　二〇一九年四月二二日、葉祥明へのインタビューによる。ちなみに、太平洋戦争以降日本政府による統制経済のもと、人々の生活が一層困窮となり、ビジネスチャンスを見つけるべく上海に渡った華僑が大勢いたことは、ほかの華僑へのインタビューにおいても確認された。

★12　大正一五年に上通にタイガー食堂という店名で開業。のちに東洋軒と改名し、昭和初期、銀杏通り、花畑町へと移転し、中華料理と西洋料理をメニューに出していた。一九八九年閉店。

★13　二〇一九年四月一六日に行われた葉山祥泰へのインタビューによる。

★14　一九五六年一〇月に日本に返還された。

★15　「正正好」と書いて、ジャンジャンゴーと発音する。福清方言で「ちょうどよい」を意味する。

★16　『朝日新聞』、二〇〇四年二月七日付夕刊（聞蔵Ⅱビジュアル）。それに先立って、熊本を全国にアピールする名物として、二〇〇一年一二月に太平燕を紹介するホームページが地元の有志によって作られ（『朝日新聞』、二〇〇二年八月一七日付朝刊）、二〇〇三年七月に「太平燕の会」が設立された（『朝日新聞』、二〇〇三年七月一二日付朝刊）のも、新幹線の開通に関連する動きとして捉えられる。

★17　現在太平燕の「元祖」、「本家」として語られているのは、熊本三大中華料理の老舗中華園（創業者趙慶餘）、会楽園（創業者薛）と紅蘭亭である。

★18　紅蘭亭公式ウェブサイト、二〇二一年三月二二日閲覧。

★19　日本各地に分散居住する福建出身者の親睦を深め、子女の民族教育、結婚、文化（普度）継承などの問題を共有・解決すべく、一九六一年に設立された全国規模の同郷団体である。設立以来、各地の同郷会が持ち回りで年度大会を開催してきた〔張玉玲、二〇一四、四二―四六頁〕。第六章参照。

★20　林一族については、林康治（一九三〇年生まれ）へのインタビュー（二〇一九年二月一六日と一七日）およびその自伝『報恩感謝』（熊本日々新聞、一九九六年）、林継発（一九三六年生まれ、二〇一九年八月二二日に熊本の自宅でのインタビュー）、林祥増（一九六三年生まれ、二〇一九年二月一六日と一七日に熊本市内でインタビュー）、黄光子（一九四一年生まれ、二〇一九年五月一四日に北九州市にてインタビュー）、林有健（一九七五年生まれ、二〇一九年六月二二日に電話による）へのインタビューに基づいている。
★21　長男は林康治が生まれる前に夭折した。
★22　葉修億、一九二四年に父と兄を頼って来日し、熊本一帯で行商を始めた。葉修億の手記による。葉修億については、第五章３―１で詳述する。
★23　この部分の内容は、二〇一九年八月二二日に行われた林継発へのインタビューに基づいて整理した。
★24　〔林康治、一九九六〕。ちなみに、艶宋と康治が農産物を売りに行ったのも、康治が神戸から運んだ品物を販売したのもこれらの闇市だと思われる。島村によれば、戦時統制下および終戦直後の熊本市にも、いくつかの闇市が存在しており、農村部から担ぎ屋が持ち込む食料品や旧軍から持ち出された貯蔵物資、米軍からの横流し品など、様々なルートで入手された物資が販売されていた。戦後の闇市では、居住の在日韓国・朝鮮人、華僑以外でも、引揚日本人や沖縄出身者などがいた。後述の国際市場も、その中の長六の闇市を基に発展したものである。〔島村、二〇一三、二二頁〕
★25　火災後国際市場は再建され、繊維問屋に特化した国際繊維街に変わった〔島村、二〇一三、一六頁〕。
★26　二〇一九年八月二二日に行われた林継発へのインタビューによる。
★27　『熊本日日新聞』、二〇一五年一〇月二九日付。
★28　一九七二年に建設されたテナントビルにパチンコ店も開業した。パチンコ店への展開は地元から反対され、不買運動も起こった〔林康治、一九九六、五六頁〕が、林康治はこれを世の中のニーズにこたえた商売だと捉え、経営を続けた。
★29　継発の生い立ちと経歴については、二〇一九年八月二二日、林継発の自宅で行ったインタビューに基づく。
★30　ただ、「女子無才便是徳」（女子は才のないことが即ち徳である）という男尊女卑の伝統的思想が戦後もしばらく続いており、女性を大学まで行かせる華僑の家庭はごくわずかだった。
★31　例えば、パチンコ店の経営に関しては、台湾出身の友人からアドバイスをもらい、日本が車社会になることを見込んで、店舗に十分な駐車スペースを供えておいた。
★32　『日本新聞』、二〇一六年九月一六日付。
★33　二〇一九年五月一二日から一四日に、北九州で開かれた第五九回旅日福建同郷懇親会では、林祥増の計らいで家族と懇

★34　談の機会を得ることができた。以下の内容は五月一四日に行われた、黄光子へのインタビューに基づくものである。
★35　春秋のお彼岸、お盆と命日以外、中国の習慣で清明節にも供養を行う。
★36　五人中の四人は会楽園（薛氏が一九三三年に創業）、中華園（趙氏が一九三三年に創業）、紅蘭亭（葉氏が一九三四年に創業）と新華楼の経営者で、もう一人は熊本にあるデパートの中華食堂のコックをしていた。二〇一九年八月二二日に熊本で行った林継発へのインタビューに基づく。
★37　頼母子講とも。日本の銀行から融資を受けられない時代が長く続いたなか、華僑の間で相互救済の金融組織として機能していた。「親」（世話人）の募集に応じて、講の成員となった者は一定の掛け金を持ち寄って、定期的に集会を催し、抽せんや入札などの方法で各回の掛け金の給付を受ける形がとられる。
★38　GHQは一九四五年一〇月三一日付の覚書によって、中国大陸出身者は連合国の国民として定義されたが、台湾出身者の身分はあいまいなままだった。戦後の生活難のなか、台湾出身者の法的地位のいかんで当事者の生死に関わるもので、中華民国行政院は、一九四六年一月一二日に、さかのぼって一九四五年一〇月二五日をもって台湾省出身者の中国国籍を回復すると決定するなど、連合国民としての処遇が得られるよう図ってきた。実際に在日の台湾出身者が、連合国民としての処遇を得られたのは、四七年二月二五日、GHQから日本政府に覚書が出されてからであり、また彼らの中国国籍を回復したのは一九五二年四月サンフランシスコ講和条約発効の日からである〔許、一九九六、三三頁〕。
★39　二〇一九年八月に行われた林継発へのインタビューによる。
★40　同級生である楊忠銀とそれぞれ地元で活動を続けていた。二〇二一年二月三日、楊忠銀への電話インタビューによる。
★41　林祥増は、現在城見櫓の経営の傍ら、熊本華僑総会の会長も務めている。二〇一九年二月一六～一八日に九州で行われたフィールドワークにおいて、熊本、長崎在住の複数の華僑への訪問や関連施設の見学などの案内の傍らインタビューにも応じてもらった。
★42　鄭則賢へのインタビューは、北九州市で開催された旅日福建同郷会期間中の二〇一九年五月一三日に行われたものである。
『熊本日日新聞』、二〇一八年一月二五日付。

★43　以下の内容は、二〇一九年夏に行われた赤礁村での調査と、林有健へのインタビュー（二〇一九年六月二二日の電話インタビューと一〇月三〇日に東京で行われた面談）に基づいている。赤礁村での調査についても、林有健から協力を受けた。

★44　「認祖」とは一族の一員として認めてもらうこと。宗族の一員になり、族譜にも載ることになる。二〇一九年六月二二日、林有健への電話インタビューによる。中貽は、林有健の祖父である。

★45　林有健の言葉を借りて言えば「普通は三代以上離れたら面倒くさいので相手にしてくれない」。二〇一九年六月二二日に行われた林有健への電話インタビューによる。

★46　婿入り、夫が妻の実家の姓を名乗り、その一員になるという婚姻形態である。

★47　二〇一九年六月二二日に行われた林有健への電話インタビューによる。

★48　二〇一九年八月一九日に、楊忠銀と共に川内在住の林孫玉の弟義秀の自宅で、兄弟にインタビューを行った。以下の内容は孫玉へのインタビューに基づき整理したものである。弟義秀の夫婦は、テーブルいっぱいの旬の果物に福清のスイーツ、ゴマ団子スープまで用意してくれた。

★49　高尾野町と出水町の水田を収用されて作られた、鹿屋飛行場や大村飛行場の補助としての役割が強かった。飛行要員の休息と大量養成のために、のちに初歩練習部隊の設置も行われた。

★50　軍用手票の略。戦時中、占領地区において軍費を賄うために政府が発行するお札の一種である。日本では、日清戦争、日露戦争、青島出兵、日中戦争、太平洋戦争と対外戦争の都度軍票を発行した。

★51　中華園一号店が火事になって、再建後に会楽園と改名した。

★52　〔林小聡、二〇一三、四〇〇頁〕および二〇一六年八月東瀚村での調査に基づく。

★53　二〇一九年八月一九日と翌二〇日に、楊忠銀に鹿児島華僑会館と唐湊の中国人墓地を案内してもらい、華僑総会の事務所が置かれる忠銀の会社でインタビューを行った。

★54　劉寿美、福清出身華僑劉鴻福の三女として一九四〇年に出雲に生まれる。島根県の福清出身華僑については、第五章参照。

★55　二〇一九年八月二〇日に楊忠銀より提供された鹿児島華僑総会議事録より。

★56　鹿児島県においても、在住華僑華人の国籍状況ははっきりしないが、『在留外国人統計』によれば、二〇二三年六月現在、鹿児島県下一万四八五五人のうち、中国国籍所有者は一七一〇人である。また、中国国籍所持者の在留資格の詳細は不明だが、参考データとして、二〇二三年六月現在、日本全国中国籍所有者七八万八四九五人のうち、人数が多い順に、永住者が三二万四五三三人、留学一二万四〇二七人、技術・人文知識・国際業務は九万〇三八六人、家族滞在七万〇六二〇人、日本人の配偶者等二万六三三五人、永住者の配偶者一万八七一二人、定住者二万八〇七七人、技能一万四〇三七人、特定技能一万一〇四二人となっており、定住傾向が強いことがうかがわれる。なお、戦前から居住している台湾出身者と思われる特別永住者は六九四人いる。

★57　日本国籍取得申請中の元中国国籍所持者は、中国に渡る際にパスポート代わりに旅行証を取得する必要がある。日本人と中国人の間に生まれた子は日本国籍を持ちながら、中国パスポートの代わりとして旅行証を取得できれば、二年間中国国内で中国人として生活できる。

★58　唐湊の中国人墓地に関する情報は二〇一九年八月二〇日に行った楊忠銀へのインタビューに基づく。

★59　曹徳博一家に関する情報は二〇一九年八月一九日、鹿児島市内で行った徳博へのインタビューに基づく。

★60　情報処理システム、通信システム、ソフトウェアなどの製造販売ならびにこれらに関連するサービスを提供するアメリカNCR社の日本法人である。一九五〇年代、日本でレジスターの販路を広めるべく、アメリカ発のスーパーマーケットの販売スタイルを始めた。

★61　『読売新聞』、一八八三年一〇月三一日付。

# 第5章　移住・再移住と地方都市の近現代化
## ――三重県と島根県へ移住した福清出身者

### はじめに

第二次世界大戦で崩壊した日本経済は、戦後の混乱期を経て、のちに勃発した朝鮮戦争の特需の影響もあり、早くも戦前までの水準に回復し、一九五〇年代半ばより高度成長期に突入した。東京、大阪などの中心都市はますます多くの人口を吸収して規模が大きくなり、地方でも多くの中小都市が形成されていった。人々のライフスタイルは多様化していき、和服から洋服へのチェンジ、外食習慣の定着、流行の追求など、日本社会がまさに激動する時期であった。福清出身華僑が、このような社会的変化に適応するため、再移動をする人も多かった。これら華僑の移動を通して、華僑コミュニティの内部が不変のものではなく、常に入れ替わっていることが確認できる。

戦後、東京、横浜と神戸など、経済的に発展し、ビジネスチャンスに溢れる都市部は福清出身華僑にとっても主な居住地になっていった。一方、地方都市に留まり、または地方都市間を移住する福清出身者も少なくはない。三重県尾鷲市と津市、島根県出雲市はその典型的な例であり、本章では、これらの地域に移住した福清出身華僑の家族誌を整理したうえで、特定の時期における移住地の社会的・経済的状況について分析し、福清出身者の移住と再移住を決定する要因を考察する。

まず、三重県に注目したい。一九七二年当時、三重県下の福清出身者は主に尾鷲に集中しており、その職業は、飲食店が最も多く（八世帯）、そのほかは洋装店や寝具、毛糸販売、玩具屋、金融・質屋が一軒ずつとなっていた。尾鷲以外では、松坂九世帯と津、四日市にそれぞれ一世帯と分散居住しており、飲食店、洋装店と金融・質屋を経営していた。興味深いのは、四地域とも金融・質屋経営者が居住しており、とりわけ、津と四日市の唯一の福清出身華僑が金融・質屋を生業として営んでいたことである。四軒とはいえ、これらの華僑はなぜ金融・質屋に従事するようになっただろうか。まずは、現地で入手した三重華僑総会名簿（一九七二年版・一九九七年版）と福清出身者への聞き取り調査を基に、地域間の福建出身者の移動および相互関係を明らかにする。

## 1　和歌山県から三重県・尾鷲市へ――林孫琪の貸金業への転身

本節では、和歌山県勝浦で行商したのち、三重県尾鷲に移住した林孫琪一家を見てみたい。以下の内容は、林孫琪の語り[★1]を整理したものである。

## 1—1　一家の来日

林孫琪の父は、一八九六年に福建省福清県東瀚鎮南端の蓮峰村に次男として生まれた。父が五歳の時に祖父が亡くなり、祖母は北盛村の陳と再婚した。のちに、父と同母異父の兄弟として三人が誕生した。一九一六年頃、二二歳になった父は三歳上の兄、すなわち孫琪の伯父を頼って来日し、勝浦で伯父夫婦と共同生活をしながら、和歌山県や三重県などで呉服の行商をしていた。父は二六歳の時に帰郷して結婚したが、結婚後引き続き日本と福清の間を行き来していた。母は祖父母の住む北盛村に残った。一九二三年に長兄弘（孫禧とも）、三年後に次兄和夫、そして一九三三年に孫琪が北盛村で生まれた。

孫琪が三歳になった一九三六年、父は母と兄弟三人を日本に呼び寄せ、勝浦で伯父一家（その時に伯父が養子を一人もらっていた）と同居を始めた。伯父一家は二階、孫琪一家は一階に住み、かまどは別々だった。

父は、昼間は反物を自転車に積んで行商に出かけ、その日のうちに帰ってくることが多かった。反物は、先輩同郷人の「元締め」が日本の卸商から買い付けたものを、貸してもらった。反物の原価は一般の人々にわからないように商品のどこかに書いてあった。売値から原価を差し引いた額は行商人の収益となるため、反物の売値は、各行商人の才能に負うところが大きかった。父が扱っていた商品は、人絹がほとんどだったという。火をつけたら、絹ならすぐ火が消えるが、人絹はぼうぼうと燃えるという性質であり、当時は、絹か人絹かを示すために、父はよく顧客の前で生地を燃やしてみせたという。

孫琪は父が行商しているところを見たことはないが、夜帰宅後父と母との会話から、いつもつらい思いをしていたと子どもながらに察していた。勝浦は、当時五〇〇〇人ほどの住民がいる漁村だったが、中国人は、孫琪一家と伯父一家のみだった。漁師もその子どもも性格が荒く、言葉遣いが乱暴に聞こえた。伯父一家とともに、よく「支那人」と呼ばれ軽蔑されていた。夜になると、カーテンから光が漏れていれば、窓に石を投げられる具合で、ひどい差別を受けており、肩身が狭かった。

孫琪の長兄弘が来日した時にはすでに一三歳で、学校に行かず行商を始めた。どういうつながりによるものか不明だが、勝浦にあった呉服専門の百貨店よしので外商係を任され、日本語もそれほど話せなかったのに、羽織紐などがよく売れていたという。兄は、人懐っこく、愛想もよく、とても社交的な性格で、顧客に面白がられながら商売ができたのかもしれない。百貨店よしのの規模などその詳細は知ることはできないが、福清出身の呉服行商人が地元の百貨店にも関わりを持ったことを示す貴重な事例である。

父が来日の際に、渡海のお守りとして「シロン」(祠堂)から持ってきた香灰があり、近くに福清人が参拝できる寺廟もなかったため、ずっと家で大事に祀られていた。

## 1―2　戦時下と戦後

太平洋戦争勃発後、元締めの同郷人が帰国し、日本の問屋も閉店したため、父は商品を手に入れることができず、次兄和夫と日雇い労働者として電柱工事などをした。毎日、作業服に着替える父の姿はいまだに孫琪の記憶に残っている。

一九四一年四月に、孫琪は一年遅れて地元の小学校に入学し、その年の九月に二年生に編入した。しかし、一九四四年になると、母が病気になり、その上、家が東南海地震で水没し、空襲も始まった。★2 一九四五年春、小学校六年生になるはずの孫琪はやむを得ず休学して母の看病を始めた。終戦を迎えた八月に、伯父一家は縁故のある神戸に引っ越した。孫琪一家は、勝浦の最後の中国人となり、暮らしが更に苦しくなった。次兄と父は、戦後も引き続き日雇い工を、長兄は百貨店よしのの売り子として働いていた。社交的な長兄が進駐軍からたばこやせっけん、チョコレート、砂糖などをもらってきたおかげ★3もあって、一家は何とか食べ物に困らない程度の生活ができた。

### １—３　戦後、尾鷲市への移住

一九四八年、長兄林弘は新たな商売を始めるために、百貨店よしのを辞職し、一家をつれて尾鷲に引っ越した。尾鷲駅前の商店街で洋品店を開き、洋品、呉服、毛糸を売り出したのである。店舗は三軒が連なっていて、当時流行していた毛糸を扱う専門店として地元でかなり有名だった。のちに林弘は松坂市五十鈴町にも進出し、そこに林商事の事務所を置いた。[★4]

一五歳になった孫琪も兄の店から商品を借りて行商を始めた。孫琪が、熊野灘の九鬼村と須賀利村[★5]を自分の商圏として、洋品、呉服、毛糸などの商品を包んだ風呂敷を柳行李に積み、それを四、五個抱えて尾鷲から巡行船に乗っていく。現地の旅館に二泊三日ほど滞在しながら家々を訪問して販売した。売り上げは兄と折半した。同じ地域で行商をする日本人の同業者はほかにも二、三人ほどいて、みんな自分の店を持つ四、五〇代の行商人だった。当時まだ一〇代だった孫琪は、段々畑でも軽やかに上って家々を訪問していたことが自慢だったが、恥ずかしさは、最後の最後まで抜けなかった。しかし、この行商で鍛えられたコミュニケーション能力と体力がのちの貸金の商売につながったという。

一九五五年、長兄弘は、銀行の勤務経験がある知人と貸金業（金融）を始めた。しかし、わずか二年間で赤字が出てしまったため、孫琪は兄に頼まれ、帳簿の調査を始めた。ソロバンもできた孫琪が債務者を一人ひとり調べていくうちに、貸金業が自分の性に合うことに気づき、一九五七年に行商をやめて、兄について貸金業を始めた。そして一九六五年に独立して、現在に至る。華僑の中で、孫琪が初めて貸金を生業として成功した人だといわれている。その後、福清出身者の同郷・同族ネットワークに加え、姻戚関係を通じて、質屋と貸金業は三重県各地および愛知県などの周辺地域にも広がった。

### 1—4　家族

一九五四年春、普度勝会の捐金を集めるために日本各地を回る神戸在住の同郷人江篤金が仲人となり、二〇歳の孫琪は島根県在住蘆家の娘春萍と結婚した。父母が決めた婚姻に孫琪は不満を持っていたものの、抗えなかった。当時の親のほとんどは、子女に同郷者との結婚を望んでおり、仲人を通して相手を見つけていた。一九五五年に長男福雄、五六年に長女栄子、五九年次男博雄、七〇年次女久美子が誕生した。貸金業へ転業した後の一九五九年頃、孫琪は家を購入し、親から独立した。

母は一九六九年に、父は一九七〇年に前後して他界した。二人とも、一九三六年に来日して以来一度も帰国しなかった。母は、亡くなる前に帰郷したいと言っていたが、当時、中国本土に行くには香港を経由する必要があり、病弱な母に耐えられるような旅ではなく、ついに実現できなかった。一生苦労した父母のために、孫琪は京都華僑霊園で[★6]「懐祖洞」の名を冠した出入り可能な墓を作った。赤い布で覆われた棺が二つ安置されている。墓には、父母以外にも兄弟三人のためのスペースがとってあるが、諸事情により、亡くなった次兄の墓は新宮市にあるお寺に作った。

### 1—5　三重華僑総会会長の就任と初の帰国

日中国交が回復した一九七二年に、林孫琪は津市在住の同郷蔡義雄（後述）と相談したうえで、当時中華民国政府を支持していた三重華僑総会会長馬歩栄（当時、江蘇省出身）と交渉した。時局を理解した馬は、三重華僑総会の中華民国の会旗を降ろすことに同意した。以来、三重県において中華人民共和国支持の華僑総会が発足し、現在に至る。日中国交回復をきっかけに、中華民国政府を支持した華僑のほとんどは、中華民国政府の指示を受け、日本国籍を取得した。

中華人民共和国支持の三重華僑総会の設立に先立ち、一九七一年九月二〇日から二二日にわたって、三重県在住の福清出身華僑の主催によって、旅日福建同郷懇親会第一一回大会が南紀勝浦と尾鷲で開催された。林孫琪が事務局長を務め、委員長は同じ尾鷲在住の林須福が務めた（旅日福建同郷懇親会半世紀の歩み編集委員会編、二〇一三、九六―九九頁）。当時三重県在住の福清出身華僑は一九軒しかなく、大会の募金が集まらず、孫琪は私財を出してそれを補った。大会開催直前の九月一〇日に三重県南部では集中豪雨による甚大な被害（「尾鷲大水害」とも）があり、大会参加者は「被災者救済の寄付金」として一〇万円をその場で募り、尾鷲市に寄付した（旅日福建同郷懇親会半世紀の歩み編集委員会編、二〇一三、九九頁）。福建同郷懇親会の主催を通して、三重県内の福清出身同郷者間の結束が高まり、林孫琪も同郷者から深い信頼を得て、一九七二年から一九七六年まで、二期連続で華僑総会の会長に選ばれた。

一九七三年、孫琪は国慶節慶祝代表団★7（日本華僑代表二七名）のカメラマンとして九月から一一月の二か月間中国を初めて訪れた。当時、パスポートを含め中国へ一時帰国するための関係書類は、すべて東京華僑総会が手配した（第三章参照）。三歳で来日して以来、初めて訪れた祖国に孫琪は感激した。人民大会堂での経験も忘れられないという。二か月の間、北京、上海、延安、蘇州、南京、杭州、広州と中国の大半を回ったが、自由行動となる最後の一週間は、孫琪は故郷である福清北盛村を訪問し、父の同母異父の弟（孫琪の叔父）一家と初対面した。以来、亡き父の代わりに、育ての親である義父への恩義に報いようと、孫琪は叔父とその六人の子どもに、生活費や教育費を送り続けた。また、北盛村に電気を通したり、カラーテレビの寄付、公園建設など村のインフラ整備にも尽力した。一方、兄林弘は北盛村のビジネスに投資する形で父の故郷とのつながりを持とうとした。

## 2 尾鷲市に移住したほかの福清出身者

一九七二年の三重華僑総会名簿によれば、当時、福建（福清）出身者二四世帯中、一三世帯が尾鷲市に在住しており、飲食を中心に多様な職業に従事していた（資料5―1）。なぜ尾鷲に集中していたのだろうか。まず、移住者の視点から見てみよう。

### 2―1 玩具店華昌の林一族

東京で働く尾鷲出身者が集う「尾鷲の会」があり、集いの際に必ず「カショウのおじさん」の話が出ており、盛り上がるという。[★8]「カショウ」とは尾鷲の玩具屋「華昌」のことで、「おじさん」とは、その経営者であった林康貴のことである。以下、林康貴の妻任隆子へのインタビュー[★9]に基づき、林一族が尾鷲に移住してきた経緯を見てみる。

#### 2―1―1 父林梅昌の来日と呉服行商

林康貴の父林梅昌は、福清県高山市西江村に一八九一年に生まれた。一九一〇年代に呉服行商人として来日し、熊野の二木島や尾鷲市南部の三木浦、三木里あたりを行商していた。多くの同郷人と同様に、結婚後、妻陳鈿宋と子どもたちを西江村に残し、ひとりで日本で行商をしていたが、一九三一年の九・一八事変後、

**資料 5-1　1972 年三重県在住中国人分布及び世帯数（（　）は人数）**

| 出身地 | 松坂 | 世帯数（人数） | 尾鷲 | 世帯数（人数） | 四日市 | 世帯数（人数） | 津 | 世帯数（人数） | 鈴鹿 | 世帯数（人数） | 上野 | 世帯数（人数） |
|---|---|---|---|---|---|---|---|---|---|---|---|---|
| 福清 | 飲食 | 5(18) | 飲食 | 8(35) | 質屋・金融 | 1( 5) | 質屋・金融 | 1( 5) | | | | |
| | 質屋・金融 | 2(13) | 金融 | 1( 6) | | | | | | | | |
| | 洋装(品)店 | 2( 8) | 玩具 | 1( 8) | | | | | | | | |
| | | | 寝具 | 1( 4) | | | | | | | | |
| | | | 毛糸 | 1( 1) | | | | | | | | |
| | | | 洋品店 | 1( 4) | | | | | | | | |
| 24(107) | | 9(39) | | 13(58) | | 1( 5) | | 1( 5) | | | | |
| 江蘇 | 遊戯場 | 1( 8) | | | | | | | 理容 | 1( 5) | 理容 | 1( 3) |
| | 理容 | 1( 4) | | | | | | | | | | |
| 4(20) | | 2(12) | | | | | | | | 1( 5) | | 1( 3) |
| 山東 | 飲食 | 1( 1) | | | | | | | | | | |
| 1(1) | | 1( 1) | | | | | | | | | | |
| 河北 | | | | | 飲食 | 1( 6) | | | | | | |
| 1(6) | | | | | | 1( 6) | | | | | | |
| 30(134) | | 12(52) | | 13(58) | | 2(11) | | 1( 5) | | 1( 5) | | 1( 3) |

「三重県華僑総会家族名簿」1972 年（資料提供：任道梧）

**資料 5-2　1997 年三重県在住中国人分布及び世帯数（（　）は人数）**

| 出身地 | 松阪 | 世帯数（人数） | 津 | 世帯数（人数） | 四日市 | 世帯数（人数） | 尾鷲 | 世帯数（人数） | 上野 | 世帯数（人数） | 一志 | 世帯数（人数） |
|---|---|---|---|---|---|---|---|---|---|---|---|---|
| 福清 | 金融 | 2( 4) | 質屋・金融 | 1( 4) | 質屋 | 2( 4) | 金融 | 2( 4) | | | 学習塾 | 1( 3) |
| | 不動産 | 2( 8) | | | 医者 | 1( 5) | おもちゃ | 1( 6) | | | | |
| | 輸入雑貨 | 2( 8) | | | | | 洋品店 | 1( 4) | | | | |
| | 喫茶・飲食 | 7(21) | | | | | | | | | | |
| | 主婦・会社員 | 3( 7) | | | | | | | | | | |
| 25(78) | | 16(48) | | 1( 4) | | 3( 9) | | 4(14) | | | | 1( 3) |
| 江蘇 | | | 貸しビル | 1( 1) | | | | | 遊技場 | 1( 2) | | |
| | | | 遊技場 | 1( 2) | | | | | 理容 | 1( 3) | | |
| | | | 飲食 | 1( 3) | | | | | 無 | 1( 5) | | |
| 6(16) | | | | 3( 6) | | | | | | 3(10) | | |
| 31(94) | | 16(48) | | 4(10) | | 3( 9) | | 4(14) | | 3(10) | | 1( 3) |

「三重県華僑総会家族名簿」1997 年（資料提供：任道梧）
1997 年名簿には、出生地欄も設けられている。それによれば、中国生まれは江蘇 5 人、福清 3 人、フィリピン 1 人、不明 2 人であり、それ以外の 83 人は日本生まれとなっている。一番の年長者は 1932 年京都生まれ、それに続くのは 33 年島根生まれ。会員のほとんどは出身地と居住地が異なることから、高い移動性が伺われる。

鈿宋は長女玉枝を連れて上海経由で長崎に上陸し、梅昌のもとに来た。

ちなみに、鈿宋が来日の際に、当時まだ幼い長男松山（一九二九年生まれ）と次女娜美を故郷に置いてきた。松山は一九五〇年頃日本に密航し、同郷人の伝手で横浜に落ち着いた。一方、娜美は西江村にずっと暮らしており、一九七三年に日本を訪れ、数十年ぶりに母鈿宋に会った。その後も一度来日したが、以降、音信不通になっている。

戦後、梅昌はしばらく行商を続けた。家を賀田町から尾鷲に移したのは一九五三年の頃で、最初は中井浦に住んでいたが、一九五九年頃、現在の栄町に移った。

## 2―1―2　玩具屋華昌

一九五五年、梅昌の三女秋子（一九三三年生まれ）は、尾鷲で玩具屋華昌を開店し、大阪で玩具の卸をしていた同郷者任在焱から玩具を仕入れて販売した。最初は少量だが、そのうち規模が大きくなっていき、名古屋からも仕入れるようになった。店名の華昌とは、「中華」と父の名前「梅昌」から一文字ずつ取ったものである。秋子が結婚した後、康貴は店の経営を任された。

一九六四年に、義兄（豊岡に嫁いだ姉玉枝の夫）が持ちかけた縁談によって、康貴は京都福知山在住の同郷である任在森の娘隆子を妻に迎えた。結婚式は、当時尾鷲で最大の規模を誇る中華料理店牡丹園で盛大に行われた。結婚後、隆子は子育てに専念した。玩具店の経営は、康貴は仕入れを、妹の福美（五女）と徳美（六女）は結婚するまで販売を担当した。後に、隆子も店の経営に加わり、学生アルバイトも時々雇った。当時流行っていた玩具は何でも仕入れて、セール期間をもうけたり、一〇〇〇円の購入でくじ引きをするようなキャンペーンも行い、地元だけでなく、遠方からも多くの客が訪れた。商店街には、ほかにも二軒の玩具屋があったが、華昌が最も有名だったという。前述した東京で働く尾鷲出身者が集まるたびに、「かしょうのおじさん」が話題に上っていることからも、華昌が当時の「尾鷲っ子」の暮らしの重要な一部となっていったことがうかがわれる。

駅前商店街では、毎年八月七日に七夕祭が盛大に行なわれた。それに合わせて、商店街全体で大売り出しをしていたが、二〇〇七年に七夕祭が中止となった。華昌は尾鷲一番街商店会に属しており、康貴夫婦も各種の催しに積極的に関わってきた。

一九八九年、老朽化した華昌を新しく建て替えた。二〇〇一年より息子たちはパソコン教室を開いた。その一方で、パソコンゲームの流行により、玩具の売れ行きが不調になり、二〇〇五年に玩具屋華昌は閉店した。現在、息子たちはそれぞれ尾鷲と熊野で地元の高齢者を対象としたパソコン教室を経営している。

### ２―１―３　家族のつながり

林梅昌は一九六四年に、陳鈿宋は一九九三年に亡くなった。鈿宋は、生前纏足だったこともあり、地元では中国人ということはよく知られていたが、地元に「溶け込んでいた」ため、特別視されるようなことはなかったという。数年前、父梅昌の来日を記念するために、康貴は家近くの山に石碑を建て、そこに梅昌の生涯の経歴を記した。

林康貴の妻隆子は、一九三九年に京都府福知山に生まれた。隆子の父任在森、母梅子はともに福清出身の華僑である。父方の祖父任必柳は、行商人として福清県後岑村より来日し、京都で呉服を売り歩いていたが、祖母はずっと福清県後岑村で暮らしていた。在森は一九〇八年に必柳の四男として生まれた。最初は下夜久野で行商をしていたが、結婚したのち福知山に移住した。一九六二年に発行された福建同郷会名簿には、当時、在森は毛糸を販売する福興を経営していたようである。隆子とそのきょうだいは、福知山の小学校に通っていたが、周りの子どもから「支那人」とよく呼ばれていたという。一九七五年に在森が亡くなったあと、母梅子は在森の故郷後岑村にいた祖母のために家を建てた。一九八四年に福州で開かれた旅日福建同郷懇親会の大会に参加した隆子は、初めて祖父母の故郷後岑村を訪れた。祖母はすでに他界しており、家には在森のいとこ（必柳の兄弟の息子）一家が住んでいた。「帰郷」する前に、隆子は船便で大量の椅子とテーブルなどの日用品を送った。二〇〇四年に福建同郷懇親会が再び福州で大会を開催した際に、隆子は二度目の故郷訪問を果たしたが、高齢となり、もう行くことはないだろうと語った。

## 2—2 任道梧・江春枝夫婦の移住と定住

任道梧は、前出の任隆子の弟であり、隆子の結婚をきっかけに尾鷲に移住した。二〇二一年四月四日に行った任道梧と江春枝夫婦へのインタビューに基づき、彼らの移住を見てみよう。

道梧は、一九四〇年に八人兄弟の長男として京都府福知山に生まれた。専門学校を卒業後、横浜の同郷の洋品店で三年間働いていた。一九六五年に、義兄林康貴（姉隆子の夫）からの誘いで、尾鷲に移り、駅前の通りで婦人服店シャルムを開店した。シャルム（Charm）はフランス語で、「飾り」や「魅力」を意味する。創業当初は横浜で働いたときのネットワークを利用して商品を仕入れていたが、つながりが増えるにつれ、名古屋などからも仕入れるようになった。一九六九年、知人の紹介で江春枝と結婚したあと、夫婦二人で店を切り盛りした。洋服のトレンドは、自分たちと同年代の客層に合わせた。地方誌に広告を出したり、チラシを配布したり、商店街のイベントに合わせて年に二回ほど大売り出しもしていた。客を獲得するために、ポイントカードを作成した。多い時には、三〇〇人から四〇〇人ほどの常連客がいた。昭和三〇年代当時、尾鷲の人口は三万四〇〇〇人ほどであったが、経済高度成長期でもあり、会社員以外にも紀北町や熊野市など周辺地域からの買い物客がおり、商店街は多くの人々でにぎわっていた。シャルムには一日数十人の客が訪れ洋服を購入していった。販売は、普段は道梧と春枝二人で担当するが、忙しい時には、店員を二人雇った。尾鷲駅前の商店街にはほかにも五、六軒の洋服屋があって、どれも収益が良かった。

任道梧の妻江春枝は、結婚以前は、栃木県足利に居住していた。春枝の父は、一〇代の頃に兄を頼って来日し、福岡県で行商をした後に、足利に移り、銘仙などの通信販売をした江紀鈺である（第二章参照）。春枝は、一九四五年生まれで、地元の高校を卒業後、裁縫学校や編み物学校に三年間通った。学校修了後から結婚までの間、就職せずに親元で生活しながら裁縫や料理などを学ぶ、いわゆる「花嫁修業」は、当時裕福な家庭の娘がみな経験するものだったという。

尾鷲駅前商店街は、駅前発展会、駅前商店会、尾鷲一番街商店会、栄町商店会、大鷲館通り商店街商店会、中井町商店会の六つの組合に分かれている。シャルムが所属しているのは、尾鷲一番街商店会であり、道梧が二〇代の時から設立を呼びかけてできたものである。当初は四〇店舗が加入しており、六つの振興組合の中で最大規模で、かつ唯一法人登録をしたものであるが、二〇〇〇年以降、人口が減り続け、商店街もシャッター街に変わりつつあるなか、メンバーは道梧しか残っていない。

## 3　津市唯一の華僑として──蔡義雄一家の移住

津市で質屋・金融業を経営する蔡義雄一家は、ながらく津市唯一の華僑であり、現在でも、福清出身華僑は蔡一家のみである。次に、蔡一族の家族誌を見てみる。

## 3―1 蔡一家の来日と九州での暮らし

蔡義雄の父蔡忠舗（一九〇三年生まれ）は、一九二四年頃、葉修億（のちに義雄の伯父となる）父子と一緒に来日した。葉修億は晩年自らの来日および来日後の生活を「我一生経歴之記」という手記に綴ったが、蔡忠舗一家に関する記述もあり、本節でその手記を蔡義雄へのインタビューとともに参考とした[★10]。

来日後、蔡忠舗は熊本を拠点に呉服の行商をしていたがうまくいかず、同郷者の斡旋で博多の百貨店岩田屋内にある中華料理店でコックとして働き始めた。そのうち葉修億の妹、宝珠（林其湊の妻葉玉宋と姉妹関係、第四章参照）と結婚し、一男三女をもうけた。長男義雄は一九三八年に生まれ、三歳の時に、母宝珠と長女愛子がそれぞれ病気と事故で亡くなったため、姉二人と一緒に伯父修億の家に預けられた。

葉修億の手記によれば、当時修億一家は熊本から久留米に引っ越しており、義雄姉弟三人を入れると、一〇人以上の大家族となった。蔡忠舗は依然として博多の岩田屋で中華料理店のコックをつづけながら呉服の行商をし、週に一回、修億に三人の子どもの生活費を渡していた。義雄姉弟は伯父一家と同居していたが、台所は別々で、料理は姉たちが担当した。戦時中は食糧不足で、姉弟たちは常に空腹に悩まされていた。カエルや蛇を捕まえて食べたことも、草の根っこを食べておなかを壊したこともあるという。一九四三年頃、戦争が激化していくなか、姉弟三人は修億一家とともに八女の農家に疎開した。一九四四年、六歳になった義雄は八女の公立小学校に入学した。

終戦直後、久留米において久留米華僑総会の前身となる華僑聯合会が組織され、会長である福清出身華僑翁春生が経営する中華料理店光華楼[★11]に事務所を置いた。久留米在住華僑へのGHQからの特配物資は毎月光華楼にまとめて送られ、修億も月に一度八女から子どもたちを連れて特配物資を取りに行った。「その間は、おいしいものを食べることができた」と義雄は笑顔で回想した。特配が三年ほど続いた後、役目を終えた華僑聯合会はそのまま華僑総会として改組され、翁春生が久留米華僑総会の初代会長となった。

戦後、葉修億は会社を立ち上げて、久留米絣を仕入れて地元の呉服店に卸していた。義雄の二人の姉に加え、さらに二人の従業員を雇って、数台の車で行商にも出かけていた。葉修億の手記にも、戦後、週に一、二回ほど関西方面で仕入れてきた品物を（義雄の父）忠舗と一緒に販売していたとの記述があった。当時、両家族が共同で商売を展開しようとしていたことがわかる。一九四八年に、修億は八女から久留米に戻り、同郷者翁春生と共同出資し、久留米市の中心地街区の土地を購入し、新天地商店街を建設した。二月に起工すると同時にテナントを募集し、八月に完売した。分譲した利益で修億は新天地商店街で共平洋行という会社を立ち上げ、朝鮮戦争の好景気に恵まれ、大きな利益を得た。後に、地元の二人の日本人と共同出資し、会社を株式会社として登録した。

一方、蔡忠舗は、戦後しばらくコックと行商を続けたが、一九四八年に、新天地商店街の一画で葉修億との共同出資によって中華料理店共平亭を開業した。共平亭は二階建てで、一階はテーブルとカウンター席、二階は宴会場となっていた。忠舗は調理を担当し、ホールには二、三人の日本人女性を雇っていた。日本経済の高度成長期でもあって、店は大いに繁盛した。忠舗の焼きそばは特に評判が良く、店前でいつも長蛇の列ができていた。当時の久留米には、華僑経営の店としては翁春生が経営する光華楼を除いて、共平亭しかなく、日本人経営の小さな店よりもはるかに大きな利益を上げていた。

共平亭は義雄が大学を卒業するまでおよそ一〇年間続いたが、忠舗の体調がすぐれず、やむなく閉店した。そのあと、建物はテナントビルとして建て直され、最上階が家に、下は貸し出された。

一九五〇年代の日本は、映画館の黄金時代であり、久留米にも多くの映画館があった。翁一族が文化会館など四軒の映画館を経営しており、共平亭がある日吉市場に位置した映画館ロイリーの経営は三代目の翁幸光であり、義雄もよく観に行っていたという。

### 3―2　三重県への移住

蔡義雄は高校卒業後、佐賀大学に進学し土木工学を学び、東京にあるダム建設の会社に就職した。当時、外国籍の者が日本の会社へ就職することはほぼ不可能であったが、知り合いの紹介で入社の機会を得た。義雄は、面接の時に中国国籍を持ったままでは、係長までしか昇進できないとはっきり言われたが、それを承知の上で入社することを決めた。入社後、義雄は設計部の一員として全国各地を回り、ダム建設の現場で技術者及び工事監督として勤務した。

その間、横浜でコックをしていた義兄（姉幸子の夫）譚康棟の紹介で同じく福清出身の鄭定宋と結婚した。鄭定宋は、松坂で質屋を経営する鄭従興の五女で、結婚後、二人は横浜で二年間ほど暮らした。一九六六年、義雄が過労で体調を崩して建設会社を辞職したのを機に、夫婦は、誕生して間もない長男彰訓を連れて、妻の実家である松坂に移住した。義父の質屋の仕事を手伝いながら、質屋や貸金のノウハウを教わった義雄は、一年後に家族を連れて津に移り、質屋マルキヤを開店した。結婚前に父の質屋で働いた経験を持つ妻も手伝った。

定宋の父、鄭従興は一九二〇年代に来日し、終戦まで松坂と津の間に位置する一志町に居を構え、着物や長襦袢などの反物をリヤカーに積んで行商をしていた。戦後、松坂に移り質屋福来号を始めたのは、長女の菊子が林孫琪の兄である林弘（前出、尾鷲で三重県で初の金貸業を始めた華僑）と結婚した後だと思われる。松坂

で開業した福来号のノウハウは、のちに従興の娘たちの結婚とともに、さらに四日市と津に広がった。★12

質屋では、主に高級ブランド品やジュエリーなどを扱うが、貸金も行っている。マルキヤは現在津市内で、二店舗を展開している。長男の彰訓（一九六四年生まれ）は、日本で大学を卒業後、留学先のアメリカで就職が決まったにもかかわらず、父の事業を継ぐために、実家に戻った。次男豪倫は静岡県島田市でデンタルクリニックを開業した。

義雄は久留米で高校まで過ごしていた間、チャンコロと呼ばれたり、石を投げられたりといじめや差別を多く経験した。今でも、「チャンコ鍋」という言葉にも敏感に反応してしまうほど、当時の記憶は深く残っているという。そのためか、家族全員中国国籍を保持している。

蔡義雄が質屋を始めたのは「偶然」のように思えるが、結果として、日本の主流社会から福清出身者のコミュニティに「帰還」したと言えよう。津を生業・生活の場所に選んだのは、同業者である家族、親族と近すぎず（ライバルにならず）、遠すぎず（協力し合える）、「適度」な距離にあるからだと考えられる。戦前の呉服行商同様、横浜中華街のような、異業種が同じ町に集中して共栄共存するパターンとは異なる、地方の福清出身者が採った生存戦略の一つと言えよう。

尾鷲で林孫琪兄弟が起業した質屋・金融業のノウハウは、このように血縁・姻戚関係を通じて、津や四日市、愛知県など周辺地域の同郷者へと広がった。松坂にある二世帯、津と四日市に一世帯ずつある質屋は、いずれも尾鷲市に在住していた林兄弟の協力・情報提供などをうけて開業したものである。

## 4　経済成長期の尾鷲と福清出身華僑の移住

### 4―1　三重県における福清出身者分布の特徴

以上の事例から、改めて終戦後、特に一九五〇年代から一九七〇年代にかけて、日本を取り巻く世界情勢の変化や日本経済の急成長に伴って、戦前まで各地方に分散居住していた福清出身者が新たなビジネスチャンスおよびより良い生活環境を求めて、地域間の再移住を行ったことが確認できた。三重県の場合は、戦後に急速な発展を遂げた尾鷲市が福清出身者を惹きつけたようである。任道梧より提供された三重華僑総会名簿（一九七二年版）によれば七〇年代初め、三重県に居住した中国人三〇世帯（一三四人）のうち、福清出身者は二四世帯（一〇七人）おり、その半数以上の一三世帯（五八人）が尾鷲に集中していた（資料5―1）。任道梧夫婦によれば、当時中華人民共和国の国慶節や春節などの祝祭日に、尾鷲在住の華僑はよく集まっていたという。

しかし、一九八〇年代以降になると尾鷲市における福清出身者は、徐々に減少し、一九九七年版の三重華僑総会名簿によると、尾鷲市の福清出身者は四世帯（一四人）まで激減していることが確認できる。これは、三重県在住華僑総数自体が一九七二年の一三四人から九四人へと四〇人減、福清出身者総数が一〇七人から七八人へと二九人減という変化と連動している。都市の盛衰と商機の多寡がいかに福清出身者の移住を左右したかを物語る好例であろう。県内各都市の中で、唯一松坂市が、九世帯から一六世帯、三九人から四八人へと増加したのみである。以下では、戦前から戦後にかけて尾鷲市の発展と福清出身華僑の関連性を探ってみたい。

## ４―２　尾鷲の都市化と駅前商店街

一九三〇年代まで三重県内の鉄道網が発達するまでは、尾鷲港は重要な水運拠点であった。天然の良港として、古くから漁業と水運が盛んであった尾鷲港は、明治に入ると東紀州の中心とされ、一九二一年から本格的な港湾事業が実施された。一九六七年に重要な港湾の指定を受け、遠洋漁業や地場産業の輸送拠点として機能していた。また一九六六年に開港指定され[★13]、主に一九六四年に運転が開始した中部電力尾鷲三田火力発電所（二〇一八年一二月に廃止）向けの原油輸入拠点として機能してきた。なお、尾鷲港から須賀利港までの巡行船が二〇一二年九月二九日まで運航していた。

一方、尾鷲駅は、一九三四年に国鉄紀勢東線の尾鷲（当初は「をわし」と称された）駅として開業した。一九五七年、紀勢東線は尾鷲駅から九鬼駅まで延伸した。一九五九年、紀勢線全線が開通すると、尾鷲から、北は亀山駅を経て愛知県へ、南は新宮駅を経て和歌山駅までつながった。こうして、交通の中枢が尾鷲港から尾鷲駅に移行するにつれ、人々の居住地区も海沿いから徐々に尾鷲駅方面に集中するようになり、栄町では長さ約五〇〇メートルの駅前商店街が出来上がった。一九六〇年代中頃から一九七〇年代中頃、駅前商店街は最盛期を迎え、「東紀州で一番華やかな通り」となった[★14]。

前述した林孫琪、任道梧、林梅昌およびそのほかの福清出身者はいずれも戦後になって駅前商店街に自分たちの店舗を構え商売をしていた。彼らは、各通りを単位として構成された商店会や発展会に所属し、歳末セールなどのイベントの主催にも関わってきた。

終戦をきっかけに、地方の主要都市に移った福清出身華僑が駅前の商店街に集まり、小売店を出すケースは全国各地で見受けられる。次節で述べる島根県出雲市の場合でも、戦後、多くの福清出身者が商店街に集まり、ビジネスを展開した。以下では、島根県における福清出身者の移住を見てみる。

## 5　島根県の福清出身者と華僑コミュニティ

島根県も、一九八〇年代までは福清出身者が比較的集中居住していた地域の一つであった。日本の近代化や都市化、各地域における産業、商業の盛衰が、福清出身者の移動およびその生業に大きな影響を与えてきたことを示すもう一つの典型例である。

日中戦争が勃発直前の一九三六年における中国地方の各県では、いずれも一定数の呉服行商人がおり（鳥取県二六人、島根県三九人、山口県五〇人、岡山県六五人、広島県八一人、資料1—2）、福清出身者にとって、中国地方は生業や生活の上で比較的「魅力的」な場所であった。しかし、一九六二年の時点では、岡山県には八世帯、山口県には六世帯、広島県には二世帯と減り、島根県にのみ一七世帯（およそ一〇〇人）が居住していた。その内訳は、出雲市には一〇世帯、浜田市には五世帯、大東町と松江市にそれぞれ一世帯であった。名簿への登録は、任意であり、特に一九六二年の時点では、情報伝達がうまくできていなかったこともあり、名簿に掲載されていない福清出身華僑も少なくはなかった。この点を考慮に入れても、中国地方の福清出身者の急減と、島根県だけの「生き残り」が目立つ。

一九八二年となると、岡山県一〇世帯、山口県三世帯、鳥取県二世帯とわずかな変動があったのに対し、島根県における福清出身者は四七世帯と、一九六二年の三倍近くまで増えた。そしてその内訳は、出雲市一九世帯、浜田市一二世帯、松江市一一世帯、大東町四世帯、益田市一世帯となっている。前出の尾鷲などと同様、一九六二年当時は未成年の二世や三世が独立したことが主な原因であるが、周辺地域のように減少しないことにはどのような要因があったのだろう。

戦後成立した島根県の華僑総会は、一九五〇年代より基本的に福清出身者を中心に運営されてきたが、残念ながら会員名簿などの資料は残されておらず、旅日福建同郷懇親会が編集した同郷名簿（一九六二年版と一九八二年版）、『在留外国人統計』（この場合は「福建省」というカテゴリーとなる）および現地調査で得た情報のみが手掛かりとなる。不完全なデータではあるが、戦前から戦後にかけて福清出身者の島根県、特に出雲市への移住と華僑コミュニティの形成を見てみよう。

## 5―1　島根県への移住

### 5―1―1　後地村の劉一族

劉鴻福[★15]は、一九〇七年に福清県高山鎮後地村に生まれ、一九三〇年代初めに来日し、終戦まで、島根県大原郡大東町（二〇〇四年より雲南市に合併）に居を構えつつ、周辺地域で絹を中心とした高級反物などを行商していた。一九三五年、故郷後地村で暮らしていた妻楊瑞珍（南滘村出身）は長女俊玉（一九三三年生まれ）を連れて故郷の後地村を後にし、船に乗り舞鶴に上陸した。一家は、大東町で同居するようになったあと、さらに六女二男の子どもが誕生し、一一人の大家族となった。ちなみに子どもたちは成人後、同郷者の紹介で、北は北海道、南は鹿児島在住の福清出身者と結婚したことで、全国的同郷ネットワークとのつながりがより緊密になった。例えば、鴻福の三女寿美が嫁いだのは、第四章で取り上げた鹿児島在住の楊忠銀である。

同じ後地村出身の劉道源（一九一四年生まれ）は一九三〇年頃、兄聖瑞を頼って上海経由で神戸に上陸した。[★16]聖瑞はそれより以前に、広島県北部の三次で呉服行商をしていたが、道源の来日後、一緒に島根県東部にある大東町で家を借りて、ほかの同郷者と共同生活をしながらその周辺地域で行商した。当時の同居者には、郭家、李家のちに林誠河一家（後述）もいた。[★17]当時一六歳の道源はしばらくの見習い期間を経て、兄聖瑞から呉服を借りて中国山脈の山間地や日本海沿岸部を回って売り歩いた。この一帯は、中国山脈を縦貫する山陰自動車道、山陰本線が開通するまで、交通の便が悪く、日本人の呉服行商人が敬遠する土地であった。道源は時々鳥取県西部の米子まで行き、農家の家々、温泉街、神社などを回った。大東町の行商人たちは、一度行商に出かけると、半年間ほど旅館に泊まりながら、反物を売り歩いていた。持っていった反物が売り切れると、京都にいる同郷者から郵便局を通じて郵送してもらった。行商人には、長期寓居中の旅館経営者の娘と知り合い、結婚した者も多くいたという。

一九三七年頃、二三歳となった道源は、同郷の林増祥、陳木宋夫妻を仲人に一九歳の陳鈿宋と結婚した。兄聖瑞の助けを受け、出雲市今市町大念寺前にあった共和楼宅で新居を構えた。そこで長男琪英、長女美芳をはじめ三男三女をもうけた。一九四六年に次男勝徳が生まれると、伯父聖瑞に養子として貰われた。劉道源が行商で出かけている間に、鈿宋は家で小物を縫い、旅館で働く女中に売るなどして、家計を助けていた〔劉勝徳、二〇一三、四八四頁〕。

## 5—1—2　海遙村の林一族

現在も出雲の駅前商店街（今市町）で中華料理店五十番を経営している林正健（一九三八年生まれ）は、福清出身の華僑二世で、父林誠河の島根県への移住について以下のように語った。[★18]

林誠河は、一八九八年に福清県高山市海遙村に生まれた。長男正焔が生まれた一九三二年に、誠河は千葉県で呉服行商をしていた同郷人の伝手で日本に渡り、千葉県山武郡の片貝町（現在の九十九里町）で呉服行商をしていた。まずまずの利益を得たようだが、一九三七年日中戦争勃発後、誠河は帰国を決意し、島根県に立ち寄った。そこで、当時大原郡大東町にいた同郷人劉道源らに日本に留まるよう助言され、妻郭銀宋と長男正焔を福清から呼び寄せた。以来、林、劉、李、郭の四世帯が大東町の一軒家で共同生活を始めた。その後、次男正健（一九三八年生まれ）を始め、さらに三男四女計七人の子どもが誕生した。一九三七年、劉道源は結婚を機に一足早く出雲市に引っ越したが、残りの三家族は終戦まで大東町で共同生活を送った。

戦前から島根県を中心に行商していた福清人は、東は大東一帯、西は浜田を拠点にして、それぞれの商圏を持ち、呉服を売り歩いた。戦後、大東町の行商人たちが出雲市に移ることで、福清出身者を中心とした華僑コミュニティが、出雲と浜田の二か所を中心に形成されていったが、出雲に最も集中していた。旅日福建同郷懇親会一九六二年版の同郷名簿によれば、当時の福清出身者は出雲市一〇世帯、浜田市五世帯、松江市と大原に一世帯ずつ分布していた。[★19]ちなみに、出雲に最も早く住み着いたのは林学挙という福清出身者であるというが、[★20]林学挙についての詳細は不明である。

## 5―2　戦後出雲を中心とする華僑コミュニティ

### 5―2―1　出雲市駅前商店街に集中する福清出身者による経済活動

出雲は空襲による被害が比較的少なかったこともあり、終戦後、駅前商店街、なかでも今市町は山陰一を誇る繁栄ぶりであった。大東町の福清出身華僑も、新たな商機を摑もうと、出雲に移り駅前商店街で洋装店や中華料理店などのビジネスを展開した。

一九五〇年代、出雲市駅前商店街で商売をしていた福清出身の華僑は六世帯あった。そのうち劉道源一家は丸源という店を構え、衣料品小売業を始めた。劉聖瑞は同じ商店街で呉服屋ベニヤ商店を経営した。劉鴻福は一九五〇年に出雲市駅前商店街で福星洋装店を開店し、衣料品販売を始めた。開店の際に、戦前から行商で回っていた村々の日本人の顧客がわざわざお祝いに来たという。[★21]林誠河一家は一九四六年頃出雲市へ移った。誠河はしばらく行商を続けたがそのうち華正商店という衣料品店を開き、小売りの傍ら大和紡績出雲工場で働く女工たちの制服の販売を請け負った。制服は、誠河が京都にいる郷という日本人と同郷の林深貴から仕入れてきたものであったという。のちに、誠河は中華料理店美香楼も開店し、自ら経営したが、衣料品店（呉服）の経営は長男正焔に任せた。

一九六〇年代、二世たちが独立するにつれて、駅前商店街とその周辺エリアの福清出身者による店舗は九店舗へと増えた。そのうちの六店舗は呉服・洋装店で、三店舗は中華料理店だった。林誠河の華正商店、劉道源の丸源衣料品小売店、劉鴻福の福星洋装店、劉聖瑞のベニヤ商店以外にも、李泰玉の福建商店（呉服販売、塩冶町）と葉丁康の衣料品販売店（屋号不明、大津町）もあり、出雲に集まった華僑の半数以上は、戦前の呉服行商の経験を活かし、衣料品店を経営していたことがうかがわれる（旅日全国福建省人懇談会準備委員会編、一九六二）。劉勝徳によれば、当時、華僑の家の娘も含めて、多くの若い女性が鐘淵紡績出雲工場で働いており、流行の婦人服、椿油、毛糸、反物などを扱っていた商店街の洋装店は、こうした女性たちの需要を満たす場所として人気であった。[★22]

### 5―2―2　福清出身者を中心とする華僑コミュニティ

終戦後、戦勝国民となり、ナショナリズムが高揚した華僑は、子どもたちに中国語教育を施すべく、出雲にも週末開講の補習塾（中華学校）を設立した。当時小学校四年生だった林正健も、ほかの華僑の子どもたちと同様、土曜日になると大東町から電車に乗って補習塾に通っていた。塾では、半日ほど中国語の授業を受けていた。教員は中国からの留学生であったが、留学生たちの帰国により、二、三年ほどして閉塾した。[★23]

終戦直後の出雲市駅前商店街には、前述した六世帯の福清人以外、台湾出身者も四世帯居住していた。彼らは戦前から留学生として来日し、終戦後そのまま住み着いた人たちであり、学識はもとより、日本語能力、日本文化の受容度も福清出身華僑より高かった。自動車整備の工場経営や日本の小中学校向けの給食用パン工場の経営など、大陸出身者より容易にビジネスが展開できたという。

戦後、ＧＨＱによる戦勝国民への配給物資を分配するために、各地に華僑をとりまとめる組織が必要となり、島根華僑総会が発足した。また、出雲では、若い世代を中心に一〇人ほどのメンバーによる華僑青年会が自主的に結成され、そこで台湾出身者と福建出身者がともに活動していた。日常的にも、台湾出身者と福建出身者の子ども同士が一緒に遊んだり、冠婚葬祭などにおいて助け合うような関係は、一九四九年中華人民共和国が成立後もしばらく続いた。しかし、「中国」についての認識において両者の間に徐々にずれが生じた。社会主義中国に誇りと自信を持つ大陸出身者に対し、台湾出身者が蔑視するような態度をとるようになったという。★24

島根華僑総会成立以来、会長と役員は一貫して台湾出身者が独占してきた。これに対し、大陸出身華僑は華僑総会の会長を会員の選挙によって選出すべきだと提唱した。一九五二年に、多数決で福建出身の郭家章（一九一〇年生まれ、当時島根県浜田市在住）が華僑総会会長に選ばれた。二代目会長も福清出身者の葉芳明（一九三八年生まれ、当時出雲市在住）が継いだ。日中国交回復を控える一九七二年頃に、出雲の台湾出身者全員が中華民国政府からの指示を受けて日本国籍を取得した。

出雲で組織された島根華僑総会は、地理上の理由から、島根県だけでなく、鳥取県在住華僑も対象とする組織であったことは、特筆すべきである。福清出身華僑の郭家章が会長に選ばれた一九五二年当時、両県下およそ一〇〇世帯の華僑が入会していた。★25 一九五〇年代の鳥取県は、米子市に一九四八年に米子医科大学、鳥取市に一九四九年に鳥取大学が設立され、留学生も含め一定数の中国人が集まる地域だったのである。

## 5―3　島根県の繊維産業の盛衰と福清出身者の移住・再移住

さて、林誠河一家が戦後出雲に移り、商店街で華正商店を開店し、大和紡績出雲工場の女工用の制服を提供したこと、また、一九五〇年代の出雲の華僑経営の九店舗のうち、六店舗が洋装・衣料品店であり、鐘淵紡績などで働く女性向けの洋服や化粧品などを販売したことからも、出雲をはじめ島根県における繊維産業の隆盛と戦後における福清出身者の（再）移住が密接に関連したように考えられる。以下では、島根県における繊維産業の近代的発展を概観しつつ、福清出身者の移住・再移住との関連を見てみたい。

明治時代末期から昭和初期にかけて、島根県の産業構造に占める製造業の割合が上昇し、特に繊維・衣服が諸工業部門全体の半分以上を占めるようになった（中国電力エネルギア総合研究所、二〇一三a、一頁）。大正から昭和にかけて、県内外から資本が集まり、大規模な製糸工場も相次いで建設された。例えば、一八九六年に京都で創業した郡是株式会社（のちのグンゼ株式会社）は、一九二三年に簸川郡塩冶村（現在の出雲市）に郡是製糸今市工場を建設し、一九三三年には八〇〇人の従業員を有する大規模な工場となった（後の出雲アパレル有限会社）（中国電力エネルギア総合研究所、二〇一三a、二一―二三頁）。また、一八九三年に株式会社となった鐘淵紡績（一八八七年に東京で創業した東京綿商社が前身）も全国各地の紡績会社を吸収合併することで、業界最大規模となり、一九二五年、簸川郡大津村（現在の出雲市）に鐘淵紡績簸川製糸場を建設・稼働した。

人絹（レイヨン）工業おいて、出雲出身の宍道政一郎によって一九二〇年に出雲製織株式会社が創設され、営業所は大阪市に、工場は簸川郡今市町に置いた。当社は一九二〇年代末期から、陸軍調弁工場（軍需品調達のための工場）、一九三七年には海軍の指定工場として認定されたこと、一九三〇年代より人絹事業にも進出したことから、織物業界で綿製品にスフ（ステープル・ファイバー、人絹の短繊維）を混ぜることが強要された戦時体制下においても、順調に経営を続けることができた。一九四一年、錦華紡績（一九一七年に石川県金沢市で創業)、日出紡績(一九一二年和歌山県日高郡で設立)、和歌山紡織(一八九三年に創業された和歌山織布が一八八七年創業の和歌山紡績を一九一一年に吸収合併した)の三社と合併し、大和紡績となった。そのなかで出雲工場は大和紡績の中核であった。

出雲以外の地域においても、同じ時期に松江市には、郡是製糸と並ぶ大規模な製糸企業片倉製糸が一九二八年に島根県の業界有力者、養蚕農家と共同で松江片倉製糸株式会社を設立し、翌年、同地に大規模な製糸工場を建設した。★26 また、大日本紡績(尼崎紡績と摂津紡績が合併し、一九一八年に大日本紡績として発足)は、人絹工業へ参入するため、一九二五年に日本レイヨン株式会社を設立し、一九三六年にスフ専門工場として、中国地域で随一の水量を誇る江の川が流れる那賀郡江津町に新日本レイヨン江津工場を建設した。

この時期の島根県では、繊維産業以外でも、製鋼所、水産加工、酒造・醸造などの工場建設が相次いだ。こうした近代工場の建設に伴い、その周辺に寮や社宅、附属病院なども建設され、現地の景観、人口構成および生活様式などが大きく変化していった。

経済統制が厳しい戦時下と資材や資金不足の戦後復興期の低迷を経て、一九五〇年に勃発した朝鮮戦争の特需によって活発化した日本経済は、島根県の産業にも大きな影響をもたらした。特に、繊維・衣服類の回復が著しく、一九五〇年代初頭には島根県製造業全体の六割を占めていた。主要工場の一つである大和紡績益田工場は、一九五〇年より人絹製造を行うようになったが、鐘淵紡績簸川工場も戦時中の軍需化を経て、一九四九年より木工と織物の二部門体制で事業を引き継ぐことになり、そのうち織物部門はカネボウ綿糸株式会社出雲工場となった。★27

このように、繊維・衣服をはじめとした、島根県の近代的製造業の繁栄・衰退が、福清出身の呉服行商人を含め多くの人口の流出入をもたらす主な要因の一つとなったと考えられる。一方、戦後に大東町などから移住してきた福清出身華僑の経済活動が出雲市駅周辺の商店街に集中したのは、これまで見てきた他地域の福清出身者と同様、福清出身華僑が戦後、戦勝国民としての特権を活かし、商店街で商売を始めたのが始まりだったと考えられる。ここで比較的短期間に蓄積した資本をもとに、駅前商店街という地方都市の中心部において自分の店舗を構え、一家の生業と生活の拠点としたのである。

出雲市駅前の商店街は正式に出雲市中心商店会と称し、本町、中町通、扇町、駅通、中央通の五つの商店街からなっている。その歴史をたどると、出雲市駅が一九一〇年に山陰線の最西端の駅出雲今市駅として開業され、京阪神から人、モノが大量に輸送されるようになった後、駅前通りを中心に東西南北に商業エリアが広がり、それぞれ商店街を形成したという経緯があった。これらの商店街が戦後高度成長期の波に乗って栄え、大原郡大東町など周辺地域から福清出身華僑の参入を促した。これまで見てきたように、戦後より、出雲市中心商店街に店舗を構えた福清出身者は、紡績工場で働く女性たちの被服、流行の洋服・化粧品の販売、夜遅くまで働く人たちの食事及び宴会の場の提供など、コミュニティの規模こそ小さいものの、居住地域の住民と共にその歴史を歩んできた。彼らが、各地方における産業構造の変化や都市の発展に伴う人々の生活様式の変容に合わせた形で、移住・定住先を定め、職業・生業の多角化を図ってきたといえる。

## 6　まとめ――日本の流通革命とともに

一九世紀半ば以降、日本は「脱亜入欧」をスローガンに、政治、教育、思想などあらゆる分野において大変革を起こし、近代化を遂げてきた。呉服をはじめとする衣食住に関連する商品の流通形態も、この近代化過程において大きく変容してきた。本章では、尾鷲駅前商店街や出雲市中心商店街といった商店街も、戦後における華僑による経済活動の拠点の一つとして機能してきたことを確認した。また、商店街は、これまでの各章で触れてきた行商、百貨店、通信販売、スーパーマーケットと同様、近代日本が経験した「流通革命」の一部であり、日本国内の人々を「顧客」としてきた福清出身者に深く関わってきたものである。ここで、第五章、あるいは本書の中間まとめとして、日本の「流通革命」と称される小売業の流れを、福清出身華僑の移住・定住と職業の変化過程に照らし合わせながら簡単に整理しておく。

## 6―1　大店の呉服屋の近代化――百貨店

江戸時代から続く呉服店三井越後屋（一八九三年に三井呉服店に改称し、一九〇四年に株式会社三越呉服店となる）は近代化を目指すべく、一九〇五年にデパートメント宣言をし、日本初の百貨店となった。当時日本がアメリカから導入した百貨店の主な特徴の一つは、陳列販売という販売スタイルである。陳列販売とは、文字通りに、あらかじめ商品が陳列されており、顧客がそれらを自由に手に取って選べることに特徴づけられており、それまで主流だった座売と比べて[★28]、画期的な販売方法であった。

このような、二〇世紀初頭の三越による近代化革新以来、いくつかの大都市の呉服店が三越の例に倣って、百貨店化を進めていくことになった。一九二〇年代から三〇年代になると、阪急電鉄などの電鉄企業による百貨店の設立も終着駅の沿線開発の一環として進められた。また、地方においても、江戸時代に創業された呉服屋・小間物屋が百貨店へ転換したパターンと、地元の資本家が共同出資の形で新たに百貨店を設立したパターンが見られた〔満園、二〇一五、三六―三八頁〕。

主に大都市に位置する呉服屋が百貨店化した後も、地方への出張販売〔満園、二〇一五、六一―六三頁〕や交通の便が悪い地区などへの訪問販売（行商）を行っていたようである。三重県と和歌山県の県境に位置する勝浦あたりで行商をしていた林孫琪の兄が、地元にある百貨店よしのの外商係として雇われ、ボタンなどの小物を売っていたことは前述した通りである。

## 6―2　通信販売

日本では、一般消費者向けの通信販売は、一八八二年に天賞堂が行った印鑑および貴金属品の販売が最も古いが、本格的に広がるのは、郵便事業やそれを支える鉄道網の整備が進んだ一八九〇年代以降である。実際、ヤマト運輸が宅配便を創始する一九七六年以前、通信販売においては、商品の配送に小包と鉄道郵便が使われていた。また、戦前にはすでに電話サービスがあらわれていたものの、通話料金はかなり高額なため、売り手による広告は主に、カタログ、新聞・雑誌広告、ダイレクトメールなどが用いられ、買い手の注文および代金の決済は、郵便が利用された。

小包郵便が一八九二年、代金引換郵便が一八九六年、郵便振替制度が一九〇六年に始まって以来、様々な商品が通信販売で売られるようになった。呉服、洋服、靴、薬、化粧品などは、大都市に立地する小売店が、地方向けに通信販売で売るようなケースもあれば、お茶や水晶など産地の業者が通信販売で全国に販路を広げるケースもあった〔満薗、二〇一五、八六―八七頁〕。三越などの百貨店も通信販売部門を設け、商品を地方へ売っていたが、新聞社や出版社も、様々な商品を誌上で紹介し、通信販売に進出した。通信販売を専門とする通販専業会社も生まれたが、百貨店との競争で敗れて間もなく姿を消した。

通信販売は、一九〇〇年から二〇年代初頭までの間は急速に発展し、一九二〇年代半ばから三〇年代にかけて、関東大震災および昭和恐慌の影響で、停滞期に入った〔満薗、二〇一五、八九頁〕。通信販売が再び復活したのは、昭和三〇年代、戦後日本経済が再び成長した時期である。

上記の通信販売の歴史的変遷に照らしあわせると、第二章で取り上げた、江紀鈺が行った呉服の通信販売の成否を左右する諸条件が示されている。一九二〇年代後半、福岡県から足利に移った江紀鈺は、鉄道沿線に居住し、地元で生産された反物を日本各地の同郷人に小包と鉄道郵便で郵送していた。また、江紀鈺のやり方に倣って、通信販売を始めた同郷者が各地に現れたという。[★29] 遠方で行商中、反物などが売り切れた際に「親元」あるいは「元締め」から反物を小包で郵送してもらい、行商人はその代金をまた郵便局から親元または元締めに送っていた、というような話は各地で行ったインタビューに出てくる。鉄道の整備と郵便事業の発達によって、住居から遠く離れた農山村や離島地域で売り歩く呉服行商人は、従来の行商人よりは効率的に商売ができるようになったのである。

## ６―３　戦前の商店街

江戸時代には、店舗を構えず、商品を運んで売り歩く行商人が数多く存在していた。彼らは、天秤棒を振り担ぐその姿から、振り売り、棒手振《ぼてふり》と呼ばれていた。明治時代に入った都市部でも、行商人が当たり前のように存在していた。[★30] 明治後期、常設店舗が徐々に主流になっていったが、商品の輸送や集客の利便性から、常設店舗が鉄道沿線の中心駅に密集する傾向があり、その結果としてできあがったのが商店街である。[★31] 一九二〇年代から三〇年代にかけて、日本の都市化が進むなか、多くの商人は、店舗と住居が一体となった小売商店の経営者に変わり、町内会や自治会などの活動を通じて、「町」＝地域と密接な関係性を結ぶようになった。

二〇世紀前半の農民層の減少と都市人口の急増という社会変動のなかで各地に商店街が現れたわけだが、

それは、（雇用層ではない）零細小売商、屋台での商いおよび店舗を持たない行商人に従事するようになった多くの都市流入者を貧困化させない、すなわち「よき地域」を作り上げるために、人工的に作られたものだ〔新、二〇一一、二五一―二六頁〕という指摘がある。戦前、福清出身呉服行商人のなかには、数年間の努力の末、農漁村に近い場所で自分の店舗を持つようになった「成功者」もいた。しかし、数軒の中華料理店を除けば、都市部の商店街へ進出できた者は皆無に等しかった。「日本国民」ではないゆえに「よき地域」の構成員とみなされていなかった福清出身者は、日本人の小売商、行商人と直截な競争を避けた形で、辺鄙な農山村や離島を商圏として、反物を売りあるく戦略を取らざるを得なかったのである。

## 6―4　戦中・戦後の闇市と商店街進出

太平洋戦争が始まった後、戦時経済が徐々に崩壊し、食料をはじめとする物資が不足するなか、全国各地に闇市が現れた。第四章で述べた、熊本県林継発の語りに、姉と兄が小豆と卵を農家から買い取り、市場まで担ぎ売ったというエピソードがあったが、「市場」というのは、戦時下の熊本にできた闇市のことである。闇市は戦後の混乱期においても、仕事を失った労働者のみでなく、復員兵や引揚者などが露店商として参入してきたことによって盛況を呈していた。露天商には、在日韓国・朝鮮人、台湾・沖縄出身者、華僑も多く入っていた。★32 多くの華僑の語りに見られたように、戦後の混乱期において多くの華僑は、闇市での取引を通じて一定の資本を蓄えることができた。

一九五〇年初頭、日本経済の回復に従い、闇市をベースに多くの商店街が新たに誕生した。これらの商店街は、戦後の都市化ブームに乗じ、著しい発展を遂げていき、一九七〇年代にその最盛期を迎えた。

戦後、多くの福清出身者が各地の商店街で店舗を構え、衣料品販売店、洋品店、中華料理店、遊技場などの商業活動を展開するようになった。これまでの各章で見てきたように、戦後闇市での商売を基盤に、その後多角的にビジネスを展開していった華僑もいれば、一九五〇年代から六〇年代に商店街が発展・繁栄した時期に、既存の同郷・同族ネットワークを頼りに参入してきた華僑もいた。日本人と共同出資し、土地を買ってビルを建てる華僑も多くいた。

オイルショックのあった一九七三年までが「商店街の安定期」〔新、二〇一二〕であり、小売を営む商人たちが最も利益を得た時期であった。夜遅くに仕事を終え食事に来る人も多く、毎日午前二時まで営業していたという、出雲市中心商店街で中華料理店を経営する林正健の語りにあったように、高度成長期の日本の好景気がそのまま福清出身華僑の経済的活動の活発化につながり、商店街の賑わいに現れていたのである。

一九七〇年代半ば以降は、スーパーマーケットの普及やフランチャイズチェーン形態でのコンビニの地方都市への進出など、流通業界で大きな変革が起きた。★33 一九八〇年代以降、乗用車の普及や幹線道路網の整備に伴い、大型店が続々とショッピングセンターの形で郊外のロードサイドに出店することによって、繁華街に位置する商店街は徐々に窮地に追い込まれていく。両者は立地上の「隔絶」のみではない。大企業が組織的に展開する小売店舗は商品の価格や品質においても、個人商店との格差を広げた。こうした流れによって、個人商店からなる商店街は衰退の一途を辿り、シャッター街へと化した〔新、二〇一二、一〇―一一頁〕。さらに、地方経済が低迷するなか、若者の大都市部への流出が止まらず、後継者不足が原因で閉店する店も後を絶たない。本章で見てきた島根県出雲市、三重県尾鷲市もまさにその典型的な例であり、そこに居住する福清出身者もその影響を直接受け、経済活動とともにコミュニティが縮小し、消失の危機さえ憂慮される状況になった。

★1　林孫琪は、一九三三年一〇月二八日に中国福建省福清県に生まれた。八七歳の誕生日直前の二〇二〇年一〇月二五日に、尾鷲市野地町にある林孫琪が経営するカラオケ富士でインタビューを行った。林孫琪の次女（一九七〇年生まれ）夫婦も同席し、情報を補足してもらった。

★2　ここの東南海地震とは、一九四四年一二月七日に紀伊半島南東沖を震源として発生した、昭和東南海地震のことである。遠州灘沿岸（東海道）から紀伊半島（南海道）にわたる一帯は被害が集中していた。紀伊半島における空襲については、一九四二年四月、岩出町（岩出市）や粉河町（紀ノ川市）で初の空襲を受けて以来、沿岸部の都市の港湾施設や石油関連施設および内陸部の都市が戦略爆撃や機銃掃射を受けていた。

★3　戦後から一九七二年まで三重県には、台湾系（中華民国支持）の華僑総会が存在しており、三重県華僑の配給物資は当華僑総会を通じて受領していた。孫琪はまだ幼かったため、砂糖やせっけんの類は、華僑総会から受領したものだった可能性も否めない。

★4　二〇二〇年四月四日に行われた、江春枝へのインタビューに基づく。

★5　一九五四年、北牟婁郡尾鷲町、須賀利村、九鬼村、南牟婁郡北輪内村、南輪内村が合併し、尾鷲市となった。

★6　京都府宇治市黄檗山萬福寺境内にある中国人墓地。一九四七年一二月二二日、黄檗山萬福寺において「華僑墓地創設委員会第一回委員会」が開かれ、一八名の華僑と黄檗山萬福寺関係者五名が出席し、「京都華僑墓地の永代使用」が認められた。のちに全国から寄付金が募られ建設（京都華僑墓地委員会、一九九〇『漢松春譜』第二号）。現在は華僑総会の下部組織である京都華僑墓地委員会によって管理されている。

★7　中華人民共和国の建国記念行事に日本の華僑も参加したのは、一九七一年が最初だった〔日本華僑華人研究会、二〇〇四、四〇八―四一〇頁〕。

★8　二〇二一年四月四日、江春枝の話に基づく。春枝の娘も東京「尾鷲の会」のメンバーである。

★9　二〇二一年四月四日、江春枝同席のもと、林梅昌の次男林康貴宅で、その妻任隆子へインタビューを行った。林一家の家族誌は主にこのインタビューに基づく。

★10　蔡一族の情報は、主に二〇二〇年六月二二日に行われた蔡義雄への電話インタビューおよび、二〇二二年一一月一七日に津市の自宅で行われたインタビューに基づく。蔡義雄の伯父（母方の兄弟）に当たる葉修億の手記は葉勝億と林祥増より提供を受けた。

★11　光華楼は一八九七年に来日した福清出身華僑翁善畊が一九一七年に久留米に開店させた久留米初の中華料理店。葉修億の回想に出てくる翁春生とは二代目である。翁春生の子である幸光は蔡義雄と同級生であったという。翁一族は戦後、光華楼などの飲食店経営以外にも、映画館四軒にボーリング場、スケート場などのビジネスも展開し、地元での影響力が大きかった。

★12　鄭従興に関する情報は、蔡義雄の妻鄭定宋からの教示による（二〇二二年一一月一七日、津市にて）。

★13　外国との貿易ができるようにするための関税法上の手続き。貿易船出入港数や輸出入額の条件を満たせなくなり、二〇一七年一月一日に開港指定が取り消された。

★14　中日新聞ｗｅｂ、二〇二一年一月五日付、二〇二一年一月六日に閲覧。

★15　劉鴻福に関する情報は、二〇一九年八月に、鹿児島市内で行われた三女劉寿美へのインタビューに基づき整理したものである。

★16　劉道源に関する情報は、その子息である劉勝徳（一九四六年生まれ、岡山市在住）の教示による（二〇二二年三月一二日、岡山市内にて）。一方、劉鴻福の三女劉寿美によれば、鴻福が帰郷した際に同郷の劉道源を連れてきたという。鴻福、聖瑞と道源三人とも同じ船に同乗して来日した可能性が高い。

★17　旅日福建同郷懇親会による一九六二年全国同郷名簿によれば、福清県高山市北坑村出身の郭如金（一九〇二年生まれ）一家は大原郡大東町東阿用で呉服と商品を扱う吉田屋商店を経営していた。また、高山市北坨村出身の李賡樑（一九〇六年生まれ）一家が共和楼（料理業）、賡泰（一九一一年生まれ）一家が三誠楼（料理業）を駅前商店街（今市町）で、李泰玉（一八九五年生まれ）一家が福建商店（呉服販売）を塩治町で経営していた。

★18　林誠河に関する情報は、二〇二二年三月一一日、出雲市駅前商店街の中華料理店五十番にて、林正健と妻兪智恵（一九四二年仙台生まれ）へのインタビューに基づき整理したものである。

★19　現在の雲南市大東町、同加茂町全域と、同木次町の温泉地区と熊谷地区を除いた地域を指す。

★20　二〇二二年三月一二日に岡山で行われた劉勝徳へのインタビューに基づく。
★21　劉鴻福一家に関する情報は、三女寿美（一九四〇年生まれ、鹿児島楊忠銀に嫁ぐ）の教示（二〇一九年二月）による。
★22　劉勝徳の教示による（二〇二二年三月一二日、岡山にて）。
★23　林正健の教示による（二〇二二年三月一一日、出雲にて）。
★24　劉勝徳の教示による（二〇二二年三月一二日、岡山にて）。
★25　二〇二二年三月一二日、岡山で行われた劉勝徳へのインタビューに基づく。
★26　一九四〇年に片倉製糸本体と合併し同社松江製糸所となり、一九七九年に閉鎖した。
★27　織物部門は二〇〇四年まで存続したが、木工部門は出雲木工として今日も存続する。〔中国電力エネルギア総合研究所、二〇一三b、一一―八頁〕
★28　座売とは、店員が顧客に正対して座りながら販売するスタイルを指す。店員が顧客の要望を聞きながらその要望にかなう商品を選び、それを「小僧」と呼ばれる見習いの店員に、奥の倉庫（蔵）から持ってこさせる形をとる。
★29　二〇一九年五月に行われた、江洋龍へのインタビューによる。
★30　例えば一八九六年の広島県では、小売商総戸数のうち、常設店舗商の割合が三八・二パーセントであったのに対し、行商が六〇・三パーセントであり、露天商が一・六パーセントであった〔梅村又次、一九八八「商業と商業統計」梅村又次ほか著『長期経済統計2――推計と分析 労働力』東洋経済新報社〕。
★31　広義的には、江戸時代の城下町、宿場町、門前町などの「商店街」も含まれうるが、一九二〇年代から三〇年代以降に出現した近代的な商店街は、一定の空間内の店舗の共通利益を図るために商店会や振興組合が組織されているところに特徴づけられる。
★32　例えば、島村が調査した熊本市河原町の闇市の担い手は、在日朝鮮人、日本人、沖縄出身者・華僑が、それぞれ三分の一ずつ占めていた〔島村、二〇一三、二二頁〕。筆者が日本各地で行った一九三〇年代以前に生まれた華僑へのインタビューの中にも、戦後闇市で取引していた話がよく出ている。
★33　福清出身華僑とスーパーマーケットの関わりについて、第四章熊本県を中心に九州でニコニコ堂を創業・展開した林一族を参照されたい。林一族のように、熊本県を中心に周辺地域までチェーン店を展開していったケースは極めて少なく、多くの福清出身者は個人商店を経営していた。

# 第6章　福清華僑二世による同郷紐帯の継承と同郷意識
## ――旅日福建同郷懇親会の設立と活動

### はじめに

福清出身者の同郷・同族紐帯が特に一世華僑の日本への移住・定住およびその後の暮らしに重要な要素として機能してきたことは、これまでの各章の議論で明らかとなった。また、戦後、主に福清出身の二世華僑によって、全国的同郷団体である旅日福建同郷懇親会が設立され、会員名簿の発行や年次大会の開催など、盛んな活動が行われてきたことから、二世も同郷紐帯を重要視していることがうかがわれる。日本社会が少しずつ外国人に開かれるようになる一九八〇年代まで、二世の就学、就業および結婚などの問題は、親の同郷紐帯に頼るところが多く、彼らは多かれ少なかれ親世代のつながりの受益者でもあったのである。

そのため、個人によって程度の差はあるものの、福清出身の二世華僑は福清（福建）人意識と同時に中国人意識や出生地への愛着など多重的な帰属意識を持っている。では、戦時中に日本に生まれ育ち、父母の故郷である福建、福清に行ったことのない彼らにとって、福清人という意識は果たしてどのような意味を持つのだろうか。また、それが中国人意識や出身地への愛着とどのように関連するだろうか。

華僑華人の地縁・血縁・業縁紐帯について論じる際に、「幇《バン》」という概念がしばしば用いられる。幇はもともと、助ける、そばから手を貸すことを意味しているが、転じて仲間、同郷や同業や結社の組合、その会員のことを指す〔可児ほか編、二〇〇二、六四六頁〕用語となった。地縁・血縁・業縁紐帯に基づく幇は、華僑社会の中核として、これまで多くの研究者に注目され、議論されてきた。代表的な論考には、呉主恵〔一九四四〕、陳荊和〔一九七二〕、須山卓〔一九七四〕、市川信愛〔一九八七〕などが挙げられる。各幇は、会館、公所などの同郷・同業組合を通して、相互扶助と共通利益の獲得を目的としているため、幇のこの理念こそ、華僑間の紐帯の源であり、華僑社会を幇から理解することは華僑の本質を突き止める重要な視座である、と呉は主張する〔呉、一九四四〕。日本の福州（福清）系華僑の行商ネットワークを分析した許淑真も、福清出身華僑は、地縁と血縁に基づいた広汎なビジネスネットワークが形成され、決してその他の出身地の幇の介入を許さなかったと指摘した〔許、一九八九、七四頁〕。これまで幇についての多くの研究は、一世華僑を対象とし、幇が形成した歴史的背景と初期に果たした機能の分析に重点が置かれていたため、幇は、排外的、狭隘的な色彩を帯びている。また、冷戦が終結した一九九〇年代以降、陳天璽が示唆したように、これらの分析は、中国を「世界」とし、華僑の中国（故郷）への帰属意識を前提としているため、（二世以降の）華僑が居住国の一員となり、多重的なアイデンティティを有する今日においては、幇を華僑社会そのものとみなす視座は時代の要求に応えられなくなっている〔陳天璽、二〇〇一、四九—五二頁〕。

すなわち、かつて華僑華人社会の中核だった幇は、時代の流れそして世代交代に伴って、その意味合いのみでなく、存続意義すら変わってきたように思われる。特に居住国で生まれ育ち、冷戦の時代を経験した二世、三世の華僑は、生活環境や受けた教育など様々な面で一世と大きく異なるため、彼らを対象とする研究では、同郷・同族・同業紐帯に基づく幇よりは、その上位概念となる国家や民族への帰属意識の変化に着目点が置かれる傾向が強い。その一方、彼らの同郷意識に関しては、まるでそれが国家意識に取って代わられ、消失したかのように、ほとんど注目されることはない。

本章では、福清出身者が戦前から各地で設立した同郷団体を整理したうえで、一九六一年頃に組織された全国的組織である旅日福建同郷懇親会の設立の経緯と活動を、戦後活発になった中国大陸と台湾出身の留学生運動、当時の国際情勢および日中関係と結びつけながら分析し、そこに深く関わってきた福清出身二世の同郷意識と民族意識について考察する。最後に、二世以降の福清出身華僑コミュニティの状況と同郷懇親会の役割について展望する。

## 1　戦前の福清出身者による同郷団体

居住地域が分散し、経済力も比較的弱かったため、福清出身者の同郷団体の結成はその他の出身地の華僑と比べかなり遅れを取っていた。戦前の福清出身華僑による団体は以下のとおりである。

一八九九年に、福州幇華僑を中心に設立された三山公所は会員三〇〇人を有し、雑居令の公布によって急増する福清出身者に対応すること、そして一六二九年に福州幇の船主らが航海の安全を祈るため建立した崇福寺の運営と各種祭祀の催行を目的としていた。一九〇六年、大阪呉服行商人が所属する福州幇は旅日華僑福邑公所を設立し、会員七〇人であった〔内田、一九四九、三一二頁〕。東京在住の福建系華僑は一九二四年に親睦・互助を目的とした福建同郷会を設立し、一九三一年、横浜、東京の福建華僑は福建京浜聯合会を設立した（日本華僑華人研究会、二〇〇四、五二二頁）。京都では、一九二四年に中華民国福州同郷会京都本部が設立され、会員は一〇〇人だった[★1]。神戸の福州系華僑は一九三五年に旅日兵庫県華商綢業公会（現在の神戸福建同郷会前身）を設立し、会員は三〇人であった（内田、一九四九、三二一頁）。福建や福州という名を冠したものの、これらの団体の構成員のほとんどは、当時各地で呉服行商を営む福清出身者だった。

同郷会以外にも、血縁紐帯に基づく帮組織が福清出身華僑によって作られた。関西地区に居住した高山鎮東瀚村出身の林氏一族は、一九二五年に元帥府を作り、村の保護神である田府元帥の誕生日と昇天日に年に二回集まって、祭祀を行っていた。集会や祭祀の場所の用意や参加費の徴収などは、輪番制によるものだった。元帥府は多い時でも二十数世帯と規模は小さいものの、日本華僑による血縁集団として、現時点で確認された唯一の団体であった。世代交代に伴い、日本社会への同化が進み、元帥府は二〇〇七年に解散となり[★2]、「元帥」たる神像は東瀚村林氏宗祠（祠堂）に帰還された。

戦前の福清出身華僑は、各地に分散居住していたうえに経済的基盤が弱く、自らの会館を建設することは困難であった。こうした経済的・地理的条件に制限され、近隣の同郷と時折集まり、情報を交換するのが限界で、長崎や京都で年に一度開催された普度のような同郷会活動に参加できない者が多かった。日中戦争勃発後、日本政府は、中国各地で樹立された日本の傀儡政権および日本政府の関連政策を支持させるために懐柔政策を施す一方、在日華僑に対する管理・監視を強化するために、一地区一団体（華僑聯合会）の統合政策を実施し、各地の同郷・同業団体を解散させた（中華会館編、二〇一三、二〇二―二〇八頁）。

## ２　華僑青年運動と福建出身の二世華僑

戦後、東京を中心に日本留学中の台湾・大陸出身の留学生による自らの権益を守る運動が盛んになり、それに触発され日本で生まれ育った多くの華僑青年も運動に参加した。それだけでなく、のちに留学生に代わって主導し華僑運動として発展させていった。この過程において、各地方に居住していた福清出身の二世華僑も多く活躍した。以下では、日本華僑華人研究会編『日本華僑・留学生運動史』を手掛かりに、戦後、福清出身の二世華僑の動向および華僑の社会的・政治的地位の変化の背景を紐解いていく。

### ２―１　留日華僑総会と各地の華僑総会（華僑聯合会）

戦後、戦時中に敵国人として監視され、団体活動を一切に禁じられてきた華僑や、徴用工として動員され日本の敗戦とともに「中華民国人」となった台湾出身者は、自ら団体を復活または設立するなどして華僑としての正当な権益を得るために動き出した。

自主性を取り戻した各地の華僑聯合会は、組織、機構、人事において全面的な改革を行った。各地の華僑聯合会の本部でもあった東京華僑聯合会は、東京在住華僑の会員受付、会員名簿の作成、日本政府に生活物資を要求し華僑に配給すること、華僑の封鎖預金を引き出せるよう大蔵省と交渉するなど、当時華僑が抱えていた様々な問題解決に取り掛かった。一方、台湾出身者によって一九四五年九月に明治学院（後に明治学院大学）で台湾同郷会が組織され、会員名簿の整理、徴用工の生活、帰国問題および同胞への配給物資の要求、封鎖預金の特別引き出し許可の交渉などに当たった。

一九四六年四月一八日に、在日華僑の全国統一組織として留日華僑総会が成立した。各都道府県に地区の華僑団体の統括を目的とする華僑聯合会が設けられ、留日華僑総会の下部組織としての役割を果たした。五月に、東京華僑聯合会と台湾同郷会が合併統一し、東京華僑聯合会となったが、各地においても、華僑と台湾出身者を会員とする華僑聯合会が設立された。また、全日本華僑を代表する唯一の華僑総会として、留日華僑総会の役員は、各地の華僑聯合会から選出されたが、特に地方在住の福清出身者も多く入っていた。例えば一九四七年の留日華僑総会役員一覧を見ると、北海道華僑聯合会からは陳必挙、鹿児島華僑聯合会からは陳金和などが、名を連ねていた〔日本華僑華人研究会編、二〇〇四、二一八―二二七頁〕。留日華僑総会は、在日華僑を代表する機関として日本政府、連合軍総司令部および中国駐日代表団に対して交渉などを行っていた。なかでも、東京華僑聯合会の果たす役割が大きかった。

ここで、福清出身者を含め多くの華僑の生計に深く関わる二例を紹介する。その一つは、日本政府による飲食店禁止令への抗議と交渉である。戦後の混乱期に、統制品であった米や小麦粉を使った飲食店が急増したことを受け、一九四七年七月に日本政府は飲食店の禁止政令を出した。これに対して、東京華僑聯合会が各地区の華僑組織に呼びかけて抗議集会と抗議デモを行った。のちに、日本政府と交渉した結果、華僑の店に対し毎月一定量の業務用米、小麦粉を特配することが認められた。つまり、華僑の経営している中華料理店や寿司屋は原則として個人が米または小麦粉を持参し、これを加工して個人に提供し、加工賃、加工用材料費を受け取ることができるようになった〔日本華僑華人研究会編、二〇〇四、二四七―二四八頁〕。もう一つの例は一九四九年三月、日本政府が日本国および日本人の財産と諸権利を守り、外国人の投資や事業活動を制限する目的で発布した「外国人の財産取得に関する政令[★3]（五一号）」に対する抗議と交渉である。「政令」の規定に従えば、華僑は土地を買って、店を建て、営業をすることはできないため、東京華僑聯合会は大集会を開き、日本政府に対する抗議デモを行う一方、留日華僑総会と協力して、中国政府駐日代表団や連合国軍最高司令官総司令部に陳情したり、日本政府と直接交渉をした。その結果、華僑が一世帯につき、一軒の住宅兼店舗の土地、建物を購入または建築する場合は関係部門（外資委員会）に申請のうえ許可を得ることで合意した。以来、東京華僑聯合会が華僑の相談に応じ、煩雑な申請手続きの要求に合致するよう指導し、外資委員会に代理申請するなどサポートした。このような状況は、土地、建物の取得、売買が自由にできるようになる「日華平和条約」が締結された一九五二年四月二八日まで続いた（日本華僑華人研究会編、二〇〇四、二五〇—二五一頁）。

その他にも、東京華僑聯合会は、華僑の特別税の納税義務や、公司登録（会社設立）に関する交渉、外国人登録など戦後の華僑の政治的・経済的利害に関わる一連の交渉を日本政府をはじめ関連の機関、部門に対し行ってきた。その結果、東京華僑聯合会は多くの華僑の信頼を得て、その後も全国各地の華僑聯合会の中核的役割を果たし続けた。

### 2—2　留学生運動から華僑運動へ

一九四五年八月の終戦から一九四六年にかけて、東京に留学中の台湾出身者と大陸出身者による学生団体が合併し、中国留日学生東京同学会が設立した。その後、北海道、仙台、横浜、京都、大阪、神戸、福岡、長崎などでも同学会が相次いで設立した。一九四六年五月、これらが統一し全国的組織である中華民国留日同学総会（以下「同学総会」）が誕生した。同学総会が成立した当時、日本全体の中国人留学生はおよそ一七〇〇名であり、大陸、台湾と華僑を含む一一〇三人の学生が同学総会に登録されていた（日本華僑華人研究会編、二〇〇四、五四—六三頁）。同学会の当初の活動は、主に貧困学生の救済と留学生の交流促進だったが、のちに、留学生の政治学習、体育、文化、国際交流までに拡大した。中華人民共和国成立後、日増しに激しくなった国民党政府と日本当局によるイデオロギーの弾圧、多くの学生と華僑青年の「帰国建設」（新しく成立した社会主義中国の人材として帰国すること）の支援、中国代表団の受け入れなどの共通課題を解決すべく、同学会は各地の華僑総会などとの交流も増えた。また、一九五四年一一月に開かれた中国留日学生同学総会の第一八期会員代表大会において、初めて華僑出身の郭平坦が同学総会主席として選出されたことは、「留学生の同学会」から「華僑学生の同学会」への転換点となった（日本華僑華人研究会編、二〇〇四、一二五—一二六頁）。

以来、神戸や京都など地方の同学会においても、新中国建設のため帰国した留学生に代わって、華僑青年が会運営の主力となっていった。一九五五年一二月、同学総会の機関誌『学生報』一〇〇号を記念して「主張」欄で同学会の活動の新しい方向を記した。すなわち、華僑青年が中国人としての自覚と誇りを高め、それに基づいて学習を強化することを呼びかけると同時に、引き続き中日両国の交流の懸け橋としての任務も課せられていることを強調するものであった。一九五六年一月、同学総会第二〇期大会では、学習と文化活動を通じて団結を強化することを基本に、重点的に東京、横浜、京都、大阪、神戸、長崎などの八校の中華学校の民族教育への援助に重点を置くことを決定した。また、華僑全体に民族教育の意義を宣伝し、できるだけ多くの華僑子弟を中華学校に送るよう各地の華僑総会に働きかけることを決定した（日本華僑華人研究会編、二〇〇四、一三一—一三三頁）。この時期から、楊忠銀（鹿児島出身）や陳立清（東京出身）など多くの福清出身の二世華僑が同学会で活躍しリーダーシップを発揮した。

一九五六年五月五日、同学総会創設一〇周年を記念し、一九団体の代表一二〇余人に、全国二三地区からの青年、学生および華僑六〇〇人が東京の国鉄労働会館に集まり、第一回旅日華僑青年聯歓節を行った。その翌日に、各地の華僑青年の団結を強め、地区間の連携をより緊密にするための全国的な協議機関として、全国的な華僑青年団体、旅日華僑青年聯誼会（「華青聯」と略す）が設立され、同学総会が華青聯の事務局を担当した。以来、華僑青年の全国範囲の活動が始まり、「日本生まれの華僑二世が主人公となる新しい時代を切り開く」こととなった〔日本華僑華人研究会編、二〇〇四、一三八頁〕。

一九六一年五月五日、華青聯の各地の代表五〇人が京都で第二回代表者会議を開き、四年間〔第一回は一九五七年に神戸で開催〕の活動を振り返り、以下の三点を決定した。すなわち、第一に、活動は、祖国を愛することを趣旨にし、学習を通じて各青年団体が団結と愛国の道をめざすこと。第二に、すべての青年団体は華青聯に参加し、愛国学習運動を組織すること。第三に、すべての華僑青年が祖国を理解し、華僑の伝統的文化と事業を継承できる立派な中国人になるよう努力すること、である。代表会議では、華青聯を華僑青年団体の連合体とし、会章を制定し、本部を東京に一本化し中央機関とすることが決定された。主席に韓慶愈、副主席に曽徳深〔横浜〕、林伯耀〔京都〕、金翬〔神戸〕、趙家義が選出された〔日本華僑華人研究会編、二〇〇四、一四八―一四九頁〕。そのなかで福清出身の林伯耀は、居住地である京都において、その兄弟である伯誠、伯栄などの華僑青年と共に華僑運動を推進し、のちの旅日福建同郷懇親会発足の主要メンバーとなった。

一九六一年八月、華青聯の機関誌『東風』が創刊され、福清出身華僑陳立清がその主編を務めた。話題は中国内外情勢や日中関係、主張、論説、評論、時事解説、研究論文、歴史、文学、随筆、華僑青年の意見や各地区の通信員が収集してきた多彩な話題など幅広い内容によって構成されていた。なかでも、結婚、就職、民族教育の問題について多く議論されており、愛国団結運動に熱中していた華僑青年の内面世界が如実に映し出されていた〔日本華僑華人研究会編、二〇〇四、一四九―一五〇頁〕。『東風』は六年間発行され、日本各地にいた華僑青年の交流を促進し、愛国意識を高めるのに寄与した。この精神は、のちの福清出身者の全国組織である旅日福建同郷懇親会や各地の福建同郷会の活動にも受け継がれていった。★4

華青聯は一九五六年から一九六八年の間、各地で一〇回にわたり青年聯歓節を行った。毎回、全国各地から華僑青年が参加し、少ない時で三〇〇人ほど、多い時には六〇〇人の参加者がいた〔日本華僑華人研究会編、二〇〇四、一八四頁〕。青年の交流以外、中国国内外の情勢についての学習、中国映画・文芸の鑑賞などがあった。一九六八年、横浜で開かれた第一〇回聯歓節は華青聯の最後の大規模な活動であり、各地の華僑青年による擁権闘争も反映された。聯歓節では、京都華僑の光華寮闘争以外にも、鹿児島華僑の公有財産を守る闘争、島根県の福清出身華僑による青年組織の活動などが報告された〔日本華僑華人研究会編、二〇〇四、一八二頁〕。

以上のように、一九五〇年代半ば頃から、日本生まれの若い世代を中心とする華僑が留学生に代わって、中国人の権益を守る運動をリードするようになった。それまで華僑としての共通の境遇にちなんだ諸々の問題を抱えつつ、交流の場がなかった華僑青年は、同学会や聯歓節への参加を通じて、自分たちが置かれている国内外の現状を知り、自らの権益を守りつつ、中国人としての意識を高めていったことがうかがわれる。また、「中国人」の下位概念として「福建人」または「福清人」の意識もそこから芽生え、強まったと考えられる。以下では、福清出身者の同郷組織の拡大・強化のプロセスを見てみよう。

## 3　戦後の福建出身者による同郷団体の復活と連携

### 3―1　各地の福建同郷会の復活と活動

戦後、東京、横浜、京都、大阪、神戸、福岡、長崎などの都市部において同郷会が相前後して復活又は誕生したが、活発な活動を展開しなかった。敗戦後の社会的混乱と不安定な経済的状況のなか、華僑は、主な生業であった中華料理業や理髪業、洋服業などの同業者同士の連携を強める同業組合や、税務、許認可事務を取り扱う各地区の自治会の活動に力を入れ、同郷会の活動を展開する余裕はなかったことが一つの要因であった。

### 3—1—1　東京の福建同郷会

東京の福建同郷会（正式には「留日福建同郷会」）の場合は、一九四九年一〇月に中華人民共和国成立後、華僑が新中国を支持し団結することを防ぐために、国民党政権が駐日代表団の幹部を同郷会の役員に送り、同郷会に圧力をかけ、その活動に干渉した。「代表団」の政治的圧力を排し、同郷会の活動を再開させるために、一九五四年九月、役員改選のために会員大会が東京築地で行われ、福清出身華僑一八名が役員として選出され、楊文疇が会長に就任した。それと同時に、国民党政権を支持する福清出身者が会を離れ、別の組織を作り活動した。それ以後、福建同郷会は、会員の親睦旅行や国慶節などを主催し、活発な活動を行うようになり、若い世代の華僑も会員として加わった。一九五七年三月から、親睦無尽★5が毎月の理事会に合わせて定例主催されるようになり、集まった資金は会員に貸し出され、その利息は運営費の補助に回った。一九六六年、神楽坂で同郷会所有のビルを建築し、一階は中華料理店として貸し、二階を同郷会の事務所とした。同郷会館の建設に伴い、同郷者の財産（不動産）の保存、管理と会の財政的基盤の確立のために、同郷会は福清出身華僑からの募金七二〇万円を資本金に法人組織有限会社福建同郷会館を設立した。一九七一年に、神楽坂の会館を売却し、福建、江蘇、浙江三省同郷会が共同でビルを購入し再建したのが、東京華僑会館ビル横の華東会館である。三省同郷会共同で設立した有限会社華東会館は各省から五人ずつの役員が株主となり、初代社長として福建同郷会から林金順が就任した。そのあと江蘇、浙江の順番で各同郷会の会長が同社の社長を兼任することになった〔日本華僑華人研究会編、二〇〇四、五二一―五三〇頁〕。一九八九年、東京華僑会館が再建される際に、三省共同で出資したため、今日の東京華僑会館三階部分は三省の同郷会の財産として運用されている。[★6]

二〇一八年現在東京福建同郷会の会員数は一〇五世帯、約五〇〇人であり、その三分の一ほどは戦後に栃木や群馬など地方から東京に移住した者である。また、会員には横浜の福建同郷会に所属している者も一定数存在する。会館建設費用の募金の際に、横浜在住の福清出身華僑も寄付したため、資産配分の対象者として会員となっているからである。[★7]現在の同郷会の活動は、新年会と二〇年ほど前に始まった納涼会のみで、そのいずれも会員の高齢化に伴い参加者は少ない。新会員の吸収は、資産配分の問題が絡んでおり、信頼関係のある者のみ、二人の正会員の推薦および理事会での承認を以て会員として迎えることになっている。二〇一八年七月現在、新華僑の会員は三世帯である。

横浜福建同郷会には、国民党政権を支持する華僑が多く、歴代の会長（大陸を支持する華僑でも）が台北駐日経済文化代表処[★8]に表敬訪問する慣習がある。このように同会は、立場を明確に表明しており平和的分裂の道を歩んだ東京の福建同郷会と対照的である。[★9]また、後述の旅日福建同郷懇親会の大会の主催も、日中国交回復後の一九七三年までは困難であった。しかしながら、同郷者間の相互扶助の精神は一貫して受け継がれてきた。ここもまた会員の高齢化とともに新華僑会員の活躍が観察される。これについては第八章で言及する。

### 3―1―2　京都の福建同郷会

京都では、一九二四年福州同郷会京都本部が設立されたが、一九三七年日中戦争勃発後に活動中止となった。しかし、（第七章で触れるが）一九三〇年に宇治黄檗山萬福寺で一回目の普度を主催するために、福清出身華僑が協力したことが戦後福建同郷会設立の契機となった。京都では、福建同郷会の活動は京都華僑総会の名の下で行われてきた経緯もあり、以下では京都華僑総会の動きを見てみよう。

戦後、孫鳳山を隊長に約二〇人の青年による華僑青年隊が結成された。これは、戦時中、光華寮に入居した中国人留学生からの影響が大きかった。留学生との交流から、華僑青年が中華民国政府の圧政や腐敗を知り、革命思想を学んだ。一方、終戦後、京都華僑は生活の向上や権利擁護を目的に、京都華僑聯合会を結成した。また、京都華僑の墓地問題に取り組むため華僑墓地創設委員会もこの時期に立ち上がり、京都華僑聯合会の総務部長、福清出身華僑林同禄が墓地創設委員会の委員長となった。一九四七年一二月、黄檗山萬福寺で京都華僑墓地創設委員会第一回委員会が開かれ、萬福寺境内後方の山地三〇〇〇坪を永代借用することが取り決められた。この時、華僑から募られた寄付金一〇万円が萬福寺に寄進された。のちに、京都華僑霊園が建造され、京都華僑総会（華僑聯合会）のもとにある京都華僑墓地委員会によって管理されてきた[★10]。

一九四七年一二月二三日、京都在住の台湾出身者による台湾同郷会と京都華僑聯合会が合併し、京都華僑総会に改組され、林同禄が会長となった。戦前から来日した大陸出身者に、台湾出身者と旧「満州国」からの留学生も加わり、会員七〇〇人を数えた。一九四九年に中華人民共和国が成立すると、京都の華僑社会においてイデオロギーの対立が起こり、華僑総会の役員は、会長以下すべてが中華民国支持、いわゆる「親台湾派」に変わった。以来、中華人民共和国を支持する会員への弾圧が始まった。中華民国支持の京都華僑総会に対抗するために、一九五九年に若い世代の華僑によって京都華僑青年会が、また一九六五年に「新中国」を支持する華僑によって京都華僑聯誼会が組織された。日中国交回復後、新中国支持の華僑の働きによって、京都華僑総会と京都華僑聯誼会が一九七五年に京都華僑総会に統合され、中華人民共和国支持を表明して今日に至っている。二〇一三年時点の京都華僑総会の会員数は、二二〇世帯である。一方、中華民国支持派は中華民国留日京都華僑総会を新たに組織し活動を続けた。

京都福建同郷会の事務所は、京都華僑総会の中に設置され、総会の下部組織として福建との交流、普度勝会の開催、旅日福建同郷懇親会の開催など独自の事業を行っており、京都華僑コミュニティの中核をなしている。

### 3―2　福建華僑青年会の設立と活動

一九五〇年代半ば以降、東京において、華僑二世がリードするようになった同学会の活動と並行して、華僑青年による組織化が目立っていた。一九五六年二月、通称「食べる会」に結集した同学会出身で華僑商社や華僑団体に勤める華僑青年による親睦団体を母体に、東京華僑青年懇親会が結成された。一九五七年三月、同学会と東京華僑青年懇親会の共催による中国青年代表団の歓迎交流会をきっかけに、同年七月七日、青年の相互理解と向上を目指す福建青年会が福建同郷会の青年部門として成立した。結成大会では、東京など関東地区の青年男女六〇人が参加し、蕭礼灶を会長とする一五人の委員が選出された。一世華僑からの経済的支援を受けた福建青年会の役目は三つあった。第一に結婚式や葬式など同郷会の各種の活動に協力すること、第二に、同郷会と青年会の共同機関誌を発行すること、第三に、関東地区の『福建同郷青年名簿』を発行すること〔日本華僑華人研究会編、二〇〇四、一四二―一四三頁〕である。

一九六五年四月に発行された『福建同郷会会報　福建青年会会報合併号』[★11]で記された一九六五年度の活動計画には、親の事業を引き継ぐ勉強会のほか、京都で開催された普度勝会に合わせて開かれた青年男女交流会[★12]と旅日福建同郷懇親会の第五回大会（一九六五年に函館・登別で開催）の準備活動への協力、第七回青年聯歓節の共催などがあり、福建青年会は親世代が中心となる福建同郷会をサポートする役割も果たしていた。その一方、他地域出身の華僑青年との横のつながりを広げていった。福建青年会の一部のメンバーが発起人となり、一九五九年六月に東京華僑青年聯誼会（のちに東京華僑青年会）が設立された。こうした東京における華僑青年の動きに触発され、後に横浜や千葉にも青年会や福建同郷による組織が誕生し、福建出身をはじめとした華僑青年の交流と連携が各地で行われた（『福建同郷会会報　福建青年会会報合併号』一九六五年四月一五日）。

以上のことから、一九五〇年代半ば、東京で同学会をはじめとする華僑青年団体で活動していた福建出身の青年が福建青年会を設立したのは、一つは、華僑青年の相互理解とネットワークを築くこと、もう一つは、同郷者の互助や家業の継承など一世である親世代が抱える諸課題を解決することが狙いであった。関東地区における広範で活発な福建青年会の活動は、やがて福清出身者の全国的な同郷団体旅日福建同郷懇親会の設立につながっていった。

### 3―3　旅日福建同郷懇親会の成立と同郷者間問題の共有と解決

一九六一年六月、林同春[★13]を委員長に、林伯誠、張晃禎を含む一三人の関西地区の華僑による旅日福建同郷懇親会設立準備委員会が発足した[★14]（以下「同郷懇親会」と略す）。八月に全国の福建同郷に向けて懇親会設立趣旨書が発送され、全国組織としての同郷懇親会設立の重要性が訴えられた（資料6―1、6―2、6―3）。

一九六一年九月一五日から一七日、国民党政府から干渉されるなか、全国から六六人の福建出身華僑が京都霊山新温泉に集まり、同郷懇親会第一回大会が開かれた。参加者は二泊三日の大会で、相互の親睦と交流を図り、三回にわたる懇談会を開き、以下の議題について議論を交わした。一．結婚の問題、二．帰国探親の問題、三．青年交流の問題、四．就職の問題、五．普度法会（普度勝会、普度とも）の問題、六．同郷名簿

**資料6-1　第一回旅日全国福建同郷懇親会趣意書（表）**

# 旅日全国福建同郷代表者有志者懇親会趣旨書

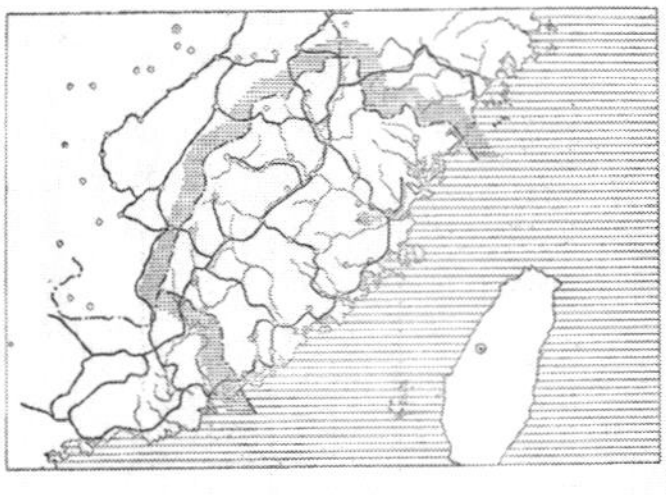

（主　催）

旅日全国福建同郷代表者有志者懇親会準備委員会

（協　助）

神戸・京都福建同郷会・大阪福建同郷有志者

会場案内図

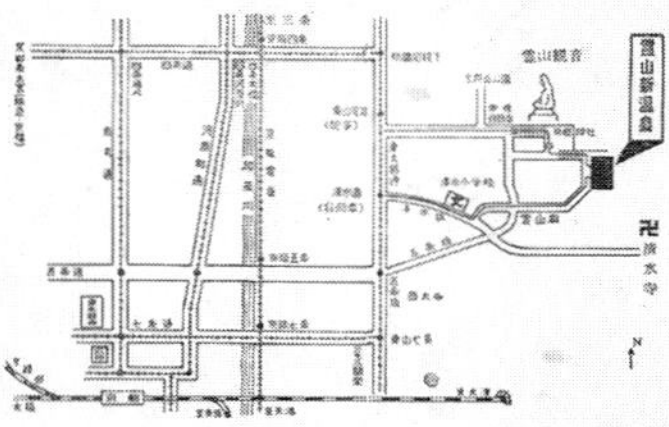


**資料6-2　第一回旅日全国福建同郷懇親会趣意書（中）**

## 趣　意　書

親愛なる同郷の皆様!!

国には国の気風がある様に、郷土にも郷土の気風があり、私たちの郷土：福建にもまた伝統的な気風があります。この気風は、長い歴史のもとに培ひ養はれて来たものであり、たゞ単に、祖国を愛し、郷土を愛し、平和を愛してゐることを示しているのみだけでなく、また辛苦に耐え、勤勉であり、団結し、相互に助け合ひ、進取開拓の精神にも富んでいることをも示しています。

この様な優秀な気風を承け継いだ、私たち旅日福建同郷も、また輝しい発展をして来ました。即ち、一八〇〇年代に、同郷の先進者が長崎で始めて、その社会を形成してから、わづか百数拾年足らずのうちに、其の間、周知の如く数え切れない多くの辛い苦しいことや、人為的障碍が私たちの発展を妨げたにも拘らず、私たち同郷は、優秀な伝統的気風を発揮し、不撓不屈、これを克服して、今日に見られる様な輝しい発展をして来たのであります。現在では、私たち同郷は旅日全華僑人口の四分の一の多数を占めるに至り、南は鹿児島から北は北海道に至るまで、日本の各地にその生活基盤を築き発展しています。殊に経済活動の分野に於ては、日本の人たちと仲良く共存の基礎の上に立つて、貿易、製造工業、商業、自由業、サービス業等の各業種に従事し、堂々とこの複雑な日本の社会の中に、少しの遜色もなくその地位を保ち発展しています。

然し乍ら、祖国を遠く離れ、郷土を久しく離れていた為に、とりわけ、私たち同郷社会の発展の中に必然的に避けがたい、いろいろの重要な問題が発生して来ました。しかも、これらの問題の多くは、一個人がひとりでは解決することが出来ない性質のものであります。例えば、

(1)　どの様にして伝統的な気風を発揚し同郷間の団結を増進するか。

一、どの様にして同郷間の相互認識を深め、友誼を深めるか。

一、どの様にして同郷間の経済方面での活動を提携し、私たちの経済的地位を高めるか。

一、どの様にして私たちの後輩や子弟の将来を指導するか。

(1)　就職・職業の問題　(2)　教育の問題　(3)　結婚の問題

一、その他各種の問題

等々があります。

上述の様な諸々の問題を解決するために、近年来各地で同郷会が設立され、或ひは、何らかの形態の団体が組織されつゝありますが、しかし、これらのものは、規模と範囲が依然として極めて地方的・部分的に局限されて居る為に、全国の同郷の広範な要望を満足させることは非常に困難であります。

そこで、本年六月七日、私たちは、旅日全国福建同郷代表者有志者懇親会を開催することを目的とした、準備委員会を結成、発足させ、別紙案内状通りの決定を致しましたことを各地同郷の皆さまに御知らせ申上げると同時に、同郷の皆さまが共通の立場と共通の観点から、実

—4—

—5—

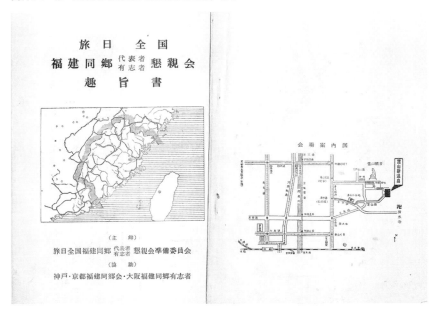

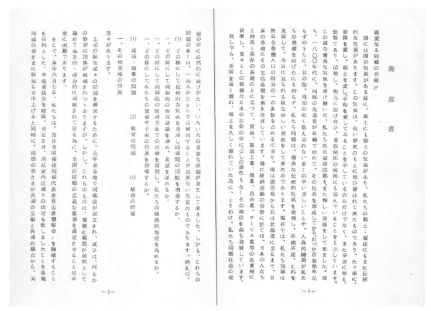

## 資料6-3　第一回旅日全国福建同郷懇親会趣意書（中）

に一歩進んでより拡大された範囲で、一堂に相集り、共同して研究と討論を加え、比較的妥当且有効な解決の方策を探し求められることを要請致します。

何卒、当日の懇親会には、上述の各種の問題に対して、皆さまの要望や意見を忌憚なく提出され、情理を尽した研究、討論を重ねて、私たちや、私たち子孫の明日えの幸福の為め、更に輝しい明るい、前進えの道を切り開くことを希望致します。

皆さまの絶大なる御支援と御協力を心から御願ひ致します。

八月五日

旅日全国福建同郷代表者有志者懇親会準備委員会

委員長　林　同春

委　員　許　玉平・王　功鏞・陳　徳勝・任　道福

　　　　江　祖清・林　伯楽・林　同茂・林　修義

事務局長　張　晃禎

〃局員　林　伯誠・林　聖俊・楊　勝美

会　計　任　道鋒

顧　問　陳　煙華・張　煕華・林　同禄・張　銘麒

　　　　江　萬金・翁　象坤

— 6 —

同郷者名簿作成について

親愛なる同郷の皆さま！

先の趣意書に述べました様に、現在私たちは解決しなければならない多くの問題を持っています。これらを解決する為に、最も必要であり、且基礎となるものは、全国同郷皆さまの名簿で有ると考えます。そこで今回の懇親会の事業として〝全国同郷者名簿〟を作成することにしました。何卒、皆さまの理解ある御協力をお願ひ致します。

尚名簿用紙は同封してありますので、来る九月十日までに左記の事務局迄到着する様に、御手数乍ら記入の上、御送附の程を御願ひ申上げます。

旅日全国福建同郷代表者有志者懇親会準備委員会

委員長　林　同春

※送り先

京都市下京区室町通松原下ル（電話㊄一九五〇番）

登美和商店方　張　晃禎

## 資料6-4　第二回旅日福建同郷懇親会案内書

第二回

旅日福建同郷懇親会

案内書

1962年9月12～14日

於　熱海・金城館

主催　旅日福建同郷懇親会準備委員会

協賛　福　建　同　郷　会

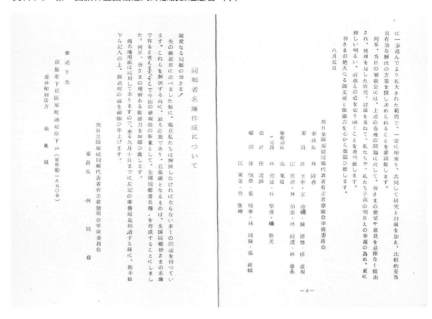

作成の問題、七．教育の問題、八．懇親会存続の問題、九．団結と親睦の問題である〔旅日福建同郷懇親会編集部編、一九八二、二二一―二二七頁〕。

これらの事項は、その後しばらくの間、毎年の同郷懇親会の主な課題であったが、なかでも、福建出身者同士の結婚と交流が最も重要とされていた。第一回の懇親会で提唱、決定された事項を簡単に紹介すると、まず、結婚と青年交流の問題に関しては、同郷者または華僑青年間の通婚を促進するために結婚紹介センターの設立や交流機会を増やすこと、普度法会を同郷者のみでなく、青年男女交流の場としても活用することが決定された。一九六二年九月、萬福寺で行われた普度法会に合わせて、「初めて開放的で自由な公開の青年男女交流の場」として「わかい華僑青年男女の集い」が開催され、以来、毎年普度の開催に合わせて萬福寺で交流会が行われるようになった。一九六九年に、交流会はいったん「双喜会」（集団見合いの意味）という名称になったが、のちに「青年交流会」に変わり、参加資格は、福建出身者に限らず、適齢期の未婚華僑青年全員に拡大した（資料6―6、6―7）。青年交流会には、毎回数十名の華僑青年が参加し、交流会で知り合い、結婚に至る者も少なくはなかった〔旅日福建同郷懇親会編集部編、一九八二、一八三頁〕。ちなみに、青年交流会は、一九八〇年以降参加者が減少し中止となった。一九九九年頃、全国範囲の青年交流会[★15]が復活し、以降数年間開催されたが、参加者が少なく再び中止となった[★16]。

就職の問題に関しては、華僑経営の企業が極力同郷の青年を採用することや、日本の一般企業の水準に合わせて雇用条件を改善すること、青年たちが専門技術を習得するよう華僑企業がサポートすることなどを確認した。また、教育問題に関して、国語（中国語）教育および民族教育の必要性が強調され、同郷の子弟を華僑学校に入学させることが提案された。のちに横浜や神戸の中華学校で寄宿舎が増設され、福清出身華僑を含め地方から入学し民族教育を受ける生徒が増加した。

**資料6-6　青年男女交流会パンフレット（1976年）**

びわ湖　華僑男女青年交流会　船　上

各地に在住される各省の青年のみなさん
この度，第15回福建懇親会の行事の一環として，琵琶湖遊覧船上で，華僑男女青年交流会を催します。日頃，知り合う機会の少ない青年のみなさんにも是非参加して頂き，より多くの華僑青年と交流しようではありませんか。
船上ではフォークダンス，歌や各種文芸，又就職結婚問題について話し合う場を設ける予定であります。
各地・各省の多くの青年の参加を期待しています。

集合日時：10月14日（火）午前11：30
交流会場：「みどり丸」船上（300人乗り）
集合場所：琵琶湖汽船乗場（浜大津駅下車）
費　　用：1000円（弁当・飲物代）
尚，準備の都合上，参加申込みは10月5日迄に当会へご連絡下さい。

主　催：福建同郷懇親会
京都市左京区聖護院川原町11-3
電話(075)771－4233～4番

後　援：双喜会・京都華僑二世会・大阪結婚委員会
神戸中華同文学校校友会・京都華僑青年会
大阪華僑青年会・神戸中華青年会

**資料6-5　同郷懇親会案内書**

第15回
旅日福建同郷懇親会

主　催
第15回　旅日福建同郷懇親会準備委員会
京都市左京区聖護院川原町11-3
京都華僑総会内
電話(075)771－4233～4

**資料6-7　青年男女交流会日程表（1976年）**

日　程　表

| 日 | 時 | 行　事 |
|---|---|---|
| 10月13日（月） | 15：00時 | 「琵琶湖ホテル」集合・受付開始 |
| | | 自由行動・休憩 |
| | 17：00 | 開会式 |
| | 18：00 | 歓迎晩会　水口ばやし（滋賀県無形文化財） |
| | 20：00 | 懇談会（自由参加） |
| 14日（火） | 7：30 | 起床 |
| | 8：00 | 記念撮影（カラー写真） |
| | 8：30 | 朝食 |
| | 9：30 | 講演「21世紀の中国」井上　清京大教授 |
| | 11：30 | 琵琶湖遊覧（みどり丸500人乗貸切）船上にて |
| | | 昼食　　レクリェーション　青年大交流 |
| | 16：30 | ホテル着 |
| | 18：00 | 夕食（野外パーティー） |
| | 20：30 | 祖国の映画観賞 |
| 15日（水） | 7：30 | 起床 |
| | 8：00 | 朝食 |
| | 9：00 | 出発　比叡山観光（山頂にて皿投げ） |
| | | 国際会議場見学 |
| | 12：00 | さよならパーティ　京都ロイヤルホテル |
| | 14：00 | 解散（希望者黄檗山直行バス有り） |

注　予定変更があるかもしれませんので御了承願います。
希望者に限り実費で釣も出来ます（早朝）

また、全国同郷名簿（家族名簿）の編纂が決定され、会議の後、林伯叡、林伯誠、張晃禎を中心とした京都在住の華僑青年が一年近くをかけて全国に分布する同郷者名簿の編纂に取り掛かった（資料6―8、6―9）。名簿は、一ページに世帯主（基本的に父親）を筆頭に一家族が記載される様式が採られ、ページの上半分には、世帯主の（福建での）出身村、職業、住所などが記載され、下半分には、家族全員の氏名、続柄、出生年月日、職業が記載されている。世帯主の妻や娘など家族の女性メンバーの実家または嫁ぎ先も備考欄に記載されているところが興味深い。一九六二年版の同郷名簿は、福清出身華僑の故郷で伝わる、父系出自原理を重んじる伝統的な族譜が想起されるが、一方、世代交代するにつれ、同郷者のつながりが薄くなると懸念されるなか、このような詳細な名簿によって、福建出身華僑の血縁的・地縁的紐帯を記録しようとする狙いが込められているように考えられる。ちなみに、全国的規模の同郷名簿は、その後も「旅日福建同郷名簿（住所録篇）」（一九六七年八月）、「旅日華僑青年名簿（福建省篇）」（一九六八年六月）と「旅日福建同郷住所録」（一九八二年四月）の三回発行されたが、それ以降は、各地区のみの同郷名簿の編纂にとどまっており、いずれも、会員の氏名、住所と職業のみの記載となった。

同郷懇親会第一回大会が一九六一年に京都において開催されて以降、毎年各地区の福建同郷会が輪番で主催することになった。第一回京都大会で確認された福清出身華僑の後継者たる若い世代の結婚、就職、教育問題に関する基本的な姿勢が引き継がれ、同郷懇親会の在り方と意義も回を重ねるにつれ、多くの福清出身者に共有されていった。同郷懇親会のシンボルとして、会歌『福建郷友讃歌』、大会の鍵および旗が作られた（資料6―10、6―11、6―12）。二〇二四年までに、通算六三回開催され、参加者も順調に増加しているが、同郷懇親会の果たしてきた役割は時代と共に変化してきた。以下では、日中国交が回復された一九七〇年代の前と後の懇親会の活動内容を見てみる。

**資料6-8　旅日福建同郷名簿の一頁（1962年版）**（原本に基づき筆者作成）

| | | | |
|---|---|---|---|
| 世帯主名 | 林　宗　灼 | 本　籍 | 福清県高山市西江村下厝底 |
| 現住所 | 広島県尾道市東町所町マーケット十四 | 電話番号 | 尾道3879 |

| | | | | | | |
|---|---|---|---|---|---|---|
| 職業 | 主たる業種 | 料理飲食業 | 屋号又は店名 | 白菊食堂 | 支店又は支社の有無 | 有　(無) |
| | 所在地 | 現住所に同じ | | | 電話番号 | |
| | 従たる業種 | | 屋号又は店名 | | 支店又は支社の有無 | 有　無 |
| | 所在地 | | | | 電話番号 | |

世帯主の父及び母のお名前　　父　　　母

世帯主の父及び母の現住所

家族名簿　　　　1961年12月31日現在

| 名前 | 生年月日 | 性別 | 続柄 | 職業 | 備考 |
|---|---|---|---|---|---|
| 宗灼 | 1899・3・21<br>満(62才) | 男 | 本人 | 料理飲食業 | |
| 美宋 | 1902・3・3<br>満(59才) | 女 | 妻 | ナシ | |
| 梅宋 | ・・<br>満(　才) | 女 | 長女 | | 国内在住 |
| 花宋 | ・・<br>満(　才) | 女 | 次女 | | 京都在住<br>楊金発妻 |
| 聖俊 | 1931・7・27<br>満(30才) | 男 | 長男 | 会社員 | 神戸在住 |
| 富宋 | ・・<br>満(　才) | 女 | 三女 | | 鹿児島在住<br>薛正己 |
| 栄宋 | ・・<br>満(　才) | 女 | 四女 | | 福岡在住<br>楊勳妻 |
| 聖福 | 1939・12・28<br>満(　才) | 男 | 次男 | 会社員 | |
| 玉宋 | ・・<br>満(　才) | 女 | 五女 | 家事手伝 | |
| 八重宋 | ・・<br>満(　才) | 女 | 六女 | 〃 | |

**資料6-10　福建郷友讃歌**

**資料6-9　旅日福建同郷名簿（表紙）（1962年版）**

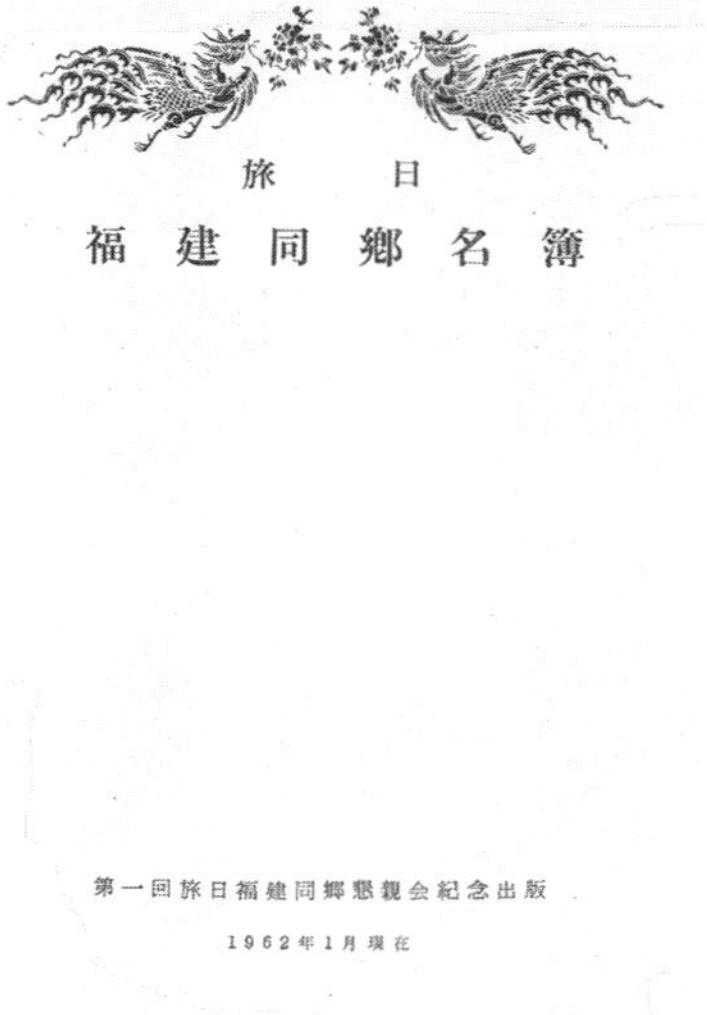


**資料6-12　福建同郷懇親会大会の旗**

**資料6-11　福建同郷懇親会大会の鍵**

資料6-1〜6-7、6-9〜6-12出典：旅日福建同郷懇親会、1982

## 4　日中国交回復前の旅日福建同郷懇親会

### 4―1　旅日福建同郷懇親会の立場

旅日福建同郷懇親会が設立された一九六一年は、冷戦の真っ只中であり、日本政府は国民党政権と日華条約を締結し、反共反中国の外交政策を推し進めていた時期である。「祖国」は中華人民共和国か、それとも中華民国（国民党政権）かという二者択一を迫られるなか、福建同郷懇親会は「民族自決権」、「民族大義」を掲げ、「祖国」を中華人民共和国であると決定した〔旅日福建同郷懇親会編集部編、一九八二、一六頁〕。日本政府のそれと「真向から対立してい」たこの政治的立場ゆえに、同郷懇親会の運営に対し、中華民国駐日本大使館や各地の領事館による妨害工作や日本官憲の干渉が「陰に陽に」行われてい〔旅日福建同郷懇親会編集部編、一九八二、一四四頁〕たという。

一九八二年に編纂された『旅日福建同郷懇親会　二〇年の歩み』で各回の主催者による振り返りを見ると、初期の同郷懇親会の開催がいかに困難だったかがうかがわれる。

例えば、林同春の回想によれば、同郷懇親会の創立計画と開催を発表すると当時の中華民国駐日大使館・領事館から開催を中止するよう通達が送られた。当時の委員長林同春と事務局長張晃禎は何度も大阪領事館から呼びつけられ、「懇親会には親中国分子が多数参加し、新中国に利益をもたらす恐れがあり、そのために、日本の警察関係、公安調査局も重大な関心を示しており、懇親会に参加した福建同郷は全員危険たる赤色破壊分子とみなし、今後日本において、社会的、経済的その他あらゆる面で不利益になる」こと、「懇親会の参加者は今後、華僑としての正当な権利も保証しない。海外渡航のパスポートの発給さえ停止する」などと、同郷懇親会の開催を中止するよう脅しをかけられた。その一方、各地の福建出身者に対し、「懇親会は中共分子の主催する集会であるから、日本で安定した生活と商売を望むなら、絶対参加してはならない」との公文通達を出し、日本の官憲と結託し、公安調査員を動員し福清出身者を個別訪問させたこと〔旅日福建同郷懇親会編集部編、一九八二、一一一―一一二頁〕、「会期中、会場付近を公安関係者がウロウロして監視するなど、多くの妨害阻止工作があった」〔旅日福建同郷懇親会編集部編、一九八二、一四八頁〕。

複雑な国際情勢と日中関係に加え、国民党政権の執拗な勧誘・妨害工作が繰り返されるなか、各地の同郷会において華僑間のイデオロギーによる分裂・分断が見られた。不安や戸惑いが拭いきれないなか、一九六一年、京都で行われた同郷懇親会の第一回大会の参加者はわずか六十数名であった。その後徐々に増えたが、日中国交回復の翌年である一九七三年に開催された横浜大会で三七〇名の参加を見るまで、毎年の参加者は一〇〇人台に留まっていた。また、一九六四年秋、長崎福建同郷会の主催が予定されていた第四回の長崎大会が、結局関西地区主催の形で開催されたことも当時の複雑な歴史的背景の現れである。当時の関係者林其彬は、長崎福建同郷会の主催が不可能になった理由について、台湾当局の駐長崎領事館の妨害工作、日本官憲の干渉を主な原因として挙げ、「懇親会の趣旨、意義に共鳴し賛同する同郷は、決して少なくはなかったのでしょうが、積極的に参加し活動することを躊躇する同郷たちがやはり多数派でした」〔旅日福建同郷懇親会編集部編、一九八二、一四四頁〕と振り返っている。

しかし、こうした複雑な国際情勢であったからこそ、「祖国代表」を大会に招くことは「懇親会の愛国的姿勢を内外に明確する、絶好の機会」として捉え、一九六八年に東京福建同郷会主催の第八回大会では当時駐日の中華人民共和国記者および中日備忘録貿易弁事処代表が招待された〔旅日福建同郷懇親会編集部編、

一九八二、六六―六七頁〕。

## ４―２　遠い「祖国」を知る

一九六〇年代から一九七九年の改革開放政策実施までの間、中国に関する情報が閉ざされ、人的移動も制限されているなか、中国問題の専門家や駐日代表などによる中国の政治的動向に関する講演会が頻繁に開催された。例えば、第七回の四国大会が行われた一九六七年一〇月は、中国で発動された文化大革命の翌年に当たり、日本のメディアには「造反内乱」、「奪権闘争による政府の崩壊」などとあらゆる流言飛語が飛び交い、全国各地の華僑が不安を抱えていた。懇親会は中国問題の専門家で大阪経済大学の中村九一郎を講師に招き、中国のプロレタリア文化大革命の問題、中国の近現代史、社会主義理論と毛沢東思想などについて講演してもらい、参加者の「民族的自覚と誇りを新たにした」〔旅日福建同郷懇親会編集部編、一九八二、六二頁〕。一九六八年に東京で開催された第八回大会でも駐日代表による解放後の中国の実情についての報告がなされた〔旅日福建同郷懇親会編集部編、一九八二、六六頁〕。毛沢東逝去直後、一九七六年九月二〇日から二一日に兵庫県宝塚市で開催された第一六回大会では、参加者全員が毛沢東の遺影に向かって三分間の黙祷を行った〔旅日福建同郷懇親会編集部編、一九八二、一〇九頁〕。

その他にも、『今日的中国』、『東方紅』、『働く中国人民』など中国国内で上映された映画鑑賞もほぼ毎年懇親会のプログラムに組み込まれていた。

この時期の福建同郷懇親会の「中国」を知るための活動は、もちろん情報が閉ざされているなかで故郷を案じる一世華僑の思いに基づく部分もあるが、当時の、関東・関西の華僑青年を中心とする活発な華僑運動および、日本の大学や文芸などにおいて展開されていた「左翼」運動もまた時代的背景として色濃く反映されたものと思われる。

## 4―3 「華僑権益」の防衛と国民党政権、日本政府との交渉

日中国交回復までの間、海外華僑の間で共産党政権の浸透を防ぐために当時の国民党政権が同郷懇親会の活動に対して妨害と干渉を繰り返してきたことは前述の通りであるが、中華学校や会館、墓地など華僑の共有財産が様々な手段で乗っ取られるようなこともよくあり、年に一度の同郷懇親会の大会は、華僑の公共財産を守るために「闘争」する福建同郷が情報を共有し対策を講じる場ともなった。例えば、第四回長崎大会では、長崎時中小学校が国民党政権支配下に置かれるようになった歴史的経緯が検討され、それを華僑自身の手によって取り戻す必要性が強調された〔旅日福建同郷懇親会編集部編、一九八二、四七頁〕。一九七〇年に開催された島根大会では神戸中華墓地売却事件について報告され、参加者の強い関心を集めた〔旅日福建同郷懇親会編集部編、一九八二、七七頁〕。

一九六九年に鹿児島で開催された第九回大会では、中華人民共和国成立二〇周年を祝い、毛沢東の功績を讃える垂れ幕を設置し、日本政府による外国人排斥を目的とした「出入国管理法案」、「外国人学校法案」、および「旅券改正法」[★17]などに反対するスローガンを共に掲げた。大会の懇談会において、在日華僑を迫害するとされるこれらの法案の国会での成立を目論もうとする日本政府に抗議する声明文を提出することが決定された〔旅日福建同郷懇親会編集部編、一九八二、七二頁〕。

## ５　日中国交回復後の同郷懇親会

### ５―１　復活、活性化される「同郷」と「故郷」とのつながり

中国各地方に出自を持つ華僑は戦後、外国人としての権益を守るために省別観念が克服され、「幇」を越えて連携、団結した動き〔内田、一九四九〕も見られたが、福清出身者の場合は、各地に分散居住してきたこと、他の省や、同じ福建省でも他地域の出身者との間に、言語、文化、慣習上の違いが多く、教育、結婚、就職、文化継承などの問題解決には地縁、血縁のつながりに頼る必要が（戦後になってもなお）あった。これは、第一回同郷懇親会の趣旨書に記されており、かつそれ以降の大会において主な議論事項となっていたことからも明らかである。

同郷懇親会が実際に同郷団体としての機能を発揮できるようになったのは、日中国交回復後である。日中国交回復後に初めて開催された横浜大会（一九七三年）は、三七〇人の参加があり、「愛国には前後はない」という方針が同郷間にも広く理解される「空前の大盛会」と評された〔旅日福建同郷懇親会編集部編、一九八二、九二頁〕。一九七一年一〇月の国連における合法的権利の回復、一九七二年二月のニクソン米大統領の訪中と日米共同声明の発表、同年九月の田中角栄首相（当時）らの訪中と日中共同声明の調印など、中国を巡る一連の動きが、それまで政治的立場の表明をためらっていた華僑の不安を払拭したのである。

日中が国交回復し、特に中国の改革開放政策が実施された一九七〇年代末期以降、中国に関する情報が比較的入りやすくなり、日中間の往来も可能になったため、講演会や中国映画の鑑賞は一九七九年同郷懇親会第一九回東京・千葉大会を最後にプログラムから消えた。その代わりに中国から代表団を招聘（第二〇回長崎大会）したり、故郷の福建省（第二四回、第三一回福州大会、第四一回厦門大会、第四六回福州・福清大会）や首都北京（第

り、そのつながりも緊密になっていった。

一九八四年一〇月二〇日から二四日の間、初めて故郷福建省で開催された福州大会は史上最大の四二〇人の参加があり、一世華僑にとっては「落葉帰根」（葉は落ちて根に帰る）で、二世、三世にとっては「飲水思源」（水を飲む時に源を思う、物事の基本を忘れてはいけないということの戒めの言葉）である、すなわちルーツを訪ねる深遠な意義を持つ大会だと位置づけられている（旅日福建同郷懇親会半世紀の歩み編集委員会、二〇一三、一六五頁）。一行は、中央政府、福建省、福州市の僑務をはじめ各部門の熱烈な歓迎を受け、地元の新聞にも大々的に取り上げられた（『閩海』第二〇号、一九八四年一一月八日）。大会の後、参加者は各自に出身村を訪れて日本に戻るという流れとなっており、以来、多くの福清出身華僑が福建省福州や福清で開催される同郷懇親会に参加する傍らに故郷を訪れた。★18 一九八四年の福州大会では、故郷の人材育成のために華僑の寄付金によって「旅日福建同郷育英基金」が設立された。一九九九年から二〇一〇年の間、福清の東閣華僑農場などの出身で専門学校、大学、大学院生に通う合計六〇〇名の学生が奨学金の対象となった（旅日福建同郷懇親会半世紀の歩み編集委員会、二〇一三、一六七頁）。

何より、福清出身者の帰郷によって、各村にいる同郷、同族とのつながりが「復活」あるいは活発化したことは、一九八〇年代半ば以降の福清出身新華僑の増加を促す重要な要因であったと考えられる。二〇〇〇年以降の同郷懇親会は、日本での生活基盤が安定した新華僑の参加が目立ち、二〇一五年に神戸の福建同郷会の主催による福清大会（第五五回）には、同人聯誼会（第八章参照）など関西在住の福清出身の新華僑がその準備に関わっていた。

また、一九七二年に大阪で開催された第一二回大会をきっかけに大阪福建同郷会が結成された。大阪は、一九七二年当時東京、兵庫県に次いで三番目の華僑人口を有しており、福建出身者は兵庫県に次いで二番目に多かったが、福州出身者が大多数を占め、福清出身者は少数であった。日常的に両者の交流も少なく、同郷会組織もない状況が続いた。一九七二年、大阪華僑総会から全面的協力を得て、同郷懇親会参加経験者を中心に組織された発起人会（のちの大会準備委員会）によって同郷懇親会第一二回大会が開催され、翌年三月に大会準備委員会をもとに大阪福建同郷会が設立されたのである〔旅日福建同郷懇親会編集部編、一九八二、一五三頁〕。

## ５―２　華僑コミュニティ、地域社会とのつながり

一九七九年七月の第一九回大会で承認された同郷懇親会の「運営細則」では、第一条では「本大会は日本各地に居住する福建同郷をもって構成する」とし、第二条では「日本各地に居住する福建同郷が愛国華僑の団結と連帯意識の向上を計り、同郷愛と善隣愛に富み、相互の親睦活動を通じ、開催地、近隣地域社会のために貢献するをもって華僑社会及び同郷子孫の繁栄に寄与することを目的とする」と定められた。「同郷」のつながりのみでなく、開催地と近隣地域社会への貢献が明確に運営細則に盛り込まれている。

一九七一年九月二〇日から二二日に南紀勝浦で行われた第一一回三重大会は、九月一〇日にあった尾鷲市大水害の直後であり、被災者救助のために参加者より一〇万円が募られ尾鷲市に寄付された〔旅日福建同郷懇親会編集部編、一九八二、八二頁〕。「開催地に記念として有意義な足跡を残す」という恒例として、開催地の華僑団体や華僑学校への寄付はよくあったが、居住地域への寄付はこれが最初であった。それ以降開催地への寄付がたびたびあった。実際、日本の各地で行われた大会を見れば、現地の郷土料理が振る舞われるのみでなく、居住地の民謡・芸能の披露が多く、「地域社会への貢献」は現地化した華僑の住民としての当事者意識の表れとも捉えられよう。

## 6　旅日福建同郷懇親会の活動から見る二世華僑の民族意識と同郷意識

これまで見たように、全国的な華僑青年運動の影響下で成立した同郷懇親会は、同郷会の名を冠したものの、実質的には、戦後、留学生および華僑の知識人による華僑運動を地縁紐帯によって延長・拡大した結果誕生したものであり、少なくとも一九七〇年代半ばまでは政治的色彩を強く帯びていたことは明らかである。これは、同郷懇親会が成立する歴史的背景のみでなく、その活動内容からも十分にうかがわれた。

一九七二年の日中国交回復前の大会では、中国国内外の時事や華僑が直面する様々な問題に関する座談会や講演、あるいは新中国を紹介する映画鑑賞のほか、日本政府による関連政策などに反対する内容がその大半を占めていた。これらの問題は、華僑社会全体の利益に関わっており、福清出身者以外の華僑団体も議論し抗議していた問題であった。すなわち、日本という「他者」に対して、華僑は同郷の団結を通し、中国人という民族的帰属意識を樹立することで対抗し、合法的権益を守ろうとしたのである。

戦後、江蘇（上海も含む）同郷会、北省（山東、河北、遼寧などの聯合）同郷会、広東同郷会など、ほかの同郷会も一定数復活を遂げ、華青聯の影響下で華僑権益を獲得し、祖国を学習する運動を展開した。これらも同様に同郷紐帯に基づいた華僑運動と見てよかろう。すなわち、一世華僑が戦前から維持してきた「同一の故郷、文化、言語」という原初的紐帯と、同郷間の相互扶助、相互信頼のもとで、生活・生業に関わる多くの問題が克服されてきたのである。

一九七〇年代まで、日本は中華民国（国民党政権）と国交関係を結ぶ一方で、中華人民共和国を非合法的政府とみなし、日本国内における共産主義者の活動を警戒していた。そのような状況下にあって、政治的な華僑団体よりむしろ、親睦を目的とした同郷会の活動のほうが比較的容易に展開することができた。よって、戦後、同学会が華僑青年によって主導されるようになって以来、同郷会の活動もそれと並行して展開するようになった。

一方、主に日本で生まれ育った二世がリードする福建同郷懇親会の本質は、やはり同郷団体であって、華僑運動の団体ではない。ただし、それは戦前の同郷団体と大きく異なるものである。第一に、一世華僑の間では方言、習慣など文化的隔たりが存在していたため、戦前の同郷団体は同郷者の相互扶助団体として機能すると同時に、同郷者以外のものには、閉鎖的で排他的であった。それに対して、二世の華僑は、方言による交流が可能な者も一部にはいたが、日本語が共通言語であり、また日本文化が生活文化（母文化）の基礎的部分を成し、その上に断片的な中国（故郷）文化が加わる形となっていた。二世華僑のネットワークは、同郷会以外にも、同学会、校友会あるいはビジネスの関係などすでに日本社会と多くの繋がりを有していた。つまり、二世華僑が置かれていた社会・文化状況はすでに多元的で、同郷とのつながりはその一つに過ぎないのである。第二に、特に少年時代を戦争中に過ごした二世華僑は、親世代の苦労を見て、日本社会からの差別を経験し、困難な時期の同郷紐帯の有難さを知り、福清華僑が各地に分散し、交流が困難な状況が自分たちにどれほど不利かを身をもって実感した。戦時中そして戦後、華僑間の融資形態の一つである「無尽講」はもちろんのこと、父母とともに転居すること、または転入学、就職、結婚など人生の節目にある問題の多くは、父母の同郷紐帯によって解決されていたのである。このように、二世華僑は同郷紐帯の直截な受益者として、親世代が構築した同郷ネットワークの重要性をよく理解していた。華僑運動のなかで、彼らが中国人意識を獲得し強化すると同時に、同郷意識をその多元的アイデンティティの基礎に据えた。したがって、二世華僑が同郷懇親会で同郷者間の結婚、子女の教育問題について議論するのは、彼らが一世華僑の強い同郷意識を受け継いだからである。また、同郷紐帯を生存の道具（tool）としている一世と異なって、二世は一世華僑が残してくれた歴史的・文化的伝統として継承したのであり、そこから、彼らが福清人意識を獲得し、自らをほかの地域華僑と区別化したのである。

一世華僑が福清人としての同郷意識の上に、日中戦争や日本社会からの差別を通して中国人意識を得たとすれば、二世華僑は、幼少期の漠然とした中国人意識が、日本社会からの差別と戦後の冷戦構造の下、一連の華僑運動に参加したなかで明確になった。それと同時に、一種の文化的アイデンティティとして福清人意識を獲得したと言えよう。一世華僑と比べ、二世華僑の同郷紐帯は意識的に強化・拡大されたものであり、中国人意識と連動した形で、同郷意識が形成され、強固なものになっていったと言うことができるだろう。

## 7 「ポスト二世」の福清出身者コミュニティと旅日福建同郷懇親会の新たな機能

一九七二年の日中国交回復後の同郷懇親会は、同郷間の親睦や故郷への訪問など比較的「平和」な活動に転じていったが、それと同時に、二世の高齢化と後継者不足の問題も顕著になっていった。その要因として以下のようなことが挙げられる。

まずは、一九七二年以降、日本と中国との経済・文化領域における交流が盛んになり、そこで中国語が堪能で中国の習慣を熟知する人材が重宝されるようになった。華僑が日本の会社に就職することも徐々に一般化していき、若い世代は親世代のビジネスを受け継ぐ必要も、その同郷ネットワークだけを頼りに就職する必要もなくなった。日本の会社に就職し、日本人と同様に要職につき、日中間またはより広い国際舞台で活躍する者が多くなった。

第二に、日本では、経済力が高まるにつれ、文化、教育などの領域における国際化が唱えられ、労働力として新たに流入してきた外国人のみでなく在日韓国・朝鮮人、華僑など戦前から日本に居住してきた異民族、異文化などに対しても、寛容、尊重する態度をとる「多文化共生」の理念が提唱されるようになった。つまり、華僑は自らの生存のための権益を守るために自身で闘争しなければならない時代は終わったといえよう。実際、同郷懇親会に大きな影響を与えた同学会や華青聯などの華僑運動団体は、日本の学生運動が下火になった一九六〇年末に活動を停止した。一九七〇年代以降、同郷懇親会が持ち合わせていた華僑運動の性質が消えていった所以でもある。

第三に、華僑の国籍の変化も同郷会などの華僑団体に少なからぬ影響を及ぼした。一九八五年に改正された日本の国籍法では、従来の父系出自の原理から、父母のどちらか一方が日本国籍を有していれば、その子どもが自動的に日本国籍を持つことになった。つまり、それまでの国際結婚において父親が華僑であればおのずと中国国籍を持つことになったのが、改正後に夫婦の一方が日本国籍を有していれば、その子が日本国籍を持つことになる。また、外国籍を持つ者の日本国籍の取得条件も緩和され、多くの人が、ビジネスや個人旅行などの便宜性から日本国籍を取得するようになった。華僑を取り巻くこうした生活様式や帰属意識の変化に対して、例えば、会員資格は中国国籍を持つことが条件であったのが、日本国籍を取得した華人にも拡大するなど、各地の華僑団体は適宜に対策を講じた。しかし、こうした変革も会員の増加にはつながらなかった。[★19]

一世のほとんどが他界し、二世も高齢化を迎えたなか、三世は日本社会における自らの立ち位置と生き方などについて考えざるをえなくなった。一九八〇年代以降、多くの人が「日本人」として生き、おのずと華僑社会、そして祖父母、父母の継承してきた同郷ネットワークから遠ざかっていった。各地では、華僑コミュニティの存続とアイデンティティの維持が重要な問題として取り上げられるようになったのも一九八〇年代頃である。

おりしも福清出身華僑の場合は、血縁・地縁紐帯を頼りに来日し、後に関東・関西地域に定住するようになった新移民（早いものは一九七〇年代に来日）の参入によって、コミュニティの縮小に歯止めがかかり、伝統文化の継承者不足が解消されつつある地域もある。ここで、親睦を深める同郷団体として福建同郷懇親会が新旧移民をつなげる役割を果たしたといえよう。と同時に、福建同郷懇親会自体は、老華僑の伝統の一つとして新華僑によって受け継がれていくことになるだろう。これについて、第八章で述べる。

## 8　まとめ――継承されていく同郷紐帯と同郷意識

本章では、地方に生まれ育った福清出身二世が戦後盛んになった留学生運動や華僑運動への参加を通じて、中国人としての民族的アイデンティティを獲得したと同時に、福清（福建）人意識を強め、地縁・血縁紐帯の維持・強化のために同郷会活動を展開した経緯について分析した。そのうえで、戦後の福建同郷会、とりわけ全国的組織である旅日福建同郷懇親会の機能について考察した。

すなわち、終戦直後に台湾および大陸出身の留学生が自身の権益を守るために設立した留日学生東京同学会（同学会）が一九五〇年代半ばに徐々に華僑主導にシフトしたことが、日本生まれの華僑二世が主体となる華僑運動の幕開けとなり、のちに旅日華僑青年聯誼会（華青聯）が組織化されるなど、全国規模の華僑間の交流・提携が進められた。社会主義中国の成立後に現れた「二つの中国」への華僑の帰属意識の分化や、世界的冷戦構造のなかでの日本の外交政策および外国人関連政策などへの対応から、東京を中心とする各地の華僑総会（聯合会）と並行して、出身地ごとに同郷団体の復活・再組織化が図られ、活動が展開された。同学会や華青聯など華僑運動に関わる地方出身の福清華僑も一九五〇年代半ばより福建同郷会の活動を展開し、一九六一年に全国的同郷組織として旅日福建同郷懇親会（同郷懇親会）を設立した。

同郷懇親会は、まず同郷者の親睦と交流を深め、結婚、就職、教育および文化継承などの問題解決を目的としている同郷団体であり、年に一回の大会でこれらの問題について議論し解決方法を模索してきた。その一方で、中華人民共和国支持の政治的立場を鮮明に打ち出し、新中国を知るための講演会、映画上演会を企画しつつ、反中政策をとる日本政府や国民党政権からの干渉などに抵抗してきた。したがって、日本が中華人民共和国と国交を回復する一九七〇年代まで、政治色が強く出ていた同郷懇親会は、同じ時期に盛んだった華僑運動の一部として捉えることができる。中国との行き来が可能になった一九七〇年代半ば以降の同郷懇親会は、開催地を福州、福清、北京、厦門、台湾などにも広げ、これをきっかけに、華僑二世の寄付や送金など「故郷」とのつながりを緊密なものにした。それだけでなく、一九八〇年代後半からの新たな福清出身者の来日を促す間接的な要因にもなったといえる。

福清出身の一世華僑は、各地の農山村地域に分散居住したがゆえに大規模な同郷団体の設立に至らず、個々の血縁と地縁紐帯に基づいた小さな同族・同郷ネットワークを、異郷で生存していくための唯一の拠り所としてきた。しかし、各地にあったこうした関係網が通婚やビジネス上の相互依存関係を通してつながり、日本各地に広がった。また、それが可視的な全国的同郷団体の形となったのは、一九六一年に二世によって設立された旅日福建同郷懇親会であった[★20]。日本に生まれ育った二世は、親世代の同郷ネットワーク以外にも、日本の学校に通うなど、一世の父母よりも「日本人」とのネットワークを多く持っていた。彼らにとって、行ったことも見たこともない中国、福清と比べ、出生地のほうが馴染みやすく、多くの記憶が詰まっている。にもかかわらず、戦後、福清出身者の同郷ネットワークを組織化したのは、彼らを取り巻く特殊な歴史的・政治的環境が重要な要因となった。戦時中に「敵国人」として受けていた差別や迫害、戦後の日本政府による外国人住民への差別的政策および社会主義中国との敵対姿勢などの共通の経験と記憶が、華僑青年をして容易に「共存共栄」を基底とした運命共同体の意識を持たせたのである。各地方に分散居住し、福清や中国の知識をほとんど持たなかった福清出身二世華僑が、中国人および福清人意識を強めていったのも、こうした外部環境の下で、華青聯や聯歓節を通して同年代の境遇の近い華僑青年と交流を重ねていった結果であった。彼らの中国人意識が政治的で民族的なものであるとすれば、福清人意識は中国人意識に附随した形で形成された、親世代の日本への移住・定住の記憶が刻まれている歴史的で文化的なものといえよう。

一九七〇年代半ば以降、日中関係の改善や日本社会の外国人への開放などの外部環境の変化に加え、華僑社会自体は、二世の高齢化やそれ以降の世代の日本社会への同化が進んだ。戦前から来日した老華僑の同郷会活動が沈静化し、会員規模も縮小傾向にある。その一方で福清出身者の場合は、血縁・地縁紐帯を頼って戦後に断続的に来日した者と、一九八〇年代後半から大勢やってきた新華僑の参入によって、神戸や横浜を中心に同郷間の結びつきが再び活性化の兆しを見せ、伝統文化である普度の継承の在り方にも影響が出ている。二〇一三年時点では、全国には二二の地区に福建同郷会の団体が存在しており〔旅日福建同郷懇親会半世紀の歩み編集委員会編、二〇一三年、五一三―五一八頁〕、東京、横浜など新華僑の流入が多い地域では、同郷会に加入する新華僑の増加傾向が見られる[★21]。また、併せて触れておくと、普度勝会が開催されてきた長崎、神戸と京都の三地区の中で、神戸の普度勝会は、二〇一二年以後、その担い手が新華僑に移行しつつある。二世華僑が戦後の華僑運動のなかで復活、強化した福建同郷（懇親）会は、当初掲げた目標の一部である同郷間の親睦や交流および普度の継承が、予期していた形態ではないかもしれないが、いまだに続いている。その意味においても、同郷紐帯は福清出身者の移住・定住の歴史の中で重要な意味を持ちつづけてきたと言えよう。

★1　同会は中国国内の政治動向に影響され設立された団体である。その活動は、在日華僑子女の教育機構の設立、京都帝国大学および神戸国民党支部との共同での祝賀会の開催、三民主義の宣伝などであった。一九三七年日中戦争勃発後、同会の活動が停止した〔林修焱、二〇一三、四三九頁〕。

★2　詳しくは二宮一郎〔二〇一三〕を参照。

★3　政令第三条では、以下のように規定している。「外国人が日本国の政府若しくは地方公共団体から左に掲げる財産を取得しようとするときは、外資委員会の許可を受けなければならない。外国人が自己の計算において、日本人をして取得させようとするときも同様とする。一、株式若しくは持分又は事業の利益に対する権利　二、土地、建物、工場、事業場若しくはこれらに付属する設備又は工業権、砂鉱権若しくはこれらに関する権利　但し、自己の居住の用に供するため、通常必要と認められる土地及び建物並びにこれらに付属する設備を除く」

★4　例えば、神戸福建同郷会機関誌（年刊）『郷友』（一九七二年―一九八二年刊行）の編集を担当してきた華僑二世林聖俊は、華青聯にこそ参加したことはないものの、華僑運動に参加したその他の福建出身の華僑青年との交流で、華僑青年運動の理念と思想に大きく影響を受けた一人と考えられる。『郷友』の内容は、福建同郷者の婚姻、就職、教育および日本政府による外国人関連の法律・法規の解説、祖国中国に関連する情報など、広範囲にわたっている〔『郷友』一九七二年―一九八二年各年版〕。

★5　第四章★36参照。

★6　二〇一八年七月一〇日、江洋龍へのインタビューに基づく。

★7　同上。

★8　一九七二年日本政府が中華人民共和国と国交関係を結んだあと、それまでの中華民国の駐日大使館および領事館が閉鎖され、その代わりに台北駐日経済文化代表処が設置された。民間機関の名目でありながら、事実上の外交代表機構として機能する。

★9　二〇一八年七月一〇日、江洋龍へのインタビューに基づく。

★10　張敬博提供の京都華僑墓地委員会資料「黄檗山華僑墓地を守ろう　事件の真相」に基づく。同資料によれば、一九七〇年から一九七一年にかけて、一部の華僑が当時警察の力を借りて、華僑の共有財産である墓地を私物化しようとするところを張晃禎委員長らが阻止したという。

★11　第一回勉強会は、一九六五年四月に新橋にある金鶏菜館にて行われた、蕭礼灶が講師を務める「中華料理の発展」と題するものであった。同年五月より「中華料理の発展と近代化」の勉強会が始まった。

★12　普度の開催に合わせて、青年男女の交流会も同時に行われるようになったのは、一九六一年の福建同郷懇親会の成立大会で決められたものである。一回目は一九六二年秋に萬福寺で行われた。一九六五年に行われた四回目は四五名の華僑青年が参加した。

★13　林同春、一九二五年に東瀚村に生まれ、一九三五年に一家は呉服行商の父とともに日本に移住。戦前は、岡山県津山で行商をしていたが、戦後神戸に移り、貿易をはじめ多角的経営を展開した。華僑コミュニティ、故郷福清への寄付など多くの公益事業に関わった。二〇〇九年に他界するまで、旅日福建同郷懇親会に毎年のように参加していた。

★14　準備委員会の構成は以下のとおりである。委員長林同春、委員許玉平、陳徳勝、江祖清、林伯叡（栄）、林修焱、事務局長張晃禎、事務局員林伯誠、林聖俊、会計任道錦、顧問陳恒華、林同禄、江篤金〔旅日福建同郷懇親会編集部編、一九八二、二一頁〕。

★15　これは、華僑三世、四世の中国人意識を確立し、華僑社会の後継者を育成するために一九九九年に行われた第三二回留日華僑代表会議で決められた。以来、毎年の夏、各地の華僑総会が輪番で主催してきたが二〇一七年一〇月の第一七回目で再び中止した。

★16　二〇一四年五月に行った京都在住福清出身華僑三世楊智偉（一九七二年生まれ）へのインタビューによる。また、参加者数の減少は、一九七〇年代以降、華僑の日本社会への同化の表れとして捉えられるが、なかでも、華僑の結婚相手は、同郷人または中国人に限らなくなり、彼らの文化的帰属意識、価値観などにおいては一般「日本人」と変わらなくなったことを如実に表しているのである。在日華僑の婚姻観と華僑アイデンティティについて、過放〔一九九九〕に詳しい。

★17　三つの法案は「中国敵視三法案」と呼ばれた。当時、華僑の各団体以外にも、日中文化交流協会などの団体も共にこれらの法案に反対する運動を展開した。冷戦の真っ只中、日本政府は「西陣営」の一員として、中華人民共和国と敵対する立場を取っており、そこから、各種の対中政策のみでなく、日本国内在住の華僑に関する政策を制定していたのである。

★18 筆者が各地でインタビューした二世、三世華僑の語りに基づく。

★19 もちろん、これは日本華僑の国籍への認識にも大きく関係する。華僑のなかには、中国国籍を中国人アイデンティティのもっとも重要な条件として捉え、中国国籍の離脱（外国籍の取得）は華僑社会と決別することと理解する人も少なくはない。

★20 王と廖も指摘した通り、福清出身者は同郷者の通婚および姻戚関係を通じて地縁・血縁ネットワークを拡大し強化した〔王維・廖赤陽、二〇〇七〕。

★21 新華僑による中華文化の継承を通じて新たな華僑社会を構築する可能性について、廖赤陽〔二〇〇三〕および張玉玲〔二〇〇三〕参照。

# 第7章　「異郷」から「故郷」へ
## ——神戸普度勝会における「孤魂」の行方を追って

### はじめに

本章では、戦後の福建同郷懇親会の最重要事項の一つとして議論されてきた普度について検討する。他地域出身の多くの華僑同様、福清出身華僑も日本での定住が進み、世代が交代するなかで、文化変容および帰属意識が変化していき、居住地である日本が「異郷」から「故郷」へと変わった。これを最も象徴的に表しているのは、彼らによる死者供養の儀礼、普度ではないかと考えられる。

毎年、旧暦の七月一四日から一六日の三日間（前夜祭と最後の精進明けを加えると五日間となる）、神戸市中央区中山手通り七丁目にある関帝廟において、在日華僑による死者供養儀礼「普度勝会」（以下、普度と略す）が行われている。長崎や京都においても、それぞれ旧暦七月二四日から二六日と新暦一〇月半ばに、華僑による普度が行われている。現在、この三地域だけで行われている伝統行事は、主に一九世紀末から二〇世紀初頭に日本に移住した福清出身華僑によって受け継がれてきたものである。

一九八〇年代後半、華僑は日本社会への同化が進み、ほかの伝統文化と同様に、普度も深刻な後継者不足問題に直面した。神戸では、一九八八年に福清から新たな紙師として王良清を迎えたが[★1]、普度の担い手の減少および規模の縮小には歯止めがかからなかった。二〇一二年より、普度期間中の精進料理は、福清出身の新華僑が担当するようになった。以来、新華僑には、料理のみでなく、普度の新たな担い手としての期待も高まった。と同時に、普度の実施母体である福建同郷会のメンバーらと同じく福清地域から来日した新華僑によって、神戸の普度の「特異さ」も指摘されるようになった。新華僑は実際に普度勝会に参加し、老華僑のやり方は故郷のそれとは異なっており、違和感を持つところもあるというのである。彼らの指摘は、要約すると以下の三点である。

まず、毎年決まった時期に行われる神戸華僑による普度に対し、福清では、大きな水害、虫害または疫病などが起きた時にのみ、三年間連続で普度が行われる。第二に、新華僑の考えでは、孤魂野鬼が不満があると禍を起こすので、彼らを鎮撫し、村全体の平和と幸福を願うために、普度を行うのであり、祖先供養を目的とする神戸の普度とは別物だと認識している。第三に、福清の故郷では、毎年の夏に祖先供養の儀礼はあるが、家族単位で行うもので、中元節または「七月半」と称する。

こうした新華僑の指摘を受け、一世紀近くにわたり先人たちが持ち込んだ故郷の伝統を「忠実に」受け継いできたつもりでいた老華僑は、困惑した。あるいは、二〇世紀に入ってから何度も伝統文化が否定・禁止されてきた中国で生まれ育った新華僑こそ、果たして伝統文化を理解しているのか、と疑問視する老華僑もいるようである。同じ出身地で、時には血がつながっている老華僑と新華僑の間で、なぜ普度への認識がこれほど異なるに至ったのか。そもそも、福清華僑による普度とはどういうものだったのか、供養の対象であった「孤魂野鬼」はなぜ祖先に取って代わられたのか。

一度存続の危機に直面した神戸の普度は、二〇一二年度以降、新華僑の新たな参入によって徐々に復活しているように見える。これによって、今後、普度のような中華文化の継承問題が解決されるのみならず、華僑社会の構造さえ大きく変化するだろうと予測されている。このような転換期の中、長い伝統を持つ普度の機能について、宗教的側面と社会的側面の両方から、今一度考察する必要があるように思われる。本章では、まず神戸関帝廟で行われた普度についての調査と、福清の村々での聞き取りと参与観察を踏まえ、まず「普度」に対して新・老華僑が異なる認識を持つ原因を探る。その上で、移住者としての華僑の特性を念頭に、福清出身者による普度継承の変遷を整理しつつ、「客死」（異郷で命を落とすこと）など非業の死を遂げた霊魂の供養方法の変容について分析する。華僑の移住・定住過程において、普度の供養対象の「霊魂」が、客死したがために「彷徨う孤魂」から、祀ってくれる子孫がいる「故郷」で「正常死」を遂げた「祖先」へと変わった。このことが、普度に代表される死者供養の儀礼の在り方を定める主な要因ではないかと指摘する。

## 1　神戸華僑による普度

### 1—1　しつらえ

神戸にいる福州系華僑による最初の普度は一九三四年に中国人の仮埋葬地であった中華義荘で行われた。一九三八年に二回目も中華義荘で行われたが、一九四七年に三回目が関帝廟で行われて以後は、ほぼ毎年関帝廟で行われるようになった。★2 神戸関帝廟は、関羽を主神として祀っているが、境内には華僑が普段葬儀を行う禮堂《らいどう》がある。普度期間中はこの禮堂と、山門と禮堂の間にある中庭が儀礼のメイン会場となる。また、期間中の精進料理（昼夕）と最後の謝宴の料理は中庭の横にある厨房で中華料理店経営の華僑によって調理される。

禮堂の一番奥は醮壇《しょうだん》（施餓鬼壇）であり、施餓鬼法要の導師金剛上師《こんごうざんす》が仏の力により餓鬼を説法し施す場所である（資料7—1）。壇上に普度の中尊である観音菩薩と釈迦牟尼、阿南尊者が置かれており、後ろに紙で作られた金山、銀山などがずらりと並べられている。醮壇から入口に向かっての両側にはそれぞれ地獄十王殿、普度公の神位と地蔵王菩薩、達磨大師と馬五頭（一日に一頭を焼く）、「戦争震災犠牲者共同之霊位」、「神戸福建同郷会逝世会員之共同霊位」が祀られている。醮壇の向かいには、韋駄天王と監斎使者が、禮堂から出て入口の両側には、それぞれ寒林所、陰陽司（七爺、八爺）が祀られている。

資料7-1　関帝廟禮堂奥に設置された醮壇
（2015年8月筆者撮影）

中庭には、まず華僑各姓宗祠という冥宅が祀られており、上には「某氏宗祠」のように参拝者一族の氏名を記した黄色のカード（霊位）が貼ってある。ほかには、亡くなって間もない故人を供養するための冥宅が数基祀られている。冥宅とは紙と竹で作られた冥界で祖先が使う家のことで、それぞれ「某府冥宅」と書かれており、なかには故人の写真を含めソファーやテレビ、車など生前同様の生活を送れるよう、様々なミニ

チュアが置かれている（資料７―２）。

山門の横の入り口には天地神を祀る壇が置かれている。道路を挟んで関帝廟の向かいにある福建同郷会館もかつて会場となって男女の孤魂が祀られていた（曽、一九八七）というが、現在はない。

受付は、山門から入ってすぐ右にあり、参拝者は横にある線香売り場で購入した紙銭（あの世で使うお金）にそれぞれ故人の名と自分の名を書いてもらう。寄付金を納めた者の氏名を廟の外壁に貼ってある赤い紙に書き、顕彰する。

厨房の前や中庭の空きスペースに円卓や椅子が置いてあり、参拝者が参拝した後、休憩しながら親戚や友人と歓談する光景をしばしば見かける。昼食と夕食の際には最もにぎやかになる。食事は椎茸や豆腐、野菜で調理された精進料理であるが、近年はビールも出されている。参拝者が食卓を囲んで、郷土料理に舌鼓を打ちながら久しぶりの再会を喜んだり、新たな出会いに感激する和やかな場面は、「霊魂供養」から連想されがちな荘厳な雰囲気とは大きくかけ離れている。

**資料7-2　普度期間中の関帝廟の中庭**
真正面は数多くの霊位が祀られている（黄色のカードが貼ってある）「華僑各姓宗祠」で、左側の三基は故人が「あの世」で住むとされる家（冥宅）。なかにはミニチュアの家具や使用人（形）が置いてあり、前の台には紙銭や果物などが供えられている。（2015年8月筆者撮影）

## 1―2　行事の流れ

行事の流れは、曽士才〔一九八七〕が詳しく述べており、ここでは、変更点を確認しながら簡単に紹介する。普度の主催者は神戸福建同郷会であり、毎年二、三月頃、同郷会の理事会において普度の実行組織の役員が決定され、普度開始の一か月前の、農歴六月一三日頃に福建同郷会館の前に掲天燈《キャテンデン》、つまり白鶴を吊るした燈竿を掲げ、三界万霊を呼び寄せる儀礼を行う。同時に、竹や紙で作られた諸神明の開眼供養も行われる。福建同郷会は、会員をはじめ日本各地の福建出身の華僑に普度の開催を知らせる「榜文」(布告)(資料7―3)を送る。普度に関わる役員はこの日から生臭料理(肉魚を使った料理)を避け素食を始める。普度は三日間の本祭を指すことが多いが、前夜祭と最後の精進落としを入れると、実際は五日間にわたって行われる(資料7―4)。

筆者が実際に参加した二〇一四年度の普度(八月二一日から二五日、旧暦七月二六日から三〇日)を例にすれば、前夜祭が行われる二一日は、昼間はテントを張り祭壇や冥宅を設置するなど祭場の準備となるが、夜六時より観音菩薩をはじめ天界、水界、地界の「三界」諸神の神位を禮堂に搬入し、いわゆる三界万霊を関帝廟に呼び寄せる。二二日から二四日は本祭典となるが、三日間ともほぼ同じ内容で構成されている。午前と午後の拝懺《ぱいさん》と、夕方から晩にかけての出天進表、白馬焼之と大施餓鬼があり、加えて中日《なかび》の二三日に灯籠流しが行われる。拝懺とは僧侶たちが参拝者を代表し、焚香礼拝して懺悔する儀礼であり、出天進表とは天に普度の大祭を報告するもので、読経とともに精《ツェ》(パンのようなもの)や硬貨を投げ餓鬼を供養する儀礼である。大施餓鬼とは、「瑜伽焔口科範《ゆがえんきょうかはん》」という経典を諷誦《ふうじゅ》(お経などを読むこと)し、餓鬼を飽満にさせる儀礼である。灯籠流しとは、本来普度の前日に水界の孤魂を召集するために行われる「放水燈」だった〔曽、一九八七〕と考えられるが、現在、亡くなって間もない祖先を送る儀式だと考える華僑が多い。以前は須磨浦海岸でこの儀式を行なっていたが、近年、関帝廟前で水の張ったたらいに船を乗せて、僧侶による読経の後、船を燃やすという極めて簡略化した儀礼に変わった。

二四日の夜、中庭に長テーブルを設置し、上に一〇種類の精進料理（一〇品菜）が盛られる椀を二〇セット並べる。椀（料理）の上に寄付者の名前を記載する三角の赤い札をさす。この日の大施餓鬼でも、僧侶のあとに続いて参加者がすべての祭壇を回ったあと、長テーブルを三周する。次に、関帝廟と福建同郷会館の間の道路で普度の間に供えられていた冥宅や金山銀山などの紙細工をすべて焼いてあの世に送るという「送仏儀・冥宅送火供養」が行われる。これに先立ち夕方には、個人用の冥宅に供えられた紙銭は、その家族によって関帝廟本堂前の焼却炉で焼かれ、「あの世」にいる祖先に送られる。

普度の最終日である二五日は、精進落としの日である。朝八時頃、まず普度の終了を神様や天に報告し、感謝を述べる儀式、冥加《みょうが》回向《えこう》が始まる。中庭には祭壇を設け、「三牲」と呼ばれる豚、鶏およびエビ・魚などの生鮮を供えたのち、僧侶による読経と参加者全員の進香が行われる。一回目は、関帝が祀られている廟内に向かって、二回目は、逆方向の「天」の方に線香をさ

**資料7-3　2014年度普度の「榜文」（布告）**（資料提供：福建同郷会）

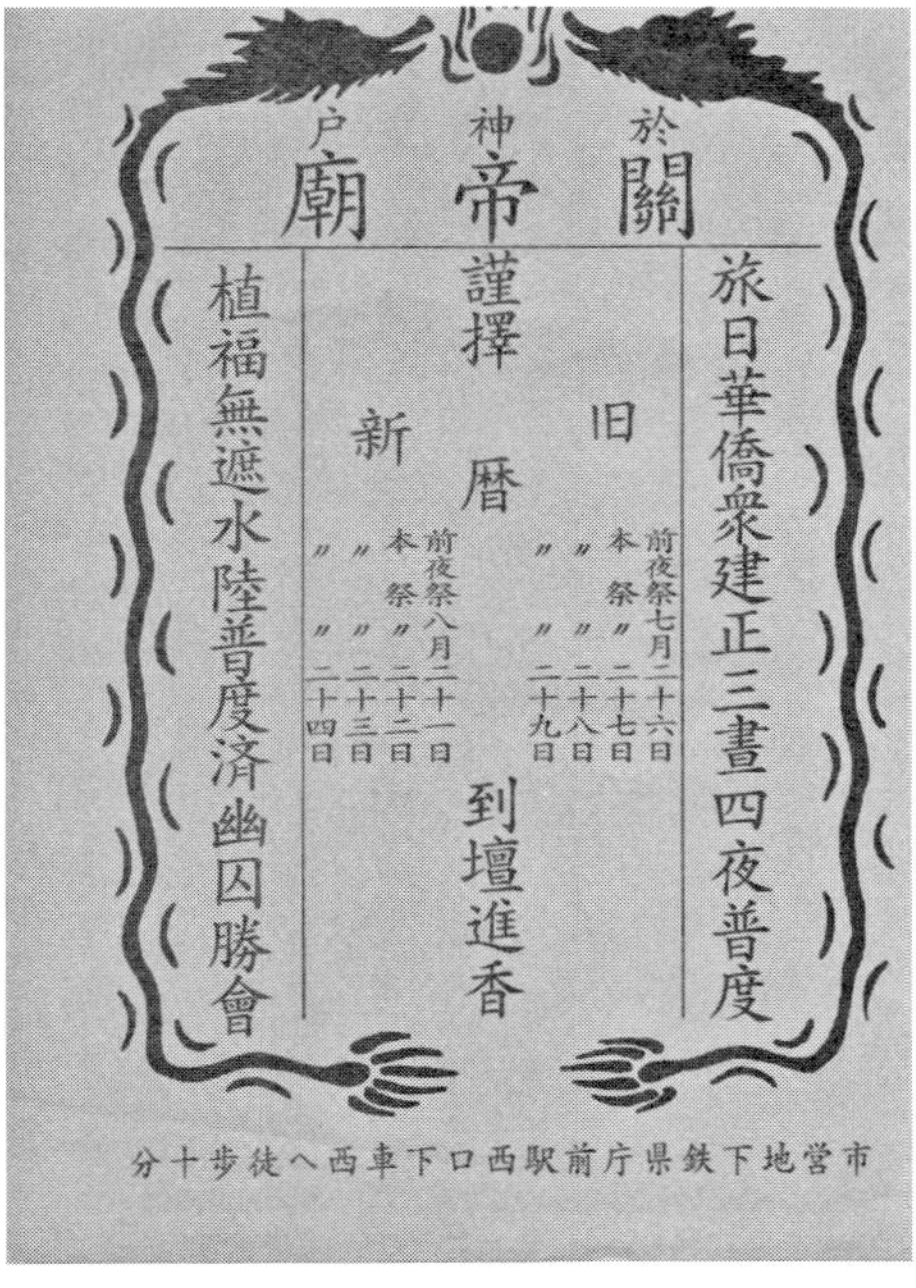

**資料7-4　2014年神戸水陸普度勝会行事進行表**
（神戸中華会館魏浩順提供資料に基づき筆者作成）

2014 年 8 月 22 日～ 24 日（3 日間　本祭典）

| | 8月21日【木】前日 | 8月22日【金】初日 | 8月23日【土】中日 | 8月24日【日】最終日 | 8月25日【月】精進落し |
|---|---|---|---|---|---|
| 8時 | | 8時 | 8時 | 8時 | 8時 |
| | | 30分　朝課 | 30分　朝課 | 30分　朝課 | 30分　冥加回向 |
| 9時 | 前 | | | | 補施 |
| | | 9時30分まで | | | 白馬焼之 |
| 10時 | | 10時　上午拝籤 | 10時　上午拝籤 | 10時　上午拝籤 | |
| 11時 | | | | | 豚解体 |
| 12時 | 夜 | | | | |
| 13時 | | | | | 中尊出堂 |
| 14時 | | 14時 | 14時 | 14時 | 結束 |
| | | 30分　下午拝籤 | 30分頃　下午拝籤 | 30分　下午拝籤 | 13時から15時頃　謝宴会開始 |
| 15時 | 祭 | | 15時 | | |
| | | | 30分頃　燈籠流し | | |
| 16時 | | 16時 | （4時20分頃迄） | 16時 | |
| | | 20分　出天進表　白馬焼之 | 20分より　出天進表　白馬焼之 | 20分頃　出天進表　白馬焼之 | 宴終了後全役員後片付け |
| 17時 | | 晩課 | 晩課 | 晩課 | |
| 18時 | 入堂行進 | | | | |
| 19時 | | | | | |
| 20時 | | 20時頃より　大施餓鬼 | 20時頃より　大施餓鬼 | 20時頃より　大施餓鬼 | |
| 30分 | 入魂式前儀 | 前儀 | 前儀 | 前儀 | |
| 21時 | | 後儀 | 後儀 | 後儀 | |
| 30分 | | | | | |
| 22時 | 入魂式後儀 | | | | 『水陸普度勝会』 |
| 23時 | | | | 22時頃より　送佛儀 | 主催:(社)福建同郷会 |
| | | | | 冥宅送火供養 | 総経理:林聖福 |
| 24時 | | | | 後片付け | |

さげ、礼を述べる。なお、二〇一四年の普度「進行表」には、「補施《ポーゼ》」という儀式も表記してある。足などが不自由なため普度に間に合わなかった霊魂を供養するものとされるが、実際には、儀式が行われることはなかった。普度の簡略化が進む傾向が見てとれる。冥加回向の儀式が終了した後、禮堂で昼食の謝宴会（精進落とし）が行われる。普度期間中に働いていたスタッフ、福建同郷会の長老会員、各華僑組織・団体のトップ、そして地元財政界からの招待客に対して、福清の郷土料理が振る舞われる。二〇一四年は二〇テーブルに約一六〇人の客が招待された。この日の料理は、「牲」（生き物）を使わない普度期間中の精進料理と違って、豚、鶏、エビ、魚などをふんだんに使う豪華なものであり、各種の酒類も提供されている。後述するように、二〇一二年より、福清出身新華僑の同郷団体「同人聯誼会」[★3]の中華料理店経営のメンバーが買い出しや調理を担当しており（資料7―5）、謝宴会は、神様への感謝をささげると同時に、来日の時期が異なる福清「同郷」が故郷の味を楽しみながら親睦を深める貴重な場でもある。

## 1―3 普度で供養される「霊魂」

### 1―3―1 無祀と孤魂

普度における幽魂野鬼を済度するための一連の儀礼について、その意味を知る人はほとんどいなくなり、普度の規模や内容も年々縮小・簡略化する傾向にある。一九八〇年代まで関帝廟禮堂と福建同郷会館内に設置されていた孤魂壇と男女孤魂の壇が現在見られなくなったのはその典型的な例といえる。あるいは、夭折者や不慮の死を遂げ、孤魂野鬼となった霊が、陽寿を全うできた「正常死」の者と同様に死者供養を受けられないがために、人間に祟りを起こすとされる信仰自体がなくなり、人々は不慮の死を遂げた家族を各自の家で供養するようになった[★4]、という時代的変化も読み取れる。

一方、「神戸福建同郷会逝世会員之共同霊位」や「戦争・震災犠牲者共同之霊位」などは神戸福建同郷会の名義で作られた冥宅であり、これまで亡くなった同郷および戦争や震災などで亡くなった幽魂が祀られている（資料7―6）。年配の華僑によれば、これは戦前からあった慣習であるという。戦死者や震災で亡くなったものも孤魂となり祟りを起こしうる存在であるとする、一見して孤魂野鬼に関連する信仰は依然として存在しているように思われる。しかし実際には、個々の孤魂野鬼に対する畏怖というよりは、戦争や地震、水害などというコミュニティ共通の歴史的記憶として残るような惨禍で犠牲になった同郷者の霊を鎮めることで、残された家族や友人の心を癒すという、人道主義的側面が強い。東南アジアの華人社会に広まった万縁勝会という儀礼も祀り手のない個々人の祖先は、孤魂野鬼とならぬよう祭祀活動を通してコミュニティの共同の祖先とすることを目的としているのだという。[★5] 時代的背景こそ異なるものの、普度も、宗教的儀礼を通じて個々人をコミュニティに結束させる役割を果たしてきたと言える。

**資料7-5　赤のポロシャツを着用し、普度最終日の謝宴会料理を調理する同人聯誼会のメンバー**（2014年8月筆者撮影）

### 1―3―2　祖先

祖先を供養する厝《ツオ》（冥宅）は、普度の期間中、参拝者が食事や休憩の際に集まる中庭に祀られている。冥宅は、それぞれ死後三年目、七年目と一五年目の三回、注文して供える人が多い。華僑の故郷である福清のしきたりでは、死後の葬儀、または三回忌の後に行われる追善供養（做功徳）の際に死者に冥厝（冥宅）を送る★6ことが一般的である（資料７―７）。多くの老華僑は、普度を祖先に対する追善供養の場として捉えているようである。一方、死後一年で冥宅を供える人もいるが、こちらは、日本の新盆の影響を受けたものであろう。冥宅は一基一〇万円ほどの費用がかかり、あらかじめ紙師に制作を依頼することになっているが、近年注文者が急減している。一九八〇年当時一〇基ほど供えられていた（曽、一九八七）ようだが、筆者が二〇一四年、二〇一五年、二〇一七年に行った調査ではいずれも五基以下だった。

　冥宅を供える必要のない参拝者は、「某氏宗祠」というように「一族の歴代祖先を祀る」と意味する文字が書かれている位牌をかたどった黄色のカードを購入し、一族の苗字を記入して、「旅日華僑各姓宗祠」と書かれた冥宅に貼り、祀る。訪れた人のほとんどは、自分の一族

**資料7-6　戦争・震災犠牲者の霊魂を供養する冥宅**
（2015年8月筆者撮影）

のために一枚五〇〇〇円ほどで購入し、紙銭などの供え物とともに供えるが、冥宅同様、近年位牌の購入数が、老華僑参拝者の減少に伴って少なくなっている。

一方、一九八〇年代以降に増加した福清出身華僑は、ここ数年様々な形で普度に関わるようになり、なかには日本で亡くなった親族を供養するために普度で冥宅を供える新華僑も現れている。彼らは必ずしも生まれ故郷の福清における死者供養の儀礼に詳しくないが、故人を偲ぶ強い気持ちから、限られた条件の下で故人を供養するようになったのである。ただ、新華僑が今後も普度の場で祖先供養をするかどうかについては、新華僑が老華僑から普度をどのような形で受け継ぐかによるところが大きいだろう。これについて考察するために、まず福清華僑による普度の宗教的根源である霊魂救済と他界観について、華僑の移住と結びつけながら検討してみる。

**資料7-7　二世華僑林金和が亡くなった母のために故郷で行った追善供養（做功徳）**（資料提供：林金和）

## 2　華僑と死者供養

### 2―1　霊魂救済の儀礼

中国では、人が死ぬと、精神を司る魂《こん》と肉体を司る魄《はく》が分離し、魂は天に行き魄は土に返ると信じられてきた。そのため祖先祭祀においては、魂が宿っている木主（位牌）が置いてある祠堂と、魄（遺体）が埋葬されている墓の両方が重要視されてきた。『礼記』（中国前漢時代の経書）「祭義」には、「衆生は必ず死す、死すれば必ず土に帰る、これを鬼《き》という」（衆生必死、死必帰土、此之謂鬼）とあり、また『左伝』昭公七年には「鬼は帰するところ有らば、すなわち厲《れい》（悪鬼）とはならず」（鬼有所帰、乃不為厲）とある。中国では、子孫を持たないもの（無嗣）、夭折や戦死、水死など異常な死や無念の死を遂げたもの、死体が野ざらしされたものなど、つまり何らかの未練や怨恨をこの世に持ったままの鬼は、「帰する」場所のない「厲鬼《れいき》」となり、人間に災いや危害をもたらす存在として恐れられていた。

そのため、古来より王や諸侯大夫は「泰厲」、「公厲」、「族厲」など様々なレベルで祭祀を行ってきた。宋明以降、厲鬼の埋葬や祭祀は国家的事業として推進され、義塚、義阡などの公共墓地を建設し祀り手のない棺や野ざらしの遺骸を埋葬するほか、明以降、全国の府、州、県、郷里で厲壇を設置し、無祀の孤魂を定期的に祭祀するようになった〔志賀、二〇一二、一三六頁〕。

厲壇が設けられていた清明節、七月一五日前後（盂蘭盆会や中元節）と十月朔は、それぞれ農事の始まり、収穫と休養の時期に当たり、人々は祖霊に農事の始まりや終わりを報告し、祈りや感謝を表すための祭祀を祠堂（家廟）や墓前で行う日であった。その際に、取り残された無縁無祀の鬼魂が災いを起こさぬよう、国として祀り慰撫するようになったのが「官祭」としての厲祭（「祀孤」とも）であった〔中村、一九九四、二〇八一二三〇頁〕。中国の多くの地域では現在でも、中元節の際に祠堂や家のなかでは祖先供養を行うと同時に、野鬼に祖先への供え物を取られないよう、または無視されたがために祟りを起こすことのないよう、屋外では野鬼を供養するのだが、前述の考えに基づくものである。

官祭のなかで最も末端的組織である郷厲壇が清の時に廃れ、それを受け継いだのが、村単位で行われる普度、いわゆる「公普」である。これに対して各家単位で行われる中元節、盂蘭盆は「私普」と分類される。

### 2—2　福清地域における普度と無祀壇

多くの地域では、普度は中元節と盂蘭盆会の同義語として使われているようである。中元節は道教の三元思想、盂蘭盆会は仏教経典とされる「仏説盂蘭盆経」に由来するとされているが、どちらも霊魂救済を目的とする儀礼である。民間では、同じく鬼魂祭祀のこれらの行事はいつしか混同され、地域ごとに細かいルールや解釈をするようになったと考えられる。また、「普度」とは仏教用語の「普度衆生」（衆生を遍く済度する）の略で、前述したように、霊魂救済に関わる祭祀活動全般を指す広義的な概念である。中国では現在農暦七月一五日前後に行われる中元節や盂蘭盆会を「普度」と呼ぶ地域が多い。

福清地域では、「普度」というと、村全体で霊魂供養を行うもので、中元節と盂蘭盆会とは全く異なる概念とされている。一方、農暦の七月一四日は「七月半」といって、各家（族）では祖先祭祀を行う。午前中は祠堂で始祖をはじめとする遠い歴代祖先を祭祀し、午後は各家で曾祖父など比較的近い祖先を祭祀するのが一般的だが（資料7—8）、近年では、祠堂での祭祀はなく、家族単位で各自に近い祖先のみ祭祀する村が多い。★7

二〇一五年と二〇一六年の夏に、筆者が福清市高山鎮の複数の村で行った調査で確認できたのは、「普度」

と呼ばれる行事は、族譜の再編や祠堂の再建など村に大きな出来事、または尋常ではないことがあったときのみ行うものとされていることである。例えば、一九五〇年にK村では、巨大なクジラが沖から流れてきた。村の長老は、これを不吉な前兆だと捉え、村人を動員して一九五〇年から一九五二年の三年間、普度を行った。一九世紀末期から二〇世紀半ばまで、福清地域は戦争や疫病の影響で、多くの村人が東南アジアや日本へ移民した。資金も人手も不足していたなか、定期的な普度の挙行はほぼ不可能であった。また、一九四九年の社会主義中国の成立以降も、中国政府の宗教や文化に関連する政策の下、ほとんどの村は数十年間普度を一度も行わなかった。一九九〇年以降に海外華人の呼びかけによって普度が復活した村でも、一定の間隔

**資料7-8　農暦７月14日、福清市東瀚鎮Ｄ村の祠堂で老人会のメンバーによって行われた「七月半」**

供養されるのは祖先のみで孤魂野鬼は含まれない。

（2019年８月筆者撮影）

を置いて開催している（資料7―9）が、近年になって、商売や健康など特定の目的で、個人が出資して普度を行うケース（私普）が増えている。

福清では、普度は基本的に作物の収穫が終わり、村人が比較的時間に余裕のある農暦八月から九月の間に挙行される。交通事故で命を落とした者、水死した者など不慮の死を遂げたため往生できず、村をさまよう孤魂を供養し、鎮撫するために、村全体で資金を拠出し、食べ物を並べ、道士か僧侶に読経してもらう。普度期間中、普段祠堂の目立たない一角に設置されている無祀壇も外に出され、ともに供養される。無祀壇とは祀る子孫のない霊を祭る場所であり、夭折した者など儒家的祭祀のシステムから除外されている亡霊も含まれている。「正常」ではない死を遂げたこれらの霊は怨念が強く、どこかで人々に危害をもたらすのではないかと、村民から常に恐れられている存在である。現地調査においても、村民に祠堂を案内され、無祀壇を通る際には、たいていの案内者は急に口をつぐみ、無祀壇には見向きもせず、急ぎ足で通っていったのである。

福清の多くの地域では、現在、不定期的に行う普度の時のみ無祀壇で孤魂を鎮撫する儀礼が行われるが、龍田鎮L村では、毎年農暦七月一四日、つまり「七月半」に三官堂太和社で道士による霊魂供養が復活されている。前述したように、明の時代にすべての県・村ごとに社稷に設けられていた無祀壇は、福清地域においても二〇世紀半ばまでは存在していたが、新中

**資料 7-9　福清の各村における普度の開催状況**（2015 年 8 月筆者による現地調査に基づく）

| 村名 | 1949年以降の普度 | 開催理由 | 儀軌 | 主な移民先 |
|---|---|---|---|---|
| K | 1950～52年 | 大きなクジラが流されてきた | 道教 | 日本、香港 |
| L | 1992年、以後三年ごと | インドネシア華人の呼びかけ | 仏教 | インドネシア、日本 |
| M | 1996～98年、2012～14年 | インドネシア華人の呼びかけ | 道教 | インドネシア、日本 |
| Q | 2001～2003年 | インドネシア華人の呼びかけ | 道教 | インドネシア、日本 |
| D | 2003～2005年 | 村民の提案 | 道教 | 日本、香港 |
| N | 2004～2006年 | 村民の提案 | 道教 | 日本、香港 |

国成立後にすべて破壊された。

Ｌ村をはじめとする龍田地域の保護神である張聖真君を主神としている三官堂太和社は、祠堂、観音閣、義姑祠とともに、龍田鎮Ｌ村張氏一族の財産である。一九八七年にその隣に無祀壇が再建され、「七月半」に供養が行われるようになった。その経緯は以下の通りである。一九八〇年代半ば、当時Ｌ村の三官堂主事Ｙが入院中、夢の中で陰界の孤魂が現れ、太和社の隣に無祀壇を再建するよう告げた。そこでＹ村の長老と相談し、無祀壇を建てることを決めた。一九八七年にインドネシア在住族員張鳴琴や神戸在住族員張在新などの寄付によって、三官堂太和社が改修され、同時にその横に位牌を置き、無祀壇を設けた。無祀壇ができた場所は、もともと夜になると牛小屋として使われていたが、無祀壇ができたあと、小屋に入りたがらない牛が多く、毎年のように牛が原因不明で死んでいった。一九九〇年頃牛小屋を撤去し、と同時に、「七月半」に三官堂太和社で孤魂野鬼を供養する儀礼を行なうようになった（資料７—10）。また、撤去された牛小屋を清掃した時に、壁から放たれた異様な香りに気づいた村民は、壁の角に赤い土を発見した。それを霊験と捉え、以来多くの人が太和社に参拝に来るようになった。[★8]

福清地域では、無祀壇を再建し、毎年孤鬼を供養する儀

資料7-10　農暦７月14日（七月半）、福清市龍田鎮Ｌ村三官堂太和社で復活された「無祀壇」の孤魂を供養する儀礼（2019年８月筆者撮影）

礼を行うのは、L村だけだという。また、一九九二年にL村で行われた普度も、改革開放後の福清地域において初のものとなった。L村の普度は仏教の儀軌に則って、祖先と孤魂野鬼の両方を供養する、すなわち「陰陽両立」のスタイルである。一回につき三年連続で行う道教の儀軌と異なり、一回につき一年のみ行うが、七日八夜間、十数万元の費用が必要とされる。普度開催の日にちや担当者（「総理」）などは、村のタンキー（童乩）を通じて太和社張聖真君の意思を伺ったうえで決められる。復活当初の普度は張氏祠堂で行われていたが、二〇〇一年より、新築された観音閣で行われるようになった。期間中、僧侶は祠堂と観音閣（に設けられている無祀壇）の両方で読経し、それぞれ祖先の霊と孤魂を済度する。[★9] 仏教の儀軌に則って祖先と孤魂野鬼の両方を供養するのは変容前の神戸の普度も同様であった。しかし何故、日本華僑による普度はL村のやり方と異なり、孤魂供養が廃れ、祖先祭祀のみ残るようになったのだろうか。

一九八〇年代後半から九〇年代にかけて、L村における無祀壇の再建や普度の復活は、同じ時期に進められていた族譜の再編、祠堂・寺廟・墓の改修などと同様に、インドネシアや日本に移住した族員による呼びかけの下で実現された「伝統」の復興として捉えることができる。程度の差こそあれ、同様な現象を、ほかの村においても観察することができた。改革開放政策実施後、華僑華人の故郷ないし中国への多額の投資と引き換えに、まだ、伝統文化の多くが禁じられていた時期であったにもかかわらず、彼らの故郷文化への希求が「特別に許可された」のである。あるいは、そうであるべきだと考える村人が「海外華僑華人の呼びかけ」として伝統の復活を進めるケースも少なくはない。いずれにして、これは長い海外移民の歴史を有する僑郷特有の現象として見るべきであろう。

現在、若い世代のほとんどが海外や都市部に出稼ぎに行っているが、普度の際に帰郷し、焼香や寄付などをして、無病息災を祈る人も多い。日本に移住した新華僑にも、普度の際にわざわざ帰郷し、これから始めるビジネスの成功や大病の治癒を祈願する者が多くいる。新中国成立後に生まれ育った人の間では、学校教育などを通じて無神論や唯物論がかなり浸透している。しかし、福清地域においては、霊魂を救済することで自らの平安と幸福を得るという現世利益的考えが依然として根強く存在している。

## 2―3　中国人の移住と「客死」

『幽明録』に代表される中国古代の怪異小説からもわかるように、祟りを起こす悪鬼にまつわる話に、「客鬼」というものが頻繁に登場している。客鬼とは、異郷で命を落としたがために、子孫から「正しい」供養を受けられず、人間界で彷徨い、時には祟りを起こすとされる孤魂のことである。自分に危害が来ることのないよう、または同郷者としての義理を果たすためにも、異郷で亡くなった者の死体を仮埋葬し、一定の期間を過ぎたらその棺を故郷に返送すること（「運棺」、「帰葬」とも）はすべての華僑にとっての重要事であった。故郷に遺族がいない場合や、死者の氏名や出身地が不明な場合は、義荘に埋葬し定期的に供養することになっていた。

横浜中華義荘（一八六六年創建）、函館中華山荘（一八七六年創建）と京都華僑霊園（一九三〇年創建、漢松園とも）など、華僑が移住して間もないうちに建てた義荘（義塚）は、まさに「客死」した華僑の仮埋葬の場だった。函館中華山荘にある廟の中で、一八八五年に津軽海峡で遭難した姓名も出身地も不明な華僑を祭る「有福公」の石像が祀られている（内田、一九四九、二四一頁）のも、同じく無縁の屍骨に対する危惧、同情によるものであると考えられる。

神戸開港二年後の一八七〇年、神戸中華義荘（最初は「中華義園」と称していた）は「重洋遠渉、旅櫬無依」（「客逝した華人で棺が祖国に帰れない」（「日本神戸中華義園記」、関帝廟内木刻））という人々のために、各出身地の華僑の共同出資によって中山手通り七丁目に創建された。さらにその三年後の一八七三年、当時神戸における寧波出身華僑の総管★10胡小萍は兵庫県外務長官に「盂蘭盆之勝会」の開催許可を申請した。「中国商人来游貴国貿易将近十年、因水土不同、病亡客邸、或海途之非邇、魂滞神戸、凡属桑梓、咸深憫恤」（中国の商人貴国に来游し貿易すること将に十年近からんとす。水土（風土）同じからざるに因り、客邸に病亡す。或いは海途邇《ちか》からず、魂神戸に滞る。凡そ桑梓《そうし》（故郷）に属《おな》じ。咸深く憫恤《びんじゅつ》す。傍線は筆者）と申し出て、九月一日（旧暦七月一〇日）に盆会を盛大に行った〔陳徳仁氏旧蔵資料（神戸華僑歴史博物館所蔵）：中華会館編、二〇一三、七〇頁〕とある。一八七三年五月に中華義荘の拡大工事が行われており、盆会はその完成に合わせて挙行された可能性もある。中華義荘が現在地である長田区滝谷町へ移転した一九二四年の八月にあった盂蘭盆の時も、広東、福建、三江の華僑は、出身地別で盛大な慰霊祭を行った〔鴻山、一九七九、一〇二頁〕という。仮住まいの地である神戸で亡くなり、その魂が神戸に滞るままであることを不憫に思い（「凡属桑梓、咸深憫恤」）、その霊を慰撫するために、来日当初の華僑はことあるごとに供養を行っていたのである。

その後、日中戦争の勃発、さらに戦後に進んだ華僑の定住化に伴い、中華義荘に本埋葬する華僑が増えたために、組織による帰葬は一九三六年を最後に中断した。しかし、親族のいない（または見つからない）無縁仏の遺骨管理や夭折者の埋葬と管理は相変わらず中華義荘の役目である。現在遺徳堂（納骨堂）には四〇〇柱近くの遺骨が安置されている。また一九〇〇年に作られた「清国孩童總墓」（幼児の合葬墓）がある。さらに、一九九五年の阪神淡路大震災で犠牲となった四八人の華僑華人および留学生のために「阪神淡路大震災華僑留学生犠牲者慰霊碑」が幼児の合葬墓の前に建立された〔中華会館編、二〇一三、三一四頁〕。

中華義荘ではないが、祀り手のない華僑の遺骨のために、華僑総会によって市営鵯越墓地に建立された無縁先友慰霊碑、華僑墓苑碑と帰安塚などもある。毎年の清明節に、中華会館の関係者が僧侶とともに、これらの慰霊碑に訪れて供養を行う（中華会館編、二〇一三、三一二—三一三頁）。さらに、強制労働者や戦争で殉難した中国人の遺骨の多くは、戦後に数回にわたって神戸港経由で送還されたが、その都度、華僑団体による慰霊祭が関帝廟で行われていた（中華会館編、二〇一三）。

こうした慰霊祭は、華僑コミュニティを代表して華僑総会などの団体が無縁仏や震災犠牲者などを供養し鎮撫するものであり、中華義荘の創建や帰葬同様、華僑社会の行事の一つといえよう。しかし、裏を返せば、戦後、華僑の出身地別意識の希薄化に伴って弱体化した各同郷組織に代わってその上位団体の華僑総会や中華会館などが各方面において役割を担うようになった、ということができる。かつて出身地別に組織的な死者供養を行ってきた広東、三江、福建南部（閩南）の出身者は、日本社会への融合に伴って、他界した同郷の霊を鎮撫する盂蘭盆行事を行わなくなったのである。

## 3 「普度」と福清出身華僑

一方、長崎、京都、神戸において、福清出身華僑による普度が今日まで受け継がれてきたのは、彼らの同郷団体による所が大きかった。以下、その流れを整理する。

### 3—1 福建同郷会と普度の継承

普度は江戸時代より長崎の華僑によって行われてきた。第一章でも述べたが、一七世紀に長崎に移住した三江系、泉漳系、福州系、広東系の華僑は前後して、それぞれの菩提寺として興福寺（一六二三年）、福済寺

（一六二八年）、崇福寺（一六二九年）、聖福寺（一六七七年）を建立した。一六五四年、長崎華僑の招きに応じ、当時福州府福清県下黄檗山萬福寺住職であった隠元禅師が来崎した。それ以来、唐四箇寺は黄檗宗の儀軌に則って、普度をはじめとする宗教的儀礼を行うようになった。ちなみに、幕府より京都宇治で寺地を与えられ、故郷の寺を真似て建てたのが萬福寺であり、ここで華僑が普度を行うようになったのは一九三〇年代以降のことである。

長崎では、一八九九年の雑居令の発布により急増した福清出身者に対応するために三山公所（公幇）が設立され、会員は福州や福清出身華僑で数百人に上った。以降、大阪、京都、横浜など各地で福清（福州幇）華僑による団体が設立された[★11]。神戸でも、神戸福建同郷会の前身となる旅日兵庫県華商綢業公会が一九三五年に設立された。その前の年に、神戸中華義荘で福清華僑によってはじめて行われた普度が、当公会の設立を促したと考えられる。また、一九三〇年に萬福寺において福清出身者が普度開催の申請、準備のために結成した「旅日華僑聯合公幇」もまた、のちの京都福建同郷会の基礎となった〔林修焱、二〇一三、四四〇頁〕。同職同業団体は会員間の相互扶助以外にも、普度の挙行など宗教的機能も果たしていたのである。

福清出身の華僑は、当初三山公所によって長崎の崇福寺で行われた普度に参加していた。福州系華僑の菩提寺である崇福寺の主要職能は、普度、関帝祭、媽祖祭および清明節などの祭祀活動の挙行である。一八九九年以降、より多くの福州系、正確には福清地域の出身者が来日し日本全国で行商や理髪業などに従事するようになると、普度およびそれを行う崇福寺は福清出身華僑が年に一度集まり、異国で亡くなった同胞の霊を鎮め、自らの幸福を希求すると同時に、ビジネスに関連する情報の交換や同郷間の親睦を図る場となった。のちに、福清出身者の増加と全国への分散居住が進むにつれて、普度の開催地を長崎以外の地域で増やすことが必要となり、一九二四年、大阪、神戸の福州華僑が連合して同じ黄檗宗である大阪天王寺清寿院（大阪関帝廟）で普度を行うことになった。また、一九三〇年より京都華僑が萬福寺で[★12]、一九三四年より神戸華僑が中華義荘で普度を始めた。大阪天王寺の普度は遅くとも終戦前に中断となったが、長崎、京都、神戸の普度は今日まで続けられてきた。

一九三〇年代より普度が京都と神戸で始められた理由には、この時期における両都市とその周辺に居住する福清出身華僑が増加し、さらに自然災害や戦争などでの犠牲者が多く出たことが挙げられる[★13]。

まずは、萬福寺における普度の始まりについて見てみよう。『黄檗山宗報』第一〇〇号（一九三〇年三月五日発行）では一九三〇年二月に京都の福清出身の華僑代表が普度開催のために萬福寺の使用申請をしたと記されている。「彙報　中華民国人の大法要　京都在住中華福州人は本年より向ふ三カ年間毎年舊七月念六、七、八、の三晝夜本山に於いて焔口の大法要嚴修を申し込んで来た　此間の参拝者は一日平均一千人遠く北海道、長崎方面からも集る由で二百乃至三百名の投宿者もあると云うのだから非常な盛況であらう（後略）」。華僑代表とは、正総理陳志傑、副総理林達金、福縁首劉徳華、都縁首林達進、預縁首王蘭花、董事呉経裔、林中美、張福義などの一〇人であり、その年の二月一三日（旧暦一月一五日）に登山し、大殿にて報告祭を行って以来毎月の朔望両日の早朝に参拝し、十方萬霊を慰謝することになっていた（『黄檗山宗報』第一〇〇号：林修焱、二〇一三、四四〇頁）とある。ちなみに林中美は一九二四年に設立された中華民国福州同郷会京都本部の代表の一人で、張福義はこの後の長い間、普度の正総理を務めつつ、京都の華僑総会をリードしてきた人物である。また、張福義の子息晃禎、孫敬博ものちに普度の正総理を務めてきた。一九三〇年頃に京都の福清出身者による同郷組織の基盤ができたことがうかがわれる。

一九三〇年一〇月五日発行の『黄檗山宗報』第一一二号には萬福寺で行われた一回目の普度勝会の盛況が記されている。九月一七日の午後八時より二一日午前一一時過ぎまで四夜五日間大本山の大雄宝殿を主な会場に開催された普度は、萬福寺の僧侶と華僑が福建から招いた僧侶による読経が行われ、「数千人の参詣人しかも日華混合にて異彩を放つた」ものであり、「上供の如きも百味の飲食とでも稱すべき百椀に朝晝暮三度新鮮なるものを献供すること至れり盡せり」であり、萬福寺は「空前の賑はしさ」を呈していた（『黄檗山宗報』第一一二号：林修焱、二〇一三、四四〇頁）。

農暦の七月二六日から二八日という普度の開催時期や普度開催の二、三か月前から日本全国の同族者に一斉に榜文（布告）を送付することなど、京都で普度を開始した当初は、長崎崇福寺の伝統をそのまま模倣したと考えられる。そのほとんどは今日まで受け継がれてきたが、現地の気候、華僑社会の規模などによって変化している部分も多い。例えば、のちに萬福寺における普度の開催時期が一〇月中旬に調整されたのは、京都の夏は高温多湿で供え物が腐りやすいのが理由だとされている。[★14]

一方神戸では、一九三四年に中華義荘で一回目の普度が行われた。墓域に提灯が吊され、やぐらが設置され、一人の道士がやぐらを回りながら読経した。この時も全国から福清華僑が集まったという（中華会館編、二〇一三、三三一頁）。二回目の普度は一九三八年に神戸関帝廟にて行われたが、神戸大水害（七月三日から五日）の直後であり、関帝廟に提灯を吊るし住職が読経したのみの簡素なものであった。一九四七年に福清華僑による三回目の普度が関帝廟で行われ、以降毎年の定例行事になった。三回目から、初めて冥宅や「三十六家店」（冥界で死者が買い物する商店街のこと）が作られ（中華会館編、二〇一三、三三一頁）、普度の原型ができたようである。

前述したように、初回の普度の開催をきっかけに、一九三五年に福州出身の呉服行商人団体旅日兵庫県華商綢業公会が成立した。会員数は三〇人であった（内田、一九四九、三一九頁）。一九四〇年末時点でも兵庫県下の呉服行商人は四〇人（同上、一〇頁）で、戦前の神戸在住の福清人は比較的少なかったように思われるが、彼らは岡山県、島根県などの周辺の農山村地域に多く分布していた同郷者と密なつながりを保ち、強固な血縁と地縁ネットワークを維持していた。戦時中、農山村地域に居住していた福清出身者は農業なども営むことによって困難な時期を乗り越えた。終戦後、福清出身者は地方から都市部に行き、戦勝国民としての特権を生かし、飲食業、不動産など多様な業種に進出した。神戸においても、食品や衣料品から嗜好品まであらゆるものが飛ぶように売れたという好景気のなか、岡山、四国、和歌山、島根などから福清出身の華僑が集まった。彼らの経済力の向上に伴い、神戸中華同文学校への寄付や中華会館の共同管理への参入など華僑社会における福清出身者の存在感も高まっていった。一九五〇年初頭に、それまでの旅日兵庫県華商綢業公会を母体に神戸福建同郷会が成立され、二年後、神戸市所有の中山手診療所を譲り受け福建同郷会の会館（神戸関帝廟の向かい）とした。一九七一年、神戸福建同郷会は社団法人として登録された際に★15、華僑の生活水準と道徳の向上を図ることを目的として掲げ、明確に「施餓鬼法要」（普度）の実施を公益活動の重要な一環として位置づけた。

福建同郷会の組織化および施設の整備により、毎年の普度の開催期間中、数千人の参拝者が日本各地から集まった。神戸の親戚や友人の家に寄宿する人もいれば、福建同郷会館の二階に泊まる人もいた。普度期間中、水陸犠牲者、戦争罹災者の諸精霊を供養し施餓鬼法要を施すと同時に、親戚や友人と福建の方言を操って様々な話題に花を咲かせる。結婚適齢期の子女を持つ者にとっては、普度は共通の知り合いを通じて互いの子女の見合いを計画・実施する理想の場でもあった。また、少なくとも一九九〇年代までは、中国映画や演劇の上演や屋台、ゲームなどもあり★16、あらゆる年代の福清出身華僑にとって普度は年に一度の大きなイベントだったのである。

ド した同郷会活動の活性化に関わっている。

## 3―2　華僑の帰属意識と普度機能の変化

戦後、毎年の恒例行事として行われるようになった普度は、一つに、第六章で述べた、二世華僑が戦後リードした同郷会活動の活性化に関わっている。

戦後中国をめぐる世界情勢が複雑化し、日本においても学生運動など各種の民主運動が盛んな時期であった。こうしたなか、中国に一度も行ったことがなく中国人意識さえ持っていなかった福清出身の二世華僑は、多くの華僑と接し、中国に関連する情報を手に入れていった。彼らのなかには、科学や民主をモットーとする新中国のスローガンに共鳴し、唯物論の世界観を持ち、人間に祟りをもたらすとされる鬼神の存在を前提とする普度を「迷信」だと否定的に捉えはじめた者も多かった。

このような、普度離れの傾向にある同世代の華僑に向かって、普度への参加を呼び掛けた二世もいた。福建同郷会機関誌『郷友』の編集者林聖俊はその一人である。林聖俊は、一九三一年に愛媛県大三島に生まれ、福清出身の父と日本人の母を持つ華僑二世で、一六歳の時に神戸中華同文学校に通い多くの中国人と接するまでは、中国人の意識を持っていなかったという（第三章参照）。彼は、福清華僑にとって普度は、「半世紀に亘り断絶していた祖国との往来の為、この年に一度の大会（普度）が唯一の集会の機会」であり、「互の平和と事業の繁栄と家族、親戚の健康を喜びあ」い、「物故先人への敬念と移り変わる世相の喜怒哀楽の語り合いの場」（『郷友』一九七三年八月五日発行）として、普度の持つ意味の重大さを訴え、華僑の積極的な参加を呼び掛けた。

一九七三年版の『郷友』に掲載された林聖俊の執筆と思われる「普度精神」には、「崇拝祖先、親愛家郷、為公服務、質実剛健、相睦合和、生活樸素、友愛親切」（祖先を崇拝する、故郷を愛する、社会に奉仕する、互いに仲よく、簡素な生活、友好で親切である）のモットーが記されていた。上記の呼びかけの内容とあわせてみれば、もはや人間に祟りを起こす霊（孤魂野鬼）を鎮撫することで自らの平安や幸福を祈るという、従来の普度が持つ信仰としての一面が強調されることはない。普度が重要視されるのは、むしろそれが持つ社会的・文化的機能があってこそのことである。すなわち、福清出身者の同郷ネットワークの維持・強化に寄与する点である。

父母に当たる一世華僑が異国の日本で生活基盤を築きあげたこと、自分たちの就職や結婚相手が決まったことは、いずれも同郷者ネットワークに頼るものだと二世華僑はよく認識していた。前述した、一九六一年に設立された福清出身華僑の全国組織、旅日福建同郷懇親会では、若い世代の民族教育、同郷者の結婚に加え、普度の主催と継承が一貫して重要な事項として議論されてきた。一九六二年より、普度の開催に合わせて萬福寺で福清華僑青年交流会も始まったことからもわかるように、年に一度同郷者が集まる普度は若い世代が出会い、結婚する機会を提供する場としても機能していた。

一九八〇年代以降、華僑社会が世代交代し、華僑の日本社会への同化も加速した。日本の企業への就職が比較的容易になり、結婚相手が同郷者に限定されなくなったなど、一世や二世のように同郷ネットワークを頼りにすることが減少した。会員の高齢化、後継者不足の問題は、神戸に限らず全国の同郷会が直面するようになった。宗教的機能が衰退したものの、同郷ネットワークの維持・強化の手段としてしばらく機能していた普度は、一九八〇年代を境に形骸化していった。

## ３―３　地縁・血縁が結ぶ新たなネットワーク

一方、福清出身華僑の特徴の一つともいえる強固な地縁と血縁は、二〇一〇年代以降、普度の継承に明るい兆しをもたらした。一九八〇年以降に渡ってきた新華僑による同郷団体、同人聯誼会が二〇一二年より普度期間中の精進料理をはじめ、受付や線香売り場など運営の大半を担うようになったのである。

一九八〇年半ば以降、大勢の新華僑が来日した背景には、中国の改革開放政策や日本政府の留学生受け入れ政策の実施があげられるが、福清出身者の場合は、留学申請のための身分保証人を同郷者である老華僑に依頼するなどその血縁紐帯を利用することで、比較的容易に日本に入国できた。一方、血縁的、地縁的に老華僑とつながっているものの、新・老華僑の間では、言語や文化そして価値観において大きな隔たりがあり、ほとんど交流はなかった。そこで両者をつなげる存在として重要な役割を果たしたのは、終戦後に福清から香港経由で来日した老華僑の家族（子女や兄弟）である〔張玉玲、二〇一五〕（第八章で詳述）。中国に生まれ育ちながら早い段階で来日した彼らは、一九四九年以前の中国と、その後の新中国の両方を経験している。老華僑の「家族」という身分で同郷会の活動に参加する機会も多く、老華僑からの信頼を得やすい一方、故郷福清にいる家族や親戚、同級生など（一九八〇年代以後に来日した新華僑も含まれている）とのつながりを持っている。

この血縁・地縁紐帯によって、新華僑も新たな担い手として普度に加わるようになった。二〇一一年に設立された新華僑の同郷団体「同人聯誼会」を創設する主要メンバーは、第八章で述べるように、老華僑の子孫（または子孫の配偶者）である。同人聯誼会は、二〇一二年から、神戸福建同郷会からの要請に応じ、普度期間中の精進料理を担当するようになった。のちに、受付や線香の販売など普度期間中の運営にも携わるようになったのみでなく、他界した家族のために冥宅を注文し、寄付するなど、老華僑のしきたりに倣って普度で祖先の霊魂を供養する者も現れた。「故郷の普度とはかなり違うが、気持ちがこもっているかどうかが大事」だと語る新華僑は、華僑文化として神戸の普度を受け入れているのである。

福建同郷会へ入会する新華僑も増えた。二〇一五年時点で三八世帯一〇〇人以上の新華僑会員を吸収した神戸福建同郷会は、一四二世帯の会員を持つ日本最大規模の同郷会となった。後継者不足に悩む老華僑のコミュニティにとって、新華僑は欠かせない存在になりつつある。強固な血縁と地縁によって実現できた福清出身華僑の海外移住の一貫性は、間接的に故郷文化の継承の連続性を可能にし、同郷ネットワークのさらなる強化につながったのである。

## 4 まとめ——「異郷」が「故郷」に変わった時

以上、神戸華僑による普度の霊魂祭祀に焦点を当て、華僑の「霊魂」に対する認識と祭祀方法の変容を、その担い手である福清華僑の日本への移住・定住と結びつけながら考察した。普度における霊魂祭祀の信仰的根源は、厲鬼となって人間に災いをもたらすとされる水没者や事故死などの横死者の霊魂を鎮撫し、救済するという中国人の伝統的他界観にあった。移住者である華僑にとって、異国での死、すなわち「客死」を遂げた孤魂野鬼も救済すべき対象であり、初期の華僑社会における普度は故郷のそれと同様、こうした客死した同郷の霊魂を供養することを重要な役目としていた。戦後、華僑社会は日本に生まれ育った二世へと世代交代し、多くの華僑が生活様式や価値観などにおいて日本化、多元化していった。日本を仮住まいの地、つまり「異郷」ではなく、「故郷」として認識する者がほとんどであり、また、唯物論、無神論を信奉する者も増加した。こうした背景のもと、福清以外の出身地の華僑による普度が途絶えたのに対し、福清華僑による普度は恒例化し、規模も盛大になった。これには二つの理由があった。一つは、戦後、日本各地で行商をしていた福清華僑が神戸などの都市部に集まり新たな分野に進出し、経済力も向上した。それに伴い、福建同郷会の組織化や同郷会館の整備など、コミュニティとして成熟したことである。もう一つは、戦後、二世華僑の民族意識が形成され強化されるなかで、父母が日本での生活基盤を築きあげた際に維持した同郷ネットワークを中国（福清）人アイデンティティの一部として維持していくことの重要さを認識したということである。そこで同郷者が集まる普度は、子女の結婚や民族教育など福清華僑が抱えていた問題を解決する手段として利用されたのである。また、人間に危害を加える「孤魂」の存在などもはや信じられていないが、コミュニティの歴史的記憶として残る戦争や地震で犠牲となった同胞を人道主義的立場から供養することに、強い同郷者意識を抱くのである。

一九八〇年代以降、二世が高齢化し、日本社会に同化した三世の多くは、普度のみでなく同郷会、華僑コミュニティそのものに関心を持たなくなった。普度はその宗教的機能も社会的機能も失われ、規模は年々縮小していた。しかし、二〇一〇年代以降、新たに来日した福清出身華僑が普度に関わり始め、普度を故郷文化として受け入れていくと同時に、担い手としての存在感を増していく。神戸の普度もこれによってふたたび活力を得た。

とはいえ、神戸の普度は従来の形で継承されていくとは限らない。むしろ、その一部の要素は大きく変わる可能性さえある。今日の福清出身の新移民の移住先は、老華僑による同郷コミュニティが存在する日本や東南アジアのみでなく、欧米諸国やアフリカ、南米など世界の広範囲に及んでいる。中国政府は、調和のとれた社会秩序の維持および急速な経済発展によって消滅しつつある伝統文化を「救助」するために、近年、禁止されてきた「伝統文化」を保護する一連の政策を制定している。

普度を含め中華文化を媒介とした華僑と故郷、そして移住先との相互関係は今後大きく変化していくだろうと予想される。故郷を主軸とする福清移民の同郷ネットワークと伝統文化の関連について、トランスナショナルな視点から総合的に検討することが課題として残される。

★1　死者供養の際に使われる竹と紙でできている人形や家（冥宅）、車などを作る紙細工職人。神戸では、紙師は普度開催の半年前から冥宅などの制作に取りかかる。

★2　一九四七年以降、普度が行われなかったのは三回である。一九八四年、一九八七年は紙師がいないため、一九八九年は天安門事件で自粛したためであった。

★3　同人聯誼会は、二〇一一年に発足し、二〇一七年より一般社団法人として登録された。詳しくは第八章参照。

★4　二〇一四年夏に筆者が訪問した北海道函館市在住の華僑二世の女性W（福清出身）は、数年前、未婚の娘が交通事故で亡くなって以来、毎月自宅で娘の写真の前に壇を設け、供え物を並べ、僧侶を招き読経してもらっているという。なお、Wは浄土宗に入信している。実際、Wのみでなく、日本に生まれ育った「老華僑」は年齢を問わず、戦争や交通事故など亡くなった者が「孤魂野鬼」になって人間に禍をもたらすと考える人は比較的少ないようである。

★5　中華民国政府成立初期、新しい社会的・文化的背景のもと、「迷信的」祭祀ではなく、国家的英雄の霊魂を祭祀する新たな方法が採用された。「万縁勝会」はこうした新たな祭祀が海外の華僑社会で模倣され広まったものである。〔蔡志祥、二〇一〇、二七頁〕

★6　二〇一四年八月、一九八〇年代後半、神戸福建同郷会によって福清より紙師として招かれた王良清の教示による。

★7　福清地域では華僑の要望と寄付により祠堂の再建や族譜の再編など、宗族に関わる伝統がある程度復活されたものの、祖先が亡くなって一定の期間が過ぎるとその位牌を祠堂に祀るという「進主」の儀式は復活されなかった。そのため、新中国以降に亡くなった祖先の位牌は各家に祀られており、祠堂で祖先祭祀に関わる活動はほとんどない。

★8　二〇一五年八月、L村で行われた張敦義（一九四三年生まれ）へのインタビューに基づく。

★9　二〇一五年八月、L村で行われた張敦義（一九四三年生まれ）へのインタビューに基づく。

★10　当時神戸在住中国人社会の秩序を維持し統制を加えるために華僑社会を寧波、広東、福建の三組に分けてそれぞれ責任者を置いていた。

★11　一九〇六年呉服行商人の所属する福州幇が旅日華僑福邑公所（会員七〇人）〔内田、一九四九、三一二頁〕、一九二四年京都福建同郷会の前身となった中華民国福州同郷会京都本部（会員一〇〇人）、同年、東京では福建同郷会、一九三一年には東京と横浜の福建出身華僑による福建京浜聯合会が設立された〔日本華僑華人研究会編、二〇〇四、五一一頁〕。北海道の場合は、函館に設立された中華会館の会員のほとんどは福清出身の呉服行商人だったため、会館は同職、同業団体の機能も兼ねていた〔内田、一九四九、二四〇頁〕。

★12 一九三〇年三月五日発行の萬福寺黄檗山宗報第一〇〇号によれば、農暦七月二六日から二八日を挟んでの五日間、全国から数千人の参拝者が訪れた。

★13 一九二三年の関東大震災で多くの犠牲者が出たので、神戸に移り住んだ華僑も少なくはなかった。

★14 二〇一七年一〇月、萬福寺で行われた普度勝会にて、総理張敬博へのインタビューによる。

★15 二〇一三年新たな公益法人制度の施行に伴い福建同郷会は「一般社団法人神戸福建同郷会」として再登録した。

★16 二〇一四年八月、林聖俊ほか数名の華僑へのインタビューに基づく。

# 第8章　文化的・社会的システムとしての「故郷」
## ——移住、文化継承とコミュニティの「連続性」

### はじめに

華僑とその故郷との関係についての論考で最も知られているのは、陳達の『南洋華僑と福建・広東社会』であろう。陳達とその調査チームは、当時、華僑を多数送り出してきた福建、広東の地域（僑郷）と、そうではない地域（非僑郷）を複数調査したうえで、華僑が故郷の経済、教育、医療、交通、信仰などの「生活様式」（Mode of Living）に与えた影響について考察した。ただ、陳自身が指摘したように、華僑が故郷へ与えた影響と貢献の「事実と、さらに若干の注意すべき問題とを提出するに止めた次第」（陳達、一九三九、一〇頁）で、問題全体についての分析はなされていなかった。中国系移民の海外移住および移住後の行動が故郷にもたらした影響への問題関心が、華僑研究のみでなく中国の経済、社会、文化などあらゆる領域から寄せられていた。陳達以降の長い間、華僑と僑郷の関係に関する研究は「華僑の故郷への影響」に焦点を当てたものがほとんどであった。[★1]「故郷の華僑への影響」に関心を持たれるようになったのは、福建の僑郷から新たな出国者が急増した一九八〇年代以降のことである。

一九七〇年代から九〇年代のおよそ二〇年の間に、アメリカや日本など先進国へ流入した夥しい数の福建北部出身者の移住メカニズムについて、李明歓は、これまで普遍的な国際移民に適用される連鎖移民（chain migration）や経路依存性（path dependence）理論[★2]を踏まえ、「僑郷社会資本」の概念を用いて分析を試みた。李は、中国の改革開放後から始まった夥しい越境人口は、グローバリゼーションのなかで西洋諸国の政治、経済、文化などが中国内において全面的に展開された必然的な結果であり、福建僑郷からの移民先が先進国の労働力市場となったのは、民間によって操作された労働力の国際輸出の結果である〔李編、二〇〇五、三三四頁〕とした。その上、僑郷における、海外に定住した移民や情報網および人情の互恵関係を通じて移民送出の成功率と利益を上げるという特性を「僑郷社会資本」として捉えた。すなわち、僑郷を中核とする民間のトランスナショナルネットワークが母体となり、僑郷の人々の越境を基とする互恵関係がその運用メカニズムであるとされる。これらのファクターが先進国の労働力市場にリンクすることで、僑郷が持つ社会的資本が絶えずに増殖するのだという。「僑郷文化」や「僑郷認同」（僑郷アイデンティティ）が、僑郷と移住者の絶え間ない相互作用によって生成しつつ、それがまた人々の移住を促すという、人々の移住を文化的側面から分析する視座は、本研究にも通ずる点である。しかし、李の研究では「僑郷文化」や「僑郷アイデンティティ」を自明の概念として用いており、その内実について決して明らかにされていない。

筆者は、華僑の移住や居住地（移住地）におけるコミュニティの形成および文化継承など華僑を巡る諸問題を考える手掛かりを、華僑と彼らの出自としての故郷が相互作用するメカニズムにあると考え、福清出身者の「故郷」である福建省北部の福清地域の村々を調査した。そのなかで特に、父系出自血縁集団である「宗族」の機能に注目した。なぜなら、宗族は単なる「血縁」によって族員を結び付け、地理的空間を作るのみではなく、宗族が持つ様々な倫理道徳、慣習が族員の行動や思考にも制約（または刺激）を与え、「僑郷」の社会的・文化的特殊性を作り上げていると考えているからである。「僑郷文化」や「僑郷アイデンティティ」が存在するならば、宗族はその中核を成しており、華僑と故郷の関係性を含め、居住地におけるコミュニティの在り方、伝統文化の継承およびネットワークの維持などに緊密に関わっていると考えられる。

本章では、従来の研究を踏まえつつ、一九八〇年以降に出国した福清出身の新華僑の参入によって変容しつつある日本の福清華僑コミュニティのあり方を検討すべく、特に新・老華僑の血縁的・地縁的紐帯が彼らの移住や伝統文化に果たす役割について、彼らと故郷との双方向の関係性と結び付けて議論してみる。そのなかでも、華僑の故郷を特徴づける宗族を、父系出自に基づく血縁集団のみでなく、族員意識を持つ華僑にあらゆる面で制約を与える一種の道徳倫理規範として捉える。そのうえで、新華僑の移住と移住後、村の寺廟の修復や学校建設などの公共事業への参与および移住先における伝統文化の継承などについて考察する。

## 1　「復活」した宗族

### 1―1　宗族の復興と「海外華僑」

父系出自原理に基づく血縁集団として、宗族は中国の広東、福建、海南など東南地域で特に発達した。かつて中央による専制統治が及ばないこれらの場所において、宗族は儒家思想をもって人々の行動規範や倫理道徳に制約を加え、地方の社会秩序を維持するのに大いに機能していた。しかし二〇世紀に入ると、民主、自由、平等などの思想を標榜する新文化運動をはじめとした一連の民主運動のなかで、中国社会の発展を阻害する主な要因として宗族およびそれに関わる一連の儒家思想や宗教儀礼は激しく批判された。特に中華人民共和国成立後、土地改革、階級闘争および文化大革命などで、共有財産としての土地が没収され、族譜が焼かれ、寺や祠堂は破壊または小学校や倉庫に改造されるなど、宗族の根本的な瓦解が目指された。人々の意識においても、社会主義中国が成立した一九四九年以降、男尊女卑などに代表されるような儒家思想とそれに基づく一連の倫理道徳や行動規範は、西洋的民主思想に取って代わられた。一方、とくに経済発展が最優先された改革開放政策の実施後は、伝統的な大家族主義よりも、合理的な個人主義のほうが市場経済に適うとして、尊重されるようになった。

ところが、一九九〇年代以降、海外華僑華人の呼びかけや寄付によって、中国東南地域を中心に祠堂の再建や族譜の再編が可能となり、宗族は復活の様相を呈し始めた。以降も、定期的な族譜の編纂や祠堂の改修が行われるたびに、華僑華人による高額な寄付が寄せられている。移住国に根差した二世、三世の（老）華僑華人は、父や祖父の世代から受け継いできた伝統文化のルーツが僑郷にあると考え、祠堂の再建や族譜の再編は自らの民族的・文化的ルーツを確かめ、華人アイデンティティを維持していくうえで有効な手段だったのだろう。一方、一九八〇年代以降に海外に移住した新華人は、社会主義中国の変革期に生まれ育ち、宗族などが「封建社会の残滓」として最も激しく批判されていた時期に成人した者がほとんどである。彼らにとって、宗族の象徴である祠堂や族譜はどのような存在であろうか。そもそも、同じ祖先をもつ人々の関係を宗族の枠のなかで序列化し、儒家思想に基づく倫理道徳と行動規範を指針とすることで、「われわれ意識」を持たせようとしてきた宗族は、果たして「復活」したといえるだろうか。

## 1―2　宗族をめぐる視座

親族としての宗族研究は一貫して文化人類学や社会学の重要なテーマの一つであった。初期の宗族研究はD・カルプをはじめとする欧米の研究者や彼らの理論に影響を受けた中国人研究者および日本の社会学者によってなされた。これらの研究者は、「家族主義」や密接な親族関係に着目し、コミュニティ内における宗族が果たす機能についての研究を通じて当時の中国社会を理解しようとした〔Kulp 1925; Lin 1947; 清水、一九三九；平野、一九四三など〕。二〇世紀後半、文化人類学研究におけるM・フリードマンの宗族研究は、同分野における当時の中国研究が宗族・家族研究に席巻される「フリードマン・パラダイム」状況まで生み出したと言われている〔瀬川、二〇一四、八五頁〕。フリードマンは、宗族が中国東南部地域において清代から民国期にかけて、一部の経済的・政治的有力者の下で発達を遂げた、国家と農村末端を連結する一種の社会組織であるとしたうえで、宗族が高度に階層化した社会で発達した〔またはしなかった〕地理的・歴史的諸要因をきめ細かく考察した。一九五〇年代半ばから一九六〇年代以降、急進的な社会変革のなかで宗族は「姿を消してしまった」〔フリードマン、一九八七、二二五頁〕と嘆いたフリードマンと彼以降の研究者は、フィールドワークを台湾や香港に移し、宗族研究の視座も地域史や文献資料研究へとシフトした。

一九九〇年代の中国本土における宗族および一連の宗教儀礼の復興現象について、日本では一九九二年に中国の東北地域にある村を取り上げた聶莉莉の『劉堡』を皮切りに、安徽省の李家楼村〔韓、一九九五〕、福建省厦門近郊にある石獅市容卿八郷〔潘、二〇〇二〕、広東省広州市番禺県〔川口、二〇〇三〕、広東省北部地域〔瀬川、二〇〇四〕、福建省西部長汀県〔蔡文高、二〇一二〕など一連の研究が発表されてきた。これらの研究を通じて、宗族復活の要因として、村人〔宗族の族員〕の要望のほか、宗族を地方における社会秩序の維持管理および観光開発などのツールとしようとする地方政府や中央政府の思惑も働いていたことが明らかとなった。瀬川が指摘したように、「伝統文化を貪欲に資源化しようとする現代中国社会の文脈の中で、（宗族は）再び活性化への契機を得たのである」〔瀬川、二〇一六、四五頁〕。

しかし、中国本土における宗族の復活と海外の華僑華人との関連性については、明らかにされていない部分も多い。華人がなぜ宗族の復活を呼びかけ、多額な資金を提供してきたかについてはそれほど関心を払われてこなかったように思われる。あるいは、それは単純に故郷を離れた人々の郷愁、または「愛国」、「愛郷」に由来するものだという感情論を暗黙の了解としているところも少なくはない。

中国本土のケースではないが、移民と宗族との関係を香港新界の新田の文氏一族のロンドンへの移民と故郷との関わりを通して考察したジェームス・L・ワトソンの研究が示唆的である。ワトソンは、移民を送りだしていない宗族は、物質的繁栄や西洋の影響および中国から流れてきた難民の影響などによって効率的社会組織として崩壊の危機に直面しているのに対し、移民を送り出し続けてきた文氏一族は族員の「移住斡旋媒体」としての社会的機能を果たし続けており、また移民たちの故郷への送金・寄付および慣習への固執により、むしろ故郷新田の近代化に歯止めがかかり、村はより伝統的であり続けることができたと主張した〔ワトソン、一九九五〕。こういった主張は、彼が対象にしている新田の移民が「逗留」に近い移住タイプであり、イギリス社会に溶け込むことができず永住に転じる者が少ないからだと考えられ、永住志向の強い他地域の華僑華人や近年の新移民には適用できない部分が多い。しかし、族員の海外移住に重要な役割を果たす宗族の維持と、移民たちの故郷への送金・寄付および慣習への固執との間に、緊密な関係性があり、それが一種の循環をなしているという指摘は、福清出身者の移住と故郷の関係に通ずる部分が多い。移住者にとって、宗族を含む「故郷」とは地理的概念のみでなく、文化的・制度的システムとして機能しているという筆者の考えに近いと考えられるのである。

海外に移民を送り続けてきた僑郷の一つとして、福清地域においても、海外の華僑華人の経済的支援を受けて、新中国が成立後に「消滅」した族譜や祠堂が一九八〇年代以降徐々に復活した。以下では、こうした「宗族」を巡る僑郷の動向と新たな移民の送出および移住地における伝統文化の継承などの関連性を、「文化的・社会的システムとしての故郷」という視点から分析を試みる。ちなみに、二〇一一年時点で、福清にルーツを持つ者は、中国国内外あわせておよそ二〇〇万人いると推定されるが、そのうち地元福清市や福州市を含め中国本土の在住者は約一二〇万人で、本土以外の居住者は約八〇万人だと言われる。そのうちインドネシア在住の福清出身者が半数の四〇万人近くと最も多く、ほかにはシンガポール、日本、香港、台湾などに居住している。

## ２　「福清人」による移住の連続性

第二次世界大戦後から現在に至るまで、福清出身者の来日は途絶えることなく続いてきた。以下では、一九八〇年代半ば以前とそれ以降に時期を分けて福清出身者の来日を見てみる。

### ２―１　一九四五年から一九七〇年までに渡日した「過渡期」の華僑

一九四五年から一九七〇年代における福清出身者の海外移住のルートとして、筆者が二〇一四年から二〇一九年にかけて日本や香港、台湾などで行った調査に基づき、以下の種類が確認された。

（1）一九四五年終戦後～一九四九年
いわゆる、国民党と共産党の間で、政権争いのために内戦が続き、戦乱や徴兵から逃れるために、台湾や香港、日本、インドネシアなどに脱出した者。

（2）一九四九年～一九七〇年代半ばまで
土地改革や三反五反など私有財産に対する共産党の関連政策から逃れるため、または家業を継ぐなどの事由により、香港に渡り、そこからさらに親族のいる日本やインドネシアに移った者。

（3）一九七〇年代の改革開放政策実施前後
一九七〇年代半ば、改革開放政策の実施を控えていた中国政府は、海外華僑の投資の見返りとして僑《きょう》眷《けん》（華僑、帰国華僑の中国国内の一族）による出国申請を許可すると、各地の僑郷から多くの移住者が香港経由で親族のいるインドネシア、シンガポールおよび日本などに渡った。なかには、香港にとどまり永住する者も多くいる。

（4）残留日本人引き揚げ事業が行われた一九七〇年代以降
第二次世界大戦以前、福清出身華僑と結婚し、一九四五年の終戦後も日本に帰ら（れ）ず、福清で大家族と暮らしていた日本人女性が多くいた。「中国残留邦人」の引き揚げ事業が始まった一九七〇年代以降、こうした残留日本人の家族として日本に渡った福清出身者が多くいた〔許・安井、二〇〇五〕。

戦後の複雑な国際情勢の下、本土からの移住者は決して多くはなかった。しかし、彼らのほとんどは、戦前から日本に定住した老華僑の親族または親交のある同郷者であるため、来日後すぐコミュニティの一員として受け入れられた。この時期の中国本土では、大きな社会的変動が起き、宗族など中国の伝統的社会秩序が解体するのを経験したため、これらの華僑は、戦前の華僑世代（老華僑）と一九八〇年代以降に来日した新華僑の両方の価値観に共感することができ、新・老華僑をつなぐ重要な橋渡し役を果たしてきたと思われる。神戸では、福建同郷会や普度勝会のように、老華僑が受け継いできた出身地の伝統文化の継承に新華僑も参入するきっかけを作ったのは、まさにこの時期に出国した「過渡期」の華僑だった。

過渡期の華僑華人は、老華僑同様に、故郷にいる親戚、友人に移民に関する情報を提供し、時には保証人にもなることで、福清出身華僑の海外移住に一種の「連続性」を持たせた。一九八〇年代半ば、福清地域に出現した出国ブームの背景には、戦前の華僑のみでなく過渡期の華僑の存在も大きかったのである。

## ２―２　新華僑の来日ブーム

一九八〇年代半ば以降に来日した福清出身者は、四つのタイプに大別されよう。

### （１）留学

一九八三年に、当時の中曽根首相が「留学生一〇万人計画」を打ち出し、その後に、中国政府も私用による出国を認めたため、福清出身者を含め多くの若者は留学生として日本に渡った。

（2）日本人や華僑の配偶者

一九八〇年代以降に日本人または華僑と結婚し、その配偶者として来日した中国人が多くいた。同郷者との結婚を重視する福清出身の老華僑も一九八〇年代以降、知人や親戚の紹介で福清地域から妻を迎えた人が多くいる。

（3）専門職

中華料理関係のコックをはじめ、特に華僑が経営する飲食店や会社の専門職として招聘を受けて来日した者も多くいる。

（4）上記の者の家族

上記（1）～（3）の者の家族で「家族滞在」の在留資格を得て来日した者が多くいる。

福清出身者の場合は、出国前に海外に同郷・同族のつながりを持っていた者がほとんどで、実際の来日（出国）ルートは複数の要因が絡んでいることが多い。これについては後述のケーススタディでも確認されるが、ともかく一九八〇年代以降、多くの福清人が日本に移住した。その一部は数年間の滞在を経て帰郷しビジネスを始めたが、かなりの人数が日本での定住を選んだ。★3 高額な留学費用や生活費のため、来日した福清出身者は、来日前から先来の同族同郷に関連情報、時には資金を提供してもらい、来日後、アパートをルームシェアし、アルバイトを斡旋してもらうなど★4、血縁・地縁紐帯を有効活用するところが従来の華僑華人に共通している。

## ２―３　福清出身新華僑の分布傾向

過渡期の華僑と新華僑の居住地は、首都圏や、大阪、神戸など経済的に発展している地区に集中している。一九八〇年代以降、在日中国人の数が全体的に増加しているが、福建出身者が占める割合は常に一〇パーセント前後を維持している（資料序―２を参照）。各主要都市の福建（福清）出身者を見ると、神奈川県の割合が最も高く、兵庫県、東京都、長崎県がそれに続いている。とりわけ二〇一〇年以降、神奈川県と兵庫県に占める福建出身華僑の割合が高くなる傾向が見られる。これには、三つの理由が考えられる。

第一に、神奈川県と兵庫県は、そもそも、福清出身者が新たに来日する際に頼った同郷・同族の老華僑華人の集中居住地域であることが挙げられる。血縁・地縁紐帯を頼った連鎖移住の結果、兵庫県と神奈川県では数百人規模の「大家族」が何世帯も出現している。

第二に、神奈川県、兵庫県およびその周辺の東京都、大阪府は、福清出身者以外の華僑華人も集中している地域であり、中華料理店・物産店、中華学校、関帝廟、中国人墓地などの生活施設を備えているため、言語や習慣などの面で慣れていない新移民にとって住みやすい地域である。

第三に、これらの地域において、チャイナタウンの観光地化に端的に示されるように、「中国的」なものが商品化されやすく、中華料理店などのエスニックビジネスを展開しやすい。近年、東京池袋駅西口あたりに、店名に「福清」と入った料理店も増え、横浜中華街や神戸南京町の老舗中華料理店も次々と福清出身者に買収されている。

以上のように、福清から移住した過渡期の華僑も新華僑も、血縁的・地縁的つながりのある老華僑の集中居住地に集まる傾向が見られたが、歴史上福清出身者の集中居住地であった長崎はその例外である。日本の近代化がもたらす競争の中で長崎は後れを取って、新たな移民が求める経済的・文化的資源の提供ができず、福清出身を含め新華僑の流入が少ないのである。

しかし、地区や時期によってばらつきはあるものの、福清出身華僑の来日は、戦前から途絶えることなく続いてきたことが明らかであり、次に、彼らの故郷の村々に目を向けて、福清出身者の移住の連続性が創り出される要因を検討する。

## 2—4 「族員意識」を持つこととは

福清地域に住む人々の歴史はそう長くない。複数の村で見せてもらった彼らの族譜によれば、一族の祖先はもともと朝廷の官吏であったものが多く、戦乱や政治的迫害から逃れるために、中原地域から一族を連れて南へ南へと何度も移動した結果、福建省にたどり着き、福清地域を含む各地に住み着いたようである。度重なる移動のなかで、外敵から一族の安全と共有財産を守るために、族員間の結束を強め、父系出自に基づく家族形態すなわち宗族を形成したと思われる。一族の出自や移住の経緯を含め、代々の男子族員の名前と相互関係を記載する族譜が編纂され、祖先を祀る祠堂と保護神を祀る廟が建てられ、まとまりのあるコミュニティ「自然村」を形成した。現在でも、福清地域の村々は、一つの姓からなる「単姓村」か、一つの姓が大多数を占める場合が多い。

一九世紀の後半より二〇世紀半ばにかけて福清地域から多くの移民が同郷・同族紐帯を頼りに南洋（インドネシアやマラヤなど）や日本に渡ったことは、これまで述べてきたとおりである。その多くが単身のまま海外に渡った青壮年たちは、結婚適齢期になると、故郷に帰って結婚するか、行商先の娘と結婚する。結婚後、ともに移住先で暮らす場合もあるが、多くの場合は妻子を故郷に残し一人で商売を続けた。また、儒家的な教えに従い、彼らは一族の構成員として、故郷に残された家族を養うのみでなく、族員のなかの比較的貧困な者を助けることも期待されていた。第二次世界大戦終結までは、福清出身者は不定期的な帰郷、家族への送金、一族または村の公共事業への寄付、社会主義中国成立後は、日中間の人的、物的往来が難しかったなか、香港経由の送金や友人を通じての寄付など、利用できるあらゆる手段をもって母村との繋がりを保ってきたといえる。

故郷とのつながりを断ちたくない一部の華僑華人は、一九七九年の改革開放政策実施後いち早く故郷における祠堂の再建や族譜の再編を呼びかけ、多額の資金を投入した。福清地域のほとんどの村における祠堂の再建、族譜の再編および関連儀礼の復活は、こうした華僑華人による提唱と寄付によって実現された。なかには、村の長老たちの意思ではあるが「海外華僑の要望」という形で政府に申請し許可を得たものも少なくはない。中国の経済発展に対する華僑華人の投資の見返りとして、中国政府は彼らの故郷における伝統や文化の復興に対する希求に最大限に応えようとしているのである。

## ２―５　「理想の華人像」の伝承と移住・定住の連続性

華僑からの送金によって、故郷にいる家族は立派な家を建て、祖先の墓を修復し、そして生活費と教育費にも充てたため、村のほかの家族より「豊かな」生活を送ることが可能になった。あるいは村のほかの家族より豊かな生活を送らせることが、彼らの出国に託された希望であり、使命でもあったといえる。一部の裕福な華僑華人は故郷の道路、小中学校の建設、祠堂や廟の修復、時には村が所属する県、省にも寄付し、新中国の建設を支援した。こうした華僑華人の行為は石碑や扁額に記される形で村だけでなく県、省の政府からも讃えられ、「愛郷」「愛国」の「名誉」な「華人像」が作りあげられた（資料８―１）。一方、故郷に帰らず、あるいは寄付も送金もしない華僑華人は「忘本」（自らのルーツを忘れる）といわれ、村民から軽蔑され、時には族譜から除名され一族から追放されることもある。

同じ村、同じ一族に属するこうした老華僑の行為と村民の彼らに対する評判によって、老華僑はおのずと村の若い世代の憧れと模倣の対象（あるいは反面教師）となった。いつか自分もそうなれたらと、一獲千金の夢を見ながら出国の機会を手に入れようとする若者は昔も現在も後を絶たない。そして、彼らも海外に移住し、金銭的に余裕が出ると故郷に対して送金・寄付を惜しまない。このように、先に出国した華僑は次の世代のロールモデルとなり彼らの出国を後押しした。また、実際の移住に際しても、彼らの間にある血縁紐帯（姻戚関係も含む）が大いに機能してきた。一九八〇年代半ば以降に福清地域で見られた海外移民ブームは、欧米の政治、経済、文化が中国に浸透した結果［李編、二〇〇五］であるとされる一方、僑郷のこうしたロールモデルとしての「華人像」が重要な要因として働いたと言えよう。また、第二次世界大戦後から、再び大勢の中国人移民が留学やビジネスなどの名目で海外に移住するようになる一九八〇年代半ばまでの間は、中国からの移民の停滞期とされることが多いが、前述の通り、少なくとも福清のような僑郷からは、海外の華人との血縁紐

**資料8-1　福清市高山鎮K村の祠堂に掲げられた小中学校などを寄付した華僑華人を称えた扁額**（2015年8月筆者撮影）

帯を利用した移住は小規模ながら続いた。

海外への移住は、より良い生活を実現するためのツールの一つとして人々の人生設計図に組み込まれ、移住後に、一族そして故郷との理念化された関係性が構築されるという循環のなかで、福清出身者の移住の連続性が作り出されたと言えよう。では、福清出身者が移住後も送金や寄付などの行為によって一族や村とつながりを保つことに、どのような意味合いがあるのだろうか。あるいは、村との関わりによって支えられている「族員」という帰属意識の果たす社会的機能はどのようなものなのだろうか。以下では、福清地域で「復興」された宗族の実態を見てみよう。

## 3　宗族の「復興」と福清出身華僑

### 3―1　宗族と伝統の「部分的」復興

祖父母やそれ以前の代から海外に移住した老華僑華人にとって、破壊された祠堂や廟を再建し、族譜を編纂することは自らのルーツを確認・維持するための行為だと解釈できるだろう。また、彼らの呼びかけと経済的援助によって祠堂や寺廟およびそれに関連する儀礼は再興され、一見、伝統として「復活」したように思われる（資料8―2、8―3）。

福清地域の村々では、祠堂の再建と族譜の再編に伴って、一族に関わる出来事を、族員を代理し処理するために祠堂理事会が設立され、政府の末端行政機関である「村委会」（村民委員会）は祠堂理事会と連携することによって村民を管理するようになった。祠堂には、五〇歳または五五歳以上の男性族員が入る組織「老人会」の事務所も併設された。老人会は族員の葬式の手伝いや劇の上演および村のお祭りなど一族または村に関わる実務を担う。筆者が二〇一五年より断続的に調査を行った福清地区の三〇近くの村は、一九九〇年以降、祠堂は少なくとも一回は再建・改修されており、族譜の編纂も、規模の差はあるものの、ほぼすべての村で行われている。また、一族や村のこうした事業に、日本を含め海外の華僑華人による呼びかけや寄付があったことはほぼすべての村で確認されている。

一方、「民主」と「科学」に代表される社会主義の理念や急激な社会的経済的変動の下で大きく変容した村と人々の意識にそぐわない宗族の多くの要素は削ぎ落とされていることも確かであり、宗族の「復活」は極めて限定的と言えよう。

例えば、本来、祠堂は始祖をはじめ歴代祖先を祀っており、一族に関わる重大な出来事を行う場所であるため、通常開放しない場所とされていた。しかし現在は常時開放され、老人たちが集まり麻雀やトランプなどを楽しむ場となっている。かつて行われていた一族に関連する多くの義礼は復活されておらず、祠堂に一族が集まることはごくまれである。例えば、男児が誕生した際に、宗族に新たに成員が増えたことを祖先に報告するために、祠堂で「添丁」(点燈)の儀式を行って

**資料8-2　福清市高山鎮K村の祠堂**
解放後から小学校として使われていたが、1984年に神戸在住華僑林同春夫妻の寄付によって小学校が新築された同時に、祠堂が改修され、劇場も増築された。(2015年8月筆者撮影)

いたのは、「ごく一般的」な宗族の行事であった。しかし筆者が福清地域の複数の村で行った調査では、わずか一村のみで小規模な「添丁」の儀礼が行われていることが確認された。女児より男児のほうが重んじられる慣習が未だに福清地域では根強く残っているものの、男女平等が唱えられているうえ、一人っ子政策が長らく実施されてきた中国では、男の子の誕生のみ祝うのは、いかにも時代の流れに逆行した非常識な行動と見なされるからである。

また、潘〔二〇〇二〕でも報告された「晋主」（「進主」）は、亡くなった族員が一定の期間が過ぎたあと、その位牌が祠堂に編入・祭祀されるという、宗族にとって重要な儀礼の一つであったが、福清地域では現在ほ

**資料8-3　福清市龍田鎮Ｗ村の媽祖を主神として祀る潯江宮内**

二尊の神像はそれぞれ福建閩県（福州）出身とされる白無常と黒無常（七爺と八爺、または謝将軍と范将軍とも）であり、神明の巡行などの際に先頭に立って悪鬼や悪者を撃退する役割を果たす。（2015年８月筆者撮影）

とんど見られなくなった。これに限らず、死者の霊魂を済度するために行う「做功徳」の儀礼も海外の華僑華人が帰郷して行う（資料8―4、8―5）以外、村人で行う人は少ない。そもそも存在しないとされる霊を供養する儀式は、文化大革命を経験した村人から「做迷信」（迷信）と呼ばれ、特に若い世代に敬遠される傾向がある。

一人っ子政策が実施された一九七〇年代以後に生まれた世代は、大家族よりは、核家族の形態を好んでいる。また、簡略化した墓参り以外の祭祀儀礼を、「時代遅れ」で「無知」な行為として拒否する人が多い。一九八〇年代半ば以降に出国した新華僑のなかにも、実際こうした無神論者で儒教的観念が希薄化した傾向が見られた。しかし、村や家族としてのつながりを保つために、村の様々な行事を「新時代」に合う「新しい形」で行うケースも多く見受けられる。例えば、かつて男性族員が科挙試験で合格した場合、それを讃えるために祠堂に扁額を掛けるような儀礼はさすがに現在は見られないものの、族員が大学に合格した際には、村から祝い金をもらうことや、女性の族員でも海外の名門大学で博士号を取得した場合は、祠堂で横断幕を掛けて盛大に祝う村がある（資料8―6）。中国の他地域と比べると、福清地域において、強靭な血縁紐帯と結束力に具現化される「宗族」の影響が依然として大きいことがうかがわれる。

部分的ではあったが、上述した宗族の「復活」は、中国政府の文化政策による制限や今日の人々自身のニーズに合わせた結果とも捉えることができよう。以下では、新華僑の移住・定住過程において、一族または村に何を期待し、または求めているかを見てみよう。

**資料8-4（上）、8-5（下）　故郷で行われた華僑の葬式**
1979年、神戸在住の華僑二世林聖福が父の遺言に従ってその葬式を故郷の西江村で行った。村にいる「族親」（林一族の成員）がその準備、執行を手伝った。道士による「做功徳」など、「迷信」として永らく禁じられていた伝統的儀礼は「故郷」や「祖国」へ貢献した「愛国華僑」という特別な身分で実行可能となった。（資料提供：林聖福）

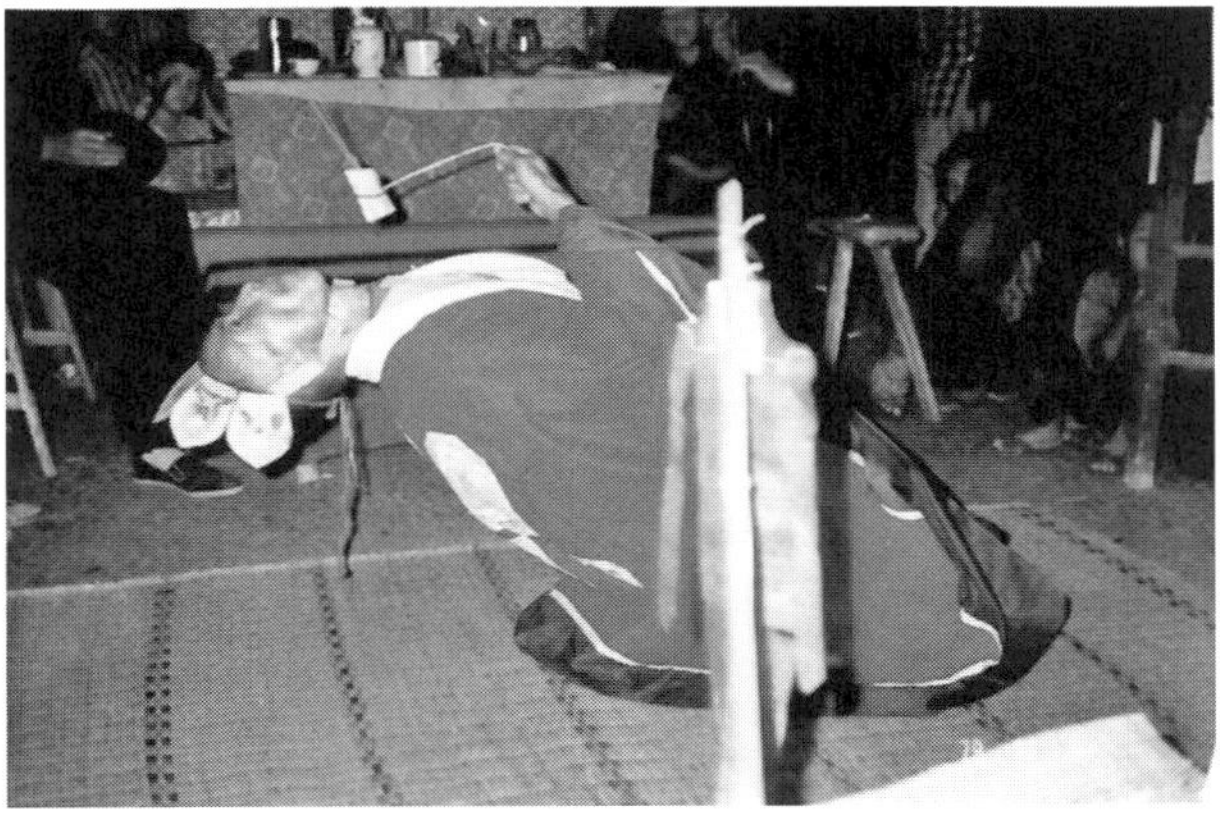

資料8-6　福清市高山鎮Ｐ村の祠堂
インドネシア在住の女性族員が海外の大学で博士号を取得したことを祖先に報告する儀礼が行われた。(2015年8月筆者撮影)

## 3―2　「故郷」とつながることとは

### 3―2―1　血縁紐帯としての「宗族」

新華僑の移住・定住過程において、血縁紐帯が依然として大いに機能している。同郷、同族の伝手で出国を実現した新華僑は、移住後もしばらくの間は、できるだけ早く渡航費やブローカーに渡す高額な斡旋料を返済し、家族に送金できるようにするために、兄弟姉妹やいとこなどの同族、または同郷者と一緒に安いアパートを借り、助け合いながら食住をともにすることが多い。しかし、ある程度経済的基盤ができて、新しく住居を構えると、同郷者との関わりが少なくなる。香港や日本のように生活リズムが早い移住先では、成功した一部の会社経営者を除いて、多くの新華僑は余暇を楽しむ余裕をそれほど持てていない。また、一旦郷里や同郷者から離れてしまえば、親族と一堂に会するのは、お正月（春節）や清明節のような重要な行事に限られてしまう。かつての老華僑は、移住先においても男児が生まれた時や結婚式などの際に、同族を招き盛大に宴会を行っていたが、最近の新華僑は、同じ祖父母を持つ比較的血縁関係が近い者や親しい間柄にある同族や友人を招待する傾向がある。また、新華僑の家族への送金対象は親、妻（夫）、子までとその範囲が以前の老華人より縮小した。一時的帰郷は、男性なら特に清明節には必ず帰郷し墓参りすることになっているが、墓参りの対象は、祖父母や父母という、記憶にある親族に限られている。これらのことは、大家族に対する帰属意識が希薄化した一方、核家族という家族形態が一般的に浸透していることを示している。新華僑の場合、血がつながっているからといって必ず義理を果たさねばならないというような従来の宗族意識は、明らかに薄くなっている。

このように、新華僑は、老華僑と比べ、血縁紐帯に基づく輪の縮小傾向が見られる一方で、海外移住・定住の過程において、やはり血縁集団である宗族の受益者であるといえよう。

### ３―２―２　公共事業への送金・寄付

一方、新華僑は経済的に余裕ができると、真っ先に故郷の家族に送金する。送金は家族の生活費や教育費などに充てられるほか、競うように豪華な自宅を建てるのが従来の風習である。福清地域でどの村を回っても、ずらりと並ぶ四～六階建ての洋風建築が目につく（資料８―７）。新華僑が睡眠時間を削りアルバイトに励み、食費などの生活費まで節約して貯めたお金で故郷にいる両親のために建てた住宅である。それは、儒家思想に因んだ「親孝行」の気持ちに由来する部分もあるが、同時に「某家の息子（娘）は某国で出世している」という村での評判につながるため、自分や故郷にいる家族の世間体を考慮した一種の合理主義的行為ともいえよう。

他にも、祠堂の修復、族譜の編纂、牌楼の建築のような大規模な事業はもちろんのこと、毎年定例開催する祭りなど、一族または村全体の公共事業である限り、新華僑は必ず寄付するようにしている。帰郷の際に直接寄付することもあれば、仕事で帰れない場合などには、故郷にいる親族を通して送金することもある。宗族または村の公共事業に対しては、すべての構成員に「份子銭」（各人の負担分の金）を出資することを義務付けているが、「海外にいるものは、多めに出す」という暗黙の了解のもとで、よほど困窮している状況でなければ新華僑は最低基準額の少なくとも一〇倍ほどの寄付金を出すようにしているという。一族の公共事業に常に熱心に寄付する者は、学問的に業績をあげた者同様、宗族における発言権を持ち、ほかの構成員から尊敬される存在となる。また、寄付者を顕彰する意図で（後世に寄付金額ひいては宗族または村への貢献度と忠誠心を示す永遠の「証」として）寄付者

**資料8-7　福清地域の農村でよく見かけられる戸建て**
そのほとんどが新移民の送金によって建てられている。（2015年8月筆者撮影）

と寄付金の一覧が刻まれた石碑を建立する（資料8―8）。これは祠堂や寺廟、学校、橋など村のいたるところで見かけることができる。華僑華人の、村への寄付という「善行」によって「功徳」を積もうという信仰心と同時に、寄付という「目に見える」形で貢献することによって故郷における自分と家族の社会的地位を維持し向上させようとする意図もある。

一方、新華僑は移住先（居住国）におけるコミュニティの公共事業に対しても積極的に寄付している。この種の寄付行為は、故郷に対する寄付と比べ、いくつかの特徴がみられる。居住国では、新華僑は福清出身者のみによる同郷団体と、多様な出身地の華僑団体に同時に所属することが多いが、比較的同郷団体の事業に関わる寄付を重要視していること、経済力が強く華僑社会での知名度が高くなるにつれ、華僑コミュニティ全体に関わる公共事業への寄付行為も頻繁になっていく。居住国における同郷団体は、村を超えた複数の宗族によるものがほとんどであるが、たいていの場合は、血縁関係・姻戚関係によって互いにつながっているため、出身村での評判は間接的に広まり、自分のみならず家族の評価にも関わるのである。

**資料8-8　福清市P村カルチャーセンターの建造への寄付者が刻まれる石碑**
寄付の金額および寄付者の移住地（居住地）が明記されている。下端では「灶份」（各世帯が負担すべき最低基準額）も記されている。(2015年8月筆者撮影)

また、同郷団体であるがゆえに、故郷への愛着や帰属意識を示すほど、同郷者から信頼を得て、同郷団体における自分の地位を維持しまたは向上させることにつながっていくのである。移住先の同郷者あるいはより広範な華僑団体における自らの地位を維持し、向上させるための手段として公共事業へ寄付するという点に関しては、新華僑も老華僑も同様である。

### 3―2―3　祖先や神からの庇護

一方、新華僑が祖先や神からの庇護を受けるための供養や祭祀なども頻繁に行われている。例えば、新たな商売を始める前など大きな決断をする際に、村の保護神に願掛け（「許願」）をし、それが叶うと願解き（「還願」）する伝統的な習わしは、国内外で展開される福清出身者の活発な経済活動に伴い、活性化している。神への報告と感謝として供え物とともに奉納される閩劇は年間を通して上演されており、その回数は多い村では年に三六〇回以上あるという。後述するように、巨額を出して「私普」（個人のための普度）を行う人もある。

福清出身の新華僑の篤い信仰心は、関羽や媽祖など故郷と同じ神が祀られている横浜の関帝廟や媽祖廟、神戸関帝廟のような居住地に建立されている寺廟での参拝にも現れている。★5

以上まとめてみると、新華僑華人は、父系出自に基づく複雑な親族関係による束縛が緩み、祖先祭祀に関わる一部の儀礼に対しても比較的疎い部分はある一方、移住と定住過程において依然として血縁紐帯を活用しており、族員の間の「縦」と「横」の関係性を一種の倫理道徳規範として内面化させているように思われる。族譜と祠堂に代表される「宗族の復興」の内実は、いまだに移住・定住に必要な「血縁紐帯」および移住後も互いの関係性（「縦」と「横」）を確認するための根拠としてのみ「復活」されたというに過ぎず、この意味においては、福清地域の宗族の復興はワトソンが指摘した、族員の移住・定住によって「宗族」が存続させられたという香港新田の文一族の事例と相似している。ただ、福清僑郷の場合は、「宗族」そのものというより、長い海外移住の歴史のなかで、「宗族」を中核とした村と華僑華人との関係性が一種の社会的・文化的システムとなり、村民や海外の華僑華人の行動に影響を与えているといったほうが適切であろう。

## ４　移住の連続性と伝統文化の新たな担い手

本節では、それぞれ神戸と横浜の老華僑中心の福建同郷会に会員として迎えられた新華僑および過渡期の華僑に着目し、彼らの祖父母の日本移住に遡り、その家族誌を整理することで、ミクロな視点から血縁紐帯によって可能となった移住の連続性と文化継承の関係を見てみる。[★6]

### ４―１　王鋭輝一族

#### ４―１―１　戦前来日した四兄弟

官路村（一九五〇年代までは瑄路村）王一族[★7]の来日について、まず王鋭春（一九六〇年生まれ）の語りに基づいて整理すると以下の通りである。

鋭春の祖父は五人兄弟の二番目であり、一九二〇年代から三〇年代にかけて長兄著興を除いて全員が日本に渡り、呉服行商をしていた。なかでも鋭春の祖父が商売に長けており、神戸を拠点に岡山、今治、山口、門司、福岡まで行き反物を売り歩いた。兄弟たちは故郷に送金したり、帰郷の際に土地も買った。日中戦争勃発後、五男（鋭春の五叔公、祖父の兄弟）のみ経済的余裕がなく日本に残ったが、ほかの三兄弟は故郷に帰った。新中国が成立した後の土地改革などで、一族は「地主」という「身分」に定められ、土地や財産を没収された。また、文化大革命が始まると、毎日のように「批闘」を受けていた。

### 4―1―2　戦後、「二代目」の来日

王一族の長男王著興の息子建銘の日本への移住は、複雑な日中関係に影響され、紆余曲折を経たものであった。王建銘は、一九二三年に瑄路村（官路村とも）の農家に生まれた。一九三七年に叔父らに同行し日本に渡ったが、二か月後に日中戦争が勃発したため、やむを得ず叔父とその家族とともに帰郷した。一九四〇年に、一七歳の建銘は一人で渡日を試みたが、かなわなかった。仕方なく上海で食品に関連する小さな商売を始め、生計を立てた。一九四二年、建銘はなんとか神戸丸に乗船することができ、神戸に住む叔父の家にたどり着いた。以来、現地でシイタケ、ナマコ、昆布、干しエビなどの海産物を買い付け、神戸―上海間の定期便で上海まで運んで販売した。日本から運ばれたこれらの商品は当時上海で「南貨」と呼ばれ、人気が高く、良い値段で取引されていた。一方、建銘は日本人に人気だった紹興酒、鯉、梅干しなどの商品を上海で買い付けて、日本で販売した。一九四三年頃から、建銘は上海で洋品店東華商店を開店し、毛糸、洋服、靴および当時流行りのキッチン用品なども販売した。

終戦後、二二歳の建銘は帰省のため福清の故郷に戻り、数日後にまた上海に帰って商売を続けた。このように数年間、建銘は生活の拠点を上海に置き、商売のために神戸と上海の間を行き来していた。中華人民共和国が成立した一九四九年、建銘は台湾経由で福清の故郷に帰ったが、一九五一年五月に新政府に出国申請

を提出し、同年一二月一八日に許可を得た。香港経由で日本に戻った建銘は神戸を拠点に中国物産を扱いはじめ、一九五五年より「東栄商行」を屋号として、商売をさらに拡大していった。商品も、工業、軽工業製品、食用油、アパレル、家具、絨毯など数千種類のものを扱うようになった。

建銘は一九六八年に広州交易会[★8]に参加した際に、広州より十数年ぶりに福清の故郷に戻ることができた。福清は当時文化大革命の真っただ中で、一族の者や貿易で知り合った知人を含めて、多くの人が「闘争」の対象とされたのを目撃した。中には命を落としたものもいた。

一九七九年改革開放政策実施後、建銘は福州で日立製作所のテレビを紹介し、日立製作所と現地の会社による新中国初の電子工業の合弁会社「福建日立電視機有限公司」（「福日公司」と略す）を設立した。「福日公司」は中国で初めてのカラーテレビを製造、販売した。八〇年代半ば、ほかの同郷とともに出資し、福清で初めての外資系企業（ホテル）として、四つ星の外貿中心大酒店を建造した。一九八〇年代より、建銘は出身地の官路村や母の故郷に小学校や祠堂の建設費用を寄付した。ほかの同郷（劉友栄と林文明）と共に、福清一中に教学楼を寄付した。一方、神戸の華僑コミュニティにおいては、建銘はキリスト教徒であるため、同郷会や華僑総会の理事などを担当していたが、中華会館の役職や普度との関わりを避けた。

### ４―１―３　一九七〇年代以降の三代目の来日

一九五一年に王建銘が香港経由で日本に渡った年に、王鋭輝はその三男として上海に生まれた。一九六一年、鋭輝三兄弟と母は福州に移り、さらに一九七二年に香港に移り、同年次兄鋭生とともに神戸に移住した。長兄鋭明は香港で母と一緒に暮らしながら、商売をしている。世界福清同郷聯誼会の常任理事も務めている。

二〇年ほど前に鋭輝は健康を損なった父に代わって東栄商行の管理をはじめ現在に至る。鋭輝は来日後、商売のノウハウを身に着けながら、父から神戸ないし日本華僑に関する話を聞いていくうちに、老華僑の歴史や価値観、慣習などについての理解を深めていった。そのため、早くから神戸福建同郷会の会員となり、後に理事、副理事長を経て二〇二三年より理事長に就任した。その一方、毎年の普度勝会にも参加し、設営や運営などの手伝いをしている。

鋭輝とは堂兄弟（はとこ、祖父同士が兄弟）である王鋭春は、一九六〇年に官路村に生まれた。来日するまで、ある国営の食品会社に勤めながら、料理学校に二年間通って国家資格である「厨師資格」（調理師免許）三級を取得した。一九八八年に在職のまま日本に二年間留学した。帰国後、所属企業が経営不振に陥ったため、鋭春は一九九四年に自主退職し、同年一二月に東栄酒家のコックとして来日した。東栄酒家は華僑経営の洋食屋だったのを一九九〇年頃、王建銘（鋭輝の父）が買い取って開店した広東料理店である。しかし、鋭春が渡日した一週間後に父が他界したため、再び帰国し、親戚の手伝いのもと、道士を招いて、父の葬儀を盛大に行った。父の霊を済度するための「做功徳」では、質屋、反物や米、肉を売る商店、銀行など、父があの世でも不自由がないようたくさんの紙細工を供えた後、焼いて送った。その後も、香港にいる弟によって功徳の儀礼が何回か行われた。二〇〇二年に母も他界し、父と同じように土葬した。

香港に住む弟一家を除いて、鋭春ともう二人の男兄弟は日本に居住している。二〇〇五年に鋭春一家は永住権を取得した。鋭春の子ども五人のうち、四人が福清出身者と結婚した。子どもたちの結婚相手を同郷者にこだわる理由について、福清出身者なら結婚後息子が親と同居するという習慣を（互いに）よく理解しているからと説明している。現在、息子一家と鋭春夫婦が同居中だが、（息子の嫁が家事をしていた昔と違って）鋭春の妻が毎日、孫の世話に加え、一家の食事を作っているという。

王華銀は、一九六八年に官路村に生まれた。一九八八年に伯父にあたる（祖父同士が兄弟だが、華銀の祖父は何番目かは定かではない）王建銘に招かれ、東栄商行グループ傘下の中華料理店の料理長を任された。しばらくして辞職し、いったん福清に戻ったが、間もなく渡米し、アメリカで一年間滞在した。

二〇〇〇年に、華銀は結婚し、再来日した。妻の母方の祖母は、福清出身華僑と結婚した日本人女性で、終戦前から福清で暮らして、一九八〇年代に「残留婦人」として福清の家族を連れて日本に「帰国」した。当時まだ幼かった華銀の妻もその時に来日した。華銀とは神戸で知り合った。結婚後、二人は横浜でしばらく暮らしたのち、香川県に移り、高松で中華料理店二店舗を経営した。二〇〇六年に華銀夫妻は神戸に戻り、日本語学校とラーメン店を開業した。

商売が順調に進んだ華銀は二〇〇三年から二〇〇五年の三年間、官路村に帰って、普度を行った。第七章で述べた通り、普度は多額の費用が必要であるため、個人で行うこと（私普）は珍しく、村単位で共同出資の形で行うこと（公普）がほとんどである。華銀は三年間で合計人民元二十数万を使ったという。[★9]

私普も公普もその趣旨は同様である。すなわち、天地水三界の万霊に飲み物や食べ物を施すことによって、霊魂を済度すると同時に、自分にもご利益が返ってくることである。また、三年連続で寺廟で行うのが決まりであるが、縁首（施主）が普度を行う大体の時期を決めたら、風水師が施主の生辰八字（出生の年月日と時刻を表す干支を組み合わせた八字）に合うよう具体的な日にちを選定する。

また、「乞食」は、施主が受け持つかもしれない災難を代わりに持ってくれると考えられているため、普度の期間中もっとも重要な「客」であり、彼らが要求する食事や金銭を、施主は拒むことができない。三年間、華銀の普度に来た「乞食」は合計八人いた。華銀は彼らに一人ずつ一〇〇元を渡した。[★10]「批闘」を受けた祖父母は文化大革命中に亡くなり、当時、火葬が国策とされていたため、二人は夜中に土葬された。また、父と母はそれぞれ一九九五年と二〇〇〇年に他界したが、当時すでに土葬が解禁されたため、二人とも「堂々と」土葬された。ただ二人は祖父母と同じ墓に入れなかったのは残念だったと華銀は言う。

父が健在の時に、清明節などになると伯父らと一緒に祖父母の墓参りに行っていた。当時、風水師から祖父母の墓を改修しないと、父の健康が損なわれ、死亡の可能性さえあると注意されたため、華銀は墓の改造を提案したが、周りから取り合ってもらえなかった。後に風水師の予言通り父が亡くなった。以来、華銀は祖父母の墓に近づくことはなかった。

華銀は、王一族の族譜を持っている。族譜によれば、官路村の王一族は王審知[★11]を始祖としており、村には、これらの先祖を祀る王氏宗祠がある。官路村は、村民が一〇〇〇人ほどいる小さな村で、海外に華僑華人の親族を持っているのは日本には三家族、マレーシアとシンガポールにそれぞれ一家族ずつある。新たに出国した新華僑も比較的に少ない。王氏宗祠の改修は自分が経験しただけでも二回あり、そのいずれも神戸在住の族員王建銘と王著炳による多額の寄付があった。寄付者の名前は石碑に記載されており、華銀も「份子銭」として人民元一〇〇〇元を寄付した。改修された宗祠には、香炉が一つ置かれている以外何もなく、イベントも普段一切行なわれていない。[★12]

華銀が神戸で開いたラーメン店は、二〇一〇年頃に福州にも出店した。今後、ほかの都市にも展開する予定だという。

## 4―2　林興生一族

林興生[★13]（一九五二年生まれ）の父林賢華（友隆、林家衍派第二八代）は、四人（男）兄弟の三番目として福清県東瀚仙人掌村に生まれた。仙人掌村はもともと東瀚村林一族の数人が移住してできた村である。移住の理由は定かではないが、興生の祖父林孝灶はその一人であった。村の名前は、大きな仙人の掌のような石があったから名付けられたという。

賢華の上に友細、友桂（第三章で取り上げた）の兄がいて、下には同父異母の弟がいた。兄弟のうちで、賢華の兄友細だけ数年間塾に通った経験がある。賢華の渡日はおそらく友細が来日した一九二〇年代かそれより後だと考えられる。ちなみに、のちに賢華の妻となった許玉宋は、一九三五年に東瀚村出身の林同春父子を日本に連れてきたという許玉平、そして林同春の母許月宋とは兄姉妹である。友細三兄弟は岡山県美作の林野で行商をしていたのちに津山に引っ越し、中華料理店東姫楼を開店した（第三章参照）。

戦争末期になり、商売ができなくなると、賢華は妻子を連れて上海に戻って、商売を続けた。一九五二年頃、新中国の経済政策として「公私合営」、「土地改革」および三反五反などの運動が始まり、賢華は妻と七人の子ども（二女五男）を残し、一人で上海を脱出し香港経由で日本に渡った。当時、既に姫路でパチンコなど多角経営を始めた兄友桂のところに身を寄せ、数年間働いた後、独立し、四軒のパチンコ店や喫茶店などを開店した。この間、賢華は姫路で日本人女性（菅原）と結婚し、一人の娘を授かった。

一方、上海に残された賢華の妻は家政婦などをし、子どもたちを養った。ちなみに興生は賢華が上海を離れた年に生まれた末子である。日中間の往来が不可能な時期であり、賢華は神戸や大阪の友人を通じて妻子に金銭や物資を渡した。

興生の一番上の姉は、一九六一年に帰国したインドネシア華人（福建省閩候県出身）と結婚した。二人はまず香港に移住し、後に来日した。夫婦は、父賢華の店で働いた後、神戸南京町で貿易会社を設立し、中国国内から水産加工品、絨毯、工芸品などを仕入れて日本で販売した。日中間に国交がなかった時期で、輸出入の貿易に携わることができたのは、中国政府指定の「愛国商社」（華僑経営）や「友好商社」（日本などの外資会社）

であった。南京町では、東栄商行と姉の会社を含め、数社の企業のみ愛国商社に指定された。一九七一年に開催された広州交易会に、賢華は長女（興生の姉）の会社の従業員として参加した。そして二〇年ぶりの帰郷を果たした。

一九七一年当時、文化大革命の勢いが少し衰えはじめた時期であり、海外に直系親族（二親等）がいる者の出国申請が許可されていた。興生と次兄次姉はまず香港移住を申請し、香港で居留証明書を手に入れた後、興生は日本へ、次兄と次姉はそれぞれアメリカとカナダへ移住した。一九七三年のことである。興生の三兄は日中が国交を回復した一九七二年に、四兄と母は一九七四年に直接日本に移住した。

興生は、いわゆる「老三届」[★14]の一人で、上海で中学校在学中に福清に下放され、そこで二年間暮らした。母親は日本で数年間居住していたので、家では日本語で会話することもあり、来日前から興生は簡単な日本語ができた。来日後、興生は姉の会社で十数年間働き、貿易に関する知識や技能を身に着けた。一九八四年頃から、兄弟三人は父賢華が姫路で経営した喫茶店とパチンコ店で働いたが、しばらくして、神戸で長城貿易株式会社を設立し、スズキ、ダイハツなどの上場会社の自動車および部品の輸出入を開始した。二〇〇八年に興生は独立し、元町通で伯聖株式会社を立ち上げ、現在日本製の天体望遠鏡を香港、北京、台湾などに輸出している。

三兄和生と四兄平生は福清出身女性と、興生は日本人女性と結婚した。結婚相手について親は特に干渉しなかった。また、日本に根を下ろすつもりで、興生と子どもたちは日本国籍を取得した。

林一族は現在香港や北米など各地におり、日本にいる者だけでも三〇〇人ほどである。母は八五歳で父は九二歳で他界したのち、神戸中華義荘で購入した墓に埋葬された。位牌は興生の自宅に置いてあり、命日などの法事は、黄檗宗の寺から僧侶を招いて行われている。父が一七回忌の時に、日本各地にいる林家、許家のいとこを招き神戸の老舗中華料理店第一樓で偲び会を開いた。計八〇名ほどの参加があり、なかには初めて会った人も多かった。父母が亡くなった翌年、普度勝会で冥宅を作り「済度」をしてもらった。以来、興生は毎年普度を手伝いに行くが、鬼神を信じているわけではない。

福建同郷懇親会には、一九八四年の福州大会の際に初めて参加した。その際に、来日後初めて故郷の仙人掌村に帰った。祖父母の代から移住したため、村に祠堂や族譜はなかった。興生は東瀚村の林氏の分支で（仙人掌村の直近のルーツと思われる）北呈の族譜を入手し、父の世代以降の情報を編集して、村の関係者に渡した。村にある祖父母の墓は林家衍派第二八代以後の族員によって作り直された。

## ４―３　李琛一族

二〇一一に設立された同人聯誼会の発足人の一人で、同人聯誼会初代会長であった李琛の来日は、彼の祖父李有泉と深く関わっていた。李有泉は、第三章で紹介した李有煥の弟である。有泉の経歴については、居住地の神戸および出身地である福清の北垞村で集めた断片的な情報に基づき、以下の通りに整理した。[★15]

### ４―３―１　祖父有泉

有泉は、一九一六年に父李孝桐、母劉紫宋の五番目の息子として福清県北垞村後厝に誕生した。来日した時期は定かではないが、終戦前までは上海と日本の間を行き来し商売をしていた。終戦当初は上海にいたが、間もなく、妻と子ども二人（李琛の父と叔母）を福清に残し一人で日本に渡ったとみられる。一九四六年に神戸在住の福清出身同郷游徳和の家に逗留していたという。[★16]来日後有泉はほかの同郷者と同じように、神戸とその近郊の間を行き来し、食料品や日常雑貨などを販売した。一九五〇年頃より、四兄有煥が姫路で経営した衣料品店や京都の同郷者が経営するパチンコ店などで勤務を重ね、一九五四年に神戸で天香園ホテルを開業した。一九五七年頃から有煥と共同出資でパチンコ店を経営した。一九六六年に天香園ホテルを閉館し、その跡地に天香園マンションを建設し不動産経営に転じた。マンションは一九九五年の阪神淡路大震災で全壊した。

一九七〇年代半ばまで日中間の行き来が不可能であり、有泉は福清にいた家族に仕送りを続けていた。この間、李琛の父は結婚し、一九六二年に李琛の姉、六三年に李琛が生まれた。

事業が安定した有泉は、神戸中華同文学校などへの寄付や福建同郷会、普度勝会の総経理などの役職を務める傍ら、兄有煥とともに出身村の祠堂建設や学校施設へ寄付するなど故郷の公益事業も続けていた。有煥は一九八〇年頃、北坨小学校教員寮の建設費を全額寄付したほか、有泉と共同出資し高山鎮后耀村で李氏祠堂を建設した。李氏祠堂はルーツの北坨村と后厝にそれぞれ存在しており、兄弟は、母劉氏の出身村である后耀村で李氏祠堂を作り、祖先を祀ることにしたという。

### 4—3—2　李琛の移住

李琛一族の故郷である后厝村は、人口わずか十数世帯、一〇〇人余りの小さな村である。李琛によれば、一九三〇年代に北坨村でいざこざがあって、一部の村民が北坨村から分離して后厝村を形成した。后厝村の村民は、北坨村の李氏祠堂を利用できなくなったが、子どもたちは同じ小学校に通いつづけた。ただ、后厝村の子どもは北坨の子どもによくばかにされたという。[★17]

一九七九年、「僑眷」として一六歳の李琛が一家とともに香港に移住した。「移民申請の行列が長く、すごく印象深かった」[★18]と李琛は当時を振り返った。香港移住後しばらくして、李一家は八〇平米ほどの家を購入し、香港で定住した。一九八四年に、高校を卒業した李琛は祖父有泉を頼って来日した。日本語学校に通ったのち、大学に進学し経営学を専攻した。卒業後は祖父有泉のパチンコ屋で働いたが、一九九一年に祖父が他界したのを機に、香港に戻り貿易会社を興した。最初は江蘇省などで加工した衣類を日本に輸出したが、一九九五年から中国から川砂を日本に輸出するようになった。一九九六年に神戸にも会社を立ち上げ、妻（安徽省出身の華僑二世）と二人の娘を香港から呼び寄せ一家は神戸で定住した。家の近くにある福建同郷会にも顔を出しているうちに、「有泉の孫」として老華僑会員から可愛がられ、一九九八年に同郷会に入会した。その後も、福清出身の親戚や知人と共同出資し船舶関係の商売を始めたり、福州でも関連会社を設立してビジネスを拡大したが、大学時代の友人や親戚にもその運営を頼みつつ、自分は神戸を拠点に会社を経営している。

現在、李一族は、その一部が高山鎮に移り住んでいる以外ほとんど日本に移住しており、后厝村には、李琛の母やいとこ家族数人のみ住んでいる。李琛は二か月に一回の頻度で帰郷し母に会っている。姉は、マカオで貿易をしている。二〇〇〇年前後、李琛といとこ（李姓）が共同で、后厝村にある李一族の墓を修繕したほか、村の道路建設・舗装および電線の敷設のための資金援助もした。

### ４―３―３　「新」、「老」をつなげる

二〇〇八年に発生したリーマンショック★19の影響を受け、福清出身者が経営する企業や店の多くが経営不振に陥った。こうした同郷者を助けるための団体を設立するよう、一九八六年に来日した陳雅苹から提案された。同郷数名で議論と準備の末、二〇一一年に同人聯誼会を設立した。初代会長には李琛、理事長には王華銀が推薦され、理事には陳雅苹、陳挺、呉体悦、陳哲、李聖美、李智の六人が選ばれた。理事と理事長の任

期は二年で、会員になるには理事二名の推薦に半数以上の理事の同意が必要だとした。

二〇一四年時点で、同人聯誼会の会員は、三一世帯で一〇〇人以上である。成立当初の月会費は一万円で「老板会」(ボスの会)と揶揄されていたが、後に月三〇〇〇円の積み立てに変更し、会員の家族での食事会または旅行を行う形をとった。会の活動経費を寄付する会員も多い。

同人聯誼会設立後、福建同郷会から普度勝会期間中の料理担当を依頼された。普度が行われる五晩四日(四晩三日の時もある)間の、神明や祖先および孤魂への供え物をはじめ、参拝者へ振る舞う精進料理や最終日の「謝宴」(精進落とし、毎年二〇卓×八人分)の調理を担当してきた老華僑はすでに高齢で、その後継者がいないからである。同人聯誼会はこの依頼を引き受け、二〇一二年より普度期間中の料理(食材の買い付けや調理)担当のみでなく、受付や線香・紙金の販売もするようになった。

老華僑から料理担当を依頼された際には謝金を払うという申し出があった。しかし同人聯誼会はそれをあえて辞退し、ボランティアとして引き受けた。これについては、当時の理事長だった王華銀は、「私欲が強い」、「公共意識がない」などという老華僑の間で抱かれている新華僑への誤解やステレオタイプを払拭したいからだと筆者に説明した。[★20] 日本の習慣に慣れておらず、一日も早く「成功」することを夢見る一部の新華僑の行為を快く思わない老華僑はたしかに存在するようである。しかし、新たに来日した福清出身者にとって、「老華僑」は血縁・地縁で結ばれる「同族」、「同郷」のみでなく、幼い頃から言い聞かされてきた村の「英雄」で、尊敬すべき「ロールモデル」である。「無償」で普度勝会に参与することには、老華僑に「同族」、「同郷」の一員として認めてもらい、互いに信頼関係を築くことを願う新華僑の姿勢がうかがわれる。

一方、近年新華僑の経済力が上がり、日本での生活基盤が安定していることも重要な要因として挙げられる。近年、普度勝会への寄付金の大半は新華僑によるものであり、普度期間中の線香・紙銭(故人があの世で使う、紙でできるお金）のほとんどは新華僑が購入している。また、普度の際に、冥宅を供え、亡くなった家族を供養する新華僑も増えた。新華僑は、日本での定住が進むなかで、異郷で受け継がれている福清の「伝統」文化の担い手としても関わるようになり、そこに帰属意識を抱きはじめたことがうかがわれる。

## ４―４　陳挺一族

同人聯誼会の設立に関わっていたもう一人の中心人物、陳挺（一九六二年生まれ）について見てみよう。★21

### ４―４―１　祖父兄弟のインドネシア移住と福清での暮らし

陳一族は、陳挺の曾祖父の代に仙游から高山鎮に移住した。祖父は九人きょうだい（男七人、女二人）の四男として生まれた。戦前から祖父とその兄弟たちはインドネシアに出稼ぎに行っていたが、戦争が激しくなると、兄弟たちは帰郷できず移住地であるインドネシアのスラバヤで新たな家庭を築いた。

故郷の冠婚葬祭の時に、祖父とその兄弟の家族は、儀礼に参加できない代わりに、必ずインドネシアから自分たちの写真を送り、曾祖父たちの位牌がある祖屋に置いてもらうようにしているという。祖父の六弟（陳挺の六叔公）は、インドネシア排華運動が激化した一九六〇年代に帰国した。七弟は、軍人学校を卒業した後、国民党軍の憲兵総監に勤め、一九四九年に国民党と共に台湾に移住した。移住後も軍人の身分で、時々香港を通じて故郷に送金した。台湾で築いた家族は現在も陳挺と連絡を取り合っている。祖父のほかの兄弟の子孫は、日本に移住した者もいれば、オーストラリアなどに移住した者もおり、現在高山にはほとんど親戚がいない。

陳挺の父は一人っ子で、祖母と高山で暮らしていた。一九五五年に結婚し、一九五六年に陳挺の姉、一九六二年に陳挺、その後陳挺の弟が生まれた。父母の仕事の関係で陳挺三姉弟は長楽県に住む母方の祖父母（外祖父母）の家に預けられた。外祖父は戦前、出稼ぎ先のインドネシアで日本軍の空爆に遭い亡くなったため、外祖母は長楽で一人娘（陳挺の母）を育てていた。一九六八年頃、都会での勤務を終えた母は、陳挺姉弟を連れて高山に戻り、祖母と同居し始めた。親子三世代が住む「永泰厝」という祖屋は、一〇〇年前にインドネシアの伯公（祖父の兄）からの送金で建てられたもので、戦争中、質屋に売ったが、解放後に買い戻した。祖屋には十数個の部屋があって、陳一族六世帯で約五〇人が同居していた。戦前からカトリック教徒となった祖母は、自分たちの部屋に十字架を立てていた。陳挺の母は小児科医であり、結婚前に産婦人科の知識を持つ外祖母にもいくつか学んだようで、高山に戻った後でも、妊婦の出産や乳幼児の治療などで毎日忙しかったという。

### 4―4―2　陳挺夫婦の移住

陳挺の姉は農村で二年間「挿隊」[★22]生活を経て、一九七九年に香港に資産がある祖父を頼りに、香港へ移住した。[★23]一九八一年に、陳挺も香港に移住し、新界荃湾のあるレストランで働くことになった。当時、香港で仕事を見つけることは比較的容易で、陳挺は広東料理とともに流暢な広東語も身につけた。一九八六年に陳挺は結婚し、一九八七年に来日した。

陳挺の妻は小学校から高校まで陳挺と同じ学校に通っていた幼馴染である。妻の祖母は日本人であり、戦前日本で行商をしていた祖父と結婚した後、二人の息子（妻の父とその兄弟）とともに祖父の故郷高山鎮で大家族と暮らしていた。一九七九年、祖母は「残留婦人」として家族を連れて祖父の住む鹿児島に渡った。[★24]当時妻とその兄はまだ一〇代だった。一九八四年、妻が日本から香港を訪れ、陳挺と婚約をし、二年後に二人は結婚した。渡日までの一年間、陳挺は友人の伝手でいくつかのホテルで修行し、福州の人気料理の調理法を学んだ。

来日後しばらくの間、陳挺夫婦は妻の祖父が住む鹿児島県溝辺に住んだ。しかし、言葉の壁があり、仕事を見つけることが難しく、陳挺は神戸市で商売をしていた義兄（妻の兄）を頼りに神戸へ移住した。仕事は、義兄の家主で広東出身老華僑の任信昌から神戸市内にある広東料理店のコックを斡旋してもらった。香港での居住経験と語学力を生かし、陳挺は数軒の広東料理店でコックとして働きながら広東や香港出身華僑とのつながりを拡大した。

一九九五年一月に起きた阪神淡路大震災で、陳挺が働いたレストランも被害を受けて閉店となった。翌年、陳挺夫婦は数年間の蓄積で中山手通りに中華料理店小小を開き、福建、広東料理を提供しはじめた。二〇〇三年に、店舗を南京町に移転したのを機に店名を小小心縁と改めた。二〇二〇年新型コロナウィルス感染症が流行したあと、小小心縁は閉店となった。

### ４―４―３　ネットワーク

神戸では長い間広東料理が中華料理の主流をなしてきたこともあり、陳挺の店に掲げられた「福建」料理の看板が関心を集め、小小が開店された翌年から、地元のテレビ局や雑誌からの取材が続いた。陳挺によれば、来店する客の九〇パーセントは地元からのリピーター客であり、なかには神戸福建同郷会の老華僑もいる。彼らとのやり取りを通して、陳挺は少しずつ老華僑の考えを理解するようになった。一九九七年に福建同郷会の長老の一人林同春から推薦され、陳挺は福建同郷会に入会した。二〇一一年より、陳挺は神戸看護大学など地元の大学の非常勤講師となり、「中華街と中華料理」をテーマに福建出身の同郷同胞の「助け合い」や「伝統文化の継承」などに焦点を当てつつ、中華料理の歴史や神髄について講義をするようになった。また、老華僑が継承してきた伝統は、ハード面とソフト面の両方を受け継いでいくべきだという自分の考えを、同人聯誼会の新華僑メンバーにも共有してもらっている。

## 4―5　陳宜華一族

### 4―5―1　陳宜華の来日と親族ネットワーク

陳宜華は、一九六一年に福清県北盛村に六人兄弟の次男として生まれた。宜華の来日は母方の祖母（外祖母）に関わる。

宜華の外祖母は戦前、日本で行商をしていた外祖父と結婚して福清に渡った日本人で、一九八四年に「中国残留婦人」として福清の家族を同行して日本に戻り、横浜に居を構えた。祖母の姓は藤江で、来日後、母とその兄弟も藤江を名乗るようになった。また、生計のため、藤江の叔父（舅父）林洋一は同郷華僑の助けを得て中華街で中華料理店梅蘭を開業した。開業当初、梅蘭はカウンターしかない小さな店舗であったが、人気が高まるにつれ市場通りに新築された建物に「本館」を移し、元の店舗は「新館」とした。梅蘭の看板商品、梅蘭焼きそばは、こんがりと焼けた焼きそばの間に、片栗粉で絡めた野菜や肉などの具材を挟んだもので、横浜中華街名物の一つとしても知られている。二〇二四年一二月時点、梅蘭は首都圏を中心に全国で三〇店舗以上を展開している。

一九八六年、陳宜華は藤江の叔父の伝手で横浜在住同郷林良和（薛来宏の息子）を保証人に来日した。宜華はまず日本語学校で二年間語学を勉強したのち、大学に進学した。在学中、山下公園近くにあるバー、サージョンズでアルバイトをし、バーテンダーとして修行している間に、店のマスターを任された。一九九七年、宜華は店をサージョンズカフェとして独立させ、親交のある日本人夫婦に経営を任せた。馬の蹄鉄の形のマークを店の商標として登録し、内装はアメリカ風にアレンジした。

陳宜華の主なビジネスは、それぞれ長者町と福富町に事務所を置く東方紅実業株式会社と誠信貿易株式会社の経営である。前者は、冷凍食品や乾物など中国物産の卸売りを、後者は紹興酒の卸売りを専門とする。近年、新華僑が多く参入している不動産経営も計画・準備しているという。

長兄宜栄を除き、兄弟はみな宜華と同じ時期に来日した。そのうちの二人はすでに帰国し、福州で商売をしている。父は村の党支部書記を、長兄宜栄は村の老人会の会長を務めている。長兄は数年前から、陳一族の族譜の編纂に取り掛かっている。陳氏祠堂は文化大革命中で破壊され、二〇〇〇年頃に再建されたが、族譜の編纂は新中国成立以来初めてのことである。

父方のいとこには、インドネシアのジャカルタでホイール製造工場を運営している人がいる。宜華の高校時代の同級生にもインドネシアで商売をする人が数名いる。

### ４―５―２　横浜福建同郷会そして老華僑とつながる

宜華は、藤江の叔父を通じて老華僑と様々なつながりができた。一九九四年九月、静岡県焼津市で開催された横浜福建同郷会主催の旅日福建同郷懇親会第三四回大会に、宜華は初めて参加した。これを機に横浜福建同郷会に入会し、二〇一二年より理事に推薦された。筆者がインタビューした二〇一九年三月の時点では、横浜福建同郷会の「新華僑」理事は、陳宜華と余凱の二人であった。余凱も福清出身老華僑と血縁的なつながりを持っており、来日後アートグループを経営し、貿易、商事、商会、興業の四分野にわたるビジネスを手掛けている。

老華僑が中心メンバーとなる無尽講は横浜中華街にいくつか存在している。かつて華僑が日本の銀行から融資を受けられず、無尽は老華僑の相互扶助のための融資システムとして機能していたが、現在は急な資金調達を必要とする新華僑が利用することが多い。参加者には、横浜、東京在住の福建、広東出身の新・老華僑が混在しており、宜華は毎月六回参加し、新・老華僑とのつながりを保っている。

### 4―5―3　日本福建経済文化促進会の成立と活動

二〇一〇年に、当時中国駐日大使館にいた中国新華社記者劉敬師（桂林出身）より、王耀遠、陳玳行らが日本福建経済文化促進会（以下促進会）の設立準備中との情報を得た宜華は、促進会の発足人として加わり、一〇万元を寄付した。また、二〇一一年三月一一日に発生した東日本大震災への支援金を募るべく、地震後に、宜華と数名の有志が中国から著名な歌手孫楠を招きチャリティコンサートを行った。これが契機となり非営利団体として日本福建経済文化促進会[★25]は六月二一日に東京で設立大会が開かれた。促進会は、福建出身者を会員とする同郷会の側面を持ちつつ、福建に滞在した経験のある者、福建の発展に関わる者、さらに日本と福建の経済交流に関心を持つ者など幅広く会員として受け入れているところが、他の同郷団体と異なる。

促進会は東京に本部を置き、横浜、千葉、関西にも支部（分会）を設立しており、会員は七〇〇人である。宜華が所属する横浜分会には、二〇一九年現在、一〇〇人の会員と一定数の賛助会員（福建出身者に限らず会員の友人であれば入会資格を持つもの）が加入している。

二〇一四年に熊本地震が起きた際には、促進会が募った七〇〇万円の寄付金で救済物資を購入し震災地に届けた。宜華をはじめ会員一一人がトラック三台とワゴン車一台を熊本まで走行させたが、途中熊本福建同郷会（熊本華僑総会内）会長林祥増（第四章参照）に道案内をしてもらった。帰りに愛媛を経由し、愛媛福建同郷会を訪問し、親睦を深めた。ちなみに、当時一緒に救援に駆け付けた一一人のメンバーは、現在でも定期的に集まり、記念会食を行っているという。

## 4―6　移住と文化継承の連続性

以上、神戸と横浜における、老華僑が中心であった福建出身コミュニティの一員として「認められ」、新華僑と老華僑の橋渡し役を担った福清出身華僑を五人取り上げて、祖父母の世代の日本移住まで遡り、その家族誌を整理した。彼らの共通点は以下の通りである。

第一には、移住する前から日本やインドネシアなど海外に定住している親族がおり、送金や寄付、祖先祭祀など日常生活のあらゆる場面において、こうした海外の親族とのつながりが見られること。第二に、改革開放政策実施前後から、海外の親族による経済的支援を得て、（個人ではなく）一族が出国の許可を得て、一足早く香港や日本に渡っただけでなく、そこに築かれている親族の人的ネットワークも受け継ぎ受益することになったこと。第三に、日本など移住地での生活が安定するや、生まれ故郷の祠堂や墓の修繕、村のインフラ整備などに寄付金を拠出する一方、移住地での（故郷）伝統文化の維持および移住国への社会的参与にも積極的な姿勢を見せていること、である。[★26]

ここでまず確認できるのは、福清出身者の海外移住・定住において、血縁紐帯は原初的で可視的な「道具」として機能し、移住の連続性を可能にする直接な要因となっていることであろう。これによって、先代華僑をロールモデルとした「福清出身華僑」の従うべき倫理道徳規範が故郷と移住地の両方で共有され、受け継がれていくのである。福清出身者の同族・同郷者への援助や故郷および居住地コミュニティへの送金、寄付を含む華僑の一連の行動のなかで、族員、祠堂、族譜、学校、橋、道路などは華僑が故郷への「援助」対象である一方、こうした行為によって華僑の族員としての「帰属意識」が具現され、彼らが故郷および移住地の同族・同郷コミュニティにおける地位が保たれるのである。福清出身者は、故郷を自らの文化的・民族的ルーツとして認識し、時には「祖先」や「神明」と結びつく文化的シンボルとして捉えている限り、彼らの故郷や居住地の同郷コミュニティとの関係性を続けていくであろう。

新たに来日した福清出身者は、神戸（関西地区）においては二〇一一年に同人聯誼会を、横浜（首都圏）においては同じく二〇一一年に日本福建経済文化促進会を設立し、同郷間の連携を強めていると同時に、従来の福清出身者の同郷コミュニティに大きな変化をもたらした。横浜と神戸の福建同郷会は、新華僑会員を吸収し始めており、とくに神戸では、現在日本で最も規模の大きな同郷会となったことは前述の通りである。

## 5 まとめ――文化的、社会的システムとしての「故郷」

血縁・地縁紐帯を通じて、福清出身者の移住が時空間において一種の「連続性」を持つことができただけでなく、居住地での生活、生業、文化の継承およびコミュニティにおいてもそのつながりがおおいに機能したように思われる。このような長期的に特定の国・地域に移民を送出し続ける現象は、多くの要因によって生みだされたものである。本章では、移民の送出元の僑郷が持つ文化的・社会的機能に焦点をあてて考察した。

まずは、父系出自血縁集団であり、文化的システムでもある宗族の存在が大きいことが確認された。つまり、華僑の故郷への寄付、送金および同郷者間の連携は、故郷への愛着、ノスタルジアに基づく感情的な一面を持つ一方、伝統的宗族を中核とする「故郷」が、華僑の思考様式や行動を制約する一種の道徳倫理規範として働いた結果とも捉えることができる。華僑の海外移住は、一族の経済的・精神的支援によって成し遂げられるものであり、自分も含む一族の暮らしをよりよくすることを目的とする。そのため、移住後、故郷への寄付・送金のみでなく、故郷からの移住者への手助けも惜しまない。自分の行動が常に一族、そして故郷を意識しているのである。華僑のこうした行動は、時間が経つにつれ、一種の「伝統」になっていき、華僑と故郷の間に「あるべき」関係性が「僑郷文化」の一つとして確立される。移住者もこの関係性を内面化させていくと同時に、自らの価値観や行動様式もますます「規範化」し、最終的に僑郷文化の維持・強化に寄与していくことになる。本章で見てきたように、僑郷と華僑の間に存在するこの力学の循環は、現在でも継続していると言えよう。

次に、信仰の面においても故郷は華僑に対して強い向心力を持つ。根強い「孝」の思想と他界観に基づき、多くの華僑はわざわざ福清に戻り道士を招き異郷で亡くなった親族の霊魂を済度する儀礼を行う。また、長い旅や異郷での生活を庇護してもらおうと村の神明の像またはその神明の力が宿っているとされる香灰を携えて海外に移住する華僑がほとんどであり、時間が経つにつれ衰えたとされる神力を回復させるために、神像や香灰を故郷の祖廟に持ち帰り「進香」[★27]する儀礼を行うこともあった。これらの民間宗教や習俗への信仰心は、華僑と故郷とのつながりを保持させると同時に、村の祠堂、寺廟などの宗教施設、祭祀儀礼および民間信仰を復活し、維持させるという彼らの行動に結びつくことになる。

このように、血縁紐帯を軸にしつつ、倫理道徳や宗教信仰を伴った「縦」と「横」のつながりが構成した磁場のなかで、華僑と故郷の様々な関係性が絶えずに再生産される。その結果、故郷が一種の社会的・文化的制度として村にいる族員の行動や思考様式を制約するのみでなく、海外に移住した者に対しても終始向心力と拘束力を持ち続けることになる。この意味において、福清出身華僑の移住と故郷文化の継承に見られる「連続性」は、華僑と故郷が相互作用した結果の一つともいえよう。時空間の隔たりによって、新・老華僑の価値観などにおいて違いがあるものの、故郷への愛着とルーツへの希求がある限り、両者は最終的に歩み寄り、融合していくことになろう。

中国の急速な経済発展に従い、福清もまた著しい変化を遂げ、人々の生活水準も向上した。近年では、華僑と故郷の関係性も従来とは異なる様相を呈している。筆者は、送金や寄付を続けてきたある年配の華僑に同行し、彼の父の生まれ故郷を訪れた。老人はいつものように小学校への寄付を申し出たが、村人からやんわりと断られた。老人はその時、海外からの経済的援助をもはや必要としなくなった故郷の豊かさを喜ぶと同時に、自分と故郷のつながりも断ち切られたかのような寂しい表情を隠せなかった。★28 一方、親と子による核家族が徐々に従来の大家族に取って代わり、移住した華僑は単身ではなく、家族で移住地に居住し、死後も故郷ではなく居住地に埋葬されるパターンが主流になりつつある。「来日してすでに二〇年以上経って、日本の食べ物や日本の空気に慣れて、日本人のように物事を考えるようになった。国内の変化が激しく、そこでの生活はもう考えられない」★29。こうした新華僑の考え方は、震災地への寄付など、彼らの居住地への積極的な関わりによっても裏付けられる。新たな「故郷」となった居住地への愛着が深まるにつれ、生まれ故郷への絶対的で単一の帰属感は相対化されていく。新華僑の出身地である福清の出身村に対する義務感や責任感は、明らかに老華僑ほど重くはない。彼らの子女、つまり日本に生まれ育った新華僑二代目にとっても、福清は、一層遠くて抽象的な概念になりつつある。

老華僑が異郷での生活を営むために、自発的に故郷文化を継承し同郷団体を維持してきたが、新・老華僑が歩み寄りつつある神戸、横浜において、これらの伝統文化と華僑団体が新華僑によって受け継がれていく可能性は十分にある。それと同時に、中国や日本政府による一連の文化財保護政策のもとで、華僑は福清に関連する歴史や文化を一種の文化資源としてみなし、移住地の日本に「移植」し始めている。例えば、二〇一五年に福清黄檗文化促進会[★30]が長崎の唐寺や京都の萬福寺などの黄檗宗の寺院で交流活動を行った際に、協力者として関わった福清出身の新華僑は、二〇一六年に千葉において一般社団法人黄檗文化促進会を設立し、福清の黄檗文化促進会の日本での活動に対し協力しはじめた。二〇一八年一一月、福建省文化観光庁と日本株式会社太平洋観光社が共同運営する「中国・福建文化海外驛站」が東京で設立され、福建文化を日中間の経済交流に活かすことを目的としている。今後、日本と中国の政策次第で、この種の団体は増減するだろう。福清出身者をはじめとする新華僑は、移住地で中華文化をどのような形で継承していくか、それが華僑の文化的、民族的アイデンティティにどのように影響するか、今後引き続き注目すべきであろう。

★1 例えば『中国僑郷比較研究』〔鄭一省主編、二〇一八〕に収録された、それぞれ僑郷の政治、経済、社会、移民の側面から考察された二一本の論文の立脚点は、やはり受け身としての僑郷である。一九四九年以降、居住国と社会主義中国との外交関係に制約され、華僑と故郷との関係は主に送金の形に現れていたこと、一九七〇年代の改革開放政策実施後も、海外華僑による投資が故郷の経済的発展に多大な影響を及ぼしたことが原因として考えられる。川口らは、華僑と僑郷との関係がもっぱら「貧しい僑郷」と「豊かな海外」という枠組みの中で議論されてきたことを批判的に捉えたうえで、近年の動きと結び付けながら、両者の関係性を多角的に検討した〔川口・稲澤編、二〇一六〕。

★2 連鎖移民（chain migration）とは、地縁や血縁という同類的つながりを利用して次々と人が移動する現象を指す。経路依存性（path dependence）はもともと経済学分野の概念として開発され、のちに社会学にも適用されたものである。移民ネットワークとの関連で言及される際には、人々が過去の状況下に行った（移住先や手段などの）決定の集合が現在の（同様の）選択肢に強い制約をもたらすことを指摘する意味合いが強い。

★3 これは、日本に限らず、歴史上、福清出身者の移住先であるインドネシアでも、親族の伝手でやはり多くの福清人が移住し、そこで多くの者がビジネスを始めた。

★4 二〇一六年八月、福清市龍田鎮出身の張群に行ったインタビューに基づく。

★5 福清出身華僑のなかに、道教や仏教信者以外にクリスチャンや無神論者なども少なからずいることを断っておく。クリスチャンが多いのは、インドネシアでキリスト教徒となった福清出身の華僑華人が多くいることとも関係している。

★6 一九八〇年代半ば以降、日本在住の老華僑と直接血縁関係のない人も多く来日しているし、血縁関係があっても来日していない人、もしくは来日して間もなく帰国した人も少なくはないだろう。また、福建同郷会など福清出身華僑の団体などで重要な役割を果たしてきた（いる）新華僑と老華僑は本章で取り上げられた五家族以外にも多くいるが、紙幅の関係でこれらのケースについての紹介と議論をまたの機会に託すこととする。

★7 神戸在住の王一族に関しては、二〇一五年二月一五日に王華銀、二〇一七年一〇月二三日に東栄酒家にて王鋭春、二〇一九年二月一九日に王鋭輝へのインタビューに基づく。

★8 国際的なバイヤーや輸出入業者と中国の製造業者やサプライヤーを結びつける狙いで、一九五七年に中国広州で初めて開催され、六〇年以上続けられてきた。正式には中国輸出入商品交易会と称す。

★9　普度に招かれた八〇代の僧侶によれば、自分の僧侶人生で私普を頼まれたのは二、三回のみだというので、この普度は華銀にとって意味が大きかったと理解できる。

★10　普度における「乞食」への救済も実際に「施主」の「善行」の一つとして見なされ、「ご利益」として返ってくると考えられるだろう。神戸の普度においても、「乞食」を救済する考えと伝統が戦後しばらく残っていたが、現在は見られない。

★11　今日の河南省出身で九〇九年から九二五年の間、閩（福建）王として福建に赴き、福建の経済的・文化的発展に尽力した。福建では王を姓とする人々の始祖とされる以外にも、「閩王祠」が建立され、神様として広く信仰されている。

★12　二〇一五年五月二一日、王華銀への電話インタビューに基づく。

★13　林一族について、林興生（二〇一八年六月四日神戸市内にある伯盛株式会社にて）へのインタビューに基づく。

★14　一九六六年から六八年の間に中学校、高校を卒業予定の者で、文化大革命により、十分な教育を受けられないまま卒業が延期され、そのあと農村に「下放」され、（肉体）労働を強いられた。

★15　李一族についての内容は、二〇一五年二月に神戸で李琛、八月にその出身地である福清北坨村で李有枝（李琛の祖父有泉の兄）への聞き取り以外、神戸で李家昌（有煥の息子）への面談および数回にわたる電話インタビューに基づく。

★16　二〇一九年二月、李家昌の教示による。

★17　二〇一五年二月、神戸にて行われた李琛へのインタビューに基づく。

★18　二〇一五年二月、神戸にて行われた李琛へのインタビューに基づく。

★19　アメリカ合衆国で住宅市場の悪化を発端として連鎖的に発生した世界金融危機、一般的に the 2008 Financial Crisis と呼ばれる。リーマンショックは日本での通称である。

★20　二〇一五年二月に行われた王華銀へのインタビューに基づく。

★21　陳一族については、二〇一七年一〇月二三日に陳挺との面談およびその後の電話インタビューに基づく。

★22　文化大革命時に学生が農村の生産隊に編入され実際に労働すること。

★23　姉は香港で定住権を得た後、母が長楽の小学校で代替教員をした時の教え子の伝手で、さらにアメリカへ移住したという。

★24　日中戦争後に中国に残されたいわゆる「中国残留婦人・孤児」に関する日本の政策は一九七二年日中国交回復後に制定されたが、肉親捜しおよび帰国事業の進行に伴って改変されていった。残留婦人・孤児が帰国する際に同伴家族と認められるのは基本的に配偶者と二〇歳未満で未婚の子どもに限られていた。

★25　日本福建経済文化促進会公式ホームページ、二〇二四年九月閲覧。

★26　五家族の事例から、戦前福清出身華僑と結婚し、福清で生活した日本人女性が一九七〇年代以降「中国残留婦人」として家族を同伴して帰国したケースもかなり高い割合を占めていること、福清出身華僑と血縁または姻戚関係（配偶者の家族）にある者は、日本以外にもインドネシア、香港、台湾、欧米など世界各地に居住しており、広範なネットワークを持っていることなどもうかがわれた。

★27　世界各地の媽祖廟が毎年農暦三月に祖廟がある湄州島に集まり、参詣する「進香」儀式が最も有名である。

★28　二〇一六年夏、神戸在住二世華僑Qが福清市高山N村に帰郷した際に筆者が同行し、参与観察を行った。

★29　二〇一六年八月、神戸で行った林明（一九七四年福清県高山鎮生まれ、一九九二年に来日し、神戸在住）へのインタビューによる。

★30　黄檗文化を発揚し、隠元精神を継承する目的で、二〇一五年四月に福清にて設立されたＮＰＯ団体である。

# 第9章　「民族」や「人種」を超えて
## ――絵本作家・画家葉祥明のコスモロジー

### はじめに

葉祥明は、一九四六年熊本県熊本市に生まれた。一九七三年絵本『ぼくのべんちにしろいとり』（至光社）でデビュー以来、絵本作家、画家、詩人として活躍してきた。

葉祥明が日本を代表する絵本作家・画家であることは早くから知っているが、彼が本書第四章で取り上げた熊本葉一族の一員であることを知ったのは、一〇年ほど前である。筆者のみでなく、多くの華僑華人研究者は、葉祥明が「華僑」であることを知らず（研究対象として取り上げず）にいた。そこには多くの理由があげられるが、その一つは、その作品も含めて葉祥明から「華僑らしさ」を感じとれないことではないだろうか。

葉祥明の絵は、淡い青、緑、黄、ピンクなどの柔らかい色使いで、広大な自然（草原や空、海）の美しさ、雄大さを描きだす一方、後ろ姿あるいは横姿で小さく描かれている人物（動物）やモノが、大自然と一体感を持って風景に溶け込んでいくような手法が特徴である。彼が描く「美しい」、「暖かい」、「優しい」世界は、老若男女を問わず幅広い人気を博している。葉祥明の作品は、日本郵政省記念切手やはがきの挿絵として採用され、また、絵本は日本国内外で度々受賞している、日本を代表する絵本作家・画家のひとりである。彼の絵本は、英、仏、韓、中などの言語にも訳されており、海外でも高い人気を得ている。その一方で、葉祥明は四〇歳を過ぎてから、原爆や環境破壊、暴力、貧困など地球規模の社会問題を題材とする数多くの作品を積極的に制作してきた。★1 いずれにして、「葉祥明の世界」は、清く、美しく描かれており、民族や人種、「人間」の醜さや狡猾さどころか、人間そのものが脇役としてしか登場しないのが特徴である。

中国福建省福清県にルーツがあること、熊本ないし九州の華僑コミュニティでリーダーシップをとってきた葉菊華を父に持つこと、それが故に華僑コミュニティと何らかの関わりを持つことは、葉祥明の創作に影響はなかったのか？　葉一族の日本への移住・定住の歴史、あるいは福清出身者を含めて華僑華人が経験してきた複雑な近現代史を、葉祥明はどのように捉えているのか？　そもそも彼はなぜ、戦後の華僑にとって「将来性のない」画家を職業として選んだか、また絵本作家・画家として、何を伝えようとし、何を目指そうとしてきた（いる）のか？　多くの疑問を持って、筆者は葉祥明の作品を分析する傍ら、二〇一九年春に葉祥明にインタビューを行い、同年一〇月に南山大学で「戦争を描く――葉祥明が語る My Story」と題した講演会も企画した。

結論から言うと、この一連の調査を通じて、葉祥明の生い立ちや経歴と彼の作品の関連性について、筆者なりの解釈を得ることができた。これについて、本章で紹介する。それと同時に、「華僑」とは何か？　あるいは、華僑研究では何が目指されてきた（いる）か？　自分の福清出身者を含めた華僑華人に関する調査研究がそのなかでどう位置づけられるかなど、華僑華人研究の意義と方法についても、改めて考えさせられることになった。これについては、次章で議論する。

絵本は、文字通りに絵と文字の両方から構成され、友情や愛情、協調性、共感性など子どもの人間形成や対人関係の発達に大きな影響を与える媒体である。しかし、絵本研究はもっぱら保育や教育の道具という観点から、児童文学の周辺の分野として認知された段階を経て、ようやく一九九七年に絵本学会の創設をもって、児童文学や美術の枠組みを超越した独自な方法論が展開されはじめた「新しいジャンル」である〔谷本・灰島編、二〇〇六、一頁〕。日本の絵本研究は欧米に後れを取っており、特に絵本作家についての研究が少ない。彼らへのインタビューを記載する雑誌記事は散見する[★2]が、作家自身の経歴も含め、彼らを取り巻く社会的・文化的背景と結びつけてその作品を多角的に分析するという試みは、ほとんど行われていない。絵本研究は「ひとつの専門領域でカバーすることは難しく、研究には複合的な視点が要求され」〔谷本・灰島編、二〇〇六、一頁〕るからこそ、今後、学際的視点を用いて、研究を積み重ねる余地がある分野でもある。

本章は、絵本研究として位置付けるつもりはないが、絵本作家・画家葉祥明の、特に戦争や環境問題などの社会問題を題材とする絵本に着目し、彼の生い立ち、経歴および同時代の絵本創作と結びつけながら分析し、葉祥明のコスモロジーの形成とその特質について考察を試みる。[★3]

## 1　葉祥明の平和絵本と「葉祥明の世界」

戦争、暴力、公害、貧困、災害などは、一貫して文学や絵画などの分野で表象されてきた対象であり、[★4]子ども向けの絵本作品においても主要題材の一つである。葉祥明による作品を分析する前に、まず近年日本における「平和」を描く絵本（以下「平和絵本」とする）の動向を見ておこう。

## 1―1　「平和」、そして「いのちの尊さ」を伝える絵本

近年、各地で続く戦争や紛争、テロそして環境破壊が進行するなか、日本を代表する絵本作家による「平和」や「いのち」などを題材とする作品が多く出版され、その原画展も各地の美術館で行われるなど、活発な様相を呈している。

二〇〇三年にアメリカがイラク侵攻を始めたことに対し、戦争に反対し平和を訴えようと、田畑精一、和歌山静子など日本を代表する絵本作家一〇三名が協力して制作した絵本『世界中のこどもたちが103』（平和を作ろう！　絵本作家たちのアクション、二〇〇四）が二〇〇四年に出版され、二〇〇五年五月一七日から六月二九日にピースおおさかで原画展が開催された。二〇〇八年に、「平和あっての子どもの本」を合言葉に絵本作家、画家および編集者によって「子どもの本　九条の会」が設立され、平和へのメッセージを発信する原画展などが開催された。二〇一五年に、「戦争なんか大きらい！～絵描きたちのメッセージ展」の巡回展が東京を始め全国二八か所で行われたのち、二〇一八年に絵本『戦争なんか大きらい！――絵描きたちのメッセージ』（大月書店）が出版された。

さらに、『世界中のこどもたちが103』の刊行後、田畑精一ほか四名の絵本作家の呼びかけで、中国、韓国の絵本作家八名も加わり、世代、民族、国境を超えた共同制作「日中韓平和絵本」シリーズが企画された。二〇二〇年一一月時点で一〇冊が出版され（童心社、資料9―11（章末）作品ナンバー3―12）、大きな反響を呼んでいる。★5

絵本作家個人による作品も多く制作されている。長谷川義史による『ぼくがラーメンたべてるとき』

（二〇〇七年、教育画劇）や『へいわってすてきだね』（安里有生文・長谷川義史画、二〇一四年、ブロンズ新社）や、谷川俊太郎の詩が絵本となった『せんそうしない』（谷川俊太郎文・江頭路子絵、二〇一五年、講談社）、『へいわとせんそう』（谷川俊太郎文・Noritake絵、二〇一九年、ブロンズ新社）などが挙げられる。

戦争や貧困以外にも、環境保全や動物愛護など地球規模の様々な問題を伝えようとする絵本が数多く出版されている。こうした絵本制作や作家たちの取り組みは、戦後から日本で脈々と続いてきた平和運動の一環として捉えることができる。そこから、平等、自由、平和な世界を構築するために、その主人公となる子どもたちに平和といのちの尊さを伝え、理解してもらおうという、絵本作家としての強い使命感が読み取れる。同時代に生きる葉祥明と彼の作品も、この流れに位置づけることができよう。

### 1―2　葉祥明の作品にある世界、宇宙と一体化する「人間」

一方、前述した平和を主題とした絵本と葉祥明による同類の作品とでは、明らかな違いがみられる。「人間」の描き方である。前者では、民族や人種、国家の存在を前提としたうえで、みな「同じ空の下」という地球市民的な観念が貫かれており、「人間ありき」の物語のなかで、人間としての喜びや悲しみそして社会性などが絵と文の両方に表れている。対して葉祥明の作品では、人間はあくまで地球上の一存在にすぎず、宇宙という大きな範疇から地球と人間を捉えようとしているのが特徴である。地球は美しいが、無数の星の一つでしかない。そして宇宙に対して、人間は更にちっぽけで無力であり、科学や技術などを駆使して各種の欲望を満たす残酷な生き物である。しかし人間はまた、自然界を愛し、自然界と通じ合う存在でもある。葉祥明の初期作品にある数点の人物デッサン[★6]以外、彼の絵に登場する「人間」は、ほとんど空、原野、森、海など自然のなかに埋もれるほど小さく描かれており、表情も現れてこない。人間の喜怒哀楽は、風景（自然）

と一体化され、風景（自然）の表情（色、形）として表れているのである。

葉祥明は自分の絵画の軌跡を描く画集『The Art of Shomei Yoh』で「私達人類が何者で、この世界、宇宙の根源は一体何か？　科学者や哲学者や宗教家がそれぞれ目指したものを絵画で表現したい」と綴っている（資料9―10（章末）作品ナンバー18、二〇頁）。幼少時からサイエンスフィクションを好んで読み、更に二〇代にヨーロッパの哲学、思想、宗教に触れた葉祥明は、それを意識的に自分の作品に反映させているのである。特に「人間」の本質についての考えは、人智学[★7]（Anthroposophie）やニューエイジ・ムーヴメント[★8]など一九世紀末期から二〇世紀半ばに欧米で発展した思想の影響を受けている。紙幅の関係で、これらの思想についてここで深入りしないが、地球は一つの有機体であり、それを広い宇宙的文脈で捉えていること、人間は、修行などを通じてより高い次元の人間への進化が可能であると人智学では考えられている。葉祥明は、特定の宗教や思想に帰依していないが、個人レベルの悩みから家庭内暴力、婦女・児童の虐待、国家・民族間の紛争、戦争など、すべての「悪」の根源が「人間」にあり、それを根本的に解決するには、何よりまず人間が自身の精神世界を向上させ、より高い次元の人間になる必要があると考えている。[★9]

この人間、世界（地球）および宇宙に対する葉祥明の認識が、彼の平和や環境問題を主題とする絵本作品が「美しく」描かれる思想的基盤となっており、「美をもって悪を感化し、あるいは、潜在的悪を制止する」という画家としての使命感の現れではないだろうか。この葉祥明のコスモロジーというべきものは、彼のほかの絵本作品や詩を合わせてみれば、一層明確である。「生命」や「愛」、「死」そして「生きる意味」などを問うものや女性や動物の立場から制作された作品も数多くあり[★10]、そのいずれも、より高次元の人生、そしてより住みやすい世界（地球）の構築が目指されており、これらもひっくるめて初めて「葉祥明の世界」が出来上がるのである（図9―1、9―2、9―3）。

では、葉祥明のこのような宇宙観、世界観はいかに形成されたのか。この問題について、以下では、彼のこれまでの画家人生を振り返り、彼の生まれ育った家庭的・時代的背景と結びつけながら検討してみたい。第四章の葉一族の部分と若干重なるところもあるが、葉祥明の語りに基づき★11、彼の生い立ちと経歴を整理する。

## 2　「世界」への認識の形成

### 2—1　「欧米文明」からの触発

葉祥明の祖父、葉修儀は、一九〇〇年頃に福清県西葉村から日本に移住し、九州一帯で呉服の行商を生業としていた。一九三四年に、葉祥明の父菊華（一九一四年生まれ）は、熊本市内で中華料理店紅蘭亭を開き、成功する★12。同年に、長兄祥泰が誕生し、それ以降、さらに六人（三男三女）の子が誕生した（図9—4）。葉祥明は三男として一九四六年に生まれた。

地元の文人や学生に歓迎されていた紅蘭亭は、一九四四年の空襲で全焼した。しかし、戦後、熊本の警察署の依頼と計らいのもと、紅蘭亭は海外から引き揚げた人々や進駐軍に食事を提供する食堂としていち早く再建され、カボチャを主材料とするチャプスイ（雑砕）やステーキなど米兵向けの料理がメニューとして出されていた★13。店内では、シャンソンやジャズが流れ、出入りする米軍たちの英語が飛び交っていた。訪れた米軍の常連客はよく「ハロー、ママさん」といって、チョコレートをくれた。また、通販誌『Sears（シアーズ）』や洋雑誌『Vogue（ヴォーグ）』なども置いていき、それが葉祥明の美意識に大きなインパクトを与えた。「紙

資料9-2　死後の世界の物語『ひかりの世界』（1997年、佼成出版社）

The Shining World
ひかりの世界
by Shomei Yoh
葉 祥明 絵・文

資料9-1　誰もが小さなブッダになることを説く『リトルブッダ』（1996年、佼成出版社）

LITTLE BUDDHA
リトルブッダ
葉 祥明 絵・文

資料9-3　詩画集『Life is……』より（2018年、中央法規出版）

人のあらゆる営みが
意義深い
大きなことも小さなことも
社会的なことも
個人的なことも
人が愛をもって行えば
日常生活の
あらゆることが
神聖なものとなる

はきれいなの。真っ白で、艶があって、においがいい。全編グラビア印刷で、クオリティーが高い。自動車からブーツ、洋服、食べ物、すべてカラー写真でカラフルだった。レイバンのサングラスから、バイク、自動車すら通販だったことも驚きだった」[★14]と、まさに五感を刺激された様子がうかがわれる。

葉祥明兄弟の世界観、人生観の形成に、父菊華の存在もまた大きかった。菊華は一〇代の時から、上海と日本の間を行き来し、アジアに対して「先進」な欧米文明を体感したという。のちに、葉祥明兄弟に欧米流の教育を受けさせ、さらに一年間のアメリカ留学の機会を与えたのも、外の「広い世界」を知ってもらう動機に基づいたものである。一二歳年上の兄祥泰がアメリカ留学から帰ってきた時、カバンからさえ「アメリカのにおい」がしたと、葉祥明は回想した[★15]。

このように、「中国的なモノと日本的なモノよりは、日々の暮らしに「アメリカ」があふれていた」[★16]環境の下、葉祥明自身も、ごく自然の流れで、小学校から地元のミッションスクールに通い、大学卒業後、アメリカに一年間留学し、「アメリカ」を肌で感じた（図9—5）。

一方、熊本での暮らしや、父がリハビリのために連れて行ってくれた阿蘇の湯の谷のゴルフ場とそこで遊んだ記憶が葉祥明の自然に対する意識形成に大きく影

資料9-4　葉祥明一家（1953年頃、祥明は前列右）（資料提供：葉祥明）

響した。[★17]これは、のちの彼の絵に阿蘇らしい景色がしばしば登場していることからもうかがわれる（資料9—10作品ナンバー17）。

葉祥明の生い立ちは、当時の多くの華僑家庭と比べるとやや特殊に感じられる部分もあろう。長兄祥泰以外の兄弟は家業を継ぐ義務（場合によっては「権利」ともいえる）がなく、各自に生きる道を決める「自由」があった。これは、父菊華が関わってきた義理と人情も絡んだ熊本や九州地区の華人コミュニティに関わらなくて済むという「自由」でもある。葉祥明の華僑団体との関わりは、高校生の時に参加した福清出身者を中心とする華僑青年の集いぐらいであった。[★18]長兄を除けば、兄弟たちは、華僑ネットワークを頼らず、自ら生計を立てる方法を探していたのであった。

小さい時から絵が好きだった葉祥明が画家を職業として目指すには、充足な条件が備わっていたように思われる。一九八〇年代までは、日本のほとんどの会社が外国籍の者を採用しなかったため、華僑の進路といえば、家業を継ぐか医者を目指すかであった。「食べて行けるかどうかわからない」画家を目指すこと自体、当時の一般華僑からすれば一種の「冒険」だったのである。[★19]

資料9-5　少年時代の葉祥明（1955年頃）
（資料提供：葉祥明）

## ２―２　「異邦人」としての疎外感

葉祥明は一九六九年春に立教大学を卒業後、アメリカのアート・ステューデンツ・リーグ・オブ・ニューヨークで一年間留学するが、この経験もまた葉祥明に大きな影響を与えた。

まず何より、葉祥明はそれまでに経験したことのない「異邦人」としての疎外感を味わったという。日本に生まれ育った華僑三世でありながら、葉祥明は中国人という意識は特に持っていなかった。小学校の時に同級生から何気なく「葉くん、きみは中国人だって？」と聞かれ、仲間はずれにされたようでショックを受けたことはあったが、葉祥明はそれを友人からの悪気のない質問だと受け止めて、特に気に留めていなかった。[★20] しかし、アメリカ留学の際に、「初めて日本の普通の人と違う経験をし」て、「外国籍ということの意味」について深く考えたという。当時、まだ中華民国のパスポートを所持していた葉祥明は、アメリカ留学のビザ申請は手間も時間もかかったうえ、日本への再入国手続きの申請も必要だった。[★21] この経験から、「(自分が)外国人登録証明書を常に携帯することを義務づけられた「厄介さん」で、国籍、人種という意味でのストレンジャーである。[★22] 日本にいながらも「異邦人」である」と感じ、父親が口癖のように言う「おとなしく目立たないように生きる」ことの意味をその時に初めて理解できた気がしたという。[★23]

渡米後、さらに孤独と緊張と不安に飲み込まれそうな日々が続き、「途方に暮れていた」葉祥明は、自分のアイデンティティや今後の生き方について思索しながら、西洋哲学と思想を独学した。当時彼が関心を持ったのは、四元素説を唱えたエンペドクレス、形而上学を唱えたアリストテレス、『人間不平等起源論』や『社会契約論』などを著したルソーなどの哲学者と彼らの思想だった。ほかにも、ゴッホやベートーヴェン、アインシュタインなどの芸術家や科学者の生き方にも関心を持っていたという。また、葉祥明は、小さい時から冒険物や探検隊の紀行文、画家や思想家の伝記などを愛読していたこともあり、アメリカ滞在中、人類、世界そして宇宙との相互関連に強い関心を持ち、深く考えるようになった。[★24]

一九六〇年代から七〇年代前半の激動する世界情勢もまた、葉祥明の思想形成に大きな影響を与えたと思われる。世界はアメリカと旧ソ連に代表される東西両大陣営が対立する、いわゆる冷戦状態が続き、時にベトナム戦争などの局地的な戦争も繰り広げられた。一九六五年二月に米軍によるベトナム戦争への軍事介入をきっかけに平和運動が欧米に広がり、日本でも「ベトナムに平和を！ 市民連合」[★25]や学生団体などの運動が活発に展開されていた。これらの反戦・平和運動に参加こそしなかったが[★26]、人間と世界の相互関係を思索した若き葉祥明にとって、「戦争」や「平和」はすでに大きなテーマであった。

## 3　画家としての使命感への融合

### 3―1　「メルヘン絵本作家」としてスタート

アメリカから帰国後、葉祥明は「絵本作家」を生業として目指した。彼の最初の作品はアウシュビッツ、南京、長崎、広島など世界中の悲劇の舞台になった土地に、少年が花馬車に乗って花を捧げて歩くというもので、テーマは子どもに「重すぎる」という理由で出版に至らなかった（葉、二〇〇一、六―七頁）。社会問題に関心を持つことと、生業として絵本作家になることが別のものだと気づかされた葉祥明は、同時代の絵本作家谷内こうたの作品に触発され、絵本の趣きを変えて『ぼくのべんちにしろいとり』（一九七三年、至光社）でデビューした。

以来、葉祥明は、アンパンマンの作者であるやなせたかしに見いだされ、メルヘン作家として名を知られていった。子ども向け絵本のほか、彼のイラストはサンリオからポストカード、レターセット、タオル、洋食器など人々の暮らしのあらゆるところで採用され、幅広い人気を博することとなった。

世界の「光」の部分を描くことがメルヘン作家としてのスタンスだと考えた葉祥明は、以来、「陰」の部分である社会問題に関心を持ち続けていたものの、決して絵本の題材にしなかった。

### 3―2　チェルノブイリ原発事故と「社会」に向き合う絵本作品の制作

葉祥明が四〇歳を迎える一九八六年四月二六日に、旧ソ連ウクライナ共和国でチェルノブイリ原発事故が発生し、彼の絵本作家人生に大きな転機をもたらした。チェルノブイリ原発事故後、放射能汚染について日本のメディアでも大きく取り上げられ、更に事故発生一週間後に、放射性物質が日本でも観測された。サイエンスフィクションを小さいころから読み、地球の運命に関心を持っていた葉祥明は、チェルノブイリ事件に大きな衝撃を受け、絵本『ぼくのあおいほし』（資料9―10作品ナンバー2）とその姉妹編である『あいのほし　地球黙示録』（資料9―10作品ナンバー3、以下『あいのほし』）を出版した。それ以後、彼は、様々な問題解決のために世界を一つの全体として捉え、そして自分をその一部として位置付ける必要があるとし、それを絵本作家の役目と結びつけて考え始めた。[★27]

チェルノブイリ原発事故から一〇年後、国際NGO　ARR　Japan　難民を助ける会の会長柳瀬房子からの依頼で、葉祥明は絵本『サニーのお願い　地雷ではなく花をください』（一九九六年、自由国民社）のイラストを担当し、五〇歳の時、絵本作家として本格的に社会問題に取り掛かることになった。『地雷ではなく花をください』（資料9―6、9―8）は一九九六年に日本絵本賞読者賞を受賞し、日本PTA全国協議会や全国学校図書館協議会などの推薦図書にも選ばれた。のちに続編や続々編も作られ、計六冊のシリーズ[★28]となった。絵本の売上金はすべて地雷除去活動資金として寄付されている。

のちに、葉祥明はアムネスティ・インターナショナル日本に入会し[★29]、ボランティア活動の傍ら、社会問題を題材とする絵本創作に精力的に取り掛かっていった。アムネスティ・インターナショナル日本の設立三〇周年記念に出版された絵本『ひとりじゃないよ――二一世紀に生まれてくる子どもたちへ』（二〇〇〇年、金の星社）を筆頭に、長崎市からの依頼で一九四五年八月九日の原爆投下と長崎市民の被爆を描いた『あの夏の日』（二〇〇〇年、自由国民社）、東日本大震災で発生した福島原発事故の後に出版した『美しい朝に』[★30]（二〇一一年、自由国民社）と東日本大震災そのものを題材にした『あのひのこと』（二〇一二年、佼成出版社）など、戦争や環境破壊、動物・幼児虐待、貧困など[★31]世界の「陰」の部分も積極的に絵本の題材としていった。

### 3―3　「醜」を「美」をもって伝え、希望を持たせる

では、葉祥明は子ども向けに、世界の「陰」の一面をどのように伝えているのだろうか。

チェルノブイリ原発事故に衝撃を受けて地球規模の問題に取り組んだ最初の作品『ぼくのあおいほし』とその姉妹編である『あいのほし』を見てみよう。『ぼくのあおいほし』は、主人公は放射能で汚染された地球を離れていくという物語である。蒼い空に緑一面の丘で主人公の少年がひつじと遊ぶ和やかな風景が続くと思ったら、原子炉と思われる灰色の巨大な物体からモクモクと煙が出てくる緊迫感のある画面に一変する。最後に少年が原子炉だらけになった灰色の地球から去っていく。葉祥明の巧みな色使いで、原発や戦争などがもたらす悲惨で醜い世界も美しく見えてしまう。この醜さも悲惨さも「美しく描く」スタンスが、後の地雷除去や原爆などを題材とした絵本でも引き継がれていく。「「美しい」というのはとても重要なんです。

どんなにひどくて、醜いものでも、美のフィルターを通せば、「光」として見て、味わってもらえる」[★32]のである。

視覚的な効果に加えて、読者に問題提起をしつつ、希望を持たせるような物語の構成がもう一つの特徴である。『ぼくのあおいほし』の姉妹編である『あいのほし』では、死滅した地球が復活するという物語となっており、「メルヘン作家」ならではの宇宙ロマンと希望に満ちた自由な発想である。さらに『あいのほし』の表紙のそでには、「愛の星の子どもたちに」と題した詩も載せられており、宇宙の真理と法則にしたがい、地球上のほかの生き物とともに生きていく努力が人類に必要だ、と作家は強く訴えている。[★33]

二〇〇〇年に長崎市からの依頼で制作された『あの夏の日』（自由国民社）において、より明確化した彼の問題意識とスタンスがうかがえる。青空に緑の木々の下で子どもたちが楽しく遊ぶほのぼのとした原爆投下前の平和な場面と、オレンジ色の炎に包まれ死んでいく人々と廃墟と化していった灰色の町が広がる原爆投下後の凄惨な場面が対照的であり、見る人に強烈なインパクトを与えている（図９―７、９―９）。絵本の後には、資料として付された「長崎市民平和憲章」とともに、葉祥明による「あとがき」が続く。「戦争には、人間の知るすべての悪があります（中略）核兵器を廃絶し、戦争は二度としない、平和が一番大切、という気持ちを持ち続けることが、二度の被爆経験を持つ日本にとって、世界における大切な役割ではないでしょうか。今、生きている私たちは、美しい自然と、平和な地球を次の世代に、手渡す責任があります。[★34]（後略）」と、平和の大切さを訴えている。

世界の「陰」の部分は「美」をもって効果的に描き出され、それを地球の未来を担う子どもたちに伝える。絵本作家であり、「地球」の一員でもある意識のもとで葉祥明の画家としてのスタンスと役割が、ここに明確に現れている。葉祥明の世界観、宇宙観の確立ともいえよう。

葉祥明の世界観、宇宙観は、彼の人生の各段階に現れた、家族、米兵客、（国家としての）日本、アメリカなど様々な「他者」からの刺激が総合的に働いた結果であろう。「華僑である前に、ぼくは人間である」[★35]という彼の言葉にもあるように、アメリカ留学の際に民族や人種の違いで覚えた「異邦人」としての疎外感は、のちに絵本制作とともに形成し、確立した世界観、宇宙観のなかに矮小化していき、いつしか絵本作家・画家としての使命感と融合していったと考えられる。また、この世界観・宇宙観が「美を以て醜を制す」という葉祥明の絵本作家・画家としてのスタンスを支える思想的基盤であること、併せて故郷の熊本、特に彼が幼少時代兄弟たちと遊んでいた阿蘇は終始、葉祥明の原点であり、彼の絵本や絵画に無限に広がる世界の中核となっていることも、本章の考察で明らかとなった。

資料9-6 『サニーのおねがい　地雷ではなく花をください』（2000年、自由国民社）（表紙）

資料9-7 『あの夏の日』（2000年、自由国民社）（表紙）

資料9-8 緑と黒のコントラストが地雷の恐ろしさを際立たせる。『サニーのおねがい 地雷ではなく花をください』（2000年、自由国民社）より

資料9-9 鮮やかでどこか美しい炎が原爆の酷さを語る。『あの夏の日』（2000年、自由国民社）より

## 4 まとめ――コスモポリタンという生き方

本章では、絵本作家・画家葉祥明の社会問題を題材とした絵本作品に焦点を当てて、彼の生まれ育った家庭環境と経歴に結び付けながら、その世界観、宇宙観について考察を試みた。作家個人の素質はもちろんのこと、彼らを取り巻く家庭、社会、時代が違えば、世界についての洞察力も意欲も違ってくる。葉祥明の幼少時の体験に加えて、アメリカ留学をきっかけに味わった「異邦人」としての疎外感、孤独と、知識として吸収した西洋の哲学や思想などが、のちに彼の絵本創作の源となり、民族や人種、国家の枠組みを超えた、人間（生き物）、自然界（地球）、宇宙を有機的な一体とする葉祥明の世界観・宇宙観の形成にも大きな影響を与えた。この過程への認識を抜きにして、葉祥明の作品と彼のコスモロジーを正しく語ることはできないだろう。

冒頭でも言及した、福建省福清県にルーツを持つことや華僑コミュニティとの関わりと彼の作品との関連性についての筆者の問題関心は、以上の結論をもって答えを得ることができたように思われる。それと同時に、葉祥明のように、目立った「華僑らしさ」がないゆえに、「華僑」や「福清出身者」として見なされず（発見されず）にいる者も多くいるだろう。兄弟姉妹でも家族のなかで期待される役割が違えば、歩む人生も異なること、また、同じ家族でも、自然災害や戦争などが原因で、異なる環境で生きることになる可能性があることなど、福清から移住してきた華僑とその子孫が多様な生き方をしている（してきた）という事実は、葉一族の三世代にわたる移住・定住の家族史からも読み取れたのではないか。となると、これまでの各章で述べた各地域の福清出身者に加え、葉祥明と同様に、華僑コミュニティに依存しないような生き方もまた、本書で明らかにしようとしている福清出身華僑の移住・定住の諸形態の一つといえるのではないか。

以上の議論を踏まえると、葉祥明がインタビューの冒頭で発した言葉「華僑である前に、ぼくは人間である」に、改めていくつかのメッセージが読み取れるのではないか。それは、「華僑」という用語に暗示されている民族的、人種的違いへの否定に加え、長い間、研究者やメディアによって「華僑」という用語が濫用されてきた結果出来上がった、「華僑」＝中国らしい何かを具えている者だという固定観念への批判が、言葉の裏にあるように思われる。「華僑」とは何か、また華僑華人研究の意義と方法について、問い直す必要があるのではないかと考えさせられる一人の「当事者」の声なのである。これについて、第一〇章で議論する。

「子供達は、目的をもってこの世に生まれてきた。そして、その人生の最初に出会う本が、絵本。（中略）僕は、絵本を通して、美と夢、愛と思いやり、平和と祈りの心を伝えていきたい」（資料９―10作品ナンバー18、三二頁）と、二〇一〇年に出版された画集で葉祥明がこのように綴っている。人類、とりわけ地球の未来を担う子どもたちに希望を託そうとしている絵本作家としての責任感とともに、自分も含めて人間として生まれた「生命」が持つ意味をあらためて考えさせられる言葉である。今後、絵本作家・画家葉祥明と彼の作品を日本や世界における絵本制作という枠組みに置き、作家の生きた時代的・社会的背景と結び付けた形で、より多くの作家との比較分析作業も、課題として残されている。

資料9-10　本文で言及した葉祥明作品一覧

| 作品No. | 作品名 | 出版年 | 出版社 |
|---|---|---|---|
| 1 | 『ぼくのべんちにしろいとり』 | 1973年 | 至光社 |
| 2 | 『ぼくのあおいほし』 | 1989年 | 偕成社 |
| 3 | 『あいのほし　地球黙示録』 | 1994年 | 偕成社 |
| 4 | 『そらのむこうに』 | 1994年 | 瑞雲社 |
| 5 | 『リトルブッダ』 | 1996年 | 佼成出版社 |
| 6 | 『サニーのおねがい　地雷ではなく花をください』 | 1996年 | 自由国民社 |
| 7 | 『夢につばさを―世界中の子どもたちに』 | 1997年 | 金の星社 |
| 8 | 『ひかりの世界』 | 1997年 | 佼成出版社 |
| 9 | 『続 地雷ではなく花をください』 | 1997年 | 自由国民社 |
| 10 | 『続々 地雷ではなく花をください』 | 1998年 | 自由国民社 |
| 11 | 『ありがとう 地雷ではなく花をください』 | 1999年 | 自由国民社 |
| 12 | 『ひとりじゃないよ―21世紀に生まれてくる子どもたちへ』 | 2000年 | 金の星社 |
| 13 | 『あの夏の日』 | 2000年 | 自由国民社 |
| 14 | 『しあわせってなあに？』 | 2001年 | 自由国民社 |
| 15 | 『じゆうのつばさ』 | 2001年 | 国土社 |
| 16 | 『心を込めて　地雷ではなく花をください』 | 2002年 | 自由国民社 |
| 17 | 『ASO～阿蘇、ぼくの心のふるさと』 | 2005年 | 佼成出版社 |
| 18 | 『The Art of Shomei Yoh』 | 2010年 | アートプリントジャパン |
| 19 | 『美しい朝に』 | 2011年 | 自由国民社 |
| 20 | 『あのひのこと』 | 2012年 | 佼成出版社 |
| 21 | 『きみに聞いてほしい　広島に来た大統領』 | 2016年 | 徳間書店 |
| 22 | 『サニーちゃん、シリアへ行く』 | 2016年 | 自由国民社 |
| 23 | 『パやタスに降る星～A starry night in payatas~』 | 2016年 | 中央法規出版 |
| 24 | 『Life is……人生を彩る幸福のエッセンス』 | 2018年 | 中央法規出版 |

**資料9-11 本文で言及した絵本作品（葉祥明の作品を除く）**

| 作品No. | 作品名 | 作者 | 出版年 | 出版社 |
|---|---|---|---|---|
| 1 | 『世界中のこどもたちが103』 | 平和を作ろう！絵本作家たちのアクション | 2004年 | 講談社 |
| 2 | 『戦争なんか大きらい！：絵描きたちのメッセージ』 | 子どもの本・九条の会 | 2018年 | 大月書店 |
| 3 | 『へいわってどんなこと？』 | 浜田桂子 | 2011年 | 童心社 |
| 4 | 『非武装地帯に春が来る』 | イ・オクベ | 2011年 | 童心社 |
| 5 | 『京劇が消えた日』 | 姚紅/中由美子訳 | 2011年 | 童心社 |
| 6 | 『ぼくのこえがきこえますか？』 | 田島征三 | 2012年 | 童心社 |
| 7 | 『くつがいく』 | 和歌山静子 | 2013年 | 童心社 |
| 8 | 『さくら』 | 田畑精一 | 2013年 | 童心社 |
| 9 | 『火城　燃える町―1938』 | 蔡皋文・絵/翱子絵/中由美子訳 | 2014年 | 童心社 |
| 10 | 『父さんたちが生きた日々』 | 岑龍作/中由美子訳 | 2016年 | 童心社 |
| 11 | 『とうきび』 | クォン・ジョンセン詩/キム・ファンヨン絵/おおたけきよみ訳 | 2016年 | 童心社 |
| 12 | 『春姫という名前の赤ちゃん』 | ピョン・キジャ文/チョン・スンガク絵 | 2017年 | 童心社 |
| 13 | 『ぼくがラーメンたべてるとき』 | 長谷川義史 | 2007年 | 教育画劇 |
| 14 | 『へいわってすてきだね』 | 長谷川義史絵/安里有生文 | 2014年 | ブロンズ新社 |
| 15 | 『せんそうしない』 | 谷川俊太郎詩/江頭路子絵 | 2015年 | 講談社 |
| 16 | 『へいわとせんそう」 | 谷川俊太郎文/Noritake絵 | 2019年 | ブロンズ新社 |

★1　葉祥明美術館館長堀内重見より提供された「葉祥明資料リスト」（二〇一九年一〇月二八日作成）には、これまで刊行された葉祥明の絵本、詩集、画集が四八八本記載されていた。本文で言及された葉祥明作品については、資料9―1にまとめている。

★2　葉祥明（二〇〇一）、葉祥明・菅原千賀子（二〇一一）、葉祥明・三浦正雄（二〇一八・二〇一九）、小野（二〇〇二）、別冊太陽編集部編（二〇〇五）、別冊太陽編集部編（二〇〇六）などがあげられる。

★3　本章で扱われる葉祥明およびその家族についての情報は、二〇一九年二月一七日に葉祥明阿蘇高原絵本美術館にて館長葉（山）祥鼎、同四月一六日に紅蘭亭にて葉（山）祥泰、四月二二日に葉祥明資料館にて葉祥明、一〇月二九日に葉祥明美術館にて館長堀内重見に行ったインタビューおよび、その後電話やEメールを通じて提供を受けた資料に基づいている。また、二〇一九年二月熊本での調査において、熊本華僑総会会長林祥増のコーディネートを受けた。

★4　絵画の分野では、例えば草間彌生がアメリカ滞在中の一九六〇年代、路上などで即興的なパフォーマンスを通して、アメリカ社会に反戦メッセージを送り、戦争を促進するグローバル金融資本主義を糾弾した。草間は一九七七年「戦争三部作」で戦争の惨さ、愚かさを暴露し批判した（飯田、二〇一六、一二五―一三〇頁）。

★5　「世界で反響〝平和〟を考える絵本」「NHKニュースおはよう日本」（二〇二〇年八月二六日放送）

★6　葉祥明の初期作品やデッサンなどは、鎌倉にある葉祥明美術館に展示されているほか、資料9―10（作品ナンバー18）にもその一部が収録されている。

★7　ルドルフ・シュタイナーが唱え、創設したスピリチュアル・サイエンスである。

★8　二〇世紀後半に現れた神秘主義の流れを引いた思想の潮流である。

★9　二〇一九年四月二二日に行われた葉祥明へのインタビューによる。

★10　これらの題材の作品には、資料9―10作品ナンバー5・8・24などがある。また、フェミニストではないが、葉祥明は適切な親子関係、そして母親の愛を十分得られた人は、健全な心の持ち主になり、他人を愛することができると考えている。実家の中華料理店で働く女性が多く、男尊女卑の現場を実際見てきたこともその理由の一つだという（二〇一九年四月二二日に行われた葉祥明へのインタビューによる）が、ここでもニューエイジなどの思想に影響を受けていると考えられる。

★11　二〇一九年四月二二日に行われた葉祥明へのインタビューと葉が同年一〇月に南山大学で講演した内容に基づく。

★12　二〇一九年二月一七日に葉祥明阿蘇高原絵本美術館にて館長葉（山）祥鼎へのインタビューによる。

★13　二〇一九年四月一六日に紅蘭亭（熊本）で行われた葉（山）祥泰へのインタビューによる。ちなみに、終戦後、海外の軍人の復員と一般日本人の引き揚げが始まり、熊本県にも、一九万人を超える引揚者が流入した。一九四五年一〇月五日に、アメリカ第二海兵師団第八戦闘連隊主力およそ四〇〇人が熊本に進駐を開始した。紅蘭亭は、駐屯地である旧熊本陸軍幼年学校（現在は陸上自衛隊北熊本駐屯地）のすぐ近くにあり、米軍の利用に便利だった。

★14　二〇一九年四月二二日に行われた葉祥明へのインタビューによる。

★15　二〇一九年四月二二日に行われた葉祥明へのインタビューによる。ちなみに、「アメリカのにおい」とは、葉によれば、アメリカ人が日常的によく消毒液を使うことを意味しているとのことである。

★16　二〇一九年四月二二日に行われた葉祥明へのインタビューによる。

★17　二〇一九年四月二二日に行われた葉祥明へのインタビューによる。

★18　福建出身華僑による全国的組織、旅日福建同郷懇親会（一九六一年成立）の活動の一環として始められた、京都萬福寺で行われる普度勝会の期間中に開催された日本生まれの華僑青年が親睦を深めることを目的とする集いであり、一九六〇年代から一九八〇年代まで行われていた〔張玉玲、二〇一四、四二―四三頁〕。第六章参照。

★19　葉祥明と同年代の華僑には、画家という職業に対してこのような考え方を持つものは少なからず存在している。

★20　一般的にいえば、日本に生まれ育った華僑二世、三世は、日本語を母語とし、外見上も「日本人」と変わらないことから、普段の暮らしの中で中国人らしき名字が原因で差別されることもある。実際のところ、同級生から聞かれた葉祥明は帰宅後母親に中国人とは何かと問うと、母親も顔色が変わり、いじめられたのではないかと心配したという。二〇一九年四月二二日に行われた葉祥明へのインタビューによる。

★21　日本に在住したほかの老華僑同様、葉祥明も一九七二年頃に日本国籍を取得するまで「永住」の在留資格を持っていた。再入国許可とは、日本に在留する外国人が一時的に出国し再び日本に入国しようとする場合に、入国・上陸手続きを簡略化するために法務大臣が出国に先立って与える許可であり、再入国許可を受けずに出国した外国人は在留資格および在留期間が消滅してしまうため、日本への再入国が困難となる。

★22 一九四七年五月二日に公布された外国人登録令に基づき、日本に連続九〇日間以上居住する外国人は、居住する市区町村で登録し、外国人登録証明書の交付を受けること、また外国人登録証明書の常時携帯が義務として課されていた〔日本華僑華人研究会編、二〇〇四、二四八頁〕。外国人登録証明書は二〇一二年七月に廃止となった。

★23 一方、自分の意思で移住してきた華僑は、在日韓国・朝鮮人ほどアイデンティティの葛藤が深刻ではないと、葉祥明は考えているという。二〇一九年四月二二日に行われた葉祥明へのインタビューによる。

★24 二〇一九年四月二二日に行われた葉祥明へのインタビューによる。

★25 作家小田実、開高健、哲学者鶴見俊輔らが結成した反戦運動グループ。

★26 葉祥明の思想形成の時期と重なるこの時代の平和・反戦運動との関わりについて、二〇二〇年八月一一日に葉祥明美術館館長堀内重見からEメールを通じて返答を得た。

★27 70 seeds「絵本作家葉祥明さんインタビュー「人生を変えたチェルノブイリ」」（二〇一五年五月一日）https://www.70seeds.jp/youshomei1/、同「メルヘンで世界の蛇口になる」（二〇一五年五月一一日）https://www.70seeds.jp/youshomei2/ 二〇二〇年一一月九日閲覧。

★28 資料9―10作品ナンバー6・9・10・11・16・22はそれである。

★29 難民保護や救済活動および人権の擁護などを国際非政府組織として一九六一年に成立されたアムネスティ・インターナショナルの日本支部である。一九七〇年に成立。事務局は東京に設置されている。

★30 『美しい朝に』は、一九八六年チェルノブイリ原発事故後に『ぼくのあおいほし』、『あいのほし』と同時に制作されたものである。（葉祥明美術館 https://www.yohshomei.com/exhibition 二〇二〇年一一月八日閲覧）。

★31 同類作品には、表9―10作品ナンバー7・15・23など多数ある。

★32 70 seeds「絵本作家葉祥明さんインタビュー② メルヘンで世界の蛇口になる」（二〇一五年五月一一日）https://www.70seeds.jp/youshomei2/ より、二〇二〇年一一月九日閲覧。

★33　「私たちは　学ばねばならない　宇宙の真理と法則を　この惑星に住む　すべての生き物は　私たちの魂のきょうだいだということ　怒りではなく　赦し　殺戮ではなく　慈悲　収奪ではなく　分かち合い　憎しみではなく　友情　拒絶ではなく　寛容　批難ではなく　共感　破壊ではなく　創造　そうした心の　子どもたちが　来るべき　新しい世界　美しい　愛の星に　住むことを　許されるだろう」（『あいのほし』（一九九四年、偕成社）表紙そでより）。

★34　『あの夏の日』（二〇〇〇年、自由国民社）「あとがき」より抜粋。

★35　二〇一九年四月二二日の葉祥明へのインタビューの冒頭に、彼が筆者に語った言葉である。

# 第10章　文化人類学における華僑華人研究の意義と方法

## はじめに

東南アジアをはじめ世界各地に渡った中国人、いわゆる華僑華人を対象とした研究は、一九世紀半ば、アジアで勢力を伸ばした西洋諸国による植民地経営の一環として始められ、第二次世界大戦後に始まった冷戦構造の下で、社会主義中国と関連づけながら、地域研究の枠組みで続けられてきた。一九八〇年代以降、グローバル経済の進展に伴って活発に国境をまたぐ中国系の人々を華人ディアスポラと表現し、そのトランスナショナリズムを称揚するような言説が出ている一方、欧米諸国および日本では、華僑華人を含め各エスニック集団の文化の独自性、多様性を尊重しつつ、国民国家の枠に統合させようとする多文化主義が国家の理念として掲げられるようになった。しかしそのどちらの言説においても、中国にルーツを持つなど何かしらの中国的要素を備えているという民族性（エスニシティ）が根拠とされており、「中華人性」は依然として「華僑華人」を捉える際のキーワードであり、華僑華人研究も、いまだに「華」を巡る伝統的な表象の束縛から解放されていないのである。
本章では、これまでの華僑華人研究の主な理論的枠組みと著作を振り返り、華僑華人研究の系譜を整理することで、あらためて華僑華人研究の意義と方法について検討してみる。

## 1　「華僑華人」研究は何を問題にしてきたのか

中国人の海外移住の歴史は古く、八世紀頃には造船と航海技術の向上に伴って、福建、広東などの沿岸地域から南洋（現在の東南アジア）に渡り、商売を営み、住居も構えた中国人コミュニティが存在していた。しかし、こうした海外に渡った中国人が「華僑華人」または「チャイニーズ」という名で学問の対象として注目されるようになったのは、中国が西洋諸国に狙われ始めた一九世紀半ばのことである。

中国（清王朝）は一八四〇年から一八四二年のアヘン戦争での敗北をきっかけに、数千年も続いてきた封建王朝がイギリスをはじめとした西洋諸国に領土の割譲と莫大な賠償金を支払うことになった。その重圧と政治的な混乱による生活苦から逃れるために、大勢の中国人が労働者、商人として東南アジアをはじめ世界各地に渡った。以来、その主な移住地であった東南アジアを植民地として経営する欧米諸国が、従来の中国本土に関する研究、すなわち中国学（sinology）の一環として、海外の中国人も研究の対象としたのである。したがって、この「大量出国の時代」と呼ばれた一九世紀半ば以降の中国人の海外移住は、近代的華僑華人の歴史の幕開けであり、華僑華人研究の始まりとも言えよう。ちなみに、移住先における激しい排華運動を受けて清政府が海外に渡った中国人の法的身分を決める国籍法を初めて制定し、華僑華人の保護に乗り出したのはそれから数十年を経た一九〇九年だった。清政府がそのように動いたのは、華僑華人の財力が国内の政治・経済にとっても重要であることを認識していたからにほかならない。

このように、華僑華人問題に関する研究には、その当初から欧米諸国と中国、移住地政府と植民地政府、華僑と現地住民など、諸々の力関係が絡んでおり、きわめて政治的にならざるを得なかった。第二次世界大戦終結後、華僑華人の主な移住地である東南アジア諸国は次々に彼らの宗主国に倣って国民国家を成立させていくが、華僑華人の政治的地位は、その母国である中国が社会主義国家として新たに歩みを進めるなかで変化し続けることになり、研究の上では移住先・母国という複数の「国民国家」に対する華僑華人の帰属意識（アイデンティティ）が注目の的となった。

さらに一九八〇年代に入ると、資本主義経済のグローバル化に伴い、中国から新たに出国した人々に加え、元の移住先から次の移住先へと複数の国境をまたぐトランスナショナルな華僑華人への注目が高まると同時に、改革開放政策による経済発展に特徴づけられた中国国内の動向および、そこに多額の資本を投入した華僑華人の中国・中国文化への「回帰」に主な関心が寄せられるようになった。

要するに、華僑華人が研究対象となる際は常に、そこに地政学的・文化的・政治的概念としての「中国」が絡んでおり、華僑華人の「華」の部分、すなわち「中国人らしさ」が常に注目の対象なのである。

では、華僑華人は、地理的に中国から離れていて、場合によっては何世代も移住地（居住地）に住み続けているにもかかわらず、研究の俎上に載せられる場合はなぜ「華」の部分（のみ）が注目されつづけるのか。また、何をもって中国人らしさというのか。この場合の「中国人」、「中国」とはどのような意味を持つのか。現在のいわゆる「華僑華人研究」においては、必ずしもこれらの問いに対する共通の認識がないまま、各国・地域で「華僑華人」を対象とする研究がなされているという印象を受ける。むしろ、華僑華人の移住時期、目的と移住地（国）の状況などは様々であって、世界中の華僑華人を対象とした研究において上述のような項目について共通の認識など持ちえないというのが現実である。だが、そうなると、「華僑華人研究」というものは果たして学問として成り立つのだろうか。グローバル化の波のなかで華僑華人の移住の目的・動機および移住先が多岐にわたり、母国である中国との距離のとり方も多様になったなか、華僑華人研究が岐路に立っているように思えてならない。今重要なのは、だれが何のために華僑華人について研究してきたのか、その目的と意義を再確認することではないだろうか。

華僑華人を対象とする研究は、歴史学、経済学、政治学、社会学など多岐の分野に関わって展開されることから、これまで多くの優れた研究成果が蓄積されてきた。本章では、これまでの華僑華人研究の系譜を整理したうえで、いくつかの重要な先行研究と理論的枠組みについて分析する。そのうえで筆者が主に取り組んできた日本に移住した華僑華人とその周辺の問題と関連付けて、今日の文化人類学における華僑華人研究の意義と方法について検討してみたい。

## 2　華僑華人研究の系譜

### 2―1　周縁化された華僑華人研究

一九世紀半ば以降、アジアをはじめ世界各地における植民地化の展開に伴って、西洋諸国は中国国外にいる中国系住民、いわゆる「チャイニーズ」について関心を持つようになった。フランスやイギリスなどでは、中国の文字、文化、信仰などを対象とする中国学の一環として、華僑華人に関する研究が始まった。一方、オランダでは、中国学自体が、一九世紀半ばに植民地統治の必要性に応じて成立した経緯があり、そこから中国系住民についての調査研究が始まった。その経緯を確認してみると、まず一八五四年にライデン大学に、日本学・中国学講座が新設され、植民地となったジャワを中心としたオランダ領東インドに居住する中国住民に対応するための植民地庁の中国語通訳など、中国人問題専門の植民地官僚の養成が始まった。これにより一八五四年から一九〇〇年の間に計二四人の中国人問題専門家が誕生し、彼らは東インドに派遣されて、植民地の中国人に関連する諸問題の対処に取り組んだ。専門家たちは、それまでほとんど知られていなかった中国人の秘密結社、儀礼などの詳細な情報を植民地政庁と植民地省に提供した。それのみならず、自らの現地調査と分析に基づいた学術論文も逐次植民地関連の学術雑誌で発表した。これらの資料はオランダにとって、その後の東インドにおける中国系住民に関する研究の重要な参考資料となった〔Kuiper, 2017〕。

これら植民地化の動きのなかで出現した研究に続いて、二〇世紀初頭にはすでに、欧米に留学し、西洋の人文科学に関する理論を身に着けた中国人研究者による華僑華人に関する調査研究も現れ始めた。のちの華僑華人研究の原型となったともいわれる陳達による『中国人の移住：労働状況を中心に』（*Chinese Migration, with Special Reference to Labor Conditions*）〔Chen, 1923〕はその一つで、これの詳細については後述する。

第二次世界大戦終結後、次々に国民国家として独立を遂げた東南アジア諸国において、各国の総人口に占める割合が少ないことや、新しく成立した社会主義中国との緊密なつながりを保っていたことが禍して、華僑華人は政治的にも文化的にも周縁化されていった。そればかりか、東西冷戦の世界構造に東南アジアが組み込まれていくなかで華僑華人の存在そのものが、新興独立国の執政者とアメリカの政策当局者により問題視されることになった。彼らは、共産主義の「脅威」を囲い込み、脱植民地化の過程で高揚した華僑華人のナショナリズムを抑え込むために、華僑華人の政治活動を弾圧した。また、華僑華人の居住国への政治的忠誠が政策課題となると、彼らの経済活動に法的制限を加える一方、公権力をもって華人性（Chineseness）と華僑華人の範疇を決め、国内における華僑華人文化の特異性を際立たせようとした。さらに、華僑華人への差別や排華運動など日常的に選択的な包摂と排除という行為が実践されることで、華僑華人問題が作られ、各国における華僑華人コミュニティの在り方と特性が規定された〔ハウ、二〇〇八、三〇頁〕。

戦後のアメリカの学術界では、アジアにおける冷戦構造とアメリカの東南アジア戦略の一環として、東南アジアの華僑華人の理解が重要な研究課題と見なされ、主に「地域研究」の枠組みで研究が展開されていった。しかし、当時のアメリカで重視された東南アジア諸国に対する近代化論[★1]とそれらの国々におけるナショナリズムの発揚および華僑華人台頭の抑制という政治的要請によって研究の方向性を規定された華僑華人研究者たちの間では、「伝統」や「近代」、「同化」、「経済成長」、「政治的発展」などのキーワードが、学問領域の垣根を越えて一般的に用いられることになった。これらの研究では、華人は地政学的、政治的概念としての「中国」の延長線として捉えられ、彼らと社会主義国家中国との関連性、そして華僑華人が居住地で見せる「異質性」および居住地の国民文化との関係のなかで現れる現地への同化や中華ナショナリズムなどの問題が焦点になってきた〔ハウ、二〇〇八、三〇頁〕。後述する、ウィリアム・スキナーによるタイの華僑華人を中心とした一連の研究もこの時期の代表的成果である。

このように、華僑華人は居住地において、宗主国、新興独立国の為政者、東南アジア諸国の共産化を食い止めようと努めた西側諸国の代表たるアメリカにより政治的に周縁化され、さらに研究の上でも自由主義・資本主義に立脚した近代化から遠く離れたところに位置する「中国」の延長と見なされるというように、華僑華人研究は二重の意味で周縁化されてきた。

## 2―2　近代化からグローバル化へのパラダイム・シフトと華僑華人研究の隆盛

一九八〇年代以降、近代化論からグローバル化論へのパラダイム・シフトに伴い、華僑華人研究は周縁的地位から中心的地位に移行した〔ハウ、二〇〇八〕。

一九八〇年代は、世界中で生産様式のトランスナショナル化がみられ、資本、モノ、ヒト、技術、思想が未曾有の規模とスピードで移動し、資本主義が地球規模で再編されていく時代であり、そのなかでグローバル化にまつわる言説が登場した。グローバル化言説において、ナショナリズムは諸悪の根源と批判されるようになった。市場の力の前ではなす術を持たない「国家の後退」に焦点が当てられ〔Gilman, 2003: 241-276〕、ナショナリズムは民族浄化の思想的根拠であると断罪され、普遍的なコスモポリタニズムを否定するきわめて狭隘な排他主義を助長するものであるとみなされるようになったのである〔ハウ、二〇〇八、三二頁〕。

北東アジアと東南アジアを含めた広義の「東アジア」でも、中国の経済改革開放政策以降、事実上の経済的な地域統合が進んだ。冷戦初期、アメリカの保護の下で驚異的な経済発展を遂げた日本に続き、韓国、台湾、香港、シンガポールの「四小龍」の経済も著しく発展した。さらに一九八五年のプラザ合意後、東アジアでは生産ネットワークが拡大・深化を遂げ、よりダイナミックな経済統合が始まった。台湾、香港、シンガポールからの、中国本土への直接投資額は総投資額の三分の二近くを占めている。また、プラザ合意後は、マレーシア、タイ、インドネシア、フィリピンにおいても、トランスナショナル企業として成長した中国系東南アジア財閥・企業が牽引する形で急速な経済発展を遂げた〔ハウ、二〇〇八、三三頁〕。

こうしたなか、中国本土を中核に、台湾、香港およびシンガポールをはじめとした東南アジア諸国に居住する「中華文化」を共有するとされる人々は、「チャイニーズ」という括りで広く語られるようになった。特に、トランスナショナルな現象を象徴するものとして移民に関する研究が過熱するなか、特定の地域にとらわれることなく、縦横無尽に、しかも重層的な移動の歴史によって形成された華僑華人とそのローカルなコミュニティは、恰好の研究対象として注目を浴びることになったのである。しかし、当時の研究や新聞報道などに用いられた「大中華圏《グレーターチャイナ》」などの表現からもうかがわれるように、華僑華人は「中国」との関連で語られることがほとんどであった。その目的は、華僑華人の中国とのこうした「切っても切れない緊密な」つながりを歴史、文化、社会など様々な側面から理論化しようとするものであった。

## 2—3　日本における華僑華人研究

ここで、日本における華僑華人研究の系譜へと目を転じよう。日本では、一九三〇年代から、いわゆる「南進」の展開に伴って、南洋華僑に関する書物が多く出版されるようになった。満鉄東亜経済調査局が発行した全六巻にわたる南洋華僑叢書では、タイ、仏領インドシナ、フィリピン、蘭領インド、英領マラヤ（附北ボルネオ、サラワク、ブルネイ、ビルマ、濠州）の華僑について、所在国別に政治、経済、社会および文化の各部門にわたって究明し、華僑の主な送出地である福建、広東についても、華僑の送金などとの関連で多方面から考察した。全華僑の過半数を占める、およそ七〇〇万人といわれる南洋華僑に対して当時の日本が示した高い関心は、一九三七年の盧溝橋事件を契機に、「新亜細亜の自救と確立」を「重大使命」として掲げた日本のアジア進出政策と深く関わっていた。というのも、東南アジアの華僑は、いわゆる「南洋貿易」や経済開発などにとりわけ密接に関係していた。これら日本の「重大使命」の遂行には、中国国内に住む中国人のみならず華僑の協力が必要であったこと、それにも増して南洋華僑の「経済的乃至社會的地位よりして無視し能わざるものである」からだった（陳達、一九三九、（序）一―三頁）。

このほかにも、『東亜共栄圏と南洋華僑』（芳賀、一九四一）、『南洋華僑調査の結果概要』（東亜研究所編、一九四二）など、この時期に東南アジアの華僑に関する多数の調査書、翻訳が出版された。後述する日本の華僑華人研究の第一人者とされる内田直作もこうした時代的背景の下、一九四二年に政府によりシンガポールに派遣され、華僑華人の調査に取り掛かったのである。

このように見ると、日本における華僑華人研究の出発点は、一九世紀半ばの東南アジアにおいて植民地統治のために始まったオランダの中国学に通ずるものがあると言えよう。[★2]

前述の通り、戦後になって東南アジア諸国が次々と独立を迎え、華僑華人研究は各国の「国史」という枠組みのなかに位置付けられるようになった。日本においても、華人に関連する政策や経済活動および社会的適応などについての考察が、アメリカで発達した地域研究の一環として行われるようになった。日本の大学や研究機関で華僑華人研究に携わる者に、中国や東南アジアを対象とする歴史学、経済学を専門とする研究者が多いのもそのためであろう。[★3]

一九九〇年代以降、日本における華僑華人研究は、それまで主流だった経済学や歴史学に加えて、文化人類学によるアプローチも増えていった。特に、一九九八年のスハルト政権崩壊後、それまで排斥対象だった華僑華人に関する政策の見直しに伴って活発化したインドネシアの華僑華人の文化活動と華人性の変化に着目した研究が目立つようになった。また、グローバル化が進展するなかで元の移住先から別の移住先へと新たに国境を越える華僑華人が増加したことに伴い、トランスナショナルな視点から華僑華人を捉える研究も増えている。二〇〇三年に設立された日本華僑華人学会の構成メンバーや学会誌を見ると、華僑華人研究において文化人類学領域からのアプローチが増え、扱うテーマも多様化したことは一目瞭然である。

東南アジアの華僑華人に関する研究と比較すると、日本に移住（居住）する華僑華人を対象とする研究は少ない。華僑華人の来日の背景や彼らをめぐる日本国内外の情勢が東南アジアや欧米と大きく異なっていたことも大きな要因であるが、何より東南アジアの華僑華人と比べ、人数も少なく、日本経済への影響が少なかったからであろう。日本に居住する華僑華人についての研究はまた、日本在住の研究者によってそのほとんどが行われていることに特徴づけられる。その傾向については次節で触れる。

以上のように、一九七〇年代から八〇年代、特に中国をめぐる世界情勢が大きく変動するなかで、居住国や中国における華僑華人の位置づけと認識ばかりでなく、集団としての「華僑華人」の構成自体が大きく変わっており、華僑華人研究の意義と方法が改めて問われていると言ってよい。何より重要なのは、華僑華人を捉える研究視座が変化しているということである。例えば、華僑や華人はもはや、必ずしも「中国の一部」として海外に渡り、いずれ中国(故郷)に戻るような存在などではなくなっており、近年見られる華僑華人の定住傾向、再移動による拠点の複数化およびそれに伴う帰属意識の多重性は、華僑華人研究においても頻繁に検討されるようになっている。

## 3　これまでの華僑華人研究の主な理論的枠組みと著作

世界の華僑華人を対象とする研究は蓄積が多く、各学界に大きな影響を与えるような優れた研究成果も枚挙にいとまがない。ここでは各時期の代表的な華僑華人研究を取り上げ、その研究を可能にした時代的背景と理論的枠組みを検討することで、これまでの各研究領域における「大きな理論」の下で華僑華人がいかに語られてきたのかを見てみる。

## 3―1　今日の華僑華人研究の原型

華僑華人を対象とする最初の体系的研究成果は、一九二三年に出版された『中国人の移住：労働状況を中心に』（*Chinese Migration, with Special Reference to Labor Conditions*）〔Chen, 1923〕であり、今日の華僑華人研究の原型といわれている。

著者陳達（一八九二―一九七五年）は、一九一二年、庚子賠款奨學金★4（Boxer Indemnity Scholarship Program）を得て清華学校におけるアメリカ留学のための学習を経て、一九一六年にオレゴン州にあるリード大学に入学し、学士学位を取得した。後に、コロンビア大学に入り、社会学者ウィリアム・F・オグバーン（一八八六―一九五九年）の指導の下で、修士および博士号を取得した。陳達が博士論文として提出したものを出版したのが、『中国人の移住：労働状況を中心に』である。これは陳達がアメリカで学んだ社会学理論と方法を用いてアメリカで完成させた研究で、のちの華僑華人研究に大きな影響を与えた。

二〇世紀の大規模な集団移民についての研究の一つとして知られるようになったこの本は、陳が師であるオグバーンに教わった統計学も駆使しながら、中国国内を移動し、広東、福建を介してさらに南洋へと渡った数百万人の中国人移民の姿を編年史的に描き、彼らの移動、移住地での生活（労働、ビジネス）、送金を通じた故郷との関係などを詳細に記述し、考察した力作である。

陳達はこの著書で、まず、中国人移民を多く送り出す広東省、福建省、山東省、直隷（ほぼ、現在の河北省に相当）の経済的、社会的状況を概括し、移民のプッシュ要因として人口圧と飢饉、そして海岸への地理的隣接性を考察した。そのうえで、移民先である日領台湾（著書ではポルトガル語フォルモサ（Formosa）という表現を使用）、蘭領東インド（インドネシア）、英領マラッカ、トランスバール（南アフリカ）、米領フィリピン、ハワイ、およびフランスを取り上げ、地域別に中国人移民の歴史の基本的な流れや当時の生活と労働状況を描いた。日本、朝鮮半島、シャム（タイ）、仏領インドシナおよびイギリス領のオーストラリアやオセアニアなどは、在住華人の人数が少なく、資料不足のため、取り上げられなかったものの、オランダ支配下の東インドにおける異種族混淆、マレーシアの自由移民と強制労働移民の対立、フィリピンの言語法律が華人に与えた影響、アメリカのハワイ併合による華人への影響、中国人労働者のトランスバールでの犯罪行為などについてはデータが許す限り詳細な考察を加えている。

中国および諸外国政府の公式文書や書籍、雑誌、論文と一部の文化的・商業的団体で入手した資料を手掛かりにまとめられたこの著書の目的は、その序章と第一〇章に明示されている。それによると、目的の一つは、中国人が労働者として移住することになった要因、移住先での経済収益と社会適応およびその移住によって彼ら自身とその故郷（母国）と移住先（国）にもたらされた利益という、「中国人移住」にまつわる問題の解明であり、もう一つは、移民を送り出す側の要因となった、転換期の中国の人口政策および社会的経済的発展に対する提言であった。特に結論の部分における、中国への移民と人口に関する政策の提言は興味深い。陳達は、移民を斡旋する会社への適切な指導や、外国との互恵関係に基づく労働者の提供と契約書の雛型の作成の必要性を説くとともに、中国国内の省内間の移動をもって余剰労働力を解消するよう努めること、国内の経済機会の創出・提供、食糧生産・供給の向上、教育、文化事業の発展などによって、海外への労働人口の大規模な流出を抑制し得ると論じている〔Chen, 1923〕。つまり、数多くの労働移民が移住先で直面した問題そのものの解決よりも、海外への労働移民を減らす方策がまず根本的に重要であると、陳は訴えているのである。ちなみに、陳の中国の人口問題に対する高い関心は、帰国後清華大学の教授として赴任した後に出版された『人口問題』（一九三四年）などの著作にも表れている。日中戦争が全面的に始まった後、雲南に移転した北京、南京、清華三大学の合併による西南連合大学社会学部の主任を務めながら、陳は清華大学国情普査（国勢調査）研究所所長として、雲南一帯で一三〇〇人の調査チームによる人口調査を実施し、『現代中国人口』（一九八一年）を出版した。

陳は、中国人の移住先における人種の混淆（race mixing）にも高い関心を払っていたようである。例えば、孤立して大農園で働く労働者よりも、商人の階級に入った華僑のほうが、人種の混淆の傾向がより強く現れると陳は指摘する。そもそも人種の混淆は、移民が多数であるハワイの例に最も顕著に表れるように、移民人口における若年男性の数によって左右されることが多い。しかし、東南アジアの中国系移民の場合、その労働環境は移住地における植民地政府の政策によってさまざまに異なり得る。例えば、華僑の土地所有を禁じなかったイギリス支配下のマラッカでは、労働者から転身し、大規模な農園主となった華人が少なくなかったのに対し、オランダ支配下の東インド（インドネシア）などでは、華人の土地所有権を禁ずるため、華人が貿易商あるいは商人の役割を果たすことになった。後者の場合は、特に、華人の居住地への溶け込みを促し、結果として、華人は西洋植民者が現地での商売や統治を営む際の重要な仲介者（middlemen）となった。その上で、商業活動を展開していくためには、現地の言語、文化知識の吸収や人間関係の構築などが必須であり、これらを手に入れるための最も便利な手段として、現地人女性との婚姻が用いられたと陳は分析する。陳がアメリカで社会学を学んだ二〇世紀初頭は、社会（文化）進化論が主導的地位にあり、通婚を介した人種間の混淆というテーマが研究者の関心を引いたのも自然の成り行きであったと思われる。

移住先での中国人を労働者と商人に分け、それぞれの移住の要因、移住先での生活と労働環境などの項目を立てて分析するという手法は、そのあとの華僑華人研究でも引き継がれることになった。また、移民たちの社会心理についての描写、体系的な人口統計、現地人との通婚（人種混淆）、そして華人団体に着目する視点もまた、その後の中国系移民を対象とした研究に踏襲されていった。一方、陳の研究に欠けていた、相対する移住国の一般の人々の視点については、今なお、補完されたとは言えない状況が続いている。

### 3―2　東南アジアの華僑華人に関する研究

外国人による中国本土での調査が不可能となった一九三〇年代後半から一九八〇年代までの期間、中国社会あるいは漢族研究の空白を補う目的から、多くの人類学者が香港、台湾そして華僑華人の集中居住地域である東南アジアで調査研究を実施することになった。ウィリアム・スキナーによるタイ、インドネシアなどに居住するチャイニーズ（華人）に関する一連の研究も、その一例といえる。

もともと外交官としてアメリカ国務省から中国の中南地域に派遣されたスキナーは、語学習得の傍ら、中国農村社会に関心を持ち、自ら四川省成都周辺の農村調査を始めたが、中国人民解放軍の進攻およびその後の共産党政権樹立によって、調査の実施が不可能になった。[★5] スキナーは、不本意ながら帰国したが、後にコーネル大学に進学しタイの華人社会に関する研究を始めた。在学中、そしてコロンビア大学で教鞭をとるようになったのちも、タイに長期滞在し、綿密なフィールドワークを行った。その成果は、*Chinese Society in Thailand: An Analytical History*, 1957（『東南アジアの華僑社会――タイにおける進出・適応の歴史』）や *Leadership and Power in the Chinese Society of Thailand*, 1958（『タイ国における華僑社会――その指導力と権力』）などとして出版された。

世界の冷戦構造に組み込まれながら、自国の国民統合や経済発展などの課題を抱えていた一九五〇年代の東南アジアの情勢、特に各国で高まりつつあったナショナリズムのなかで、華人の移住地（居住地）社会へのコミットメントが注目を集めた。これら華人の移住地側への同化政策に対する認識や捉え方は極めて重要なテーマであった。当時はタイにおける中国人移民社会について、中国人は現地社会に同化せず独自の伝統文化とコミュニティを保持してきたと結論付ける研究者が多かった。これに対し、スキナーは、中国人の移住の歴史と彼らが現地人と交渉した事例をあげつつ、特にタイの中国人社会では移住地社会への同化率が例外的に高いと説いた。また、その高い同化率の要因として、スキナーはタイ政府の法律政策、宗教的（文化的）寛容さ、および東南アジアで唯一西洋の植民地支配から逃れた歴史に由来する民族的自信、あるいはそれゆえ何世紀にもわたって土着の人間が支配者の位置にあり、強力な社会集団を保ち続けてきたことを挙げている〔Skinner, 1964〕。スキナーは、多くの西洋の研究者が、中国人は移住先の社会に同化していないと結論付ける理由として、中国の伝統的知識人が提供した書物の情報を疑うことなく受け入れるという、一九世紀以来の西欧における中国学の名残が挙げられると指摘した。すなわち、スキナー以前の研究者たちは、中国の書物で強調されていた中国文化の優越性や中国文明の継続性およびそれに対する中国人の忠誠心といった要素を、特段の省察を経ることなくそのまま東南アジアの華僑華人研究に適用し、中国人はいつまで経っても中国人であり、中国人社会が現地社会に同化することはないという結論を導き出してきたというのである。スキナーは同時に、従来の研究者たちはバンコクの中国人社会が、常に新たな中国人移住者の補充によって、その中国らしさを保っていることを理由に、タイ全体の華僑華人社会が現地社会に同化していないと結論づける手法を批判した。その上でスキナーは、タイ各地域の中国人社会を個別に見ていくことにより、多くの地域で中国人が移住して四代目以降はほぼ現地社会に同化していると結論付けている。

中国の知識人が生み出した言説をそのまま華僑華人社会に当てはめる伝統的中国学の手法を退け、緻密なフィールドワークによって移住地における華僑華人社会での現実を捉えようとするスキナーの研究姿勢は、それ以降の華僑華人研究にも引き継がれることになった。

## 3―3　日本の華僑華人を対象とする研究の嚆矢

日本への中国人の移住は、徐福渡来の伝説まで遡るとする説[★6]があるほど、その歴史は古い。しかし、国民国家の概念に関連して中国人移住者が「華僑」として扱われるようになったのは、幕末の開港以降である。そのような近代以降の日本の華僑華人を対象とする研究で最も多く引用されてきた古典的な著作といえば、「最初の留日華僑集団史」と評される内田直作の『日本華僑社会の研究』（一九四九）である。内田直作は一九三一年に東京商科大学（一橋大学の前身）を卒業後、すぐに上海の東亜同文書院に招かれ、八年間ほど、上海をはじめ中国各地の経済事情を調査するかたわら、中国のギルドに関する文献を蒐集した。さらに一九四〇年には東京商科大学東亜経済研究所に赴任し、一九四二年前半から日本の華僑についての研究を始めたが、政府に徴用され、シンガポールで三年間華僑研究を行うことになった〔根岸、一九四九〕。一九四七年に、日本の華僑研究を再開し、資料を整理してまとめたのが、『日本華僑社会の研究』であった〔内田、一九四九、（序）五頁〕。著作の中で内田は、中国明末（一七世紀）から二〇世紀半ばに及ぶ三百数十年間における華僑の概況を踏まえたうえで、江戸時代に唯一開港された長崎の華僑団体と明治以降の華僑団体について詳細に比較し、考察した。これは血縁、地縁、業縁と呼ばれる日本の華僑華人のネットワークに関する体系的な著作であるといえる。特に江戸時代の開港場である長崎に進出した、三江幇、福州幇、広東幇、福建幇の四幇と、実質上それぞれの同郷団体として作られた菩提寺（四箇寺）について、その経済活動および寺の機能と、明治時代に入ってから横浜や神戸、函館などで設立された公所（同業団体）、中華会館（同郷会の上部組織）、中華総商会（一九〇三年に清朝が外国の商工会議所制度に倣い商会を創立し、華僑にも中華総商会を設立させた）などの成立経緯、構造および職能について詳細な分析を行い、華僑社会のギルド的性格を明らかにした。

内田が指摘する日本の華僑社会とその組織団体の特性については、以下の三点にまとめることができる。①郷里を離れた華僑が、出身地ごとに排他的な同郷・同業団体を作る理由は、言語・文化の違いによるものだけでなく、一定の地方間の仲介貿易を主要な業務とする性格上、郷土経済と密接な関係を有し、それぞれ勢力範囲を保つためであった。そのうえ、同じ幇内では人的なつながり（「関係」）と家父長制による血縁的・地縁的共同社会の関係を強固に保つことで、より一層、地方的分立を強化させた。②華僑社会は分立しつつ団結する特有の性質を見せる一方で、異郷において外国との折衝や華僑の公共問題に対処する必要から、幇派観念を克服し、大同団結を成すことも常である。神阪中華会館や中華総商会および戦後の留日華僑総会はそれに当たるが、これらの高次の集団の成立によって、諸幇派は解消されるわけではなく、高次の集団の権威を求めつつ、それまでの幇が個体として存続するのである。③華僑社会のヒエラルキー構造について、華僑社会は貿易商と雑業者とに分けることができる。前者は長崎貿易時代以降、日本市場を開拓した人々に関わり、後者は一八九九年に内地雑居令が発布されて以降、洋服仕立て、料理屋、行商人として日本各地に流れ込んだ人々である。人数が多いが資本が乏しい雑業者は、組織のなかで貿易商に従属する形になるか、高次組織の場合は最初からその参加を排除されることも多かった。また、貿易商にしても雑業者にしても、その組合内部においては厳正な上下関係が存在していたが、家父長的原則に基づき、その成員らが兄弟的に結合した形で利益分配を行っていた。終戦後、諸幇派の垣根を越えた留日華僑総会とその支部の設立によって、華僑社会のヒエラルキー構造が、店員や職人の独立営業者となったことで組合内の上下関係が緩和された〔内田、一九四九〕。

以上の三点から内田は、会館（同郷団体）、公所（同業団体）など、日本華僑の各種の団体が同郷者間の親睦、祭祀、葬式、慈善、相互扶助、共同防衛など、中国国内の都市部のギルドが持つ役割以外に、事業の独占、共同企業といった機能も担っており、華僑「公私の全生活が公所、会館、商会の諸団体のうちに営まれる」状態が保たれ、少なくとも終戦にいたるまでは「伝統保守の華僑社会を構成していた」と結論づけた〔内田、一九四九、三四六頁〕。このように、内田はあくまでも中国国内のギルドに対して高い関心を抱いており、それとの比較の視点から、日本の華僑によるギルドの特徴を明らかにしようとし、そのために華僑の集中居住地である長崎、神戸、横浜の同郷、同職団体を考察したのだと考えられる。そのため、内田が日本政府や地域社会に言及することはほとんどなく、文中に散見される「前近代」や「封建社会」といった表現やヨーロッパのギルドとの比較などからも、日本の華僑社会を中国社会の海外への延長と見なしていたこと、さらにそこには社会〔文化〕進化論的視座から日本の華僑を扱ったという時代的特性もうかがえる。このような限界があるとはいえ、内田の『日本華僑社会の研究』は日本の華僑団体についての初めての体系的な研究であり、その多くの指摘は、いまもって通用するところが多く、その学術的影響は依然として大きい。内田以降しばらくの間、日本における華僑華人研究は、華僑経済とそれに関連するネットワークの解明を目的とする研究が主流となり、その対象は主に東南アジア居住の華僑華人に絞られたため、日本の華僑華人に言及するものは極めて少ないのが特徴である。[★7]

## 3―4　バルトのエスニック境界論と多文化共生論

日本社会において、華僑華人や在日韓国・朝鮮人など従来「外国人」として扱われてきた少数者をエスニック集団として捉え、彼らの民族性に注目するようになったのは、一九七〇年代以降のことである。それは、労働者として来日した日系ブラジル人、フィリピン人とインドシナ難民に加えて、「帰国子女」や「中国帰国者」などの「日本人」があまりにも「異質な」「隣人」となり、様々な社会的問題を引き起こしたのを受けてのことである。一九九〇年代になると、アメリカで学位を取得した竹沢泰子の『日系アメリカ人のエスニシティ――強制収容と補償運動による変遷』〔一九九四〕や前山隆『エスニシティとブラジル日系人――文化人類学的研究』〔一九九六〕が出版され、日本の文化人類学領域においてもエスニシティ論が盛んになった。その理論的根拠となったのは、ノルウェーの人類学者F・バルトのエスニック境界論であった。

バルトはノルウェーの最北に暮らす先住民であるサミー人と彼らと共に働く「征服者」としてのノルウェー人という、力関係が異なる民族間関係に着目し、置かれた状況の変化によって表出されるサミーの人々の微妙な心理的・行動的な現象の変化をダイナミックに描き出した。これによって、バルトは、エスニック集団とその文化的属性を、原初的なものではなく、歴史、経済、政治などをめぐる社会的状況による相互作用として形成されたものであり、状況によって変化するものであると説明し、また、エスニシティは、政治的手段として意識的に操作されるものでもあるとした。バルトによれば、エスニック集団が成り立つのは、集団固有の統一された文化によるのではなく、構成員が集団の境界線を維持しようとする行為によるのである。つまり、集団の構成員は、他の集団と区別するのに適していると思われるいくつかの文化的シンボルに焦点を当て、それを集団の象徴として強調することにより、グループの間に「文化的な不連続性があるという外観」を作るというのである〔Barth. 1969: 14-16〕。

バルトの論文が発表されて以降、「民族（あるいは民族集団）の構成員が、意識的、無意識的に表出する心理的、行動的性格」がエスニシティと呼ばれるようになり、エスニシティ研究が欧米の研究者の間で一種のブームとなった。とりわけ一九六〇年代前後というのは、アメリカを中心とした欧米社会で外国人労働者、移民が急増し、社会問題として注目されるようになった時期でもあり、エスニシティはそれらの問題を考えるうえでも重要なキーワードとなった。

さらに、アメリカなどの移民国家では、エスニック境界論は、一九七〇年代に隆盛した文化多元主義の理論的支柱としてもてはやされた。例えば、アメリカにおいてエスニック集団の存在が注目され、問題化されるようになったのは、前述のとおり一九六〇年代あたりである。それまでは、ヨーロッパからの移民の間で通婚が進み、文化の融合が加速的に進んだように見えた。しかし、『人種のるつぼを越えて――多民族社会アメリカ』〔グレーザー／モイニハン、一九八六〕で示されたように、イタリア系、アイルランド系、ユダヤ系など、いわゆるＷＡＳＰとは区別された、「ハイフン付きアメリカ人」と呼ばれるエスニック集団の色分けが依然として明瞭に存在していた。

似たような状況は、カナダ、オーストラリア、西ヨーロッパにもあった。一九五〇年代、アフリカ・カリブ海、西アジアなどの旧植民地域からイギリスに移民した人々、ゲストワーカーと呼ばれる、ドイツやオランダに入ったトルコ人、北アフリカ人、一九六〇年代半ば以降、移民差別法の撤廃に伴い、アジアからアメリカ、カナダ、オーストラリアに移民した人々、さらに、ベトナム戦争から逃れた数十万人のインドシナ難民が、実生活における「隣人」として急増するなか、これらの国々では、多民族・多文化国家であることが意識的、無意識的に認識されるようになった。一九八〇年代の欧米諸国では、こうした「違いの世界」を象徴する多人種的・多文化的西洋やアイデンティティ・ポリティクス（politics of identity）などのフレーズは、前例のない流行となった。さらに一九九〇年代に入り、オーストラリアやカナダのような国々で均一化した国家文化の理想が崩壊していくなか、エスニック集団の文化的差異を国民国家の枠組みへと統合するために、多文化主義が国策として打ち出されていった。

このような、国民国家の枠組みで、エスニック集団間の相互作用によるエスニック境界の維持に焦点が当てられたバルトの境界論は、結果として、活発な人的移動とともに進行した西洋諸国の多民族・多文化化とそれに伴う諸々の社会問題の解決に応用されることになったのである。

### 3―5　エスニック集団としての華僑華人研究

日本において初めてスニシティ論を華僑華人研究に適用し、そのアイデンティティについて論じたのは、戴国煇〔一九八五〕であると思われる。戴自身が台湾出身の華僑一世であり、日本の華僑華人を含め、第二次世界大戦後のアジアにおける「華僑」から「華人」への変化――しばしば「落葉帰根」から「落地生根」へと表現される★8――という問題を真正面から受け止め、華僑華人の今後の在り方を探ろうとした。戴は、華僑が自己変革に努め、新たなアイデンティティを確立し、居住国社会で自立と共生を求めるべきだと主張する。戴の言う「ニュー・アイデンティティ」とは、国籍、社会、文化という三つのカテゴリーに分けて華僑華人のアイデンティティを捉えようとするものである。つまり、たとえ中国国籍を放棄し、居住国の国籍を取得して「華人」となったとしても、社会的または文化的な側面で中国人アイデンティティを持つことは十分に可能だというものである。戴は「中華人性」（Chinese-ness）〔戴、一九九一〕という用語をもって、華人のアイデンティティの特徴を示そうとしたが、それ以来、「中華人性」、ならびに「中国人性」は華僑華人研究、特にアイデンティティについて考察する研究において主なキーワードの一つとなった。

一九九〇年代に入って、戴のニュー・アイデンティティ論を発展させた形で、過放は、華僑華人を多文化共生論と結びつけて議論し始めた〔過、一九九九〕。過は、日本の華僑の婚姻問題を取り上げ、兵庫県を中心とした多くの華僑へのインタビューやアンケート調査を通じて、華僑が世代交代していくなかで婚姻観が大きく変化したことによって、多元的アイデンティティが形成されていると指摘した。そのうえで、華僑華人が狭隘な中国人意識を保持するのでもなく、日本社会に完全同化するのでもない形で、すなわちエスニック集団として「日本人」と共生する可能性について論じた。華僑の多元的アイデンティティに注目した過の研究以降、日本の華僑をエスニック集団として捉える研究が徐々に増えていった。王維〔二〇〇一〕、筆者〔張玉玲、二〇〇三・二〇〇五・二〇〇八〕なども この類である。こうした研究の多くが一九八〇年代以降に留学生として来日し、日本の大学院で社会学や文化人類学を学んだ者による成果であることも一つの特徴として挙げられる。華僑は、日本に住む単なる「外国人」であり、祖国中国への一元的な帰属意識を持つものだという考えに基づく伝統的な華僑研究とは異なり、その居住地である日本〔地域〕社会を構成する一部として華僑華人を捉える視点を持つことに特徴付けられる。これは、従来の〔老〕華僑華人と比べて、「中国的」な要素を多く持つ新華僑華人の研究者たち（ここには筆者も含まれる）が、すでに日本社会に溶け込んだ（老）華僑華人の特徴を理論的に究明しようとしたことによる、必然的な結果といえるかもしれない。ただし、これらの研究においては、個人または集団としての華僑と華僑文化の対極に、「変わらない」一元的な「日本社会」と「日本文化」が想定されており、これらの概念がほぼ無批判的に使われている節があることは否めない。

ちなみに、一九八〇年代半ば以降急増した、「留学生」、「技術者」、「文化交流」、「日本人の配偶者」などの身分で来日した中国人は、九〇年代以降になって定住化する傾向を強め、従来の華僑華人とは異なるコミュニティを形成していった。こうした新華僑華人を対象とした研究も、それまでの華僑華人研究の枠内で始められた。さらに「老華僑華人」と「新華僑華人」の区別のみならず、「新華僑華人」のなかでも、文化的理由で自発的に国境をまたいだ留学生、激動の日中関係関係によって移動を余儀なくされた中国残留日本人孤児・婦人とその家族など、華僑華人社会の多様化が目立つようになったことから、研究のための理論的枠組みや方法論が細分化していったのもこの時期である。

先にも少し触れたとおり、日本の華僑華人がエスニック集団として捉えられるようになった背景には、一九八〇年代以降の日本において、南米から労働者として受け入れられた「日系人」をはじめとした異なる文化的背景を持つ人々がその家族とともに地域社会の住民となり、生活習慣の違いや子どもの学校教育などに関して多くの問題が起こったことがあった。日本の「内なる国際化」が叫ばれるようになり、いかにして異文化とともに生きるかが議論されるなかで、オーストラリアやカナダで取り組まれていた多文化主義に関する研究が日本でも盛んに行われるようになった。すでに移住して一〇〇年余りの歴史を持っていた華僑華人も、この時期からエスニック集団として、ほかのエスニック集団とともに多文化共生の文脈の中で語られるようになった。

二〇〇三年度から二〇〇四年度に実施された国立民族学博物館共同研究「在日外国人と日本社会の多民族化」（代表：庄司博史）では、研究の一環として特別展「多みんぞくニホン」が開催された。そこでは、中国人、コリアン、ベトナム、フィリピンなど日本に在住するエスニック集団の多様な文化を示すべく、各集団のシンボリックな「文化」が展示された。当時、大学院生だった筆者も在日中国人コーナーの展示を手伝う機会を得て、関連する華僑団体や個人からモノを借りるなど展示の準備段階から関わるなかで、日本社会の多民族的状況が「主流社会」から認知されつつあることを実感した〔張玉玲、二〇〇六〕。一方、この展示は、一般来客の好奇心をそそるための、日本社会の多様性を肯定的にとらえる視点に立った「多文化の楽しさ」をビルトインさせたものとして批判的に捉えられることもあった。つまり、この展示のように、本来は異なる概念であるはずの「多民族」的現状を「多文化」の共存へと置き換えることで、不平等な社会構造の上に築かれた既存の権力関係を等閑視するコスメティック・マルチカルチュラリズムを後押ししたこと、さらに外国人の頻繁な移動という現実と複数地への帰属意識を肯定的に捉えるトランスナショナリズムを無理やり日本という国民国家内部に押し込めることは、外国人の現実の営為が持つ可能性をそぎ落としかねない、と危惧されているのである〔樋口、二〇〇六、三三頁〕。

イエン・アングも、オーストラリアが採用する多文化主義ついて論じるなかで、同様の批判を展開している。すなわち、国民国家という枠組み内で、「アジア人」や「中国人」のように大規模かつ公に再生産され、分類されたアイデンティティは、現実にある社会的主観性の経験との間に複数の断絶と伸長を持つことが多く、特にそのアイデンティティが以前は抑圧されたり、包摂されたりしていた場合には、アイデンティティ・ポリティクスは、そのようなエスニック集団にとって潜在的な桎梏にもなりうるというのである〔Ang, 2001: 三〕。

しかし一般的に、自国の労働力不足を解消するために受け入れた異質な「隣人」と共存するためには、多文化主義的態度が有効だとされている。近年では、こうしたエスニック集団を、居住地である国民国家内の社会構造のなかで多角的に捉えるべきだとする流れが、日本の研究者の間にもできつつある。

### 3―6　トランスナショナリズムと華人ディアスポラ

欧米諸国におけるエスニシティ研究は、エスニック集団と「国家」、「階級」、「ジェンダー」、「人種」、「都市」、「メディア」などとの関わりを分析する方法へと広がっていった。特にエスニック集団と国家との関係は、「国民国家」論隆盛のなかにあって、文化人類学のみならず、政治学、歴史学、国際関係論などの分野でも広く注目され、論じられるようになった。ベネディクト・アンダーソンの『想像の共同体』〔二〇〇七〔一九八三〕〕やエリック・ホブズボウムら編著の『創られた伝統』〔一九九二〔一九八三〕〕、エティエンヌ・バリバールとイマニュエル・ウォーラーステインの共著『人種・国民・階級』〔一九九七〔一九八八〕〕などがその類である。とりわけ、ホブズボウムらの『創られた伝統』は、国民国家を歴史的な観点から考察し、「国民」

や「国家」と「民族」の具体的・実体的イメージを象徴するために用いられる様々な「伝統」が、実は近代国民国家形成期に創出されたものに他ならないことを示していると結論付けている。以来、「伝統の創造」という視点は先住民やエスニック集団に関する研究にも広く流用されるようになった。

一方、エスニック集団を国家や文化、地域の接触領域に存在するものと見なし、ボーダー、クレオール化、トランスカルチュレーション、異種混淆性、ディアスポラといった解釈的用語をもって捉える研究も、一九八〇年代以降増えていった。なかでも、グローバル経済に伴って現れる頻繁な人的移動を反映するものとして、「ディアスポラ」という語はより幅広い範囲で使われるようになった。

一九九一年、アメリカで雑誌『ディアスポラ』(*Diaspora*)が創刊され、その創刊号の編集者序文においてハチグ・トーロリアンは、「ディアスポラは、トランスナショナルな契機の範例となる共同体」であり、「かつてユダヤ人、ギリシャ人、アルメニア人の離散を表していたその用語が、移民、国籍離脱者、難民、出稼ぎ労働者、亡命者コミュニティ、外国人コミュニティ、エスニック・コミュニティといった言葉を含む、より広範な意味論上の領域と、いまでは意味を共有している」と書いている〔Tölölyan, 1991: 4-5; クリフォード、二〇〇二〔一九九七〕、二七八頁〕。さらにディアスポラという語の使用は、特に西洋に属してこなかった(またはそう感じさせられていた)人々にとって、主流社会や支配的な国民文化と自らの社会・文化の違いを主張し、それを象徴的な資本に転じさせる戦略の一つとなり、ほかの地域に散在する、相似した歴史的出自を持つ人々とつながり、雄大かつトランスナショナルな帰属意識を共有することが、ディアスポラ・アイデンティティの重要な考えの一部となった。したがって、グローバルな力関係の視点から見れば、ディアスポラであることの表明は多くの人にとって、圧政的な国家的へゲモニーの下に置かれたみじめなエスニック集団というイメージに対置されるべき、象徴的かつ自由な宣言であり、積極的な自己同一化(identification)の良い機会であると捉えることができる〔Ang 2001: 12〕。

一九九三年、アイファ・オングは「フレキシブルな市民権」という用語を、トランスナショナルな資本の動きとともに複数の国境をまたぐ「コスモポリタン」な中国系ビジネスマンに適用し、「彼らの主体性は、あらゆる特定の国との関係において即座に脱領域化される」〔Ong 1993: 771-772〕と主張した。以来、ディアスポラという用語の使用範囲は、さらに拡大し、日本においても、二〇〇〇年前後から、トランスナショナル・ディアスポラとして華僑華人を捉えなおそうとする研究が増えていった。このいわゆる華人ディアスポラ論では、華僑華人が「トランスナショナル／ディアスポラ」的である（であった）ことの特殊性、重要性に注目が集まり、その詳細な実態と歴史性に対する議論が展開されてきた。ここでは、華人の帰属意識が特定の国民国家のみに還元しえないこと、また華人の移動や居住、商業などの様々な活動が、一国の国民国家の制度や領域を超えて広がっていることが強調されている。一方、華人ディアスポラ研究の特徴の一つは、華人が中国（大陸中国と台湾）または居住先の国家のいずれかに帰属するものであることを前提として、その歴史的な動態を国民国家の制度的、領域的な枠組みで議論する、という従来の手法を批判的に捉えているという点にある。つまり、華人ディアスポラ論では、「中心の不在」(no center, periphery everywhere) が前提とされており、そこには従来主にユダヤ人に対して使われてきた「ディアスポラ」概念が持つ「故郷喪失」のイメージが作られていくと同時に、エスニシティの均一性を前提にした、トランスナショナリズムがかえって助長されていくことになったのである〔アング、二〇〇四、二八七頁〕。

中国系移民をはじめとした研究におけるこうしたディアスポラ言説の流通について、クリフォードは厳しく批判する。例えば、クリフォードはオングが言うフレキシブルな市民権に対して、「環太平洋の資本主義の回路のなかで、一人の旅人がこのように特殊なかたちで国民的アイデンティティを横断するとき、それがはらむ政治的意味」を問い、「新たなアジア太平洋経済の搾取的で、「フレキシブル」な労働体制との関係」という視点を持ち、さらにはディアスポラ状況下にある人々のあいだの階級的差異にも目を配るべきだと主張している〔クリフォード、二〇〇二［一九九七］、二九一―二九二頁〕。また、クリフォードは、ディアスポラを特徴づけるトランスナショナルな結びつきは必ずしも現実的あるいは象徴的な祖国を第一の理由として節合される必要はないとして、脱中心化された横軸方向への結びつきも、起源／帰郷の目的論をめぐって形成された縦軸方向への結びつきと同じく重要であり、転地や苦難、適応、抵抗といった今なお続く共通の経験もまた、ある一つの起源へ向かう熱望と同程度に重要だと説く。クリフォードはそれゆえに、現代のディアスポラ的範囲を（管理するよりも）追跡するために、多数のフィールドに注目することこそが最も先導的な役割を果たすことになるだろうとした〔クリフォード、二〇〇二［一九九七］、二八二―二八三頁〕。

華人ディアスポラ論に対しては、「華人出身」の研究者からも批判的態度が示されている。例えばアングは、ディアスポラ論と多文化主義をともに一種の越境した（transnational）アイデンティティ・ポリティクスとして捉え、両者とも「違い」が集団アイデンティティのために動員されたプロセスを示す概念であるとした。すなわち、ディアスポラ論は民族的自己同一性（ethnic identification）を国民国家の境界線が引かれた空間から引っ張り出そうとしているのに対し、多文化主義は、必死にエスニシティ集団を国民国家の枠内に収めようとするが、そのどちらも結局のところは、エスニシティないし自己同一性理論者の本質主義的閉鎖性の具現化でしかないと言うのである〔Ang, 2001: 199〕。エスニシティを理論的根拠とする多文化主義論とディアスポラ論の代わりに、アングは混淆性（hybridity）に対する注視の重要性を提唱したが、これについては次項で述べることとする。

## 3―7　ポストコロニアル論と「華僑華人」研究の「脱構築」

上述のエスニック集団に関連したアイデンティティ・ポリティクスを含め、華僑をはじめとする移民集団、先住民および性的少数者など、「周縁」に置かれてきた人々（集団）の視点に立つ様々な議論というのは、一九七〇年代に現れ始めたポストコロニアル論を主な理論的根拠としており、文化人類学（とその近接領域）におけるパラダイム・シフトそのものの表れであるといえる。

エドワード・サイードは『オリエンタリズム』〔一九九三［一九七八］〕において、西洋が自己に対立する異質な他者として措定した「東洋」（地理的な実体ではなく、文化的な構築物としての東洋）に対して、負の他者表象を割り当てていく有り様を分析し、知や他者表象を産出する言説、そして、西洋の植民地主義や帝国主義を正当化する支配の様式としての「オリエンタリズム」を批判した。以来、植民地化および脱植民地化の一連のグローバルな過程を批判的に読み替え、書き換える研究領域が出現した。このなかで、サイードに加え、文学批評家ホミ・バーバ〔二〇一二［一九九四］〕、ガヤトリ・スピヴァク〔一九九八［一九八八］〕らが、アメリカで活躍していた第三世界出身の「ディアスポラ知識人」として注目を集めることになった。彼らによるポストコロニアル論は、一九八〇年代から九〇年代にかけて、フランスのミシェル・フーコーやジャック・デリダなどによって先導されたポスト構造主義やポストモダニズムの展開に見られる人文科学・社会科学の大きなパラダイム・シフトと、イギリスのスチュアート・ホールなどによって推進されたカルチュラルスタディーズの発展と密接に絡み合いながら定着していき、従来の学問分野の垣根を超えた学際的な領域を形成していった〔大谷、二〇〇六、二六七―二六八頁〕。

スピヴァクは、インドの慣習サティ（夫の死とともに寡婦を焼き殺す、寡婦殉死の慣習）を取り上げ、植民地におけるサバルタン（周縁に生きる従属民）の主体と表象を代弁することは困難であると主張し、植民地権力と言説の圧倒的な力を重視し、抑圧された主体の回復に関して慎重な見方を示した〔スピヴァク、一九九八［一九八八］〕。

一方、ホミ・バーバは、「アンビヴァレンス（両価性）」、「ハイブリディティ（異種混淆性）」、「ミミクリ（擬態）」、「ステレオタイプ（固定観念）」、「スプリッティング（亀裂）」、「イン・ビトインネス（中間領域性）」、「ヘテロジェニティ（雑種性）」、「タイム・ラグ（時間差）」、「アンディサイダービリティ（不確定性）」などの戦略的概念を繰り返し使用することで、歴史や国家、教育や啓蒙、人種や性向が語られるときに強調される「起源」や「一貫性」や「真実」や「価値」が、一定の規律によって拘束されたイデオロギー的産物なのではなく、多層な社会生活の実相を反映した文化的意味の生産システムとして位置付けられることを例証した〔バーバ、二〇一二［一九九四］〕。

華僑華人研究においても、こうしたポストコロニアル論を引き継ぎ、エスニシティを基にした華人ディアスポラ論と多文化主義論を否定し、異種混淆性（hybridity）という概念をもって華僑華人（アジア人）の置かれた状況を捉えるべきだとする主張がなされた。例えば、アングは『中国語を話さないことについて――アジアと西洋の間で生きる』（*On Not Speaking Chinese: Living Between Asia and the West*）〔Ang, 2001〕という著書において、研究者がチャイニーズと非チャイニーズ、アジア人と西洋人の間に線を引き、この境界線の設定と維持に熱中すること自体を問題として捉え、その本質主義的な考えを批判した。インドネシアに生まれ、幼少期から親とともにオランダに移住し、のちに勉学と仕事のためにオーストラリア、アメリカで生活することになったアングは、「バナナ」（外は黄色、中は白色、すなわち白人化した中国人（アジア人））という中国語を話さない中国人の形象（figure）を挙げ、アイデンティティの多孔性に目を向ける。そして何より重要なのは、異なる位置にいる無数の他者との多元的関係性を通じて、「バナナ」たちが巻き込まれ、そして形作られていく「混淆」の事実のほうであると強調した。アングによれば、歴史的に作られた異文化や異民族と共存する際に抱える不安（uneasiness）のなかで、「我々」は自分とこの世界を、アイデンティティ、民族、国家あるいはそのほかのカテゴリーで捉えようとする慣習的な考え方に囚われており、そのなかで混淆は依然として不純物で、「純粋さ」への侵害とアイデンティティへの違背だと捉えられている。しかし、この混淆性こそが、互いに排他的で同一の基準では測れないアジア人と西洋人のアイデンティティを構成する多元的境界をつなぎ、不明瞭なものにするための道具として極めて重要な要素だとアングは主張する。すなわち、混淆性は、二項対立的に捉えられてきた白人と黒人、支配側と被支配側、中心と周縁、西とその他のヒエラルキー的二元性への直接な侵入なのではなく、二元性そのものに問題を投げかける形で、境界の曖昧な間文化化（transculturation）のプロセスを通じてその文化的力関係を揺るがす文化的戦略となる、というのである〔Ang, 2001: 198-201〕。

アングはこのように、ポストモダニズムのなかでは、「チャイニーズ」も「アジアン」も、明確な輪郭を持った概念として定義されたうえで描かれるべきではないとして、華人ディアスポラ概念の解体を提唱する。アングのこうした主張は、独立後の東南アジア諸国、特に彼女の生まれ故郷であるインドネシアにおける華人の矛盾した位置づけを意識したものだと考えられる。すなわち、インドネシアにおいて、「華人」とは周縁的存在でありながら、常に経済的な優越性を暗示する言葉として存在しており、「西洋でアジア人となることと比べ、東南アジア（インドネシア）で華人となることのほうがはるかに危険な境地にある」〔Ang, 2001: 13〕という状況があるからである。★9 このように、程度の差こそあれ、チャイニーズや華僑華人である（と見なす）ことも「華僑華人」になることも、限られた一部の人にとって、政治的・社会的資源の獲得あるいは喪失が伴う、一種の戦略的本質主義として捉えられてきた（いる）ことが、ここで改めて確認されるのである。したがって、アングに代表される「混淆性」の提唱も、こうした戦略的本質主義のアンチテーゼとして捉えることが可能であり、クリフォードが言う「脱中心化された横軸への結びつき」〔クリフォード、二〇〇二〔一九九七〕、二八三頁〕と異曲同工なのだといえる。ポストコロニアル批判を受け、今日もなお続く文化人類学の深い自省と同様、華僑華人研究もその意義と方法が厳しく問われ、さまざまな形でその未来が模索される重要な転換期に突入しているといえるだろう。

## 4　まとめ――華僑華人研究の試み

振り返ってみると、筆者が華僑華人研究を始めたのは、留学先である名古屋大学大学院で修士論文執筆の時であった。二〇〇〇年当時は、愛知県をはじめとする東海地域で日系ブラジル人や中国人など外国人の増加が著しく、筆者が在学した国際開発研究科でも、こうした在日外国人について異文化理解や多文化共生といった視点から研究する教員や大学院生が少なくなかった。もともと、自身にとっての「異文化」である日本の社会構造や近代化などに関心を持っていたこともあり、在日中国人コミュニティ、つまり華僑華人に焦点を当てて研究することに決めた。

筆者が最初にフィールドワークの対象としたのは、幕末に開港を迫られ、欧米商人と一緒に来日した中国人の集中居住地区となった横浜と神戸であった。二〇〇〇年より数年間、華僑の集中居住地区である横浜と神戸を訪れ、華僑が設立した中華学校や博物館、廟、同郷会、会所を訪ねて関係者にインタビューをしたり、各種の行事に参加して参与観察などを行ったりして情報を集めながら、修士論文と博士論文を書き上げた。★10

これらの研究の意図は、一九七〇年代以降、観光地として開発された横浜中華街と神戸南京町という舞台に注目し、そこで商売を営む華僑と日本人がともに関わった中華文化の復興・創出過程を描き出すことで、中国文化を継承しながらも、日本社会の一構成員たるエスニック集団としてそのアイデンティティの正統性を主張するために、自らの伝統文化を一種の文化的・社会的資源として操作していく能動的な華僑華人像を示すことにあった。このような「戦略的な本質主義」とも言える華僑華人の文化復興・創造運動を描く試みについては、本章でも取り上げたバルト〔Barth, 1969〕のエスニック境界論やホブズボウム〔ホブズボウム／レンジャー、一九九二［一九八三］〕らによる伝統の創造論、脱主体化（客体化）など、当時日本の文化人類学領域においても広く議論されていた理論に触発された部分が大きかった。しかし、華僑華人が移民として、そしてエスニック集団として存在することを捉えるために欠かせない「主流社会」である「日本」についての検討が極めて少なくなったことが反省点として残った。「日本」を研究対象から見落としたのは、筆者がごく当たり前のように、研究対象である華僑華人の対極に、一元的な「日本社会」と「日本人」の姿を他者として設定していたからである。ほかにも、研究対象を主に中華街となにかしらのつながりを持っていた華僑華人に限定していたために、中華街と関わりのない人たち、そして中華街がない地域に居住する華僑華人と彼らの文化継承について言及することがほとんどできていないなど、多くの課題が残った。

こうした課題を解明すべく、二〇一三年頃から新たに始めたのが、本書の対象となる中国福建省福清地域出身の華僑華人に関する研究である。現在、横浜や神戸に居住する華僑にも福清出身者は多くいるが、そもそも日本に居住する福清出身華僑の多くは、一八九九年、日本の外国人居留地の撤廃と雑居令発布後に、呉服行商人として来日し、農山村地区を中心に日本各地に分散居住した人々をルーツとしている。戦後になって地方都市や首都圏などへと再移動した者もあったが、相対的に日本各地に分散居住している点に特徴がある。加えて、開港後に多額の資本を携えて来日した広東や福建（厦門）出身の貿易商と違って、彼らはほぼ資本のない「雑業者」であり、長い間、華僑社会のなかでも差別された存在であった。

このように、日本各地に分散居住していた福清出身華僑は、これまでほとんど研究対象として注目されてこなかった。二〇世紀初頭、呉服行商というニッチを狙って日本人口の大半を占めた農山村地域に入った彼らは、各自の商圏を保つために異国で分散居住の形を戦略的に選び、生活上でも日本社会と密接に関わる必要があった一方、移住と定住において、血縁・地縁紐帯を最大限に生かし、世代交代を経てもそれらを強化してきた経緯も持つ。彼らは、同じ「華僑華人」のカテゴリーに属しながらも、横浜や神戸、長崎に拠点を置き、日中を中心とするアジアの商圏で貿易に従事していた広東、福建（の厦門）出身者と大きく異なる性格を持つグループといえる。これらの特徴から、福清出身者の定住・移住の諸相を多角的に解明することで、「福清出身者」という特定のサブ集団のみならず、「華僑華人社会」の多様性と多層性、および日本社会が見せる混淆性の分析に寄与できると考えている。また、筆者はその構成メンバーが常に変化する、「神戸華僑」のような特定の地域に居住するエスニック集団としての華僑華人ではなく、個人またはその一族の「足跡」を追い、家族誌の整理・分析というアプローチをとることによって、一族の「故郷」（ルーツ）である福清地域の村々、さらには福清地域を離れて移住した先の地である日本、インドネシア、香港、台湾といったクリフォードが言う複数のフィールドにおける調査を重ねた。その狙いは、よりミクロな視点から、福清出身者、日本の華僑華人社会、日本社会といった、これまで自明視されてきた概念の枠組みと構造を再検討することである。★11

東南アジアや欧米の華僑華人を対象とした研究においては、文化人類学とその近接領域で蓄積されてきた「大きな理論」を用いて、華僑華人をめぐるさまざまな事象が分析されてきた。その一方で、研究者それぞれがフィールドワークで遭遇することになる多くの「現場の理論」については、決して「大きな理論」の枠組みのみで語りつくせていると言えない。例えば、華僑華人の行事の参与観察や個々人のインタビューのなかでは、「母国」、「母国文化」／「居住国」、「居住国の文化」という大きな枠組みよりも、居住地域を単位とした小さな枠組みでの語りが現れることが多い。そこには、土地愛、周囲の人々との協力・衝突といった各種の交渉、「国家」や「民族意識」などのカテゴリーには収斂されない、人情や義理など普遍的ともいえる一種の「人間くささ」が常に溢れ出ている。しかし、こういった個々の華僑華人が見せる感情的な部分は、客観的、理論的分析に関係のないもの、時には客観性を損なうものと見なされ、研究成果として発表される段階では排除されていくことが多い。これらの情報も、貴重な研究素材として見なすのであれば、既存の「大きな理論」的枠組み・研究方法とそれらをどのように結びつけて分析すべきかが、今後の課題となろう。

二〇一九年の春、筆者は福清出身の葉一族に関する家族誌研究のなかで、日本を代表する画家・絵本作家の葉祥明にインタビューをする機会に恵まれた（第九章参照）。熊本に居を定めた葉一族が持つ「福清」という出自と、九州をはじめとする日本各地の福清出身者とのつながりは、一族が生計を立てる手段としてはじめた中華料理店とともに長兄によって受け継がれ、そのことによって葉祥明は、アーティストとして比較的「自由」に自分の人生を歩むことができた。このような背景を持つ葉祥明の絵本作品に描かれる世界、地球、宇宙など人類の幸福や生命の尊さに関するテーマは、多くの華僑華人研究が寄って立つ枠組みであるところの民族や国家、ナショナリズムなどの近代的概念の包括範囲をはるかに超越したもののようにも思われる。筆者にとっては、彼が描く絵本のテーマと、福清から来日した祖父を通じた中国との「つながり」、「ルーツ」に対する葉の考えとの関連性や、同じ葉という家族であっても、兄や弟とはそれぞれ異なる人生を歩むことになった経緯はとても興味深いものであった。

しかし、筆者の質問を予測したかのように、葉はインタビューの冒頭で「僕は華僑である前に人間です」と切り出した。この言葉は、民族、人種などによって分類することよりも、人類が人類として共有する感情と夢を謳いながら、共通の課題（問題）解決に取り組むべきだというメッセージとして受け取ることが可能である。だが、筆者にはそれが、華僑華人が「中国的」なものを継承し、何かしらの「民族性」を持つものだという言説の裏付けとして、「中国人らしさ」を探し求めてきた「華僑華人研究者」に対する異議申立てのようにも聞こえた。華僑華人は、必ずしも中華文化を維持しているとは限らず、華僑華人コミュニティ以外の民族／文化集団との接触によって混淆性を持っていること、個々の華僑華人の経歴も世界観も異なっており、華僑華人コミュニティ内部で多重構造をなしていることなどは、筆者を含め多くの研究者がフィールドワークで経験しているはずなのに、なぜ華僑華人研究＝「らしさ探し」の考え方が流通しているのだろうか。

これはほんの一例だが、定義上は「華僑」であるものの、これまでの華僑華人研究の枠組みでは対象とされにくく、ほとんど取り上げられてこなかった華僑の姿というのはほかにも多く存在する。あるいは、華僑華人の意識を明確に持っていないのに、恣意的に「華僑華人」のカテゴリーに組み込まれ、「伝統的に」語られるケースも少なくはない。その結果として「華僑華人らしい」華僑華人のみを対象とする研究成果が量産されている状況があるというのもたしかである。そもそも「華僑華人」とは誰のことなのか。華僑華人研究は何のために、誰のためになされるべきなのか、華僑華人研究の「向こう側」には何がありうるのか。これらの根本的な問いについて、改めて考えるべき時が来ているといえるだろう。

葉祥明の、「僕は華僑である前に人間だ」という「当事者」の言葉は、華僑華人研究（者）だけに向けられたものではない。本来「人間」そのものを研究対象としてきた文化人類学という学問も、その営為が持つ今日的意義についてより真剣に問うていく必要があるだろう。

★1　二〇世紀初頭、脱植民地を目指した東南アジア諸国では、ナショナリズムの思想や運動が盛んとなっており、アメリカの世界的プロジェクト——高等教育の提供、政策協議による政策誘導、国際通貨基金や国連などの国際機関への加盟を通して、リベラルな資本主義を非西洋世界にも広めようとするもの——はこうしたナショナリズムと結びつく形で、東南アジア諸国のエリートを介して、産業化、都市化、識字教育、公衆衛生の促進、自然環境の制御および国民文化の創造という国民形成のためのモデルを提供した〔ハウ、二〇〇八、二九頁〕。これはつまり、自由主義と資本主義に軸足をおいた「近代化論」である。

★2　日本では、江戸時代から続く「漢学」は政治・倫理として儒学の思想を活かす実践的方法や詩文の作法に習熟することを目的としていたのに対し、一九世紀以降西洋から伝わった中国学は、中国という地域の文化の分析と解明を目的とするものを指す〔山田利明、一九九九、九—一〇頁〕。二〇世紀に日本で始まった華僑華人研究は、後者の中国学の一環として位置付けられていた。

★3　代表的なものに、市川信愛〔一九八七〕、原不二夫〔二〇〇一〕、濱下武志〔二〇一三〕、游仲勳〔一九九五〕らによる研究成果がある。これらの研究の多くは、華僑の経済活動およびコミュニティの結合を特徴づけるものとして、「幇」すなわち華僑の方言や出身地文化に基づく血縁、地縁、業縁の結びつきの原理を解明または強調するものであった。

★4　義和団事変後の一九〇一年九月に、清国がアメリカをはじめとした一一か国との間に結んだ不平等条約「辛丑条約」(「北京議定書」とも)には、清政府が諸外国に多額の賠償金を支払うことも記されていた。アメリカは清国政府に対して、清からアメリカへ留学生を派遣することを条件に賠償金の一部を減額することを約束した。この減額分が庚子賠款奨学金のもととなった。清華学校とは、アメリカ留学の準備のための教育機関として一九一一年に設立されたもので、現在の清華大学の前身である。

★5　スキナーが高店子村および解放前の成都一帯で行った調査ノートのコピーは、彼が亡くなった後に発見され、二〇一七年に『革命前夜の中国農村——四川フィールドノート一九四九—一九五〇』(*Rural China on the Eve of Revolution: Sichuan Fieldnotes, 1949-1950*)として刊行された。

★6　司馬遷『史記』「秦始皇本紀」によれば、徐福は秦の始皇帝の命に従って不老長寿の薬を求めるために五穀の種、農耕機具と技術者、童男童女を合わせて数千人を引きつれて大海原に漕ぎ出し、広い平野と沼地のある土地にたどり着いて王となった。日本では、和歌山県新宮市をはじめとして、徐福が渡来したという伝説が数か所で伝わっている。H・F・マックネヤ〔一九四五〔一九二四〕、三〇―三一頁〕の日本における中国人移住の部分では、この伝説が紹介され、「此の美しい物語が真実であるとすれば」、徐福らは日本への最も初期における中国人移民となると述べられている。

★7　一九九〇年代まで、山田信夫編〔一九八三〕、田中宏〔一九八三〕、市川〔一九八七〕、周〔一九八四〕、曽〔一九八七〕、許〔一九九〇〕などは貴重な研究成果を出している。

★8　落ち葉が木の根っこに帰ることを意味する「落葉帰根」は、華僑華人はいずれ中国にある「故郷」に帰ることを指している。一方、「落地生根」は、華僑華人が移住先に根差すことを意味する。

★9　ここでアングは明らかに、華僑華人が標的にされ、被害を受けることになる一九九八年のインドネシア暴動をはじめとしたインドネシアの一連の排華運動を指している。

★10　これに関連する研究成果は張玉玲〔二〇〇三・二〇〇四・二〇〇五・二〇〇八〕などとして発表した。

★11　福清出身者に関する研究は、張玉玲〔二〇一五・二〇一七・二〇二一b・二〇二二〕及び張玉玲〔二〇一四・二〇一九a・二〇一九b〕を参照されたい。

# 終章　福清出身華僑と近現代日本

本書では、一九世紀末期に呉服行商人として来日した福清出身者に焦点をあて、移動、生業、同族・同郷紐帯、文化継承および故郷との関係などの側面から、彼らが生活者として日本社会に関わりながら定着した歴史を見てきた。この一〇〇年余りの間、福清出身華僑の職業や生活スタイル、アイデンティティなどが大きく変容したのみならず、彼らを取り巻く外部世界——居住地域、故郷および日本、中国、世界情勢——も目まぐるしく変動した。本書で述べた福清出身華僑の移住・定住の歴史は、同時に「周縁的存在」である個々の華僑の視点から探求された「日本社会」の近現代史でもあると言えよう。

終章では、これまでの内容を踏まえつつ、福清出身華僑が日本への移住・定住を、一九世紀末から終戦、戦後から一九八〇年代、一九九〇年代から現在までの三つの時期に大きく分け、各時期における福清出身華僑の移住・定住と生業、地域社会との関係、故郷とのつながり、華僑コミュニティなどの特徴についてまとめてみる。

## 1　呉服行商を主な生業とした一九世紀末から終戦まで

### 1―1　近代化に取り残された農山村を商圏とする

一八九九年、日本が外国人居留地の撤廃と内地雑居令の頒布によって予想される大勢の中国人労働者の入国を制限するために公布された勅令三五二号とその施行細則が、福清出身者が呉服行商人として来日する法的根拠となった。それに加えて、長崎貿易時代に反物を扱っていた福州（福清）船員の経験と血縁・地縁紐帯および、戦後まで続いた農山村地域・離島の農民・漁民が呉服行商人の存在を必要としていた日本の社会的状況が、福清出身華僑の日本社会での生業・生活様式を形作っていった。横浜、神戸などの開港地に集中居住していた広東、上海出身の貿易商や職人と違って、福清出身者は日本各地に分散し、一つの村に、一、二世帯という少人数で居住しつつ、「日本人」を相手に反物を売り歩く必要から、生業・生活全般において「日本人」と関わっていた。

行商人として来日した福清出身者は、充分な資金を貯め、都市部で学生や会社員向けの中華料理店経営に転じた「成功者」もほんの一部いたが、そのほとんどが呉服行商を生業としていた。明治政府による殖産興業と富国強兵の政策の下、西洋文明の導入、資本主義経済の発展および都市化の進展など、日本社会は大きな変革期にあった。その一方、人々が「和服中心」の生活スタイルを維持していたことは、呉服行商人に「生き残る」ための空間を残した。とりわけ、終戦まで日本人口の大半を占める農山村地域においては、近代化、「西洋化」が進む都市部とは対照的に、「伝統的」コミュニティ構造と生活スタイルが保たれており、人々の生活全般において依然として行商が欠かせない状況にあった。こうしたニッチを狙って福清出身者は交通の便が悪い農山村地域や離島に進出し、都市部から仕入れた反物を、農民や漁民に売り歩いていた。普段着から娘の嫁入り道具としての着物まで、行商人たちの商売は、顧客である日本人の日々の生活に密着していた。また、当時日本の行商人も採用していた掛け売りの慣習に従って、現金収入の少ない農民・漁民と取引の関係を保っていた。もちろん、反物の仕入れや料金の支払いに鉄道や郵便振替などを利用したこと、扱っていた多様な反物そのものが日本の繊維産業の進展によってもたらされたことなどから、福清出身の呉服行商人は、日本の近代化の「恩恵」に与り、生存の戦略を立てた部分もあったといえよう。

一方、生活上においても、福清出身者は村人と同じ井戸を使ったり、子どもに日本名をつけたり、日本人女性と結婚するなど、「日本人」と同じ生活空間を共有してきた。それゆえ、彼らの語るライフ・ストーリーには、隣人である「日本人」とその暮らしが頻繁に登場する。歯黒や厚底の下駄という外見上の違いから、工業化、貧富の差、婦女・子どもの売買などの社会問題まで、そのいずれも当時の隣人である福清出身華僑の目に映り、場合によっては深く関わっていたのである。大正から昭和初期にかけて近代化の進展に伴って都市化、工業化、資本主義経済などが農村にも徐々に浸透し、農民の生活に大きな影響を与えていたこと、それと同時に、帝国主義、軍国主義の蔓延によって、民衆のナショナリズムが高揚し、中国を蔑視する風潮が広まった当時の社会的状況も福清出身の行商人の生業・生活を通して確認することができた。

また、地方の都市部で中華料理店を経営していた福清出身者も少数ながら存在した。明治半ば頃、外国の文化を積極的に取り入れようとする首都東京や開港場の横浜などで、中華料理は西洋料理に飽きた文人や官僚などの上流階級の間でブームになったが、これに似たような形で、一九世紀末から二〇世紀初頭にかけて地方の都市においても、高級食材を用いた中華料理店が出現し、学生や役人に受け入れられるようになった。

## 1―2　移住・定住における血縁・地縁紐帯の機能

この時期の福清出身者の移住、定住に果たす血縁・地縁紐帯の役割は極めて大きかった。

歴史上、移動を繰り返してきた福清地域の人々は、一九世紀末期から二〇世紀半ばにかけて生活基盤を築いた親類や同郷者を頼りに日本に移住した。当時、南洋（東南アジア）も福清出身者の主な移住先の一つであったが、彼らの移住地と職業は、頼る親類や同郷者次第で異なっていた。一九世紀末期から二〇世紀前半までに来日した福清出身者が、呉服行商人に従事することになったのは、前述の外国人労働者を制限する当時の日本政府の法令によるものだったが、生活、生業の面で、先来の同族・同郷者による指導、帮助を受けやすいことも大きな要因であった。二〇世紀初頭から日中戦争が始まる一九三〇年代後半まであったとされる「親方制度」は、福清出身者の移住から一人前の行商人になるまでの過程を保障するものだということは明らかであり、親方・弟子のような厳格な上下関係でなくても、先来の親類や同郷者に資金面での援助、仕事の斡旋などをしてもらうことはごく一般的であった。血縁・地縁紐帯は、福清出身者の海外移住および移住先での生活全般に欠かせない役割を果たしていた。

出稼ぎの目的で移住した福清出身者は、日本で「家」ができてもそれはあくまで仮の住処で、「ホーム」は福清の村にあった。そのため、結婚後も基本的に妻子を福清に残して、単身で日本に戻り行商を続けた。なかには、一定の貯蓄ができ、当初の「目標」を達成した時点で帰国した人も少なくなかった。また、移住先である日本から、定期的に妻子や同居する親兄弟に会いに帰郷したり、送金などを続けていた。ほかにも帰郷するついでに兄弟や親戚を日本に連れて行商人として育てていくなど、様々な面において故郷とのつながりを保ちつつ、日本での同郷同族ネットワークを拡大していった。

文化継承の面において、福清出身華僑の増加に伴い、長崎の三山公所による普度勝会のほか、一九三〇年代より京都と神戸においても普度勝会が開催されるようになった。普度は、各地に分散居住していた福清出身者が年に一度集まり、異郷で命を落とした同郷・同族の霊魂を供養すると同時に、商売や生活などに関する情報交換をする重要な場として機能していた。

終戦までの長い間、分散居住していたうえ、経済的基盤も弱かった福清出身者は、広東や三江などほかの出身者と比べ、同郷・同業団体が少なく、規模も比較的小さかった。しかし各地方にできた、個人を核とした小さな同郷・同族グループがそれぞれ複雑な血縁や姻戚関係によって繋がり、さらに移住者の増加に伴って全国的に広がった。それが戦後、経済力が上がった福清出身者の全国的同郷組織結成の土台となったのである。

### 1―3　二重に「周縁化」された存在として

日本の農村において、自らの土地を持たず生計を立てるために売り歩かざるをえない行商人は、農民から「よそ者」として扱われていた。大正時代や昭和時代に入り、とりわけ日中戦争が勃発後に、日本社会全体がナショナリズムを高揚させたなか、福清出身の呉服行商人は、さらに「外国人」、「敵国人」としても差別・排除されるようになった。二重の意味で「よそ者」だったのである。なかには、帰国か第三国に移住した者も少なくはなかった。

しかし一方、福清出身者はできる限り「日本人」との対立・摩擦を避け、共通の利益に基づく協働・協力関係の構築に努めようとしてきた。したがって、よそ者や外国人として差別された経験が彼らの民族的意識を強めた一方、地域住民との協働・協力関係は彼らの居住地への愛着と地元意識を育んだといえよう。日常的に同郷者同士が助け合うことが可能な横浜や神戸の中華街（南京町）に居住する華僑と異なり、少数派として日本人と「雑居」しなければならなかった福清華僑の最も顕著な特徴といえよう。

## 2　局部集中的な定住が進む戦後混乱期から一九八〇年代まで

### 2―1　多様なビジネスの展開と呉服行商からの脱却

終戦後、「戦勝国民」となった福清出身者はほかの華僑同様、特別配給や闇市などで入手した小麦粉や油などの食材を使って簡易食堂を開いたり、農村と都市間の地域間貿易を通して利益を得て、経済力をつけていった。朝鮮戦争を経て日本経済がさらに高度成長を遂げていくなか、尾鷲や出雲のような地方都市でも、人口が増加し、駅前商店街が形成され繁栄していった。より多くのビジネスチャンスを求めて、多くの福清出身者は居住地を農山村地域から近くの都市部に移し、飲食店、衣料や化粧品などの販売店経営のほか、不動産、貿易など多様なビジネス活動を展開していった。それと同時に、商店街など商業が発達している地区への福清出身者の移動に伴って、各地では小規模ながら福清出身華僑コミュニティが出現した。

戦後に見られた福清出身者のビジネスの多様化には、複数の要因があった。呉服行商は、日中戦争が始まった後にすでに日本政府による統制経済によって徐々に困難になり、戦後、経済が回復した後でもその需要が減少していった。和服に代わって洋服が普及したことと、手作りに代わって既製品が簡単に手に入るようになったからである。戦後の混乱期に、「食」へのニーズが高く、福清出身者を含め、中国大陸出身の華僑や台湾出身者による簡易食堂が多く開業され、そのまま戦後の華僑の主な職業の一つとなった。のちに、日本経済の急成長とともに、都市化、商業化および人々の生活様式のアメリカ化などに伴い、洋服・洋品店、玩具屋、スーパー、娯楽施設の経営なども福清出身華僑にとって、魅力的なビジネスとなったのである。また、経済的余裕がある家庭では子女に高等教育を受けさせることが可能になり、医者になる二世華僑が増えたのもこの時期である。

戦後に見られた、福清出身者の職業転換と「再移動」は、同郷・同族間の情報交換や助け合いの結果であったろう。その一方、多くの福清出身者が主要な大都市ではなく地方の都市部に留まったのは、そこが、彼らが戦前から行商などを通じて信頼関係を築きあげた「地元」だったからである。商店街で開店した際に、かつての顧客がわざわざお祝いに駆け付けてくれたことや、休日に化粧品と洋服を選ぶなど商店街で買い物を楽しむ町工場の女工の姿、地元の玩具屋に関する子ども時代の記憶を語り盛り上がる東京で働く娘の話など、福清出身者の生活、生業が地域社会と密接につながっていたことが、彼らの語りからうかがうことができた。呉服行商という単一ビジネスから脱却した後でも、福清出身者が横浜、神戸、東京などの主要都市のみではなく、各地方にも分布している所以である。

### 2―2　全国的同郷ネットワークの形成が意味するもの

一方、同郷間の親睦を深めると同時に、若い世代の結婚、就職、民族教育および伝統文化の継承などの共通課題を解決するために、福清出身者による全国的同郷組織、旅日福建同郷懇親会が一九六一年に結成されたことは、福清出身者にとって大きな意味を持つ。

これはまず、多くの福清出身華僑は、目前の生計に追われていた戦前と終戦直後と比べて、経済的に余裕を持てるようになり、自分のことだけでなく同郷者コミュニティの今後の在り方について考え始めたことを意味する。これには、戦後、民族意識の高揚と共に活発化した留学生運動に影響を受け、全国的な華僑運動を展開したなかで、同郷間の結束を高める必要性を感じ、行動を起こした華僑青年の存在が大きかった。冷戦構造の下、西側諸国が社会主義中国に対して厳しい姿勢をとるなかで、中国への帰属意識自体が極めて政治的であった。この時期、華僑運動に影響を受けた若い世代の華僑がリードした旅日福建同郷懇親会は、「中華人民共和国」支持の立場を鮮明に打ち出しつつ、活動をつづけた。そのため旅日福建同郷懇親会は、特に地方に生まれ育った華僑青年の民族意識の形成に少なからぬ影響を与えた。また、こうした華僑運動や同郷会活動を通して中国人としての民族アイデンティティを強めた二世華僑の多くが「地元」の華僑コミュニティでリーダーシップを取ることになり、各地の華僑コミュニティの在り方を規定する重要な存在になった。

一方、当時の日中関係や国際情勢に大きく制限されていたが、福清出身華僑が「故郷」や中国といくつかの面において「関わっていた」。まずは、一九四九年に成立した新中国の「帰国建設」の呼びかけに応じ、日本の高等教育機関で物理や工学などを学んだ後、技術者として中国に渡った華僑青年が多く、そのなかには福清出身者も少なからずいた。また、日中間の往来が不自由な時期ではあったものの、一九六〇年代後半から赤十字を通して一時帰国が実現され、一部の華僑が数十年ぶりに里帰りすることができた。さらに、一九六〇年代から一九七〇年代にかけて海外華僑の家族として与えられた「出国」の権利を行使し、香港経由で日本に渡った者や、福建で生活していた華僑の日本人妻たちが一九七二年の日中国交回復後に「残留邦人」として帰国した際に家族として同行させた者が多くいた。これらの移住者は、日本の福清出身華僑コミュニティを故郷の福建とつなぐ重要な存在となった。一九七〇年代後半、多くの華僑が子孫を連れて福清を訪れたこと、一九八四年に旅日福建同郷懇親会が初めて中国福州で大会を主催したことは福清出身華僑と故郷との接点を取り戻し、のちに福清からの新たな移民の送出を促す大きな要因となった。

いずれにしても、この時期の福清出身者は、生活、生業の面において、居住地域への定住が進む一方、全国的な団体の設立をもって同郷者間の連携を強めようとした。彼らは、複雑な国際情勢によって故郷との行き来が不可能になるなか、新たな「故郷」になりつつある日本で、福清人のコミュニティの存続を図ろうとしたのである。すなわち、エスニック集団として生き残る戦略を立てていったのである。

## 3　「新」華僑が増加する一九八〇年代半ば以後

### 3―1　日本社会への同化と「老華僑」コミュニティの縮小

福清地域をはじめ、中国大陸から新たな移民が多く流入するようになる一九八〇年代半ば頃、戦前に来日した華僑コミュニティは世代交代が進み、日本社会への同化も加速化していった。華僑コミュニティが縮小していくには以下の要因が考えられる。

まずは一九七二年以降、中国語のできる人材への需要が高まり、華僑の日本企業への就業機会が拡大したことで、家業である中華料理や家族経営のビジネスから離れる者が増えた。休日など会社の規則に縛られた多くの華僑は、親世代のように同郷者や同業者による各種の行事への参加が困難になったのである。また、一九八五年の日本国籍法の改正によって、華僑と日本人の間に生まれる子が日本国籍を有することになり、中国国籍を保持する華僑の減少に拍車をかけた。また、子どもに合わせて日本国籍を取得する者や、仕事などの都合で日本国籍を取得する者も多かったなどである。

地方都市の福清出身者コミュニティはより深刻な状況であった。一九八〇年代末から一九九〇年代にかけて、日本はバブル経済の崩壊を経験し、経済不況に陥った転換期であり、その影響を受け、多くの福清出身華僑が生業としていた小売業や飲食店が昔日の繁栄を失った。さらに、東京や大阪など大都市への人口流入による地方都市の衰退も、そこに居住する福清出身者のビジネス、生活およびコミュニティにマイナスの影響を与えた。

毎年行われてきた旅日福建同郷懇親会や長崎、京都、神戸の普度勝会も、一九八〇年代後半から一九九〇年代にかけて、参加者の減少と担い手となる後継者不足、資金欠乏など様々な問題に直面した。新たな移民の流入が多い首都圏と関西地区の二大華僑集中居住地を除き、各地方の小規模な福清出身者コミュニティは一〇〇年ほどの歴史を経て、自然消滅してしまうと危惧されている。

### 3―2　血縁紐帯を通じた「新」・「老」華僑融合の兆しと福清出身華僑の今後

一九八〇年代半ば以降、日本政府による留学生受け入れ拡大政策と、中国政府の私用による出国許可を背景に、多くの若者が留学生として日本に渡った。留学期間が終わった後に帰国する人も一部いたが、その多くは日本に残り、「新華僑」となった。福清地域においても出国ブームが起きたが、出国前の情報収集、手続きから渡日後の生活、仕事の斡旋など、血縁・地縁紐帯を利活用したところは従来の老華僑と同様である。

これらの新華僑のほとんどは、戦前から来日した福清出身の老華僑と同郷・同族であり、血縁的・地縁的つながりを持っているが、生活基盤を築き上げるまでの間は老華僑中心の公益事業や各種の記念活動に関わる余裕が持てないことに加えて、育つ環境や受けた教育などの違いによる相互理解の不足から、両者の間にほとんど交流がない時期が続いた。しかし、二〇一〇年代より、神戸、横浜などにおいて、老華僑の子孫にあたる数名の新華僑を通じて、両者が歩み寄る傾向が見られるようになった。神戸普度勝会の担い手として加わるようになったこと、老華僑主体の福建同郷会への入会者が増加していること、さらに、毎年各地区の福建同郷会が輪番で主催してきた旅日福建同郷懇親会への参加、企画、主催に関わるようになったことなどがその表れである。一部の地域に限られた現象ではあるが、福清出身者コミュニティにおいて「新」、「老」

の交代が見られるのは、一九四九年以降から様々な理由で断続的に福清から渡日した者、いわゆる過渡期の華僑が果たした役割の大きいこと、すなわち、血縁、地縁を通じた移住の連続性がコミュニティと文化継承につながったということの証左であろう。

それと同時に、同じ言語と文化を基底とした福清の「故郷」への帰属意識も重要である。普度勝会の事例に見られるように、新華僑が移住地で「故郷」のそれとは異なる文化を受けつぐことができたのは、祖先をはじめ霊魂を供養することを自身の現世利益と結び付ける信仰がいまだに福清地域で存在しているからである。また、「信じないが（普度を）手伝う」新華僑が多いのは、血縁・地縁などによって紡がれる複雑なネットワークへの義理人情に基づいていると考えられる。いわゆる文化的システムとしての故郷が機能するところである。これについては次節でまとめる。

新華僑と居住地社会との関係においても老華僑のそれとは異なる。すなわち、新華僑が、比較的短期間に日本社会へ溶け込んでいる。例えば、東京など首都圏在住の福清出身の新華僑が中心になって設立した日本福建経済文化促進会は、会員に福建出身者以外の人も含めており、設立直後から東日本大震災、熊本地震への支援など活発な公益活動を展開している。その理由は、最初から定住志向を持ち、比較的高学歴で、日本語や日本文化を積極的に吸収し、日本社会への参与意欲が高いことに加え、日本社会自体が中長期在留の外国人への福祉を改善し、移民をはじめ異民族・異文化に寛容的になりつつあることが挙げられる。そして福清出身者は、ほかの華僑華人同様、今後、自らの文化的、民族的属性を保ちつつ、日本社会の構成員という意識を持って生活、生業を続けていくと考えられる。

## 4　同郷・同族ネットワークと文化継承に果たす「故郷」の役割

一九世紀半ば以降から二〇世紀後半までの一〇〇年にわたる福清出身華僑の移住・定住および文化継承において、彼らの同族・同郷ネットワークが大いに機能した。と同時に、福清出身の移民が一貫してつながりを維持してきた「故郷」は、単なる地理的概念ではなく、彼らの移住形態や移住後の様々な行動様式に制約を与える、一種の文化的・社会的システムとして機能していた。本書では、福清出身者の故郷である福清地域の村々にも焦点を当て、宗族の復興を始め、様々な形で保たれてきた故郷との関わりについて考察を行った。以下では、本書全体の議論と結び付けながらまとめてみたい。

### 4―1　血縁、姻戚関係が基礎となる「福清出身者」ネットワーク

一人または一部の移住者との血縁紐帯を通じて多くの人が移住を実現させる、いわゆる連鎖移住《チェーンマイグレーション》は、移民において一般的にみられる現象である。しかし本書で見た福清出身華僑の場合は、彼らが移住などの際に頼れる「紐帯」が指す範囲は、一般的に考えられる血縁紐帯よりもはるかに広いと考えられる。様々な要因があると考えられるが、歴史上移住を繰り返したなかで形成された多くの慣習によるところが大きい。

今日の福清に居住する人々は、戦乱に追われ、中国の中原地域から転々と移住してきた歴史を持ち、その過程において父系出自血縁集団の宗族が発達したとされている。また、宗族は、移住地における集団内秩序の維持強化のみでなく、その後にも続く族員の他地域への移住においても機能し続けたと考えられる。実際、マレーシア・ペナンでは中国福建省南部より移住した「五大姓」（邱、謝、楊、林、陳）が、それぞれの出身村の複製として祠堂を中核とした一族の集落を造った例[★1]にあるように、宗族は、海外に移住した華僑華人

にとって、族員の相互扶助や集団全体の利益を守る有効な手段とされてきた。共通の祖先を持ち、血でつながっているという「われわれ意識」に基づき、族員同士の助け合いは義務であり権利でもあるからである。

日本に渡った福清出身者は人数が少なく、弱い経済力および日本の外国人政策による様々な制限のもと、祠堂などのシンボルこそなかったものの、同族による小規模な集団が戦前も現在もある。また、何より、父系出自に加え、姻戚関係（妻方の一族）に基づく連帯を強めることを通して、経済的・社会的資本の確保・拡大を図るのが、福清出身者の特徴である。終戦までの間、様々な制約があるなかで福清出身者が日本人女性と結婚したケースも多くあったが、同じ福清出身者同士の結婚にこだわる人はいまだに多くいる。方言や習慣、信仰などの文化的要素に加えて、同族・同郷ネットワークがより広がり、かつ強固なものになるという合理主義的な考え方が強く働いているのである。ただ、同じ姓を持つことに特徴づけられた比較的「分かりやすい」父系出自の血縁集団と異なり、福清出身者の姻戚関係は外部者にわかりにくく、往々にして「地縁関係」の形で現れてくる。本書においてもしばしば用いる血縁・地縁紐帯という用語は、実際、伝統的父系出自血縁集団（同じ姓を持つ一族、宗族）と妻の実家、娘の嫁ぎ先も含む姻戚関係が複雑に入り組んだネットワークを表している。

このことは、一九六〇年代初め、福清出身者による全国的同郷組織である旅日福建同郷懇親会の設立とその一連の活動にも如実に表れている。例えば、普度勝会に合わせて開催された華僑青年交流会は、同郷者間の姻戚関係の拡大と強化を狙いとしていたし、一九六二年に編纂された全国同郷者名簿に、族譜の形を模倣し、妻の実家や娘の嫁ぎ先情報も盛り込んでいるのは、各地に分散居住する福清出身者の血縁・姻戚関係を記録し、情報を共有してもらう目的があった。したがって、地理的概念（地縁）として捉えられる「福清出身華僑」のネットワークは、複雑な血縁関係と姻戚関係を基とした、一種の拡大された血縁ネットワークと解釈すべきであろう。

要するに、福清出身者にとって、「よそ者」とされた移住先において、血縁関係、姻戚関係が多いほど社会的資本が豊富になり、移住の目的が達成しやすくなることを意味している。福清地域において依然として福清出身者同士の結婚が理想とされている。[★2] 血縁関係や姻戚関係に基づく様々な関係《グァンシー》がいまだに社会的価値を有しているのである。

## 4―2 文化的・社会的システムとしての「故郷」の機能

福清出身者のこのような緊密な血縁・地縁紐帯の保持・拡大には、文化的システムとしての「故郷」が果たす機能を無視できないことが、彼らと故郷（出身村）との関わりを通じて確認できた。

宗族は、父系出自血縁集団であり、（族員によって構成する）村の秩序を保ち、族員の利益を他から守る機能を持つ社会的システムでもある。華僑など村を出た者も、基本的にそのシステムに組み込まれており、宗教に関わる一連の儒教的倫理道徳規範を遵守しなければならない。

移住する際の情報・資金提供および移住後の生活全般において、先来の華僑が後来者を援助をすること、また、家族への送金や、族譜の編纂、祠堂、祖墳、村廟、道路、橋の修繕への寄付など、華僑があらゆる面で故郷や宗族とのつながりを保持することは、族員としての義務であり、義理人情でもある。そうすることによって、故郷のみでなく移住地の福清人コミュニティとの関係《グァンシー》を保つことができ、いつか自分が援助を受ける身になった際の保証にもなるのである。

「故郷」である福清の村々には、族員の平安を守り、福禄寿を掌るとされる神々が存在していることも、故郷が福清出身華僑に対し求心力を持ち続けるもう一つの要因でもある。

要するに、福清出身者の故郷（出身村）とは、宗族という父系出自血縁集団をその中核としつつ、儒家的倫理道徳規範をもって族員の行動を制約する一方、血縁的・文化的・宗教的根源《ルーツ》として、族員の故郷文化への希求に応える、強い求心力を持つ文化的・社会的システムといえる。村の人々が移住や移住後の生活、ビジネスなどにおいて同族・同郷者の援助を必要とし、また、自分の「運命」や「幸福」が村の神々によって守られていると信じている状況が続く限り、「故郷」が移民に対して文化的・社会的システムとして機能し続けるだろう。

本書で取り上げた事例において、特に福清で生まれ育った一世と、父母を通じて福清と何らかの関わりを持つが故に「故郷」に親しみを持つ二世については、福清の村とのつながりを重視する傾向が強く表れている。しかし、三世以降はむしろ生まれ育った居住地への愛着が強く、そこを故郷としている一方、福清を祖先のルーツとしてしか見なさない者が多い。

したがって、出身村（故郷）との結びつきが強い新華僑の流入によって、一見して福清出身者コミュニティ全体が「福清人意識」が強いまま保たれているように見えるが、個々の華僑に目を向ければ、コミュニティの内部が実に多種多様であることは明らかである。

今後、比較的高い教育水準と日本語運用能力、日本の社会・文化に比較的高い関心・受容度を持つ新華僑が、老華僑に代わって華僑コミュニティをリードすることになるだろう。そしてコミュニティの在り方については様々な要素に左右されうるため、引き続き注目していく必要がある。

## 5　福清出身華僑が生きてきた近現代日本

本書では、一九世紀末期から来日した福清出身華僑の分散居住の特徴から、個々の華僑およびその一族の家族誌という手法を取り、異なる時期に移住し、全国各地に居住する福清出身コミュニティの全体像を描きだそうと努めた。それと同時に、個々の華僑の生活・生計の在り方を規定する重要な要素として彼らの居住地域の社会的・経済的状況についても考察を試み、華僑の視点から一九世紀末期から二〇世紀までの日本の近現代史の一端を浮き彫りにした。簡単にまとめると以下の通りである。

まず、戦後まで福清出身の呉服行商人が日本の農山村や離島地域で反物を売り歩いた背景には、これらの地域においては、結婚式などの晴れ着から普段着まで手作りの和服を中心とした生活スタイルが続いたこと、都市部を中心に進められた近代化から取り残されており、交通の便も悪く、反物を含め生活全般において行商人を必要としていたことがあげられる。そして、戦後、福清出身者が自らの店舗を持ち、衣食住に関連する多様な経済活動を展開した背景には、和服に代わって洋服が普及したことに象徴される日本人の生活様式のアメリカ化、および日本経済の急成長に伴う人々の生活水準の向上、都市化、商業化などがあった。

このように、華僑の生業や職業の変化は、日本社会の変容そのものであり、華僑という存在をその生活の場である日本社会という枠組みのなかでとらえなおす意義が明らかとなった。とりわけ、明治以降、「脱亜入欧」をスローガンに進められてきた日本の工業化・近代化は、東京などの都市部に重点が置かれていたこともあり、近代化の成否も、こうした大都会に焦点を当て、議論されてきたが、日本人口の半分以上を占めた農村部の人々の状況は必ずしも明らかではない。本書では、ほんの一部ではあったが、移住地（居住地）の一員としての福清出身者の視点から日本の農山村地区や地方都市の近現代化の一端を浮き彫りにした。

明治維新を起点とした日本の近代は、国民国家としての「日本」と「日本人」という国民意識が醸成される重要な時期であり、「異民族（集団）」である華僑は「重要な他者」として語られてきた。しかし、個々の華僑はある「時」にある「場所」で暮らす一生活者であり、日本社会の発展・変容をともに経験し、場合によっては、深く関わってきた「関係者」だったことは、本書で取り上げた数名の華僑の家族誌の分析を通して明らかであった。日本の近代史、地方史（誌）の一部として、華僑が実際の生活者として「その時」「その場」にいたという史実（現実）をより緻密な民族誌を通して分析することが今後の課題として残される。

## 6　方法としての華僑華人研究

交通手段の発達、通信技術の進展に伴い加速化する人、モノ、情報の越境と、市場のボーダーレス化などに特徴づけられるグローバル化が進むなか、中国系移民の動向はますます注目されていくと予想される。しかし、こうした新たな状況を分析するには、従来の華僑華人研究の枠組みと方法では限界があり、それに代わる新たな枠組みとアプローチが必要である。そのための手がかりを探ろうと、本書第一〇章では、これまでの華僑華人研究の意義と方法を振り返った。簡潔にまとめると、華僑華人は、一貫して政治、経済、文化、民族の意味での「中国」の外部への伸長として捉えられ、移住国・地域と摩擦、衝突、融合などの関係性を持つ「他者」として論じられてきた。こうした華僑の「語られ方」によって、独自の文化やアイデンティティを持ち、主流社会に対して閉鎖的な「華僑華人集団」が作り上げられ、このイメージはさらに映画や新聞などのメディアを通して一般的に広まった。しかし、本書で具体的な事例を通して分析したように、華僑は一生活者として居住地の経済、文化、社会的風景を作り上げた「当事者」なのであり、集団内部は常に可変的で流動的なのである。

福清出身者の日本への移住・定住とその後のコミュニティ、文化継承について、本書では、福清出身者が居住する日本各地をはじめ、「故郷」である福建省福清地域及び香港、台湾など、クリフォードが言う「多数のフィールド」〔クリフォード、二〇〇二［一九九七］〕で収集・整理した家族誌を通して、時代（時間）や領土（空間）の境界を越えた多角的で立体的な華僑像を析出しようと試みた。その結果、各世代の族員（複数の「個」）の経験、感情、アイデンティティ及びネットワークを通時的・共時的に捉えることができた。それのみでなく、近現代の日本や中国の経済的・社会的変化および国際情勢などについても、生活者である華僑が生きてきた個々「小さな歴史」を通して、その一端を考察することができたように考える。今後、福清出身者をはじめ、華僑華人の語りをはじめとするエゴ・ドキュメントを収集し、日中関係や日本の近現代史、地方史などとリンクしつつ、より体系的な生活誌（史）研究が課題として残される。

★1　この父系出自原理をより拡大して解釈したのは、同じ姓さえ持っていれば会員となる「宗親会」である。つまり血縁紐帯とは、生物学に基づく厳密な「血統」のつながりというよりは、「同じ祖先を持つ」という想像される文化的共同体であるといえる。

★2　二〇一九年八月、福清市においてD（当時二〇代）へのインタビューによる。Dは大学で付き合った女性が福清出身ではない理由で親に結婚を反対され、別れることとなった。Dは、福清地域の伝統的慣習も複雑な人間関係も、実際他地域の人々を除外するもので、「保守的で時代遅れだ」と批判したが、「福清人だから、仕方がない」と嘆いた。

# あとがきにかえて――謝辞

振り返ってみると、呉服行商人として来日し、日本全国を歩き回っていた福清出身華僑の歴史に関心を持ったのは、二〇一三年一月に開催された、神阪京華僑口述記録研究会主催のシンポジウムにおける、京都在住の福清出身華僑への公開インタビューがきっかけであった。聞き手を任された私は、事前に資料を収集した段階からすでにわくわくしており、当時のインタビューで伺った内容も大変興味深かったことは、いまでも鮮明に記憶している。それからというもの、日本全国に散らばっている福清出身華僑の歴史をまとめようと、資料（史料）を調べ、各地を回って聞き取り調査を続けた。

しかし、移住や定住、日本での生活、生業の移り変わりといった一族の歴史を知っている（または関心を持っている）方は、意外と少ない。そのうえ、すでに高齢で対応してもらえないケースが少なくない。それでも、ありがたいことに、神戸や京都在住の福清出身の方の紹介で北海道から鹿児島まで数十名の方にお話を聞くことができた。二〇一五年より、福清地域の複数の村や香港、台湾などでも断続的に聞き取り調査を行った。

このように、福清出身華僑に関する研究を始めて十年余りが経ったが、その間、関連の論文をいくつか発表してきた。それらに手を加えてまとめたものが、本書の主要部分を構成している。本書の出版にあたって、新たに序章、第一章、第五章と終章を書き下ろしたが、そのほかの章は、これまで公表した論文や研究ノートを基に、修正・加筆したものである。以下は、各章の初出を示すものである。

第二章
「福建の呉服行商人と近代日本の農村社会――ある華僑の回想録への解読を通して」『日本民俗学』三〇九：六五―九三頁（二〇二二年）

第三章
「日中戦争下の華僑の暮らし――ライフヒストリーとドキュメントから見た「生活者」としての華僑像」『アカデミア　人文・自然科学編』二〇：七三―九七頁（二〇二〇年）

第四章
「地方における華僑コミュニティの形成と展開――熊本県在住華僑の生業と暮らしの民族誌」『アカデミア　人文・自然科学編』二二：一〇七―一三〇頁（二〇二一年）

第六章
「在日華僑同郷意識的演変――以福清籍華僑的同郷網絡為例」『華人研究国際学報』第六巻第二期、二七―五二頁（二〇一四年）

第七章
「在日華人的死者供養儀礼与異界観之変容——聚焦於日本神戸〝普渡勝会〟」『節日研究』第十四輯、山東大学出版社、二一九—二三九頁（二〇一九年）

第八章
「中国人新移民と宗族」『東アジア世界の民俗——変容する社会・生活・文化（アジア遊学二一五）』松尾恒一編、一六七—一八一頁、勉誠出版（二〇一七年）
「移民、故郷与文化伝承的連続性——在日福清籍華人社会文化変動与同郷同族網絡的再建構」『海外華人研究』第二輯、一—二一頁（二〇一九年）

第九章
「「美」を以て「醜」を制す——絵本作家・画家葉祥明のコスモロジー」『民族藝術学会誌 arts/』三七：二二〇—二三〇頁（二〇二一年）

第十章
「文化人類学における華僑華人研究の意義と方法」『人類学研究所研究論集』第一二号、一四一—一五九頁（二〇二三年）

なお、上記の論文は、以下の研究助成を受けた研究成果に基づいている。

科学研究費補助金　基盤研究（C）15K03048僑郷福清における宗族・儀礼の復興と華人の血縁的地縁的紐帯の再編・拡大（平成二七～二九年度）

科学研究費補助金　基盤研究（C）19K01212福建省福清出身華人の移住および同郷紐帯の拡大と文化的・社会的制度としての「故郷」（平成三〇～令和六年度）

二〇一九年度　南山大学パッヘ研究奨励金I―A―2「福建の呉服行商人と戦前日本――地方の近代化と文化交渉の実態解明への「生活者」の視点によるアプローチ」

二〇二一年度　南山大学パッヘ研究奨励金I―A―2「在日華僑の生業と生活空間に関する民族誌的研究」

二〇二二年度　南山大学パッヘ研究奨励金I―A―2「在日華僑の生業と生活空間に関する民族誌的研究」

また、本書は、南山大学学術叢書出版助成を受けた。審査に当たっていただいた先生方には、貴重なコメントを多くいただいた。心より感謝申し上げる。

助成とは別に、研究過程において、実に多くの方々からご教示・ご協力をいただいた。ここに記して御礼申し上げたい。福清出身華僑の歴史や文化継承に早く注目した神戸大学名誉教授安井三吉先生、摂南大学名誉教授許淑真先生、法政大学名誉教授曽士才先生から多くのことを教わった。安井先生には、ご多忙のなか、神戸華僑歴史博物館所蔵の貴重な資料を提供していただいたことを大変ありがたく思っている。許淑真先生と曽士才先生には、神戸華僑華人研究会などで発表した際に貴重なコメントやご助言をいただき、その上、常に励ましの言葉をかけていただいていることを何より嬉しく思っている。また、神阪京華僑口述記録研究会主催の年に一度のシンポジウムで、インタビュアーとして多くの華僑の方に話を聞くことができて、大変貴重な経験となったし、インタビューの方法などについて研究会の代表で京都精華大学名誉教授呉宏明先生や元大阪府立桃谷高等学校教諭故二宮一郎先生など会員の方々からも貴重な意見をいただいたことは大変ありがたく思う。

本研究は、何より各地の福清出身の方々に大変お世話になった。貴重な時間を割き、ご自身や一族の歴史を語り、写真や証明書など貴重な資料を提供してくださったこと、普度勝会での参与観察、特に福清地区での調査において様々な便宜を図ってくださったおかげで、私の研究計画は順調に遂行することができた。お一人一人との出会いそのものが「福清」の血縁・地縁がもたらしてくれたものだと、感謝の念に堪えない。皆様のお力添えなしでは本書の完成はできなかった。以下にてご協力をいただいた方の氏名を列挙し、謹んで御礼を申し上げたい（順不同）。

【北海道】任道治氏、陳進義氏、王未来氏、劉金宋氏、楊和進氏、【宮城県】呂政成氏、【東京都】江洋龍氏、葉祥明氏、堀内重見氏、【神奈川県】葉於美氏、葉泰美氏、陳宜華氏、【三重県】林孫琪氏、任道梧氏、江春枝氏、任隆子氏、蔡義雄氏、鄭定宋氏、【京都府】林修焱氏、張敬博氏、陳正雄氏、楊正武氏、楊智偉氏、【大阪府】劉中耀氏、【兵庫県】（故）林聖俊氏、林聖福氏、林金和氏、林小聡氏、李家昌氏、李家富氏、李振官氏、李振発氏、李琛氏、李雅清氏、林興生氏、王鋭輝氏、王鋭春氏、王華銀氏、陳雅萍氏、王良清氏、陳挺氏、劉明氏、楊勝美氏、江祖清氏、江瑩氏、林同福氏、薛来貴氏、林明氏、呉体悦氏、魏浩順氏、【岡山県】劉勝徳氏、林斯泰氏、【島根県】林正健氏、【福岡県】張光陽氏、【熊本県】（故）林康治氏、林継発氏、黄光子氏、林祥増氏、葉山祥泰氏、葉山祥鼎氏、【鹿児島県】楊忠銀氏、林孫玉氏、（故）曹徳博氏、【長崎県】陳優継氏、張仁春氏、鄭則賢氏、【福清市】張群氏、張敦義氏、林文清氏、林文士氏、王良春氏、王友強氏、林伯福氏、林伯雄氏、李有枝氏、李振新氏、李進龍氏、安雪峰氏、張国楽氏、楊華棟氏、林小明氏、施文敏氏、【台湾】陳起龍氏、張捷如氏、【香港】楊睦泉氏、江孝灯氏。

本書の出版を引き受けてくださった松籟社、編集を担当してくださった夏目裕介氏に、深甚なる感謝を申し上げたい。一字一句を丁寧にチェックし、細かい相談にも親身になって乗っていただいたこと、誠にありがたく思っている。

最後に、私の研究を温かく見守り、支えてくれた家族に感謝し、本書を捧げたい。

張　玉玲

二〇二五年二月

## 【日本語文献】


赤坂憲雄：一九九八『東北学へ③——東北ルネッサンス』作品社

新雅史：二〇一二『商店街はなぜ滅びるのか——社会・政治・経済史から探る再生の道』光文社

荒野泰典：一九八七「日本型華夷秩序の形成」朝男直弘ほか編『日本の社会史　第一巻』岩波書店

アング、イエン（小沢自然訳）：二〇〇四「ディアスポラを解体する——グローバル化時代のグローバルな華人性を問う」スズキ、テッサ・モーリス／吉見俊也編『グローバリゼーションの文化政治』平凡社、二七四—三〇八頁

アンダーソン、ベネディクト（白石隆、白石さや訳）：二〇〇七『定本　想像の共同体——ナショナリズムの起源と流行』書籍工房早山（Benedict Anderson: 1983, *Imagined Communities: Reflections on the Origin and Spread of Nationalism*. London: Verso.）

飯田高誉：二〇一六『戦争と芸術——美の恐怖と幻影』立東舎

石井寛治：二〇一二『日本の産業革命——日清・日露戦争から考える』講談社

市川信愛：一九八七『華僑社会経済論序説』九州大学出版会

市川信愛・高橋強：一九八七「両大戦間の日本華僑の動向」長崎華僑研究会編『続・長崎華僑史稿（史・資料編）第四輯』長崎華僑研究会

内田直作：一九四九『日本華僑社会の研究』同文館

エンブリー、ジョン・F（田中一彦訳）：二〇二一『須恵村——日本の村』農文協（Embree John F, 1939, *Sue Mura: A Japanese Village*. New York: Black Star.）

王維：二〇〇一『日本華僑における伝統の再編とエスニシティ——祭祀と芸能を中心に』風響社

王珂：二〇一一「経済開発と「民族」の役割の再発見——「陳回族」の事例を通じて」『中国21』第三四号、四九—七〇頁

太田好信：一九九三「文化の客体化——観光をとおした文化とアイデンティティの創造」『民族学研究』第五七巻第四号、三八三—四一〇頁

大谷裕文：二〇〇六「ポストコロニアル論」綾部恒雄編『文化人類学20の理論』弘文堂、二六六—二八三頁

小木裕文：二〇〇一「僑郷としての福清社会とそのネットワークに関する考察」『立命館国際研究』第一四巻第一号、七九—

八九頁
小野明：二〇〇二『別冊太陽　絵本の作家たちⅠ』平凡社
折口信夫：一九七五「ごろつきの話」『折口信夫全集　第三巻』中央公論社
金井徳幸：二〇〇一「宋代の厲鬼と城隍神――明初の「祭厲壇」の源流を求めて」『立正大学東洋史論集』第一三号、一―二四
可児弘明編：一九九六『僑郷　華南――華僑華人研究の現在』行路社
可児弘明・斯波義信・游仲勲編：二〇〇二『華僑・華人事典』弘文堂
過放：一九九九『在日華僑のアイデンティティの変容――華僑の多元的共生』東信堂
茅原圭子・森栗茂一：一九八九「福清華僑の日本での呉服行商について」『地理学報』第二七号、一七―四四頁
川口幸大：二〇〇三「現代中国における宗族の祀堂・族譜・祖先祭祀――珠江デルタ都市近郊村落の事例から」『東北人類学論壇』第二号、一六―三八頁
川口幸大・稲澤努編：二〇一六『僑郷――華僑のふるさとをめぐる表象と実像』行路社
韓敏：一九九五「宗族の再興」曽士才ほか編『暮らしがわかるアジア読本・中国』河出書房新社、七九―八七頁
北見俊夫：一九七七『市と行商の民俗』岩崎美術社
教学研究所編：二〇〇四『教化研究』第一三〇・一三一号
許金頂・安井三吉：二〇〇五「神戸福清華僑の国内親族調査」（『阪神華僑の国際ネットワークに関する研究』（平成一四～一六年度科学研究費補助金（基盤Ａ（１））研究成果報告書）、二三五―二五四頁
許淑真：一九八七「新華僑の生成と日本華僑社会の変容」『摂南学術．Ｂ，人文科学・社会科学編』第五号、二五―四二頁
――：一九八九「日本における福州幇の消長」『摂南学術．Ｂ，人文科学・社会科学編』第七号、五九―七七頁
――：一九九〇ａ「日本における労働移民禁止法の成立――勅令第三五二号をめぐって」松田孝一編『布目潮渢博士古稀記念論集　東アジアの法と社会』汲古書院、一八―四八頁
――：一九九〇ｂ「労働移民禁止法の施行をめぐって――大正十三年の事例を中心に（特集　神戸の華僑）」『社会学雑誌』第七号、一〇二―一一九頁

――：一九九六「第二次世界大戦後日本からの引き揚げについて――台湾出身者を中心に」『摂大人文科学』第三号、一九―四三頁
――：一九九九「函館における福清幇」飯島渉編『華僑・華人史研究の現在』汲古書院、一八―四八頁
近現代資料刊行会：一九九六『大阪市社会部調査報告書〔昭和二年―昭和一七年〕第九巻（昭和三年（五））』
日下部高明：二〇〇一『京都、リヨン、そして足利――近代絹織物と近藤徳太郎』随想社
クリフォード、ジェイムズ（毛利嘉孝ほか訳）：二〇〇二『ルーツ――二〇世紀後期の旅と翻訳』月曜社（James Clifford: 1997, *Routes, Travel and Translation in the Late Twentieth Century*, Cambridge: Harvard University Press.）
グレーザー、ネイサン／モイニハン、ダニエル・P（阿部齊・飯野正子訳）：一九八六『人種のるつぼを越えて――多民族社会アメリカ』南雲堂（Nathan Glazer, Daniel P. Moynihan: 1970. *Beyond the Melting Pot: the Negroes, Puerto Ricans, Jews, Italians, and Irish of New York City*. Cambridge: M.I.T. Press.）
小泉和子編：二〇〇六『昭和のキモノ』河出書房新社
――：二〇一三『少女たちの昭和』河出書房新社
――：二〇一四『昭和の結婚』河出書房新社
鴻山俊雄：一九七九『神戸大阪の華僑――在日華僑百年史』華僑問題研究所
――：一九八四『神戸の外国人――外国人墓地と華僑風俗』華僑問題研究所
呉主恵：一九四四『華僑本質論』千倉書房
子どもの本・九条の会：二〇一八『戦争なんか大きらい！――絵描きたちのメッセージ』大月書店
サイード、エドワード・W（今沢紀子訳）：一九九三『オリエンタリズム』平凡社（Edward W. Said, 1978, *Orientalism*. New York: Georges Borchardt Inc.）
蔡志祥：二〇一〇「二〇一〇年神戸華僑普度勝会に参加しての感想」『日華』第五八号
蔡文高：二〇一二「福建省西部における祖先祭祀の復興と客家――長汀県汀州鎮劉氏家廟の事例から」瀬川昌久・飯島典子編『客家の創生と再創生――歴史と空間からの総合的再検討』風響社、二一七―二二四頁

貞好康志：二〇一六『華人のインドネシア現代史――はるかな国民統合への道』木犀社
志賀市子：二〇一二『〈神〉と〈鬼〉の間――中国東南部における無縁死者の埋葬と祭祀』風響社
斯波義信：一九八二「函館華僑関係資料集」『大阪大学文学部紀要』第二二巻、一―二三五頁
島村恭則：一九九九「多文化主義民俗学とは何か」『京都民俗』第一七号、一―一五頁
――：二〇〇一「「在日朝鮮人」の民俗誌」、『国立歴史民俗博物館研究報告』第九一号、七六三―七九〇頁
――：二〇〇六「〈生きる方法〉の民俗学へ――民俗学のパラダイム転換へ向けての一考察」『国立歴史民俗博物館研究報告』第一三二集、七―二四頁
――：二〇一三「熊本・河原町「国際繊維街」の社会史――闇市から問屋街、そしてアートの街へ」、『関西学院大学先端社会研究所紀要』第九号、二一―三一頁
清水純・潘宏立・庄国土編：二〇一四『現代アジアにおける華僑・華人ネットワークの新展開』風響社
清水盛光：一九三九『支那社会の研究――社会学的考察』岩波書店
宗教社会学の会編：一九九五『宗教ネットワーク――民俗宗教、新宗教、華僑、在日コリアン』行路社
周達生：一九八四「在日華僑の盂蘭盆会」『季刊民族学』第八巻第三号、七六―八七頁
神阪京華僑口述記録研究会編：二〇〇八―二〇二四『聞き書き・関西華僑のライフヒストリー』第一号―第一二号、神戸華僑歴史博物館
――：二〇二四『関西華僑の生活史』松籟社
スキナー、ウィリアム（山本一訳）：一九八一『東南アジアの華僑社会――タイにおける進出・適応の歴史』東洋書店（G. William Skinner, 1957, *Chinese Society in Thailand: An Analytical History*. Ithaca: Cornell University Press.）
――（山路健訳）：一九六一『タイ国における華僑社会――その指導力と権力』、アジア経済研究所（G. William Skinner, 1958, *Leadership and Power in the Chinese Community of Thailand*. Ithaca: Cornell University Press.）
スピヴァク、ガヤトリ（上村忠男訳）：一九九八『サバルタンは語ることができるか』みすず書房（Gayatri Chakravorty Spivak: 1988, Can the Subaltern Speak? in Cary Nelson/Lawrence Grossberg (eds.) *Marxism and the Interpretation of Culture*, pp.271-313.

Basingstoke: Macmillan Education.)
須山卓：一九七四「華僑社会と幇――特に南洋客属総会に因んで」『研究年報』第一五号、一三一―一三七
――：一九七五「華僑社会における幇派主義と経済」『研究年報』第一六号、一―一四頁
瀬川昌久：一九八八「宗族研究と香港新界――中小宗族からの展望」『文化人類学』第五号、一一三―一二八頁
――：一九九一『中国人の村落と宗族――香港新界農村の社会人類学的研究』弘文堂
――：二〇〇四『中国社会の人類学――親族・家族からの展望』世界思想社
――：二〇一四「現代中国における宗族の再生と文化資源化」『東北アジア研究』第一八号、八一―九七頁
――：二〇一六「宗族研究史展望――二〇世紀初頭の「家族主義」から二一世紀初頭の「宗族再生」まで」瀬川昌久・川口幸大編『〈宗族〉と中国社会――その変貌と人類学的研究の現在』風響社
瀬川昌久・飯島典子編：二〇一二『客家の創生と再創生』風響社
瀬川昌久・川口幸大編：二〇一六『〈宗族〉と中国社会――その変貌と人類学的研究の現在』風響社
曽士才：一九八七「在日華僑と盆行事：移民社会における伝統行事の機能と変容」『民俗学評論』第二七号、四〇―七〇頁
――：一九九五「在日華僑の社会組織と宗教行事――宇治万福寺での盆行事」『宗教ネットワーク――民俗宗教、新宗教、華僑、在日コリアン』行路社、一八九―二四〇頁
戴国煇：一九八〇『華僑――「落葉帰根」から「落地生根」への苦悶と矛盾』研文出版
――：一九八五『華僑』研文出版
――：一九九一『もっと知りたい華僑』弘文堂
竹沢泰子：一九九四『日系アメリカ人のエスニシティ――強制収容と補償運動による変遷』東京大学出版会
田中静一：一九八七『一衣帯水――中国料理伝来史』柴田書店
田中宏：一九八三「戦後日本における中国人の地位の推移――その推移と現状」『愛知県立大学外国語学部紀要　地域研究・関連諸科学編』第一六号、二三―六〇頁
谷垣真理子・塩出浩和・容應萸編：二〇一四『変容する華南と華人ネットワークの現在』風響社

谷本誠鋼・灰島かり編：二〇〇六『絵本をひらく——現代絵本の研究』人文書院
中華会館編：二〇一三『落地生根——神戸華僑と神阪中華会館の百年（増訂版）』研文出版
中国電力エネルギア総合研究所：二〇一三ａ「島根県を中心とした産業発展の歴史（昭和編Ⅰ）」『エネルギア地域経済レポート』四七〇
——：二〇一三ｂ「島根県を中心とした産業発展の歴史（昭和編Ⅱ）」『エネルギア地域経済レポート』四七三
張玉玲：二〇〇三「中華文化の継承と「新」「老」華僑の融合」櫻井龍彦・李瑞雪編『変わる中国、変わらない中国——激動する巨大国家の全貌』、ぜんにち出版、三五三—三九一頁
——：二〇〇五「日本華僑による文化提示とエスニック・アイデンティティの主張——神戸華僑歴史博物館の考察を中心に」『国際開発研究フォーラム』第二九号、一五三—一七一
——：二〇〇六「「多みんぞく日本」特別展における在日華僑」庄司博史・金美善編『国立民族学博物館調査報告第六四号　多民族日本のみせかた——特別展「多みんぞくニホン」をめぐって』国立民族学博物館、一六一—一七四頁
——：二〇〇八『華僑文化の創出とアイデンティティ——中華学校、獅子舞、関帝廟、歴史博物館』ユニテ
——：二〇一五「在日華僑社会の文化的変動と血縁・地縁紐帯の拡大——神戸在住の福清出身華僑の事例を中心に」『二一世紀東アジア社会学』第七号、八四—九九頁
——：二〇一七「中国人新移民と宗族」松尾恒一編『東アジア世界の民俗——変容する社会・生活・文化（アジア遊学二一五）』一六七—一八一頁、勉誠出版
——：二〇二〇「日中戦争下の華僑の暮らし——ライフヒストリーとドキュメントから見た「生活者」としての華僑像」『アカデミア　人文・自然科学編』第二〇号、七三—九七頁
——：二〇二一ａ「「美」を以て「醜」を制す——絵本作家・画家葉祥明のコスモロジー」『民族藝術学会誌 arts/』第三七号、二二〇—二三〇頁
——：二〇二一ｂ「地方における華僑コミュニティの形成と展開——熊本県在住華僑の生業と暮らしの民族誌」『アカデミア　人文・自然科学編』第二二号、一〇七—一三〇頁

——：二〇二三「福建の呉服行商人と近代日本の農村社会——ある華僑の回想録への解読を通して」『日本民俗学』第三〇九号、六五—九三頁

——：二〇二三「文化人類学における華僑華人研究の意義と方法」『人類学研究所研究論集』第一一号、一四一—一五九頁

張国楽：二〇〇六「一九二〇・三〇年代における在日福清呉服行商の実態と動向——「福益号」を通じて」『歴史研究』第四四号、一—四四頁

——：二〇一〇「日本における福清呉服行商に関する研究」博士論文、神戸大学大学院総合人間科学研究科

——：二〇一三「日本における福清呉服行商について」旅日福建同郷懇親会半世紀の歩み編集委員会編『旅日福建同郷懇親会半世紀の歩み』四〇五—四〇九頁

陳荊和：一九七二「華僑の幇問題」中村孝志編『華僑の社会——東南アジア』天理大学東南アジア研究室

陳上梅：二〇一三「異国に生きて」旅日福建同郷懇親会半世紀の歩み編集委員会編『旅日福建同郷懇親会半世紀の歩み』四六七—四七四頁

陳達（満鉄東亜経済調査局訳）：一九三九『南洋華僑と福建・広東社会』、満鉄東亜経済調査局

陳天璽：二〇〇一『華人ディアスポラ——華商のネットワークとアイデンティティ』明石書店

陳正雄：二〇〇四「京都の華僑」神戸華僑華人研究会編『神戸と華僑——この１５０年の歩み』神戸新聞総合出版センター、一九一—二一九頁

陳優継：二〇〇九『ちゃんぽんと長崎華僑——美味しい日中文化交流史』長崎新聞社

塚原美村：一九七〇『行商人の生活』雄山閣出版

鄭楽静：二〇一〇「戦前期の温州人出稼ぎ労働者——在日温州人の「前史」として」『文明構造論　京都大学大学院人間・環境学研究科現代文明論講座文明構造論分野論集』第六号、一〇七—一三〇頁

東亜研究所編：一九四一『南洋華僑調査の結果概要』東亜研究所

友清高志：一九七〇『きんしゃい中州』積文館

中島幸三郎：一九四一『支那行商人とその樂器』富山房

中村喬：一九九〇『続 中国の年中行事』平凡社
南洋協会：一九三八『戦禍の中に育つ新生支那』南洋協会
西澤治彦：一九九六「村を出る人・残る人、村に戻る人・戻らぬ人――漢族の移動に関する諸問題」可児弘明編『僑郷華南――華僑・華人研究の現在』行路社、一―三七頁
西島民江：一九九三「明治前期における神戸華僑への視線」『待兼山論叢．日本学篇』第二七号、一四―三二頁
西田昌之：二〇二二「物語化する自己記述――漆芸家生駒弘のタイ滞在日記と自伝の比較から」田中祐介編『無数のひとりが紡ぐ歴史――日記文化から近現代日本を照射する』文学通信
二宮一郎：二〇一三「関西における福清華僑の伝統的紐帯「元帥府」」旅日福建同郷懇親会半世紀の歩み編集委員会『旅日福建同郷懇親会半世紀の歩み』三九六―三九九頁
日本華僑華人研究会編：二〇〇四『日本華僑・留学生運動史』日本僑報社
布目潮渢：一九八三「明治十一年長崎華僑試論――清民人名戸籍簿を中心として」山田信夫編『日本華僑と文化摩擦』厳南堂書店、一九六―一九七頁
根岸佶：一九四九「内田直作著『日本華僑社会の研究』」『一橋論叢』第二二巻第六号、七七五―七八二頁
バーバ、ホミ（本橋哲也ほか訳）：二〇一二『文化の場所――ポストコロニアリズムの位相』法政大学出版局（Homi K. Bhabha: 1994, *The Location of Culture*. London and New York: Routledge.）
ハウ、キャロライン（山本信人・宮原暁訳）：二〇〇八「「チャイニーズ像」をめぐる文化政治」『華僑華人研究』第五号、七―二六頁（S. Hau Caroline: 2008, *Cultural Politics of "Chineseness"*,『華僑華人研究』第五号、二七―四七頁）
芳賀雄：一九四一『東亜共栄圏と南洋華僑』刀江書院
長谷川貴彦編：二〇二〇『エゴ・ドキュメントの歴史学』岩波書店
濱下武志：二〇一三『華僑・華人と中華網――移民・交易と送金ネットワークの構造と展開』岩波書店
原不二夫：二〇〇一『マラヤ華僑と中国――帰属意識転換過程の研究』龍渓書舎
バリバール、エティエンヌ／ウォーラーステイン、イマニュエル著（若森章孝ほか訳）：一九九七『人種・国民・階級――揺

らぐアイデンティティ』大村書店（Etienne Balibar, Immanuel Wallerstein, 1988, *Race, Nation, Classe: Les Identités Ambiguë.* Paris: La Decouverte）

潘宏立：二〇〇二『現代東南中国の漢族社会――閩南農村の宗族組織とその変容』風響社

樋口直人：二〇〇六「多民族社会の境界設定とエスニック・ビジネス」庄司博史・金美善編『国立民族学博物館調査報告六四号　多民族日本のみせかた――特別展「多みんぞくニホン」をめぐって』三三―四三頁

日比野丈夫：一九三九「唐宋時代に於ける福建の開発」『東洋史研究』第四巻第三号、一八七―二一三頁

平野義太郎：一九四三「北支村落の基礎要素としての宗族及び村廟」『支那農村慣行調査報告書』第一号、一―一四五頁

福田アジオ：一九八四『日本民俗学方法序説――柳田国男と民俗学』弘文堂

フリードマン、M（田村克己・瀬川昌久訳）：一九八七『中国の宗族と社会』弘文堂（Maurice Freedman,1966, *Chinese Lineage and Society: Fukien and Kuangtung*, London: Athlone Press.）

平和を作ろう！絵本作家たちのアクション：二〇〇四『世界中のこどもたちが１０３』講談社

別冊太陽編集部編：二〇〇五『別冊太陽　絵本の作家たちⅢ』平凡社

別冊太陽編集部編：二〇〇六『別冊太陽　絵本の作家たちⅣ』平凡社

ポーラ文化研究所編：二〇一六『明治・大正・昭和の化粧文化――時代背景と化粧・美容の変遷』ポーラ文化研究所

ホブズボウム、エリック／レンジャー、テレンス編著（前川啓治・梶原景昭訳）：一九九二『創られた伝統』紀伊国屋書店（Hobsbawm Eric and Terence Ranger, 1983, *The Invention of Tradition.* Cambridge: Cambridge University Press.）

松浦章：一九七五「唐船乗組員の個人貿易について――日清貿易における別段売荷物」『社会経済史学』第四一巻第三号、二三五―二五六頁（25-46）

マックネヤ・H・F（近藤修吾訳）：一九四五『華僑――その地位と保護に関する研究』大雅堂（Harley Farnsworth Mac Nair, 1924, *The Chinese Abroad, Their Position and Protection.* Shanghai: The Commercial Press.）

前山隆：一九九六『エスニシティとブラジル日系人――文化人類学的研究』御茶の水書房

満園勇：二〇一五『商店街はいま必要なのか――「日本型流通」の近現代史』講談社

宮田登：一九七四『原初的思考——白のフォークロア』大和書房
宮本常一：一九八四（一九六〇）『忘れられた日本人』岩波書店
——：二〇一二（一九六五）『生きていく民俗——生業の推移』河出書房新社
村上令一：一九九七『横浜中華街的華僑伝』新風舎
森岡久元：二〇一七「戦後尾道駅前広場の光景」『尾道市立大学地域総合センター叢書』第九号、四—一八頁
廖赤陽：二〇〇〇『長崎華商と東アジア交易網の形成』汲古書院
——：二〇〇三「在日中国人の社会組織とそのネットワーク——地方化、地球化と国家」游仲勲先生古希記念論文集編集委員会『日本における華僑華人研究—游仲勲先生古希記念論文集』二七七—二九六頁
劉序楓：一九九〇「長崎における華僑の祭祀文書について——泰益号文書を中心に」『長崎華商泰益号関係書簡目録』（『華僑研究会年報』六号）一七—二四頁
劉勝徳：二〇一三「島根の福建華僑」旅日福建同郷懇親会半世紀の歩み編集委員会編『旅日福建同郷懇親会半世紀の歩み』旅日福建同郷懇親会半世紀の歩み編集委員会、四八四頁
劉文正（林松涛訳）：二〇一四「シンガポールにおける新移民社団試論」清水純・潘宏立・庄国土編『現代アジアにおける華僑・華人ネットワークの新展開』風響社、三三七—三七二頁
林康治：一九九六『報恩感謝』熊本日日新聞
林修焱：二〇一三「京都福建同郷会の歩み」旅日福建同郷懇親会半世紀の歩み編集委員会編『旅日福建同郷懇親会半世紀の歩み』旅日福建同郷懇親会半世紀の歩み編集委員会、四三九—四四五頁
林小聡：二〇一三「元帥公帰位」旅日福建同郷懇親会半世紀の歩み編集委員会編『旅日福建同郷懇親会半世紀の歩み』旅日福建同郷懇親会半世紀の歩み編集委員会、四〇〇頁
林同春：一九九七『橋渡る人——華僑波瀾万丈私史』エピック
林伯耀：二〇一三「「行商の風景——父林同禄と母楊金宋」」旅日福建同郷懇親会半世紀の歩み編集委員会編『旅日福建同郷懇親会　半世紀の歩み』旅日福建同郷懇親会半世紀の歩み編集委員会、四七五—四七九頁

八百啓介：二〇〇五「長崎 長崎市・五島他」『海路』第二号、一二一—一二八頁
安井三吉：二〇〇五『帝国日本と華僑——日本・台湾・朝鮮』青木書店
柳田國男：一九六九「行商と農村」『定本　柳田國男集　第一六巻』筑摩書房
山下清海ほか：二〇一〇「福建省福清出身の在日新華僑とその僑郷」『地理空間』第三巻第一号、一—二三頁
山下清海主編：二〇一四『改革開放後の中国僑郷——在日老華僑・新華僑の出身地の変容』明石書店
山田利明：一九九九『中国学の歩み——二十世紀のシノロジー』大修館書店
山田信夫編：一九八三『日本華僑と文化摩擦』巌南堂書店
游仲勲編著：一九九五『華僑・華人経済——日本・アジアにどんな影響を及ぼすか』ダイヤモンド社
葉祥明：二〇〇一「インタビュー　絵本作家・画家葉祥明さん　平和であたたかくやわらかい世界を」『女性&運動』第七二号、四—七頁
葉祥明・菅原千賀子：二〇一一「こんにちは！　絵本作家　葉祥明さん　自分らしくいきていこうよ」『この本を読んで！』第一一巻第三号、四一—四五頁
葉祥明・三浦正雄：二〇一八「葉祥明氏へのインタビュー（1）」霊性（スピリチュアル）をめぐって」『埼玉学園大学紀要人間学部篇』第一八号、三〇九—三二二頁
葉祥明・三浦正雄：二〇一九「葉祥明氏へのインタビュー（2）」霊性（スピリチュアル）をめぐって」『埼玉学園大学紀要人間学部篇』第一九号、四〇三—四〇七頁
吉原和男・曽士才・谷口裕久：一九九五「在日華僑の社会組織と宗教行事——宇治萬福寺での盆行事」『宗教ネットワーク—民俗宗教、新宗教、華僑、在日コリアン』行路社、一八九—二四〇頁
渡邊欣雄：一九九一『漢民族の宗教——社会人類学的研究』第一書房
ワトソン、ジェームズ（瀬川昌久訳）：一九九五『移民と宗族——香港とロンドンの文氏一族』阿吽社（James Watson: 1975, *Emigration and the Chinese Lineage: The Mans in Hongkong and London*, Berkeley: University of California Press.）

## 【中国語論文】


蔡志祥：二〇一〇b〈万縁勝会：従華南到東南亜〉二〇一〇年、新加坡広恵肇碧山亭一四〇周年紀念特刊，二五―二八頁

陳達：一九三八『南洋華僑与閩粤社会』商務印書館

福清市志編纂委員会・福清市委党史研究室編：一九九四『福清市志』廈門：廈門大学出版社

傅衣凌：二〇〇七《明清時代商人及商業資本――明代江南市民經濟試探》中華書局

高洪興：二〇〇五〈中国鬼節与陰陽五行：従清明節和中元節説起〉《復旦学報》第四期、一三三―一四〇頁

李明歓主編：二〇〇五《福建僑郷調査――僑郷認同，僑郷網絡与僑郷文化》廈門大学出版社

廖大珂：二〇〇五《福建海外交通史》福建人民出版社

林富士：一九九五《孤魂与鬼魂的世界――北台湾的厲鬼信仰》台北：台北県立文化中心

施雪芹：二〇〇〇〈改革開放以来福清僑郷的新移民――兼談非法移民問題〉『華僑華人歴史研究』第四期

王維、廖赤陽：二〇〇七〈在日福清移民的社会組織及其網絡：以福建同郷会的活動為焦点〉劉宏編《海洋亜洲与華人世界之互動》新加坡：華裔館

許金頂：二〇〇〇〈近代旅日閩籍華僑研究〉《海交史研究》第二期、八一―九五頁

張玉玲：二〇一四〈在日華僑同郷意識的演変――以福清籍華僑的同郷網絡為例〉《華人研究国際学報》第六巻第二期、二七―五二頁

――：二〇一九a〈移民、故郷与文化伝承的連続性――在日福清籍華人社会文化変動与同郷同族網絡的再建構〉《海外華人研究》第二輯、一―二一頁

――：二〇一九b〈在日華人的死者供養儀礼与異界観之変容――聚焦於日本神戸〝普渡勝会〟〉《節日研究》第十四輯，山東大学出版社，二一九―二三九頁

鄭一省編：二〇一八《中国僑郷比較研究》世界図書出版

## 【英語文献】

Ang, Ien: 2001, *On Not Speaking Chinese: Living Between Asia and the West*. New York: Routledge.

Barth, F.(ed.): 1969, *Ethnic Groups and Boundaries: The Social Organization of Culture Difference*. Boston: Little Brown.

Chen, Ta: 1923, *Chinese Migration, with Special Reference to Labor Conditions. Bulletin of the United States Bureau of Labor Statistics. No.340, Miscellaneous Series*. Washington, D.C.: Government Printing Office.

———：1939, *Emigrant Communities in South China: A Study of Overseas Migration and its Influence on Standards of Living and Social Change*. Shanghai: Kelly and Walsh, Ltd.

Choi, Chi Cheung: 1984, The Chinese "Yue Lan" Ghost Festival in Japan: A Kobe Case Study, Aug.31-Sept.4,1982. *Journal of the Royal Asiatic Society Hongkong Branch*, Vol.24: 230-263.

Embree, John F.,: 1939 (2021), *Suye Mura: A Japanese Village*, New York: Black Star.

Freedman, Maurice: 1958, *Lineage Organization in Southeastern China*, London: Athlone Press.

———：1966, *Chinese Lineage and Society: Fukien and Kwangtung*. London, Athlone Press.

Gilman, Nils: 2003, *The Mandarins of the Future: Modernization Theory in Cold War America*. Baltimore: The Johns Hopkins University press.

Harvey, David: 1990, *The Condition of Postmodernity: An Enquiry into the Origins of Cultural Change*. Oxford: Blackwell.

Hsu, Francis L. K: 1945, Influence of South-Seas Emigration on Certain Chinese Provinces. *Far Eastern Quarterly*, 5:47-59.

Kuiper, Koos: 2017, *The Early Dutch Sinologists(1854-1900): Training in Holland and China, Functions in the Netherlands Indies*. Leiden: Brill.

Kulp, Daniel: 1925, *Country Life in South China: The Sociology of Familism*. New York: Columbia University Press.

Lin, Yaohua: 1947, *The Golden Wing, A Sociological Study of Chinese Familism*. London: Kegan Poul.

McKeow, Adam: 1999, Conceptualizing Chinese Diasporas, 1842 to 1949. *Journal of Asian Studies*, 58(2): 306-337.

Ong, Aihwa: 1993, On the Edge of Empires: Flexible Citizenship among Chinese in Diaspora. *Positions*, 1(3):745-778.

Pieke, Pál Nyíyi, Mette Thunø and Antonella Ceccagno: 2004, *Transnational Chinese: Fujiannese Migrants in Europe.* Stanford, California: Stanford University Press.

Skinner, G. William: 2017, *Rural China on the Eve of Revolution: Sichuan Fieldnotes,1949-1950*. Washington: University of Washington Press.

———：1964, The Thailand Chinese: Assimilation in Changing Society. *Asia,* 2:80-92.

Tölölyan, Khachig: 1991, The Nation State and its Others: In Lieu of a Preface. *Diaspora*, 1(1):3-7.

Tu, Wei-ming: 1991, Cultural China: The Periphery as the Center. *Daedalus*, 120(2):1-32.

Watson, James. L.: 1975, *Emigration and the Chinese Lineage: The Mans in Hongkong and London.* Berkeley: University of California Press.

## 【新聞・冊子】

『華僑報』（東京華僑総会）東京華僑報

『熊本日日新聞』

『神戸新聞』

『中日新聞』

『東京朝日新聞』朝日新聞クロスサーチ・フォーライブラリー（旧聞蔵Ⅱビジュアル）

『日本新聞』

『夕刊フクニチ』一九五五年一月一六日付

『読売新聞』ヨミダス（旧ヨミダス歴史館）

## 【政府・団体発行各種資料】


黄檗山萬福寺：『黄檗山宗報』

内務省警保局編：『外事警察概況』第一巻～第八巻（昭和十年～昭和十七年各年版）不二出版（復刻）、一九八七年

京都華僑墓地委員会『漢松春譜』第二号、一九九〇年

――：「黄檗山華僑墓地を守ろう　事件の真相」

『群馬県統計書』大正十一年～昭和四年版

神戸福建同郷会編：一九七二～一九八一年『郷友』（年刊、各期）

入管協会『在留外国人統計』平成七年より各年版

JACAR（アジア歴史資料センター）Ref.B13081193900　第四編／第四章　在支被誘拐邦人婦女子救出問題（議AJ-34）外務省外交史料館

政府統計の統合窓口 e-stat『大正九年国勢調査』

繊維統制法規：一九四二『繊維製品配給消費統制規則関係法規集：衣料品切符制関係法規』二五―二八頁

内閣統計局編：『大正九年　国勢調査報告』（一九二三～一九二八年刊）

『閩海』第二〇号、一九八四年一一月八日

『福岡県統計書』明治二十八年～昭和十五年各年版

『福建同郷会会報 福建青年会会報合併号』一九六五年四月一五日

『北海道庁統計書』第四七回（昭和一〇年）第四巻

三重県華僑総会：一九七二『三重県華僑総会家族名簿』

――：一九九七『三重県華僑総会家族名簿』

旅日全国福建省人懇談会準備委員会編：一九六二『旅日福建同郷名簿』

旅日福建同郷懇親会編集部編：一九八二『旅日福建同郷懇親会〝二十年の歩み〟』旅日福建同郷懇親会

旅日福建同郷懇親会半世紀の歩み編集委員会編：二〇一三『旅日福建同郷懇親会　半世紀の歩み』、旅日福建同郷懇親会半世紀

の歩み編集委員会

## 【華僑の手記・回想録】

葉修億「我一生経歴記」（手稿）手記

江紀鈺「生涯記」（手稿）手記

## 【ウェブサイト・テレビ放送等】

足利織物伝承館——足利の織物産業の沿革：https://www.orimono-densyoukan.com/entry8.html 二〇二一年一〇月一六日閲覧

足利織物伝承館——足利銘仙の歴史：https://www.orimono-densyoukan.com/entry9.html 二〇二一年一〇月一六日閲覧

ＮＨＫ：「世界で反響　〝平和〟を考える絵本」、「ＮＨＫニュースおはよう日本」、二〇二〇年八月二六日放送

紅蘭亭公式ホームページ：https://www.kourantei.com/ 二〇一九年一〇月三〇日閲覧

70seeds：「絵本作家葉祥明さんインタビュー人生を変えたチェルノブイリ」（二〇一年五月一日）：https://www.70seeds.jp/youshomei2/、二〇二〇年一一月九日閲覧

——：「絵本作家葉祥明さんインタビューメルヘンで世界の蛇口になる」（二〇一五年五月一一日）：https://www.70seeds.jp/youshomei1/、二〇二〇年一一月九日閲覧

日本福建経済文化促進会公式ホームページ：https://fjeca.jp/ 二〇一四年九月閲覧

福新楼公式ホームページ：https://fuxinlou.co.jp 二〇一九年八月一八日閲覧

葉祥明美術館公式ホームページ YOH SHOMEI ART MUSEUM：https://www.yohshomei.com/exhibition 二〇二〇年一一月八日閲覧

**ま行**



**や行**



**ら行**

## な行



## は行

**さ行**



**た行**

# 索 引

### アルファベット



### あ行



### か行

**著者略歴**

張 玉玲（ちょう・ぎょくれい）Zhang Yuling

南山大学外国語学部・国際地域文化研究科教授、人類学研究所第二種所員。

2005年、名古屋大学大学院国際開発研究科修了、博士（学術）。山口県立大学講師・准教授を経て、現職。

主な著書・論文に『華僑文化の創出とアイデンティティ――中華学校、獅子舞、関帝廟、歴史博物館』（ユニテ、2008年（2009年度日本華僑華人学会研究奨励賞受賞））、『変わる中国 変わらない中国――激動する巨大国家の全貌』（共著、全日出版、2003年）、『南京町と神戸華僑』（共著、松籟社、2013年）、「福建の呉服行商人と近代日本の農村社会」（『日本民俗学』309号、2022年）、「在日華人的死者供養儀礼與異界観之変容――聚焦於日本神戸“普度勝会”」（『節日研究』14巻、2021年）ほか。

南山大学学術叢書

日本《にほん》の福清出身《ふくせいしゅっしん》華僑《かきょう》の生活誌《せいかつし》——移住《いじゅう》、生業《せいぎょう》、故郷《こきょう》とネットワーク

2025年3月31日初版発行　　定価はカバーに表示しています

著　者　張　玉玲
発行者　相坂　一

〒612-0801 京都市伏見区深草正覚町 1-34
発行所（株）**松 籟 社**
SHORAISHA（しょうらいしゃ）

電話：075-531-2878
FAX：075-532-2309
URL：http://shoraisha.com
振替：01040-3-13030

装幀　安藤紫野（こゆるぎデザイン）
印刷・製本　亜細亜印刷株式会社

Printed in Japan

ISBN978-4-87984-463-7　C3039